Wissenschaftliche Untersuchungen
zum Neuen Testament

Herausgegeben von
Martin Hengel und Otfried Hofius

82

Wilhelm Thüsing

# Studien zur neutestamentlichen Theologie

Herausgegeben
von

Thomas Söding

J.C.B. Mohr (Paul Siebeck) Tübingen

*Die Deutsche Bibliothek – CIP-Einheitsaufnahme*

*Thüsing, Wilhelm*
Studien zur neutestamentlichen Theologie / Wilhelm Thüsing.
Hrsg. von Thomas Söding. – Tübingen : Mohr, 1995
  (Wissenschaftliche Untersuchungen zum Neuen Testament ; 82)
  ISBN 3-16-146337-4
NE: Söding, Thomas [Hrsg.]; Thüsing, Wilhelm: [Sammlung]; GT

© 1995 J. C. B. Mohr (Paul Siebeck) Tübingen.

Das Buch wurde von Gulde-Druck in Tübingen auf alterungsbeständiges Werkdruckpapier der Papierfabrik Weissenstein, Pforzheim gedruckt und von der Großbuchbinderei Heinr. Koch in Tübingen gebunden.

ISSN 0512-1604

# Vorwort

Die exegetische Arbeit Wilhelm Thüsings ist seit langer Zeit von der Suche nach den Ansatzpunkten und Grundlinien der neutestamentlichen Theologie bestimmt. Ihren deutlichsten Ausdruck hat diese Suche in seiner zusammen mit *Karl Rahner* erarbeiteten Christologie (Christologie – systematisch und exegetisch [QD 55], Freiburg–Basel–Wien 1972) und vor allem im ersten Band seiner Theologie des Neuen Testaments gefunden (Die neutestamentlichen Theologien und Jesus Christus, Bd. 1: Kriterien aufgrund der Rückfrage nach Jesus und des Glaubens an seine Auferweckung, Düsseldorf 1981). Zur Generation der katholischen Exegeten gehörend, die den historisch-kritischen Methoden der Exegese in ihrer Konfession Anerkennung verschafft haben, war ihm früh klar, daß mit Harmonisierungen und Systematisierungen der verschiedenartigen neutestamentlichen Konzeptionen nichts gewonnen ist. Von der Notwendigkeit des Dialoges der Exegese mit der systematischen Theologie überzeugt, erkannte er freilich auch immer mehr, daß der Reichtum, der in der Vielfalt liegt, die Frage nach der Einheit des Neuen Testament und letztlich der ganzen christlichen Bibel nicht obsolet macht, sondern erst in der richtigen Weise zuspitzt. Seine „Theologie" entwirft eine neue Konzeption, die sowohl die vielfältigen Unterschiede als auch die verborgene Einheit des neutestamentlichen Gesamtzeugnisses adäquater zu erfassen hilft.

Im Rückblick erweisen sich nicht zuletzt die kleineren Schriften Wilhelm Thüsings als Versuche, von unterschiedlichen Seiten aus das Ganze der neutestamentlichen Theologie anzuvisieren. Die Aufsätze suchen die verschiedenen Schriften des Neuen Testament auf ihre theologischen Leitgedanken ab; sie arbeiten zentrale Themen der Theologie auf, um ihre neutestamentliche Basis zu erkennen. Die wichtigsten Beiträge sind an dieser Stelle gesammelt – als Dokumente eines Denkweges; als neue Erinnerungen an bleibende exegetische Einsichten; als Impulse für die neutestamentliche Wissenschaft, über der Vielfalt der Detailforschung die exegetisch-theologische Grundfrage nach dem spezifisch Christlichen im Zeugnis des Neuen Testament nicht zu vergessen.

Als derartige Zeugnisse sollen die Beiträge in diesem Band erneut präsentiert werden. Daß die Beiträge die Spuren ihrer Entstehungszeit an sich tragen, daß der Autor heute manches differenzierter sehen würde, daß er neue Methoden einbeziehen, neue Forschungsergebnisse berücksichtigen, neue Fragestellungen aufnehmen würde, versteht sich von selbst. Das gilt nicht zuletzt für die Stellung zum Judentum, die der Autor heute differenzierter sieht, als die hier wieder abgedruckten Beiträge gelegentlich formulieren (vgl. demnächst den 2. Band seiner „Theologie"). Doch konnte es nicht um Aktualisierung und Fortschreibung, sondern nur um Dokumentation gehen. Daß sich Wilhelm Thüsing dazu sein Einverständnis abringen ließ, war nicht die geringste Arbeit des Herausgebers. Zwei Aufsätze („Der Gott der Hoffnung" [Nr. 4] und „Das Opfer der Christen nach dem Neuen Testament" [Nr. 9]) mußten neu gesetzt werden. Hier war es möglich, Druckfehler zu berichtigen und kleine Änderungen einzuarbeiten, die aber nur redaktionellen Charakter haben.

Der Dank des Autors und Herausgebers gilt vielen: den studentischen Hilfskräften Christian Münch, Jutta Birke, Susanne Nußbaum, Sabine Brochhagen und Maria Castellana für verschiedene technische Dienstleistungen; den Verlagen, die einem Wieder-Abdruck der Studien zugestimmt haben; vor allem den beiden Herausgebern der „Wissenschaftlichen Untersuchungen zum Neuen Testament" für die Bereitschaft, den Band in die Reihe aufzunehmen; nicht zuletzt dem Verleger Georg Siebeck für sein Interesse und dem Verlag insgesamt für die schnelle und gewohnt vorzügliche Drucklegung.

Münster, im November 1994                                    *Thomas Söding*

# Inhaltsverzeichnis

## *IV. Diakonia der Kirche*

## *V. Kontinuität mit dem Ursprung*

# I.
## Suche nach dem Ganzen
## der neutestamentlichen Botschaft

# 1. Zwischen Jahweglaube und christologischem Dogma

## Zu Position und Funktion der neutestamentlichen Exegese innerhalb der Theologie

I.

**Das Neue Testament – „zwischen" dem Alten Testament und dem kirchlichen Dogma?**

### Zu den Grundlagen für die Positionsbestimmung

Die beiden Relationen, die im Haupttitel angedeutet sind – die vom Neuen Testament zum Alten und die zum nachneutestamentlichen kirchlich-christologischen Dogma –, machen Grundlage und Kernstück des Beziehungsgefüges aus, in dem die Auslegung des Neuen Testaments für sich selbst und innerhalb der Theologie steht. Denn der durch diese Relationen gekennzeichnete glaubensgeschichtliche „Ort" des Neuen Testaments bestimmt nicht nur die neutestamentliche Exegese selbst, sondern auch ihren Platz und ihre Relevanz im Kontext der theologischen Disziplinen.

Doch diese erste Feststellung, die in etwa bereits Thesencharakter trägt, drängt zu einer näheren Bestimmung und Reflexion, der jetzt ebenfalls – der besseren Übersicht halber – eine These vorangestellt sei:

*Die Linie vom Alten Testament zu Jesus von Nazaret setzt sich durch den Kreuzestod hindurch fort zu Jesus als dem jetzt erhöhten Gekreuzigten; und auch das Neue Testament sowie prinzipiell auch die weitere Theologie- und Dogmengeschichte liegen auf der Linie, die Jahwe im Alten Bund initiiert hat*[1].

---

* Abschiedsvorlesung am Fachbereich Katholische Theologie in Münster am 30. 6. 1983; für den Druck überarbeitet und erweitert.

[1] Hier könnte sich ein Einwand melden: Gibt es denn überhaupt „das" Alte Testament? Genauer: Müßte nicht auch derjenige, der den alttestamentlichen Kanon und damit die Sammlung der alttestamentlichen Schriften als für die Kirche gültige und zusammengehörige Größe anerkennt, darauf verzichten, ein so vielschichtiges Phänomen *theologisch* auch nur annähernd auf einen Nenner bringen zu wollen? Zur Antwort: Zunächst heben sich die alttestamentlichen Schriften insgesamt so charakteristisch von allem anderen im Alten Orient ab – trotz aller aufweisbaren Verbindungslinien –, daß sie schon dadurch als eine Art Einheit erfaßbar sind. Das wird vollends dann klar, wenn wir auf die Überarbeitung und Zusammenfügung dieser Schriften in der Zeit nach dem Exil schauen, die bereits auf Grund eines reflexen Glaubensbewußtseins des nachexilischen Israel bzw. Juda zustande gekommen sind – auf diesen Vorgang, dem wir die heutige Gestalt des Alten Testaments verdanken. Diesem Vorgang liegt bereits sehr deutlich ein Glaube zugrunde, der trotz aller Spannungsbreite gemeinsame Strukturlinien aufweist. Und erst recht muß das Alte Testament („Gesetz und Propheten") als Einheit genommen werden, wenn wir nach dem Verständnis der heiligen Schriften Israels bei den Zeitgenossen Jesu und bei Jesus selbst fragen.

Jahwe, der Gott Israels und der Verheißung an die Völker, der nach dem Glauben bereits weiter Teile des Neuen Testaments von Ewigkeit her der Vater Jesu Christi ist, initiiert diese Heilslinie, die er durch Leben, Tod und Auferweckung Jesu von Nazaret hindurch zum Heil der Welt universal wirksam werden läßt; er bestimmt und umgreift sie von den Anfängen Israels bis zum Ende der Menschheits- und Kirchengeschichte. Der erhöhte Gekreuzigte, den das Neue Testament verkündet, ist in der Weise mit Jesus von Nazaret identisch, daß nichts von den Intentionen des prophetischen Charismatikers, der die Basileia Gottes verkündete und mit Zöllnern und Sündern Tischgemeinschaft hielt, verlorengeht; vielmehr wird es durch die Auferweckung (und durch das, was das Neue Testament „Erhöhung" nennt) zu bleibender Gültigkeit und Wirksamkeit geführt[2].

Was mit dem Haupttitel gemeint ist, muß dementsprechend jetzt freilich präzisiert werden: Das Neue Testament steht keineswegs schlechthin „zwischen" Jahweglaube und christologischem Dogma – auch wenn dieses „zwischen" seine Berechtigung hat, falls man das Neue Testament als ein Phänomen betrachtet, das *zeitlich* „zwischen" dem Alten Testament als der Grundurkunde des Jahweglaubens und dem nach der neutestamentlichen Zeit, vor allem im 4. und 5. Jahrhundert, sich voll ausbildenden christologisch-trinitarischen Dogma liegt. *Jedoch – und das ist entscheidend – finden sich beide, Jahweglaube und Christusbekenntnis, im Neuen Testament selbst.* Der Jahweglaube wirkt in seiner ganzen Kraft – grundlegend und ursprunghaft bei Jesus von Nazaret – in das Neue Testament hinein; und schon erstaunlich früh nach Jesu Tod und der Erfahrung seiner Auferweckung beginnen die Grundlagen des späteren christologischen Dogmas sich vorzubereiten.

Noch mehr: *Das Zusammentreffen von Jahweglaube und christologischem Bekenntnis innerhalb des Neuen Testaments ist nicht zufällig; es ist genau das, was den innersten Kern des neutestamentlichen Evangeliums ausmacht.* Und derjenige Punkt, an dem beide am dichtesten, aber auch in der größten Dunkelheit für den Glauben zusammentreffen, und damit der letztgültige Punkt dieses Zusammentreffens ist das (von Gott in der Auferweckung bestätigte) *Kreuz* – der Tod der Schande, der dem Boten der Basileia Gottes zuteil wird.

Alttestamentlicher Jahweglaube, Jesus von Nazaret, sein Kreuz zusammen mit seiner Auferweckung, und schließlich das Neue Testament liegen auf einer Linie, die vom Jahweglauben umfangen bleibt: *Die Konsequenz ist unausweichlich, daß auch die späteren Konzeptionen der Theologiegeschichte nur dann voll legitimiert sind, wenn sie ebenfalls diese Linie nicht verlassen.*

Bruch oder Kontinuität?

Aber wie können wir diese Behauptung, Altes Testament und Neues Testament stünden in einer (im Neuen Testament prinzipiell, wenn auch in verschiedener Dichte,

---

Diese Betrachtung des Alten Testaments als einer Einheit gilt auch noch in der Zeit der Entstehung der neutestamentlichen Schriften, in der das Alte Testament – in der Form der Septuaginta – die Heilige Schrift nicht nur des hellenistischen Judenchristentums, sondern auch des hellenistischen Heidenchristentums war.

[2] Vgl. W. THÜSING, Die neutestamentlichen Theologien und Jesus Christus, Band 1: Kriterien auf Grund der Rückfrage nach Jesus und des Glaubens an seine Auferweckung, Düsseldorf 1981 (im folgenden mit dem Kurztitel „Theologien I" zitiert), bes. 125–131.

durchgehaltenen) Kontinuität, angesichts der faktischen Phänomene von Diskontinuität zwischen Jesus von Nazaret und den nachösterlichen christologisch-soteriologischen Konzeptionen aufrechterhalten – also angesichts des „garstigen breiten Grabens" zwischen dem irdischen Jesus von Nazaret und dem nachösterlichen Christusglauben, von dem Gotthold Ephraim Lessing gesprochen hat[3] und der von vielen gerade heute sehr deutlich und vielleicht schmerzlich empfunden wird? Wir dürfen uns die Antwort nicht zu leicht machen: Wie kann denn etwas zum tragenden Grund christlichen Glaubens gemacht werden, das doch die Möglichkeiten historischer Verifizierung transzendiert? Und zwar etwas „Metahistorisches", dessen Bezeugung zudem noch scheinbar so spärlich und widersprüchlich ist und außerdem nur durch Menschen geschieht, die Glaubende sind, glaubend freilich nach ihren Angaben auf Grund dieses Ereignisses? Das Bindeglied zwischen Jesus von Nazaret und dem auferweckten, erhöhten Christus ist eben mit den Mitteln der Geschichtswissenschaft als solchen nicht zu greifen.

Wir müssen uns darüber im klaren sein, wie groß die Versuchung ist, angesichts dieses „garstigen breiten Grabens" offen oder uneingestanden den leichteren und sich insgeheim aufdrängenden Ausweg zu wählen, sich mit einer der beiden durch den „Graben" scheinbar getrennten Seiten zu begnügen.

Bleibt man auf der alttestamentlich-jesuanischen Seite des „Grabens", dann scheint alles sehr einfach zu sein, von dem Ballast befreit, den die nachösterliche Erhöhungs-christologie und ihre Folgen scheinbar darstellen. In der Tat gibt es diese Position, auch noch heute. Ich zitiere jedoch einen Wissenschaftler aus der sogenannten religionsge-schichtlichen Schule, Wilhelm Bousset, der vor mehr als 60 Jahren folgendes geschrieben hat[4]: Die Erhöhungschristologie bedeute „eine merkwürdige Komplizierung und Belastung derjenigen Einfachheit und Schlichtheit der Religion, die auf den Höhepunk-ten der alttestamentlichen Religion und im Evangelium Jesu" zur Erscheinung komme. Denn „das Objekt des religiösen Glaubens wie der gottesdienstlichen Verehrung" stelle sich nunmehr „in einer eigentümlichen durchgängigen Verdoppelung dar. Dicht nebeneinandergedrängt erscheinen dem Auge des Glaubens die Gestalten Gottes und Christi." Nach der Meinung Boussets haben schon die frühen Christen mit dem Erhöhungsglauben also auch den Jahweglauben im Grunde relativiert, ja abgelegt. Heute würden manche vielleicht die bei Bousset schon implizierte Frage noch „aktueller", drängender aussprechen: Warum verlängern wir diese einfache Linie vom Alten Testament zu Jesus von Nazaret nicht in unsere Zeit hinein und führen die befreiende Praxis Jesu von Nazaret nicht einfach in unsere Gegenwart hinein weiter? Doch wir müssen uns über die Folgen im klaren sein: Mit der Ausklammerung oder gar Leugnung des Erhöhungsglaubens wäre die Verbindung mit der kirchlichen Gemein-schaft der Glaubenden und ihrer zweitausendjährigen Glaubenstradition abgebro-chen.

Aber auch, wenn ein Christ seine Position mehr oder weniger einseitig auf der anderen Seite des „garstigen breiten Grabens" bezieht, der des neutestamentlichen

---

[3] G. E. LESSING, Über den Beweis des Geistes und der Kraft, in: ders., Werke in sechs Bänden, Bd. 6: Theologie/Philosophie (ediert von F. FISCHER), Frankfurt 1965, 287.
[4] W. BOUSSET, Kyrios Christos. Geschichte des Christusglaubens von den Anfängen des Christentums bis Irenäus (FRLANT 21 [NF 4]), 2. Aufl., Göttingen 1921, 150.

Erhöhungsglaubens, scheint alles – mit umgekehrtem Vorzeichen – sehr einfach zu sein. Auch die Linie „erhöhter Christus – nachösterliches Neues Testament – weitere Dogmen- und Theologiegeschichte" erscheint in sich klar. Und es läßt sich ja nicht leugnen, daß das Neue Testament, so wie es uns vorliegt, insgesamt nach Ostern, zum Teil lange nach den Ereignissen von Tod Jesu und Auferweckungserfahrung der Jünger, geschrieben wurde und daß alle seine Autoren, auch die synoptischen Evangelisten, „nachösterlich", aufgrund des Erhöhungsglaubens, denken und verkünden.

Deshalb kann es nicht überraschen, wenn es – in mehr oder weniger mit anderen Elementen vermischter Form – tatsächlich auch die Position einseitiger Erhöhungschristologie gibt. Es gibt Christen, die zwar mit dem Neuen Testament bekennen, daß *Jesus* auferweckt und erhöht wurde; aber für die Theologie und die kirchliche Praxis wird er, Jesus von Nazaret, mitsamt seiner unbequemen spannungsgeladenen Botschaft (Erbarmen Gottes für die Sünder unbeschadet des absoluten Anspruchs Gottes[5]) dennoch faktisch ausgeblendet – und mit ihm und seiner „Sache" zusammen auch das Alte Testament.

Doch auch dieser Weg ist nicht gangbar. Er führt zu dem heute noch recht weit verbreiteten latenten Monophysitismus, der Jesus im Grunde nur noch als Gott sieht und das dialektisch-paradoxe Bekenntnis des Konzils von Chalkedon zum Sohn Gottes als dem wirklichen Menschen nicht realisiert. Die wichtige adverbiale Bestimmung „unvermischt" in der Definition dieses Konzils besagt ja (trotz des ebenfalls festzuhaltenden „ungetrennt"), daß Jesus Christus in gar keiner Weise ein „gottmenschliches" *Doppelwesen* ist.

Diese zwei Versuche, an der zunächst so problematisch erscheinenden Kontinuität zwischen dem Alten Testament sowie Jesus auf der einen Seite und dem Erhöhungsglauben zusammen mit dem Neuen Testament auf der anderen – und damit an dem Sprung des Glaubens über den „garstigen breiten Graben" – vorbeikommen zu wollen, verweisen uns immerhin auf die Aporie, auf die Schwierigkeit einer Theologie des Neuen Testaments gegenüber der Theologie des Alten Testaments. Diese Aporie ist in der enormen Vertiefung und „Radikalisierung" des Gottesglaubens durch Jesus Christus begründet, die vordergründig als Komplizierung erscheint. Doch wiederum: Der den Glauben reflektierende Christ, der Theologe, darf der Schwierigkeit nicht dadurch entgehen wollen, daß er entweder das Alte Testament oder den nachösterlich-christologischen Grundzug des Neuen Testaments ausblendet.

Das Alte Testament ist als Wurzelgrund des Jesuanischen für christlichen Glauben unverzichtbar. Es bildet mit seiner ungleich breiteren Verankerung in der Geschichte und im gesellschaftlichen Raum eines Volkes, seinem Reichtum und seiner Fülle schöpfungsmäßiger Lebendigkeit nach wie vor den Hintergrund für alles „Suchen des Antlitzes Jahwes" – und damit auch für jeden christlichen Glauben, auch und erst recht bereits den neutestamentlichen. Und ist die Gefahr der Verengung wirklich zu vernachlässigen, die sich aus einer *isolierten* Betrachtung des nachösterlichen Neuen Testaments ergibt? Dietrich Bonhoeffer hat geschrieben: „Wer zu schnell und zu direkt

---

[5] Vgl. W. THÜSING, Theologien I, bes. 70 – 76.

neutestamentlich sein und empfinden will, ist m. E. kein Christ . . . Man darf das letzte Wort nicht vor dem vorletzten sprechen."[6]

Aber damit ist keineswegs die an erster Stelle genannte Engführung empfohlen, sich auf das Alte Testament und den geschichtlichen Jesus zu beschränken. Denn derjenige, der den Erhöhungsglauben ausklammert, verliert ebenfalls das christlich Entscheidende.

Ich setze also die Überzeugung gegen beide Interpretationstendenzen: Es besteht Kontinuität. Nur wenn das Neue Testament auf der Linie liegt, die vom Alten Testament zu Jesus führt und die insgesamt vom Jahweglauben umfangen ist, kann der von der Kirche bzw. von den christlichen Kirchen durch Jahrhunderte und Jahrtausende festgehaltene Glaube „stimmig" sein. Nur so kann verhindert werden, daß entweder das Alte Testament mitsamt wesentlichen Grundintentionen Jesu von Nazaret oder das Nachösterliche, also vor allem die das Neue Testament durchziehende Rede vom erhöhten Christus, als lästig und belanglos eliminiert wird. Aber wie kann das Festhalten an der Kontinuität begründet werden? Die Frage kann hier nicht aufgearbeitet werden[7]; ich kann im folgenden nur einige meines Erachtens entscheidende Punkte hervorheben.

### Die Kontinuitätsfrage und der Glaube an den lebendigen Gott

Die wichtigste und zentralste Antwort, die auf die Frage gegeben werden kann, wieso eine solche Konzeption ohne *illegitime* Mythologie und Mystifizierung für den Glaubenden verantwortbar ist, hat Gerhard Ebeling so formuliert: Was Auferweckung von den Toten heißt, wird man „nur verstehen können, wenn man ahnt, was Gott heißt".[8] Ebeling scheint sich hier an dem Jesuswort an die Sadduzäer zu orientieren (an Angehörige einer jüdischen Gruppierung, die die Auferweckung von den Toten leugnete); dieses Jesuswort tritt uns immer dann entgegen, wenn wir selbst in Gefahr sind, Anstoß an der Verkündigung der Auferweckung Jesu zu nehmen: „Irrt ihr nicht, weil ihr weder die Schrift *noch die Macht Gottes kennt?*" (Mk 12, 24 par Mt.)

Genau dieser durch alle Destruktion falscher Gottesbilder hindurch zum „je größeren Gott", zum „Deus semper maior" vorstoßende Glaube trifft sich mit der (übrigens in der frühjüdischen Apokalyptik vorbereiteten) äußersten Aufgipfelung des Gottesgedankens bei Paulus: Gott ist der „totenerweckende Gott" (vgl. Röm 4, 24; 10, 9).

Die Frage, ob der urchristliche Auferweckungs- und Erhöhungsglaube bejaht werden kann, hängt letztlich vom Gottesbegriff ab bzw. richtiger vom Gottesglauben: davon, ob man bereit ist, Gott in der radikalen Weise als den je Größeren anzuerkennen, wie die neutestamentlichen Zeugnisse das fordern – als den lebendigen und totener-

---

[6] D. BONHOEFFER, Widerstand und Ergebung. Briefe und Aufzeichnungen aus der Haft (hrsg. von E. BETHGE; Siebenstern-Taschenbuch 1), 3. Aufl., München – Hamburg 1966, 86.

[7] Ich muß hierfür auf den in Anm. 2 zitierten programmatisch-kriteriologischen I. Band meines Werkes „Die neutestamentlichen Theologien und Jesus Christus" verweisen. S. auch unten S. 128 (mit Anm. 14).

[8] G. EBELING, Das Wesen des christlichen Glaubens (Siebenstern-Taschenbuch 8), 2. Aufl., München – Hamburg 1965, 66.

weckenden Gott, der den Menschen Jesus durch den Tod hindurch nicht nur persönlich zu retten vermag, sondern ihn so in sein (Gottes) eigenes Geheimnis aufnehmen kann, daß Gottes Wirksamkeit und die Wirksamkeit dieses Menschen von jetzt an zusammengehören. Die gesamte Interpretation des Verhältnisses von Jahweglaube und christologischem Bekenntnis hängt von der Frage ab, ob der theologisch denkende Christ den „garstigen breiten Graben" bzw. den Anstoß, den er bereitet, einerseits nicht verdrängt, im Gegenteil diesen Anstoß an sich heranläßt, andererseits aber nicht vor der scheinbaren Unüberwindlichkeit dieses „Grabens" kapituliert: ob er der Versuchung widersteht, einen der bequemeren Auswege zu wählen, ob er sich also weder mit der einen noch mit der anderen Seite diesseits oder jenseits des „Grabens" begnügt – sondern stattdessen im Glauben an den „Deus semper maior" den Sprung wagt und darauf vertraut, daß er über den „Graben" hinweggetragen wird.

Der Glaube an die Verkündigung „Gott hat Jesus für uns in den Tod gegeben und ihn von den Toten auferweckt" ist der Sache nach letztlich gleichbedeutend mit dem Glauben: Gottes Handeln an Jesus und in Jesus ist so, daß Gott ebendadurch auch die höchsten und sublimsten von Menschen gemachten Gottesbilder der Zerstörung preisgibt – damit ein Transzendieren unserer immer wieder von uns selbst gemachten Gottesbilder auf das letzte unsagbare Geheimnis sich ereignen kann, so daß nur das eine übrigbleibt: Der glaubende Mensch wird zu dem (wenn wir es recht bedenken, alle Vorstellungen restlos sprengenden) Bekenntnis „Gott ist Liebe" geführt.

## Das Verhältnis von Theozentrik und Christozentrik als Schlüsselfrage

Trotz der völlig einzigartigen Stellung, die Jesus Christus gegeben worden ist, bleibt Gott, der Vater Jesu Christi und der Jahwe des Alten Testaments, Ursprung und Ziel: Das gilt nicht nur für den irdischen Jesus von Nazaret, sondern auch für ihn als den erhöhten Jesus Christus und seine Mittlerfunktion. Die vom Neuen Testament so stark bezeugte zentrale Stellung Christi für die Vermittlung des Heils (die „Christozentrik" – diese lebendige Beziehung des Christen zu seinem Kyrios, die für christlichen Glauben legitim, ja unverzichtbar war und ist) bleibt innerhalb der vom Alten Testament und Jesus von Nazaret gewiesenen Linie, auf der des Jahweglaubens und des ureigensten Anliegens Jesu, das er seine Jünger ins Gebet zu fassen lehrte: daß der Name des Vaters geheiligt werde und die heilshafte Herrschaft dieses Vaters, sein „Reich" komme, d. h. daß Gott sich zum Heil für seine Menschen offen als derjenige erweise, dem die Basileia gehört und die Macht, sie durchzusetzen.

Auch der erhöhte Jesus Christus und sein Wirken ist auf diese Theozentrik ausgerichtet. Auf die „Theozentrik": Es dürfte schwer sein, einen passenderen Kurzausdruck dafür zu finden, daß Gott, der Jahwe des Alten Testaments und der Vater Jesu Christi, das absolute Zentrum ist, aus dem alles Weltgeschehen und mitten darin das, was Heilsgeschehen genannt wird, kommt, und daß dieser Gott in der umgekehrten, der Antwortlinie, derjenige ist, auf den hin „alles" und durch Christus wir selbst leben (vgl. 1 Kor 8, 6). Denn auch vom auferweckten, erhöhten Christus weiß das Neue Testament, daß er „auf Gott hin lebt[9]" und daß er in dieses sein Leben auf Gott hin die

---

[9] So Paulus in Röm 6, 10. Zum paulinisch-theologischen Gewicht dieser Stelle vgl. W. THÜSING, Per Christum in Deum. Studien zum Verhältnis von Christozentrik und Theozentrik in den paulinischen Hauptbriefen, 2. Aufl., Münster 1969, 67 – 92 (vgl. auch 93 – 114).

Seinen einzubeziehen vermag, so daß sie Söhne und Töchter Gottes als Brüder und Schwestern *des* Sohnes werden[10].

Die Dogmenformulierungen des 4. und 5. Jahrhunderts wollten die einzigartige Beziehung Jesu Christi zum Vater vor Verfälschungen schützen. Diese Bekenntnistexte mußten der Situation jener Zeit gerecht werden. Sie waren damals notwendig, und sie bleiben weiterhin notwendig; als Trinitätslehre sind sie verbindliche Sicherung neutestamentlichen Gottes- und Christusglaubens. Wir können uns jedoch nicht damit zufriedengeben, daß es diese ehrwürdigen alten Formulierungen gibt; wir müssen sie von den Ursprüngen her immer neu gewinnen und – neu „übersetzen"[11].

Das eben angesprochene Verhältnis von „Christozentrik" und „Theozentrik" ist einer der Angelpunkte, von denen die Kontinuität zwischen der Verkündigung der neutestamentlichen Autoren und Jesus dem Christus abhängt; und von dieser Fage der Kontinuität mit Jesus hängt die Legitimierbarkeit des in der Kirche überlieferten und festgehaltenen Christusglaubens ab – und damit unseres eigenen Glaubens und unserer Hoffnung.

Nur einen weiteren Hinweis (aus einer ganzen Reihe von Hinweisen, die jetzt eigentlich noch genannt werden müßten) möchte ich nicht auslassen: Es ist eine Vorbedingung für jeden ernsthaften jüdisch-christlichen und auch islamisch-christlichen Dialog, daß wir Christen nicht trotz, sondern gerade wegen des Christusglaubens und wegen unserer „Christozentrik" ganz und voll auf dem Boden des Jahweglaubens stehen, des Bekenntnisses „Höre, Israel, Jahwe, dein Gott, ist *einer*" – ja, daß der in das absolute Geheimnis der Liebe aufgenommene Jesus Christus selbst (in der Kraft ebendieses Geheimnisses) darauf hinwirkt, daß jede Verzerrung des Jahweglaubens immer wieder überwunden und transzendiert wird: bis zur äußersten und eschatologisch-letzten Aufgipfelung des Jahweglaubens hin.

Um jetzt auf die Überschrift dieses Teils I zurückzugreifen: Es dürfte bereits erkennbar geworden sein, in welchem Maße sie die Grundlage für alle Positionsbestimmung sowie bereits das Kernstück, das Zentrum der Beziehung des Neuen Testaments zu den anderen theologischen Disziplinen zu signalisieren vermag, und zwar in ihrer doppelten Entfaltung: „Das Neue Testament und seine Auslegung *zwischen* Jahweglaube und christologischem Dogma" *und* „Das Miteinander und Ineinander von

---

[10] Dieses Motiv findet sich in einer charakteristischen Form bei Paulus; vgl. Gal 4, 4 – 6; Röm 8, 9 – 17. 29. S. hierzu W. THÜSING, Per Christum in Deum 116 – 119 (auch 119 – 125 bzw. – 133). 247 f. Für die traditionsgeschichtliche Betrachtungsweise vgl. bes. J. BLANK, Paulus und Jesus. Eine theologische Grundlegung. München 1968, 249 – 303. – Das Motiv „Der Sohn und die Söhne" ist aber nicht nur bei Paulus von Bedeutung; vgl. vor allem Hebr 2, 10 ff.; Joh 20, 17; Mt 25, 40; 28, 10.

[11] Was hier gemeint ist, scheint mir besonders treffend von B. WELTE und K. LEHMANN verdeutlicht zu sein: B. WELTE, Die Lehrformel von Nikaia und die abendländische Metaphysik, in: Zur Frühgeschichte der Christologie (Hrsg. B. WELTE) (QD 51), Freiburg 1970, 100 – 117, bes. 116 f.; K. LEHMANN, Dogmenhermeneutik am Beispiel der klassischen Christologie, in: Jesus – Ort der Erfahrung Gottes (B. Welte gewidmet), Freiburg 1976, 190 – 209, bes. 203 – 207. Vgl. auch meine eigenen Stellungnahmen zum Problem: W. THÜSING, Neutestamentliche Zugangswege zu einer transzendental-dialogischen Christologie, in: K. RAHNER – W. THÜSING, Christologie – systematisch und exegetisch (QD 55), Freiburg 1972, 81 – 303, hier 263 – 273; DERS., Theologien I, bes. 262 – 268.

Jahweglaube und christologischem Bekenntnis *innerhalb des Neuen Testaments selbst"*.

Die Relationen einerseits zum Jahweglauben und damit zum Alten Testament und andererseits zum christologisch-trinitarischen Dogma und damit zur Systematischen Theologie – mitsamt der Dogmen- und Theologiegeschichte (innerhalb der lebendigen, wechselvollen Geschichte der Kirche selbst) und selbstverständlich mitsamt den Implikationen für christliche Praxis: Diese Relationen bilden den Kern bzw. Schlüssel für die Bestimmung der Position des Neuen Testaments und seiner Auslegung innerhalb der Theologie als ganzer.

## II.

## Die Auslegung des Neuen Testaments innerhalb der Theologie als ganzer

Das Problem „Die einzelne Disziplin innerhalb der Theologie als ganzer" ist so sehr in Gefahr, ausgeklammert zu werden, daß angesichts solcher Tendenzen nicht genug gegengesteuert werden kann. Das gilt auch und nicht zuletzt für die „Exegese des Neuen Testaments" genannte Disziplin. Was dieses unser spezifisches Thema angeht, welche Funktion die Auslegung des Neuen Testaments innerhalb des Ganzen der Theologie hat, sollen unsere Überlegungen – ausgehend von der Basis, die der I. Teil bildet – *in drei Schritten* erfolgen, die zuvor in der Form von Thesen vorgestellt seien[12].

*Erstens:* Die Theologie bildet insgesamt, in der Vielfalt ihrer Disziplinen ein Relationsgefüge *aufgrund ihres Ursprungs im Evangelium* (das in den Verheißungen, der Geschichte und der Gottesverkündigung des Alten Bundes gründet) *und aufgrund ihrer Aufgabe,* die nicht nur in der denkerischen Entfaltung des Evangeliums besteht, sondern insgesamt, in allen Bezügen, in Dienst genommen ist für die Heilsmacht „Evangelium", durch die Gott nach dem Verständnis des Apostels Paulus die Welt retten will.

Die einzelnen theologischen Disziplinen können ihre je spezifische Aufgabe nur dann erfüllen, wenn sie auf die Theologie als Ganzheit, als Einheit in der Vielfalt, und damit auch aufeinander hingeordnet sind. Innerhalb dieses übergreifenden Zusammenhangs ist auch die Aufgabe zu sehen, die die Auslegung des Neuen Testaments hat.

*Zweitens:* Soll die neutestamentliche Exegese nicht isoliert werden, will sie vielmehr als theologische Auslegung ihren Dienst an der Theologie als ganzer erfüllen, so wird sie dazu nur dann imstande sein, wenn sie bereits innerhalb ihres eigenen Arbeitsvollzugs Ansätze entwickelt: wenn sie in ihrer Beschäftigung mit den Texten selbst das systematische und das praktisch-theologische Element in Ansätzen zur Geltung und zur Sprache bringt. Dabei ist es ihre Aufgabe, die Geschichtlichkeit der Botschaft wahren zu helfen.

---

[12] In diesem Teil II des Beitrags geht es um Reflexionen, die nicht nur der Schriftlesung und dem Studium der Schrift, sondern auch der wissenschaftlich-exegetischen Lehrtätigkeit noch voraus-liegen. *Zunächst* handelt es sich wohl um Postulate für die wissenschaftliche Forschung am Neuen Testament. Das berechtigt jedoch in gar keiner Weise, die Konsequenzen zu ignorieren, die die hier zu entfaltende Sicht für Dozieren, Studieren – und auch die persönliche und gemeinsame Schriftlesung – hat und die in gleicher Weise zum Ziel unserer Überlegungen gehören.

*Der dritte Schritt* zielt auf eine Vorbedingung dafür, daß die zwei voraufgehenden Schritte sinnvoll und verantwortbar sind, wenn sie innerhalb der historisch-kritisch fundierten Disziplin „Exegese des Neuen Testaments" bzw. von ihr ausgehend erfolgen sollen: Einerseits muß die Einzelexegese voll zu ihrem Recht kommen; andererseits muß die Auslegung des Neuen Testaments trotzdem (bzw. richtiger: gerade deswegen) offen für das Ganze des Evangeliums und der Theologie sein. Beides zu vereinen, wird nur in der Weise angestrebt werden können, daß die neutestamentliche Exegese sich in den Denk- und Lebensprozeß des „hermeneutischen Zirkels von Einzelexegese und Gesamtschau" hineinbegibt.

## Der erste Schritt:

## Theologie als Einheit vom Evangelium her

Von ihrem Dienst am Evangelium her ist die Theologie eine Einheit in der Vielfalt – von dem Evangelium her, wie es im ersten Teil dieses Beitrags als Miteinander und Ineinander von Jahweglaube und Christusbekenntnis in der Verkündigung der nahen Basileia Gottes erkennbar wurde. So muß sie sich trotz und in ihrer Vielfalt als Einheit und Ganzheit verstehen bzw. diese „Ganzheit" anstreben.

Wenigstens schematisch soll in diesem Abschnitt das Verhältnis der theologischen Disziplinen bzw. ihrer Gruppen umrissen werden, damit in den weiteren Teilen dann von der Aufgabe neutestamentlicher Exegese innerhalb dieses Beziehungsgefüges und für dieses Beziehungsgefüge gesprochen werden kann.

Historisch gesehen ist es unbestritten, daß christliche Theologie ihren Ursprung im Evangelium Jesu Christi und im Evangelium von Jesus Christus hat. Sie ist auch weiterhin durch ihren gestaltgebenden Ursprung im „Evangelium" bestimmt. Dabei fasse ich Evangelium (εὐαγγέλιον) im Sinn des Apostels Paulus als heilshafte Macht von Gott her auf, also keineswegs nur als ein Buch oder eine Summe von Sätzen, sondern als „Dynamik Gottes zur Rettung" (vgl. Röm 1, 16 f.), und zwar so, daß die Botschaft des Alten Testament als die „Wurzel" immer mitgemeint ist.

Aber wie kann das Evangelium im Lauf der Geschichte seine Wirksamkeit entfalten – innerhalb je verschiedener religionsgeschichtlicher, geistesgeschichtlicher, gesellschaftlicher Situationen? Hier muß ich den hermeneutischen Begriff „Horizontverschmelzung[13]" einführen. Denn die Art, wie bereits die theologisch reflektierenden Zeugen des Neuen Testaments, sodann die der Väterzeit und der weiteren Theologiegeschichte versucht haben, das Evangelium zur Geltung zu bringen, kann man als eine Folge von „Horizontverschmelzungen" verstehen – zwischen den Denkhorizonten der Ursprünge einerseits und den Denkhorizonten der jeweiligen geschichtlich bestimmten Umfelder, in die die Botschaft hineinzusprechen war, andererseits – sowie im Zusammenhang mit beidem (last not least) den jeweiligen Denkhorizonten der kirchenamtlichen Lehre. Die Aufgabe heutiger Theologie ist es, auf die heute – in den je verschiedenen Situationen dieses „Heute" – gebotene Horizontverschmelzung hinzuarbeiten.

Was das Verhältnis der einzelnen theologischen Disziplinen untereinander in dieser unserer Gegenwart angeht, vollzieht sich solche Horizontverschmelzung – unter der

---

[13] Vgl. H.-G. GADAMER, Wahrheit und Methode. Grundzüge einer philosophischen Hermeneutik, 2. Aufl., Tübingen 1965, bes. 289 f.; vgl. auch ebd. 324. 356 f. 375.

Voraussetzung der Perspektive, die das Ergebnis unseres ersten Teils eröffnet – durch die Begegnung von (schematisch und vereinfachend gesagt) vor allem drei Größen:

– einmal durch die Begegnung der auf die Ursprünge bezogenen biblischen Theologie und der systematischen Theologie, und zwar in einer Denkbewegung von den Ursprüngen zum heutigen kirchlichen Glaubensverständnis und von da (kritisch hinterfragend und verifizierend, aber auch lernend) wieder zurück,

– sodann von den biblischen Disziplinen zur Praktischen Theologie, ebenfalls in jener doppelten Denkbewegung,

– sowie schließlich, im Zusammenhang mit den genannten Begegnungen, in der Beziehung zwischen Systematik und Praktischer Theologie.

Wo aber bleibt in diesem schematischen Aufriß die Kirchengeschichte? Ich versuche eine (sicherlich nicht vollständige und umfassende) Antwort: *Die Aufgabe der Kirchengeschichte – und in deren Rahmen vor allem der Theologie- und Dogmengeschichte –* ist (innerhalb des Denkmodells „Einwirkung des Evangeliums durch Horizontverschmelzungen") die Rückbeziehung auf diejenigen Horizontverschmelzungen, die denen des Neuen Testaments folgen, die für die Frage nach dem Zusammenhang zwischen dem heutigen kirchlichen Glaubensverständnis und den Ursprüngen unerläßlich sind und die kein wissenschaftlich verantwortbarer Versuch heutiger „Horizontverschmelzung" unberücksichtigt lassen kann.

Theologen sind heute oft versucht, die Beziehung zwischen dem Neuen Testament und dem heutigen Glaubensbewußtsein „unmittelbar", ohne Beachtung der Theologiegeschichte und der kirchlichen Lehrentwicklung herzustellen; sie sind versucht, die immer wieder neu vollzogenen „Horizontverschmelzungen", die ja ihre Spuren hinterlassen haben und von denen viele für uns heute alles andere als irrelevant sind, zu vernachlässigen. Das wäre jedoch zwar ein leichterer, aber in seiner Ungeschichtlichkeit kurzschlüssiger Weg, der die Gefahr von Engführungen notwendig in sich trägt.

Auch zwischen der Kirchen- sowie Theologiegeschichte und den gestaltgebenden Ursprüngen (insofern die letzteren in dem – im Alten Testament verankerten – Neuen Testament bzw. mit seiner Hilfe zu erkennen sind) muß jene doppelte Denkbewegung erfolgen.

Das sollte etwa in der Weise geschehen, daß das systematisch-theologische sowie das praktisch-theologische Denken der in der Kirchengeschichte behandelten Epochen mitumfaßt werden; und ebenso sollten die theologiegeschichtlichen Voraussetzungen heutigen theologischen Denkens bedacht werden.

Die Kirchengeschichte ist innerhalb des Stromes zu sehen, der von den Ursprüngen zum heutigen Glauben und zur heutigen christlichen Praxis führt, ja sie eröffnet Wege, viele nicht mehr wegzudenkende Komponenten des heutigen Glaubensbewußtseins zu erfassen. Freilich werden nicht nur die positiv zu wertenden Phänomene der Kirchen- und Theologiegeschichte ins Auge gefaßt werden müssen, sondern auch diejenigen, bei denen die Kontinuität mit den biblischen bzw. neutestamentlichen Ursprungsstrukturen (oder die Möglichkeit einer Konvergenz mit den Ursprungsstrukturen) für eine theologische Konzeption als ganze oder (wohl in den meisten Fällen) für Teilaspekte kritisch zu hinterfragen ist. Denn sonst könnte auch die Aufgabe, Kontinuität oder Konvergenz aufzuweisen, nicht redlich und glaubwürdig durchgeführt werden.

## Der zweite Schritt:

### Ansätze für systematisch-theologische und praktisch-theologische Perspektiven innerhalb der Auslegung des Neuen Testaments

Bereits im Vollzug der neutestamentlich-exegetischen Arbeit selbst, nicht erst in einem interdisziplinären Dialog (so wünschenswert und erstrebenswert der letztere auch ist) müssen Ansätze für die Begegnung mit Systematischer und Praktischer Theologie erarbeitet werden.

Neutestamentliche Exegese und Theologie sollten m. E. so betrieben werden, daß sich schon in ihnen selbst nicht nur eine Art Zulieferfunktion für andere Disziplinen, sondern *ansatzweise* die Horizontverschmelzung selbst zwischen dem heutigen und demjenigen Denkhorizont vorbereiten kann, für den das Neue Testament transparent ist. Sie darf die Aufgabe der Horizontverschmelzung nicht nur anderen Disziplinen überlassen (obwohl Systematik und Pastoraltheologie in dieser Hinsicht gewiß in höherem Maße einen Schwerpunkt haben). Sie muß sie vielmehr selbst so durchführen, daß der befreiende und fordernde Charakter der neutestamentlichen Botschaft auch für heutiges Denken und Leben von Christen sichtbar wird.

Zu den Ansatzpunkten in Richtung auf die Systematische Theologie:

Die Auslegung des Neuen Testaments wird heutige systematisch-theologische Fragestellungen schon in die Exegese selbst hineinlassen müssen. Und vor allem wird sie die systematisch-theologischen Ansätze und Konzeptionen, die das Neue Testament selbst bereits enthält, zur Geltung kommen lassen. Alle Autoren des Neuen Testaments besitzen eine mehr oder weniger entwickelte theologische Konzeption (nicht nur Paulus und Johannes!). Die Auslegung hat ohne Frage die Aufgabe, diese Konzeptionen im Rahmen der neutestamentlichen Theologie sichtbar zu machen. Das schließt bereits die Aufgabe in sich, die Relevanz dieser neutestamentlichen Konzeptionen auch für heutige systematische Theologie sichtbar zu machen.

Was Beispiele angeht, muß ich mich in diesem Beitrag darauf beschränken, auf den bereits in seinem ersten Teil ausgeführten Ansatz zu verweisen. Dort wurde das Evangelium angesprochen, in dem Jahweglaube und Christusbekenntnis sich vereinen, und von da aus die Aufgabe für das christologische Dogma aufgezeigt. Scheinbar betrifft dieses Beispiel lediglich die Dogmatik. Jedoch bildet es ein Kernstück dieser Disziplin mit derart weitreichenden Konsequenzen, daß es auf die systematische Theologie als ganze ausgreift; es impliziert Weichenstellungen von einer Bedeutung, die kaum überschätzt werden kann.

Der letztlich entscheidende Kern der Aufgabe, die sich im Hinblick hierauf bereits innerhalb der Exegese selbst stellt, kann mit dem Stichwort *„Kontinuitätsfrage"* gekennzeichnet werden. Es geht um die Frage, ob und in welcher Weise die nachösterlich-neutestamentlichen theologischen Konzeptionen in Kontinuität mit Jesus, dem Christus, selbst stehen – und damit um die Frage, ob die auf dem Glauben an den erhöhten Jesus als ihrem Fundament aufbauende kirchliche Glaubensüberzeugung und Lehre legitim sind[14].

Zu den Ansatzpunkten in Richtung auf die Praktische Theologie:

Auch für den Horizont heutiger christlicher Praxis nach innen und außen, für den innerhalb der theologischen Aufgaben die Bezeichnung „Praktische Theologie" steht,

---

[14] Das ist – vereinfacht gesagt – die zentrale Fragestellung meines mit dem 1981 erschienenen I. Band (s. o. Anm. 2) begonnenen Werks „Die neutestamentlichen Theologien und Jesus Christus".

müssen in der neutestamentlichen Exegese selbst bereits die Ansätze geschaffen bzw. freigelegt werden.

Ich hebe vor allem *zwei Themen* hervor, die scheinbar innerhalb des großen Gebiets „Praktische Theologie" in ganz verschiedene Richtungen weisen, in Wirklichkeit jedoch m. E. *komplementär aufeinander bezogen* sind; stichwortartig: „Gesellschaftliche Relevanz des Evangeliums" und „Glaubensmeditation"[15].

Zum Thema „Gesellschaftliche Relevanz des Evangeliums":

Innerhalb der exegetischen Arbeit selbst müssen die Ansätze in Richtung der gesellschaftlichen Relevanz von Glaube und Theologie freigelegt werden, die im Neuen Testament enthalten oder impliziert sind.

Auch hierfür bietet bereits die Kontinuitätsfrage einen Beitrag, auf den nicht verzichtet werden kann: und zwar grundlegend dadurch, daß die Exegese nicht der befreienden und fordernden Intention Jesu von Nazaret (in ihrer Spannungseinheit von zwei Polen, dem „Schenken von Freiheit" und dem „Zur-Geltung-Bringen des Anspruchs Gottes"[16]) und ihrer bleibenden Brisanz im Wege steht, sondern sich und die angesprochenen Menschen dafür öffnet – und zwar auch hier auf der Grundlage des Alten Bundes mit seinen vielfältigeren Bezügen auf gesellschaftliche Zusammenhänge, die seiner langen und wechselvollen Geschichte entsprechen.

Was die Ansätze für das Bedenken gesellschaftlicher Wirklichkeit angeht, weise ich jedoch vor allem auf die Weiterentwicklung der historisch-kritischen Methode in der „pragmatischen Exegese[17]" hin.

Biblisch-pragmatische Exegese will die Kommunikationssituation zwischen den Autoren des Neuen Testaments und ihren jeweiligen Adressaten, meist ihren Gemeinden, innerhalb des Auslegungsvorgangs herausstellen[18]. Bei der „textpragmatischen" Fragestellung muß die Frage „Was wollte Paulus seiner Gemeinde mit diesem Brief sagen?" ergänzt werden durch die weitere Frage „Wie hat die Gemeinde diesen Brief gelesen?"[19] Gewiß wird dieses Verfahren nicht für alle Texte des Neuen Testaments möglich sein, erst recht nicht in gleicher Dichte der Realisierung; trotzdem dürften hier wertvolle Ansatzpunkte für die Brücke zur Praktischen Theologie zu finden sein. Denn wenn also auch ein Schluß auf den heutigen Leser bzw. Hörer selten in direkter Weise

---

[15] In einem umgreifenden theologischen Zusammenhang wären diese beiden Themen den komplementären Gegensatzbereichen „actio" und „contemplatio" zuzuordnen.

[16] Das ist eine Kurzformulierung des tragenden Grundgedankens des I. kriteriologischen Bandes meines oben (Anm. 2) zitierten Werks: W. THÜSING, Theologien I, 71 – 76 (bezüglich des Jesuanischen); hinsichtlich der nachösterlichen Transformation vgl. den gesamten Dritten Teil „Die Kriterien als Ganzheit", ebd. 219 – 369.

[17] Vgl. bes. H. FRANKEMÖLLE, Biblische Handlungsanweisungen. Beispiele pragmatischer Exegese, Mainz 1983, dort vor allem die Einführung „Zum Konzept einer pragmatischen Bibelauslegung", 11 – 49.

[18] Dabei muß freilich die Priorität gesichert sein, die innerhalb des kommunikativen Geschehens zwischen den neutestamentlichen Autoren und ihren Gemeinden *der Ausrichtung des Kerygmas* zukommt, dem jeder neutestamentliche Verfasser sich verpflichtet weiß – des Kerygmas und der aus ihm folgenden Paränese, die beide innerhalb des von Gott herkommenden Heilsgeschehens „Evangelium" (vgl. Röm 1, 16 f.) ihren Ort haben.

[19] Vgl. H. FRANKEMÖLLE, a. a. O. 11.

möglich sein wird (schon wegen der zeitlichen Distanz), so ist das Interesse an der damaligen Kommunikationssituation schon in sich ein Ansatzpunkt für die Aufgabe, von der Exegese her auf die heutige Kommunikationssituation hinzuarbeiten und im Zusammenhang damit einen vielleicht nur keimhaften (aber vielleicht gerade wegen des keimhaften Charakters bedeutsamen) Beitrag zur gesellschaftlichen Dimension heutiger Theologie von der Auslegung des Neuen Testaments her, wenn nicht zu leisten, so doch *vorzubereiten*.

Das ist auch dann sinnvoll und möglich, wenn das im Wort „Exegese" schon enthaltene Prinzip beachtet wird: Sie darf keine Eisegese sein, d. h. in den Text darf nicht etwas hineingetragen werden, sondern *E*xegese, das heißt: aus dem Text selbst heraus soll sein Sinn erschlossen werden. Auch Horizontverschmelzung bedeutet ja nicht, daß wir, ohne uns wirklich auf den Denkhorizont des Textes einzulassen, die jeweiligen Anliegen und Perspektiven heutiger Denkhorizonte (oder gar unsere ganz persönlichen Lieblingsgedanken) in die Schrift hineinlesen und *so* völlig das Hören auf das Wort vergessen und verlernen – das Hören auf das Wort, das geschichtlich und theologisch vor uns und außerhalb von uns ergangen ist.

### Zum Postulat einer narrativen Theologie des Neuen Testament

Mit dem Thema „kommunikativ-pragmatischer Ansatz" gehört ein weiteres eng zusammen. Die Rezeption des neutestamentlichen Worts (zusammenfassend: des „Evangeliums") muß in einer Form geschehen, die die *Geschichtlichkeit und Geschichtsbezogenheit des Bekenntnisses* wahrt und damit das Bekenntnis zum geschichtlich handelnden Gott selbst – und zwar in einer Form, die es ausschließt, daß aus der neutestamentlichen Botschaft geschlossene, geschichtslose Systeme deduziert werden. Ein Weg dazu ist mit dem Stichwort „narrative Theologie des Neuen Testaments" angezeigt[20]. Ich verstehe dieses Stichwort in einem Sinn, der umfassender ist als derjenige, der meist mit ihm verbunden wird[21]: Das Prinzip der Narrativität ist nicht nur dann gewahrt, wenn ein Text in ganz wörtlichem Sinn einen Erzählungsablauf bietet. Vielmehr kommt das Prinzip der Narrativität überall dort zur Geltung, wo (in welcher Form auch immer) die Geschichtlichkeit des Evangeliums sich ausdrückt, ob das in der (zweifellos signifikantesten und unverzichtbaren) Weise der Erzählungen von Jesus oder ob es in Bekenntnisformeln des heilshaften Geschehens von Tod und Auferweckung Jesu bzw. selbst in argumentierenden Passagen von Paulusbriefen der Fall ist. In ganz eminenter Weise kommt der dem Narrativitätsprinzip zugrunde liegende theologische Kern m. E. überall dort zum Zuge, wo die immer wieder notwendige Destruktion der sich jeweils aufdrängenden falschen Gottesbilder erfolgt. Das steht nicht im Gegensatz, sondern in fruchtbarer polarer Spannung zu dem Anstreben des „Ganzen", das ich in diesem Beitrag so stark betonen muß. In der Auslegung des Neuen Testaments muß zwar das

---

[20] Vgl. H. WEINRICH, Narrative Theologie: Concilium 9 (1973) 329–334; J. B. METZ, Glaube in Geschichte und Gesellschaft. Studien zu einer praktischen Fundamentaltheologie, Mainz 1977, 118 f. (m. W. die bisher letzte Fassung der Reflexionen von J. B. METZ über dieses Thema); E. JÜNGEL, Gott als Geheimnis der Welt. Zur Begründung der Theologie des Gekreuzigten im Streit zwischen Theismus und Atheismus, 3. Aufl., Tübingen 1978, bes. 409–430. Die Überlegungen Jüngels scheinen mir wegen ihres weithin neutestamentlichen Ansatzes von besonderer Bedeutung zu sein. Für den Bereich der ntl. Exegese vgl. bes. G. LOHFINK, Erzählung als Theologie. Zur sprachlichen Grundstruktur der Evangelien: StZ 192 (1974) 521–532.

[21] Eine Ausnahme bilden die in Anm. 20 zitierten – umfassender angelegten – Ausführungen von E. JÜNGEL, mit denen die folgenden knappen (und vielleicht stärker akzentuierten) Gedanken sich z. T. berühren.

„Ganze" gesucht werden, und es lassen sich gewiß bei den meisten Autoren des Neuen Testaments recht kohärente theologische Strukturen nachweisen, die in einer durch Erfahrung, Rezeption von Traditionen, Kommunikation, Reflexion und Glaubensmeditation erworbenen Tiefenstruktur wurzeln; aber diese Tatsache berechtigt in gar keiner Weise und auf gar keinen Fall, aus ihnen oder gar aus dem Neuen Testament als ganzem so etwas wie ein fest fixiertes, geschlossenes System zu machen: eben weil das Evangelium Jesu Christi mit seiner Destruktion der falschen Gottesbilder (und der falschen Bilder vom Nächsten) – die durch Botschaft, Wirken, Tod und Auferweckung Jesu geschieht und damit für jede legitime Form christlicher Verkündigung unabdingbar ist – auch die geschlossenen Systeme destruiert[22].

Zum Thema „Glaubensmeditation":

Innerhalb der Exegese selbst müssen bereits Ansatzpunkte auch für die zweite der komplementären Aufgaben freigelegt werden, die innerhalb der „Ansatzpunkte in Richtung auf die Praktische Theologie" hervorgehoben werden sollen: für die Glaubensmeditation. Darunter verstehe ich das glaubende und betende Bedenken (und auch Durchdenken) des Kerygmas. Es ist die Weise, wie der Christ dem Wort der Schrift die Chance gibt, innerhalb seiner Gottesbeziehung – und für seine Agape – fruchtbar zu werden.

Diese zweite Aufgabe ist der anderen, Ansatzpunkte für die gesellschaftliche Dimension des Evangeliums zu erarbeiten, *„komplementär"*: Das bedeutet nicht, daß die Glaubensmeditation nur „ergänzend" hinzukäme; vielmehr ist sie von gleicher Bedeutung bzw. besser: steht sie in bipolarer Spannung zur gesellschaftlichen und kommunikativen Praxis. Der Satz „Jeder kommt nur mit den anderen zusammen zu Gott" steht nicht im Widerspruch zu dem Satz „Jeder steht allein vor Gott"[23] – nicht im Widerspruch, wohl aber in einer Spannung, die es auszuhalten und fruchtbar zu machen gilt[24].

Auch dieser Ansatz ist in den neutestamentlichen Texten selbst angelegt. Denn es ist eine durchgängig aufweisbare Tatsache, daß der jeweilige Text durch eine Glaubensmeditation des Autors selbst hindurch zustande gekommen ist. Das Ziel vieler, wenn nicht der meisten neutestamentlichen Texte ist nicht nur die Reflexion und das daraus unmittelbar folgende Tun, sondern *nach* der Reflexion zunächst die Glaubensmeditation (auf Grund der theozentrischen Haltung und Ausrichtung nicht nur des Textes, sondern auch des Autors und der Adressaten). Der Lebensvollzug, die „Praxis" des Christen ist nicht etwa eine bloß verstandesmäßige Reflexion, die durch die Liebe tätig wäre, sondern *der gehorsame, vertrauende und betende Glaube, der durch die Liebe wirksam ist* (vgl. Gal 5, 6).

---

[22] Vgl. W. THÜSING, Theologien I, bes. 38 ff. 85 – 87. 221 – 226. 253 f. 299 – 301. 313 f.

[23] Man sollte diesen „individuellen" Aspekt der Gottesbeziehung nicht wegen der verhängnisvollen individualistischen Übersteigerungen aus dem Blickfeld verlieren, mit denen er in der Kirchen- und Frömmigkeitsgeschichte so oft und auf so lange Strecken hin belastet worden ist.

[24] Die polare Spannung von „kommunikativer Praxis des Christen" und „Glaubensmeditation" entspricht der polaren Spannungseinheit von Nächsten- und Gottesliebe. K.RAHNER spricht zu Recht von der „Einheit von Nächsten- und Gottesliebe"; aber gerade er legt Wert darauf, daß die „ausdrückliche Gottesliebe" keineswegs in die Nächstenliebe hinein nivelliert wird. Vgl. hierzu W. THÜSING, Theologien I, 291 – 301.

Genauso wie die Kommunikationssituation liegt dem Text die Glaubensmeditation des Autors zugrunde, der auf die des Lesers und Hörers zielt – in der persönlichen Meditation *und im Gottesdienst der Gemeinde.* Gerade der letztere dürfte ja auf seiten der Adressaten sehr oft der „Sitz im Leben" für die Glaubensmeditation sein – und zwar hier, im Gottesdienst, in Verbindung mit der Kommunikationssituation.

Der dritte Schritt:

Das „Suchen des Ganzen" als Aufgabe der Auslegung des Neuen Testaments

Soll die Schlüssigkeit der bislang schon vorgelegten Konzeption einer Auslegung des Neuen Testaments erkennbar werden, so fehlt dafür noch eine fundamentale Voraussetzung. Sie soll in diesem dritten Schritt besprochen werden. Meiner Überzeugung nach gehört sie zum Wichtigsten, was in einem Beitrag wie diesem überhaupt gesagt werden kann. Wie die Überschrift schon erkennen läßt, besteht sie darin, daß das „Ganze" gesucht wird.

Alle Aufgaben, die sich der Auslegung des Neuen Testaments stellen, sowohl die Exegese einzelner Texte als auch das Freilegen von Ansatzpunkten für die Begegnung mit der Systematischen und Praktischen Theologie – mitsamt der Antwort auf die Kontinuitätsfrage –, setzen voraus, daß nicht nur isolierte Einzelheiten, sondern Ganzheiten in das Blickfeld treten – und letztlich „das Ganze", das uns im Neuen Testament begegnen will. Eine Antwort etwa auf die Kontinuitätsfrage läßt sich überhaupt nicht sinnvoll anstreben, wenn der Blick nicht über die Einzelperikopen hinaus auf die jeweiligen Schriften bzw. auf zusammengehörige Schriftengruppen als ganze, als „Makrotexte", gerichtet ist, und zwar in der Weise, daß auch die Konzeptionen der jeweiligen Autoren als ganze erfaßt werden. Auch für die „pragmatische Exegese" (um ein weiteres Beispiel zu nennen) ist es von größter Bedeutung, daß vom Ganzen und nicht nur von einzelnen Versen oder Perikopen ausgegangen wird[25]; und für die dialogische Begegnung mit der Systematischen Theologie, vor allem mit der Dogmatik, ist diese Suche nach dem Ganzen erst recht völlig unverzichtbar – also für die kooperative Zusammenarbeit, die m. E. über die innerexegetische Aufgabe hinaus eines der wichtigsten Ziele bleiben muß und in der die innerhalb der Exegese selbst gefundenen Ansatzpunkte verifiziert werden können.

Die Aufgabe der Auslegung des Neuen Testaments, wie sie in Teil I und in den bisherigen zwei Schritten von Teil II anvisiert wurde, wird also nur dann erfüllt werden können, wenn die neutestamentliche Exegese sich nicht nur den Einzeltexten zuwendet, sondern wenn sie auch innerhalb ihres eigenen Arbeitsgebiets das „Ganze" sucht.

### Historisch-kritische Exegese?

Doch jetzt ist es an der Zeit, zu einem Einwand Stellung zu nehmen, der sich längst aufgedrängt haben mag und dessen Anliegen in die hier vorgelegte Konzeption einzubringen ist: zu dem Einwand, ob in den bisherigen Teilen der Vorlesung nicht so viele textferne systematische Aspekte genannt worden sind, daß die eigentliche Aufgabe von Exegese zurücktritt.

---

[25] Vgl. H. FRANKEMÖLLE, a. a. O. 11.

Es ist keine Frage, daß Exegese immer von konkreten Texten ausgehen und zu deren Verständnis hinführen muß. Die exegetische Bemühung um den Einzeltext (bzw. für Lehre und Studium: die exegetische Bemühung um Einzeltexte und Einzelprobleme) ist unverzichtbar; ist sie doch das, was zu Recht zuallererst von der Exegese erwartet wird. Für diese Arbeit am Einzeltext braucht sie als Wissenschaft, die es mit historisch weit zurückliegenden Texten zu tun hat, die historisch-kritischen Methoden.

Da die „historisch-kritische Exegese" heute bei vielen Theologen in Verruf gekommen ist und da nach mancherlei Alternativen gesucht wird[26], sei zu ihr kurz Stellung genommen. Meiner Meinung nach sollte man nicht einfachhin (und mißverständlich!) von historisch-kritischer Exegese sprechen, weil Exegese sich nicht auf die historischen Methoden *beschränken* darf; aber dennoch halte ich die historisch-kritischen Methoden für unentbehrlich. Dieses Instrumentarium von Methoden, das in neuerer Zeit – vor allem in den letzten ca. hundert Jahren – entwickelt worden ist, bildet eine *Grundlage,* auf die zu verzichten einer der größten Rückschritte in der Geschichte der Theologie (nicht nur der biblischen Theologie) wäre, auch unter ökumenischem Aspekt. Es kann also nicht um Abschaffung der historisch-kritischen Methoden gehen und nicht um ihre *Ersetzung* durch andere Methoden, so hilfreich manche von ihnen als *Ergänzung* auch sein mögen. Vielmehr ist es die Aufgabe, *die Exegese (als biblische Theologie) – auf der Grundlage der historisch-kritischen Arbeit – in das Spannungsfeld „Theologie" insgesamt hineinzustellen und damit die Beziehung zum Ganzen der theologischen Aufgabe und die Integration in dieses Ganze anzustreben.*

Mit diesem Satz möchte ich genau das anzielen, was die Exegese zu mehr macht als zu einer ausschließlich historischen, an der Gegenwart von Evangelium, Kirche und

---

[26] Vgl. die Ablehnung dessen, was jeweils unter „historisch-kritischer Exegese" verstanden wird, durch Vertreter der Linguistik sowie durch die Versuche einer „materialistischen" oder einer „tiefenpsychologischen" Exegese; dabei ist jeweils zwischen den verschiedenen Spielarten zu differenzieren. Einen Überblick verschaffen die einschlägigen Aufsätze in: Concilium 16 (1980) 533 – 591. Zur „tiefenpsychologischen Bibelauslegung" vgl. die Beiträge in: Bibel und Kirche 1983, 89 – 120, bes. die Einleitung von P.-G. MÜLLER, ebd. 89 f.

Die historisch-kritische Methode wird in betont linguistischer Exegese dann abgelehnt, wenn jedes diachrone Moment ausgeschaltet wird. Als Vergleichspunkt zwischen solcher extrem linguistischer Exegese und der „materialistischen" Schriftauslegung könnte gelten, daß in beiden Fällen die historisch-kritischen Methoden durch Strukturanalyse ersetzt werden. Freilich verstehen die Vertreter der materialistischen Auslegung ihre Konzeption nicht als geschichtslos, insofern die Geschichtskonstruktion des dialektischen Materialismus bei ihnen einwirkt.

Für die Beurteilung der Anliegen, die hinter diesen Versuchen stehen, wird es entscheidend darauf ankommen, wieweit ihre jeweilige Realisierung die Botschaft der Schrift nicht verdrängt oder mindert, sondern sich von ihr – mit anderen Methoden zusammen – in Dienst nehmen läßt. Wenn wirklich das Ganze der Theologie angezielt und die Auslegung des NT in lebendig-kritischem Dialog in dieses Ganze integriert gesehen wird, werden heute (zum Beispiel) auch die Anliegen zum Zuge kommen dürfen und müssen, die gesellschaftliche Dimension biblischer Texte sowie die psychosomatische Wirklichkeit sowohl der in der Bibel handelnden Personen als auch der heutigen Hörer des Wortes zur Geltung zu bringen. Das kann dann (aber freilich nur dann) legitim geschehen, wenn zuvor das Kerygma des NT selbst im Kontext des (oben in Abschnitt [„Erster Schritt"] skizzierten) zentralen Beziehungsgefüges der Theologie voll zur Sprache kommt und alles andere aus dieser Mitte heraus betrachtet werden kann.

Theologie uninteressierten Wissenschaft. Eine neutestamentliche Exegese, die auf dem Fundament der historisch-kritischen Methoden betrieben wird, verdient dann und nur dann die oft geäußerte Kritik, wenn sie sich isoliert, wenn sie also diejenigen Grundlagen, die sie im Dienste der gesamten Theologie zu entfalten hat, bereits für das Ganze der Theologie (oder auch nur für das Ganze neutestamentlicher Theologie) hält. Und die Einwände gegen eine auf historisch-kritischem Fundament arbeitende Exegese werden dann (und nur dann) gegenstandslos, wenn die neutestamentliche Exegese das „Ganze" anstrebt, wenn Exegese von vornherein als im Dialog befindlich mit den anderen theologischen Disziplinen gesehen wird – und dadurch mit der ganzen Wirklichkeit des Glaubens und der Welt.

### Einzelexegese und Gesamtschau innerhalb des „hermeneutischen Zirkels"

Die Grundbedingung für alle bisherigen Postulate ist also, exemplarische Forschung (bzw. Lehre oder Studium) einerseits und die Bemühung um eine Gesamtschau andererseits in Beziehung zueinander zu bringen.

In welcher Weise kann die „Suche nach dem Ganzen" also durchgeführt werden, ohne daß die eigentliche, textbezogene Aufgabe von Exegese zu kurz kommt? Derjenige hermeneutische Vollzug, der allein eine positive Antwort erschließt, ist die Denkbewegung, die „*hermeneutischer Zirkel von Detailexegese und Gesamtschau*" genannt werden kann[27]. Will man die Eigenart dieses hermeneutischen „Zirkels" erfassen, wird man übrigens besser an eine Spirale denken: weil keine ständige Bewegung im Kreis, sondern ein Erkenntnisfortschritt angezielt wird.

Was ist mit diesem hermeneutischen Zirkel von Detailexegese und Gesamtschau gemeint? Das Folgende: Arbeit am Einzeltext (in sich vertiefendem Verständnis) und „Gesamtschau" (von den ersten Anfängen eines Vorverständnisses der betreffenden Konzeption bis zu einer differenzierteren und umfassenderen Einsicht) wirken jeweils aufeinander ein: in der Weise, daß die immer weiter ausgreifenden und das Verständnis vertiefenden Windungen der „Spirale" (um im Bilde zu bleiben) zustande kommen. Das Prinzip exemplarischen bzw. paradigmatischen Arbeitens und die Bemühung um eine Gesamtschau vereinen sich in dem so verstandenen hermeneutischen Zirkel von Detailexegese und Gesamtschau *in genau der Weise,* wie es notwendig ist, wenn beide zu sich selbst kommen sollen und ihre je eigene Fruchtbarkeit entfalten sollen – und zwar so, daß nicht nur die Komponente des individuellen Verstehens, sondern auch die des kommunikativen Verstehens zum Zuge kommt.

Dieser „hermeneutische Zirkel" hat seine Bedeutung weit über das Verhältnis zwischen einer Perikope, z. B. aus dem Römerbrief, und dem gesamten Brief hinaus. Er gilt auch, um bei diesem Beispiel paulinischer Texte zu bleiben,

– zwischen dem Römerbrief und der paulinischen Theologie als ganzer,

– zwischen Paulus und dem gesamten Neuen Testament;

– besonders gilt er hinsichtlich der Kontinuitätsfrage,

---

[27] Vgl. H.-G. GADAMER, a. a. O. (Anm. 13) 164. 178 f. 250 – 261 (bes. 251). 275 ff. (bes. 275). 495 (zum Begriff des Vorverständnisses bei R. Bultmann).

also entsprechend unserem Beispiel hinsichtlich des Themas „Paulus und Jesus Christus" bzw. „Paulus und die Ursprungsstrukturen des Christ-lichen",

- darin impliziert und gleichzeitig darüber hinaus: zwischen Neuem und Altem Testament,

- vor allem aber: *zwischen dem Neuen Testament* (auf der Grundlage des Alten Testaments) *und der Theologie als ganzer.*

Die Integration der neutestamentlichen Exegese in die Theologie als ganze kann nur gelingen, wenn diese Exegese selbst sich von vornherein auch in ihrem engeren Eigenbereich, der Interpretation von Einzeltexten, *innerhalb* des Zirkels engagiert. „Innerhalb des Zirkels" – das heißt: wenn sie sich mit der Einzelinterpretation zusammen um die *Gesamtschau* der jeweiligen übergreifenden Einheit (des „Makrotex-tes") bzw. deren Konzeption bemüht.

Denn man wird für die „Brücke" zu den anderen theologischen Disziplinen, beispielsweise für die Brücke zwischen „dem" Neuen Testament und der dogmatischen *Christologie,* nur dann eine wirkliche Chance haben, wenn man bereits innerhalb des Neuen Testaments selbst als Vergleichspunkt nicht nur isolierte Perikopen zur Verfügung hat, sondern auch die christologisch-soteriologische Gesamtauffassung sowohl des betreffenden Autors als auch der Christologie (bzw. der Soteriologie) weiterer neutestamentlicher Autoren – und möglichst darüber hinaus eine Gesamt-schau der Rezeptionsgeschichte (bzw. auch: Neuinterpretationsgeschichte) des christo-logischen Kerygmas im ganzen Neuen Testament.

Erst durch die ausdrückliche und intensive Bemühung um die „Gesamtschau", um das „Ganze", kommt es zu einem wirklichen Sich-Einlassen auf den „hermeneutischen Zirkel": von Detailexegese und Erfassung der jeweiligen Gesamtkonzeption – von einzelnen ganzheitlich erfaßten neutestamentlich-theologischen Konzeptionen und der Rezeptionsgeschichte des Glaubens im Neuen Testament (und darüber hinaus) als ganzer[28] – von Theologie des Neuen Testaments und Theologie als ganzer. Die letztgenannte Verwirklichungsstufe des „Zirkels" sollte noch weiter verdeutlicht werden: Der Neutestamentler darf – beispielsweise – nicht nur „irgendwie" auf einzelne Texte aus dem Alten Testament rekurrieren, die sich durch Stichwortasso-ziation mehr oder weniger zufällig anbieten, sondern auf den Jahweglauben als ganzen, der das Fundament und die Mitte alttestamentlicher Theologie[29] bildet.

Und vor allem: Der Neutestamentler wird nicht nur auf das bei Exegeten hin und wieder beliebte Ignorieren der übrigen Theologie verzichten müssen; die anzuzielende Aufgabe ist größer. Es gilt letztlich, die Denkbewegungen zwischen biblischer Theologie und Kirchengeschichte (mitsamt Theologie- und Dogmengeschichte), zwischen Bibel-wissenschaft und Systematischer sowie Praktischer Theologie möglichst weitgehend mitzuvollziehen: in einer für die Auslegung des Neuen Testaments, für die Theologie als ganze – und für den Glaubensvollzug – relevanten Weise.

Das Neue Testament in solchem Horizont auszulegen, ist schlechterdings nicht nur mittels der Einzelexegese möglich. Wenn man etwa in einem verengten Verständnis des

---

[28] Zum Stichwort „Rezeptionsgeschichte des Glaubens" vgl. W. THÜSING, Theologien I 47 – 52.

[29] Vgl. auch oben Anm. 1.

an sich legitimen Begriffs „exemplarisches Studium" nur einige synoptische Wunderge-
schichten und einige, vielleicht noch aus dem Zusammenhang herausgenommene
Paulustexte kennt, hat man im Grunde nur einzelne Mosaiksteine oder allenfalls
Mosaikfragmente und keinesfalls das Bild als ganzes.

Doch gerade darauf können wir nicht verzichten, wenn wir entsprechend dem
Anliegen dieses Beitrags die Funktion der Auslegung des Neuen Testaments innerhalb
der Theologie als ganzer bejahen und sie wirksam werden lassen wollen. Dafür muß –
im Vollzug des hermeneutischen Zirkels – wenigstens in kräftigen Ansätzen eine
Gesamtschau der jeweiligen neutestamentlich-theologischen Konzeptionen entstehen;
und *auf dieser Grundlage, aber über sie hinaus* ist es notwendig, daß sich beim Suchen
nach der Einheit in der Vielfalt dieser Konzeptionen wenigstens in Umrissen ein „Bild"
abzeichnet: nämlich der wirkmächtige Reflex des *einen* gestaltgebenden, lebendigen
Ursprungs christlichen Glaubens, den uns die neutestamentlichen Schriften vermitteln
wollen und der in Gottes Handeln an Jesus dem Christus und durch ihn beschlossen ist.
Kommt diese zweifache Weise der Gesamtschau nicht zustande, dann ist eine Integration
der neutestamentlichen Exegese in die Theologie als ganze letztlich nicht möglich.
Schlösse der Neutestamentler solche Gesamtschau und solche Integration faktisch aus,
würde er aus dem lebendigen, machtvollen Wort Gottes (vgl. Hebr 4, 12; Röm 1, 16 f.)
„den Geist heraustreiben"[30]. Ihm blieben dann wirklich nur isolierte und – gemessen an
der Zielrichtung des dynamischen Werks Gottes, das Paulus „Evangelium" nennt (Röm
1, 16 f.) – unfruchtbare Fragmente. Das (dem eben zitierten unmittelbar folgende)
Wort aus dem Faust müßte ihn treffen: „. . . dann hat er die Teile in seiner Hand, fehlt
leider! nur das geistige Band."[31]

Aber es ist doch möglich, im Fragment das Ganze zu erkennen[32]? Gewiß; doch das

---

[30] Insofern wäre er vergleichbar dem von GOETHE karikierten Philosophen: J. W. GOETHE,
Faust I, Szene „Studierzimmer (2)", Zeile 1936 – 37.

[31] A. a. O., Zeile 1938 – 39.

[32] Vgl. den bekannten Buchtitel von H. U. v. BALTHASAR „Das Ganze im Fragment"
(Untertitel: Aspekte einer Geschichtstheologie; Einsiedeln 1963). Im Gesamtwerk v. BALTHASARS
wird übrigens das Ganze den Teilen sehr eindeutig vorgeordnet. Der Unterschied gegenüber meiner
jetzt dargelegten Konzeption liegt wohl – bei gleichem Anliegen – darin, daß der Ansatz bei
v. BALTHASAR systematisch-theologisch ist; seine starke Bemühung um Schrift und Patristik ist
diesem Ansatz integriert. In meinem Versuch (wie auch, noch weiter ausgefaltet, in Theologien I)
liegt der Ansatz demgegenüber bei den theologischen Strukturen des gestaltgebenden Ursprungs.
Der Weg zum Ganzen kommt in meinem Entwurf dadurch zustande, daß die Bibelwissenschaft (die
die „Ursprungskriterien" zur Geltung zu bringen hat) sich in den Dialog hineinbegibt mit
Systematischer Theologie (die – stichwortartig gesagt – „Kriterien der ekklesialen Agape" zu
wahren hat), mit Praktischer Theologie (der „Bewährungskriterien" zuzuordnen sind; zu diesen
drei Gruppen von Kriterien vgl. Theologien I, 15 f.) und mit der Traditions- und Rezeptionsgeschichte des Glaubens (vgl. Theologien I, 47 – 52). Diese Gruppen theologischer Disziplinen sehe
ich als im Dialog miteinander befindlich an: Dadurch ist schon angedeutet, daß ich sie nicht sofort
in Zusammenschau betrachte, sondern daß ich in methodisch zunächst erfolgender Differenzierung
– trotz ihrer wurzelhaften Zusammengehörigkeit durch das vorausliegende und wiederzugewin-
nende Ganze – ihre je spezifische Eigenart ernst nehmen möchte. Innerhalb der Auslegung des
Neuen Testaments selbst ist meine starke Betonung des „hermeneutischen Zirkels von Einzelexegese und Zusammenschau" auch von daher begründet.

vermag nur derjenige, der zuvor nicht nur des Fragments, sondern (mindestens) ebenso des Ganzen ansichtig geworden ist.

Das Postulat, der Blick auf das Ganze müsse angestrebt werden, mag angesichts der Schwierigkeiten, die sich ihm entgegenstellen, als Utopie erscheinen. In Wirklichkeit zeigt es meiner Überzeugung nach eine notwendige Perspektive auf, ein Ziel, das auch dann verpflichtend bleibt, wenn der einzelne es vielleicht nur im Ansatz oder in Fragmenten zu erreichen vermag. Wir würden uns der Botschaft des Neuen Testaments nicht öffnen können und in Gefahr sein, Entscheidendes zu vernachlässigen, wenn wir uns damit zufriedengeben würden, „die Teile" in unserer Hand zu haben – wenn wir uns damit zufriedengeben würden, nur einzelne Mosaikfragmente freizulegen. Denn wir brauchen den Blick auf das „Bild" als ganzes. Wir dürfen uns nicht der beruhigenden Illusion hingeben, wir hätten unsere Aufgabe getan, wenn wir eine Reihe von Einzeltexten und Einzelproblemen in Forschung und Lehre bearbeitet haben. Denn unsachgemäße Selbstgenügsamkeit und Selbstzufriedenheit bei der Auswahl aus dem Ganzen führt zu Blickverengung bzw. zu Verzerrung des Bildes. Andererseits aber ist das Suchen des Ganzen vielleicht schon bejaht und im Keim schon vorhanden, wenn der Versuchung widerstanden wird, diese Suche nach dem Ganzen auszublenden oder gar zu verdrängen. Das „Ganze" zu suchen, und zwar um der Glaubwürdigkeit der Theologie willen – das ist eine notwendige Perspektive, weil der lebendige Gott (der Theós, von dem die Theologie als „Logos" zu künden und den auch sie je und je zu „suchen" hat) die Ganzheit schlechthin ist: „Ganzheit" nicht wie ein erratischer Gesteinsblock, sondern in der Dynamik und Brisanz der Polarität, in der das Geheimnis seines Lebens Einheit und Reichtum und Fülle ist und die alleinige Quelle lebendig zur Einheit strebender Vielfalt.

## 2. „Milch" und „feste Speise" (1 Kor 3,1f und Hebr 5,11−6,3)

Elementarkatechese und theologische Vertiefung
in neutestamentlicher Sicht

### I. Fragestellung

An zwei Stellen des Neuen Testaments ist von Stufen oder Formen
der religiösen Unterweisung die Rede, von denen die eine als „Milch"
und die andere als „Speise" oder „feste Nahrung" bezeichnet wird. Es
handelt sich um 1 Kor 3, 2 und Hebr 5, 12 ff. (bzw. überhaupt den Schluß
des 5. und den Anfang des 6. Kapitels: 5, 11—6, 3). Im Zusammenhang werden diejenigen, die die „Milch" benötigen, als „Fleischliche" (1 Kor 3, 1) bzw.
„Unmündige" (νήπιοι: 1 Kor 3, 1 und Hebr 5, 13) bezeichnet und diejenigen, die die „feste Speise" nehmen können, als „Geistliche" (πνευματικοί:
1 Kor 3, 1) bzw. „Vollkommene" (τέλειοι: Hebr 5, 14).

Diese Begriffe rufen den Gedanken an zeitgenössische Formen des
religiösen Denkens wach, in denen diejenigen, die im Gegensatz zur Masse
der Menschen in eine esoterische Lehre eingeweiht waren, als solche „Vollkommene" oder „Pneumatiker" bezeichnet wurden. So finden wir es in
den Mysterienkulten und bei gnostischen Gemeinschaften[1]. Die Lehre für
die Eingeweihten unterscheidet sich hier materialiter von dem religiösen
Wissen der Nichteingeweihten.

Freilich verwenden die Mysterienkulte den Begriff „Milch" ganz anders.
„Milch" bedeutet bei ihnen gerade n i c h t einen Elementarunterricht, sondern
die Mysterien-„Speise" d e r E i n g e w e i h t e n[2]. Dieser Sprachgebrauch hat
im NT in 1 Petr 2, 2 seinen Niederschlag gefunden. Die Verwendung der Be-

---

[1] Nach E. K ä s e m a n n (Das wandernde Gottesvolk. Eine Untersuchung
zum Hebräerbrief, ⁴1961, 119 f.) entstammen die Gegensatzpaare νήπιος — τέλειος
und γάλα — στερεὰ τροφή „einem festen Topos gnostischen Ursprungs"; vgl. H.
S c h l i e r in ThW I, 644 und E. G r ä ß e r, Der Glaube im Hebr, 1965, 140,
Anm. 446. Zu ihrer Bedeutung in den Mysterienkulten vgl. R. R e i t z e n s t e i n,
Die hellenistischen Mysterienreligionen, ⁴1956, 70. — Zu vergleichen ist ferner,
daß auch die frühjüdische Apokalyptik sich weitgehend an einen engeren Kreis
wendet, s. R i n g g r e n in RGG ³I, 465. Auch in Qumran spielt die Unterscheidung von „Fleischlichen" und „Geistlichen" eine große Rolle; vgl. O. B e t z,
Offenbarung und Schriftforschung in der Qumransekte, 1960, 120—130; B.
R i g a u x, Révélation des mystères et perfection à Qumran et dans le Nou-
veau Testament: New Testament Studies (NTS) 4 (1957/58) 237—262, bes. 237
bis 248; O. M i c h e l, Der Brief an die Hebräer, ¹²1966, 234.

[2] Vgl. Od.Sal. 19, 1 ff.; s. O. M i c h e l z.St. (S. 236, Anm. 3).

griffe „Milch" und „feste Speise" in 1 Kor und Hebr erinnert mehr an die hellenistische Popularphilosophie³.

. Ferner ist zu beachten, daß es den Unterschied von „Psychikern" und „Pneumatikern" kaum i n n e r h a l b der gnostischen oder Mysterien-Gemeinschaft gibt; nur die „Vollkommenen", die „Pneumatiker" gehören ja im eigentlichen Sinne zu diesen Gemeinschaften. Höchstens wäre an die Unterscheidung von (Psychikern), Pistikern und Pneumatikern in der christlichen Gnosis zu erinnern.

Aber könnte in der Gegenüberstellung von „Milch" und „fester Nahrung" als zweier Stufen der Glaubensunterweisung nicht doch etwas von der schroffen Scheidung der Pneumatiker von den Psychikern und Pistikern liegen? Lassen unsere beiden ntl. Stellen vielleicht irgendeinen Einfluß solcher Gedanken auf die christliche Unterweisung der ntl. Zeit erkennen — gibt es hier eine wenigstens vergleichbare Stufung in der religiösen Unterweisung?

Man mag denken, daß die Vorstellung von besonders eingeweihten Pneumatikern damals eine zeitgeschichtlich bedingte Rolle spielen konnte, aber heute im Bereich der Kirche keine Bedeutung mehr habe. Jedoch dürften unsere beiden Stellen mutatis mutandis auch für die heutige Pastoraltheologie von Interesse sein — nämlich dann, wenn man die Frage auf das Verhältnis d e s  L e h r s t o f f e s  v o n  E l e m e n t a r - u n t e r r i c h t  u n d  t h e o l o g i s c h e r  V e r t i e f u n g (unter den heutigen Verhältnissen vor allem im Hinblick auf das Problem der Erwachsenenkatechese) bezieht⁴. Hier sind wir aber auch bei dem eigentlichen Thema, das sich aus dem ntl. Begriffspaar „Milch" und „feste Speise", wie es im 1 Kor und Hebr vorliegt, ergibt!

Seit längerem, etwa seit dem Ende des 18. Jahrhunderts, hat man sich weithin daran gewöhnt, der Katechetik den Einführungsunterricht der religiös Unmündigen zuzuweisen und der Homiletik die Unterweisung der mündig gewordenen Gläubigen⁵. Es ist kaum ein Zufall, daß eine eigentliche Erwachsenen k a t e c h e s e in dieser Zeit sehr in den Hintergrund gedrängt ist. Zuweilen werden sogar ausdrücklich unsere beiden ntl. Stellen zur Begründung dieser Differenzierung des christlichen Lehrstoffes nach Altersstufen, also auch der Einengung der Katechese auf die Unterweisung der Unmündigen, heran-

---

³ Vgl M. D i b e l i u s , Der himmlische Kultus nach dem Hebr, in: Botschaft und Geschichte II, 167, Anm. 10; weitere Lit. bei E. Gräßer a.a.O. 139, Anm. 442. Der Sprachgebrauch Philos liegt ebenfalls auf einer dem 1 Kor und Hebr vergleichbaren Linie, s. die Stellenangaben bei O. Michel z.St. (236, Anm. 2); bes. vgl. O. K u s s , Der Brief an die Hebräer (RNT 8, Erster Teil), ²1966, 81 f. Gräßer a.a.O. 138 vermutet für Hebr 5, 11 ff. Anlehnung an das griechische Paideia-Motiv.

⁴ Diese Fragestellung und die Anregung, das Problem in 1 Kor 3, 1 f. und vor allem Hebr 5, 11—6, 3 zu untersuchen, verdanke ich A. Exeler.

⁵ Vgl. die Belege bei A. E x e l e r , Wesen und Aufgabe der Katechese. Eine pastoralgeschichtliche Untersuchung (Untersuchungen zur Theologie der Seelsorge XXI), 1966, bes. 11—15; ders., Beschränkung auf die Unmündigen?: Katechet. Bl. 91, 1966, 2—9.

gezogen; auf die letztere (die Kinderkatechese) wird dann der ntl. Begriff „Milch" und auf die (homiletische) Anrede an die Erwachsenen der Begriff „feste Nahrung" bezogen[6].

Nun beschäftigt sich weder Paulus noch der Hebr mit dem heutigen Problem „Verhältnis von Kinderkatechese und Belehrung der Erwachsenen"; ihre Gemeinden setzten sich ja in der Mehrzahl aus Menschen zusammen, die als Erwachsene zum Glauben gelangten. Sie haben diese im altersmäßigen Sinne erwachsenen Christen sowohl dann im Auge, wenn sie von der Notwendigkeit der „festen Nahrung" wie auch dann, wenn sie von der „Milch" sprechen. Und schon von dem Bild her, das unserem Begriffspaar zugrunde liegt, wird es deutlich, daß der 1 Kor und der Hebr keine im gnostischen Sinne getrennten Gruppen in der Kirche mit je verschiedenem Erkenntnisgrad meinen; das Bild, wie wie es gebrauchen, setzt ja voraus, daß der Übergang von der Milch zur festen Speise zum normalen Wachstum jedes Menschen gehört. So ist die Frage, ob die „feste Speise" eine esoterische Lehre ist, vom ntl. Denken aus (und schon vom atl. Denken aus!) kein echtes Problem.

Trotzdem dürfte es zweckmäßig sein, die Frage so zugespitzt zu stellen. Es ist vielleicht schon kein geringer Nutzen, wenn wir erkennen, w i e s e l b s t v e r s t ä n d l i c h die Notwendigkeit des Übergangs von der „Milch" zur „festen Speise" im Sinne des NT für j e d e n Christen ist.

Vor allem aber dürfen wir fruchtbare Aufschlüsse über das „katechetische" Denken unserer beiden ntl. Verfasser erwarten, wenn wir die Frage konsequent in der eben schon angedeuteten Weise stellen: Wie verhält sich der Lehr- bzw. Erkenntnisstoff des Elementarunterrichtes zu dem der theologischen Vertiefung? In welcher Weise denken sich unsere beiden Verfasser also den Übergang von der „Milch" zur „festen Speise"? Unsere Hebr-Stelle (Hebr 5, 11—6, 3) könnte nahelegen, daß es sich um völlig getrennte Stoffgebiete handelt; die Umschreibung des Elementarstoffes in Hebr 6,1 f. mutet vorchristlich an, während die „feste Nahrung" eindeutig in der Lehre vom hohepriesterlichen Opfer Christi besteht.

So stellt sich unsere Frage bei der Hebr-Stelle am schärfsten. Und da dieser Text von zahlreichen Problemen belastet ist — Problemen, deren Klärung auch vom innerneutestamentlichen Standpunkt sehr lohnend sein muß —, werden wir ihm ohnehin den größten Raum widmen müssen. Aber es ist gut, wenn wir ihn nicht für sich allein betrachten, sondern uns vorweg den anscheinend anders gearteten und erheblich leichter zu erfassenden paulinischen Gebrauch des Begriffspaares in 1 Kor 3, 1 f. anschauen. Im Vergleich werden sich dann sowohl die Unterschiede als auch das Gemeinsame klarer herausstellen.

## II. „Milch" und „Speise" nach 1 Kor 3, 1 f.

Im 1. Korintherbrief stehen unsere beiden Begriffe in einem größeren Zusammenhang, der die Kapitel 1—4 umfaßt und in dem Paulus sich mit

---

[6] Vgl. A. Exeler, Wesen und Aufgabe der Katechese 19 f.; 221, Anm. 4; 242, Anm. 116; 254, Nr. 4.

den Parteistreitigkeiten in Korinth und mit dem Verlangen der Korinther nach „Weisheit" auseinandersetzt. Der Abschnitt 1 Kor 3, 1—3a lautet:

„*Und ich, Brüder, konnte zu euch nicht wie zu Pneumatischen reden, sondern wie zu Fleischlichen, wie zu Unmündigen in Christus. Mit Milch habe ich euch getränkt, nicht mit Speise. Denn ihr waret nicht fähig, sie aufzunehmen. Aber auch jetzt seid ihr noch nicht fähig dazu, ihr seid ja noch fleischlich.*"

Was bedeuten hier die beiden Begriffe „Milch" und „Speise"?

Mit „M i l c h" meint der Apostel, wie es scheint, das, was er den korinthischen Christen faktisch gebracht hat. Was das ist, sagt er im weiteren Zusammenhang vor allem an zwei Stellen: Nach 2, 1—5 hat er ihnen nicht weltliche Weisheit gebracht, sondern Christus, den Gekreuzigten[7]. Nach 3, 5 ist seine Tätigkeit in Korinth ein „Pflanzen" gewesen („ich habe gepflanzt, Apollos hat begossen, aber Gott hat das Wachstum gegeben"), nach V. 10 f. des 3. Kapitels hat er ein Fundament gelegt, und zwar ist Christus dieses Fundament. Die „Milch" besteht also in nichts anderem als in seiner Christuspredigt, die er „in Schwachheit" (2, 3) vorgebracht hat[8].

A b e r   w a s   b e d e u t e t   d a n n   d i e   (feste) „S p e i s e"? Anscheinend verlangen die korinthischen Christen gerade nach einer solchen „festen Speise", einer Weisheitslehre für Pneumatiker, wie es sie in den Mysterien und in der Gnosis gibt. Hier tun wir einen Blick auf den Zustand dieser jungen Gemeinde: Sie ist noch alles andere als gefestigt; die verschiedensten Einflüsse ihrer Umwelt und ihres bisherigen religiösen Denkens und Fühlens ringen noch mit dem Evangelium. Daß die korinthischen Christen Parteien bilden und in ihrem Verlangen nach „Weisheit" und „Erkenntnis" („Gnosis") verschiedenen Lehrern nachlaufen und sie für sich beanspruchen wollen, ist ein Zeichen dieses Gärungszustandes. Offenbar verstanden sie die Lehre der Nachfolger Pauli, besonders des Apollos (also das, was diese auf das paulinische Fundament „daraufgebaut" haben, wie 3, 10 ff. sagt), als eine Weisheitslehre für Vollkommene und spielten — z. T. wenigstens — den Apollos gegen Paulus aus.

Aber auch Paulus selbst kann „Weisheit" bieten. In auffallendem Gegensatz zu dem, was er noch 2, 1—5 betont hatte — daß er nicht mit mensch-

---

[7] 2, 1 schließt übrigens genauso wie 3, 1 mit einem κἀγώ an das Vorhergehende an: „Und ich, Brüder ..."

[8] In welchem Maße auch Paulus den neubekehrten Christen einen eigentlichen „Elementarkatechismus" an die Hand gegeben hat, von dem etwa 1 Kor 15, 3—5 ein Stück wäre, kann hier dahingestellt bleiben. (Vgl. zur Frage A. S e e b e r g, Der Katechismus der Urchristenheit, Nachdruck in der Theol. Bücherei 26, München 1966, 45—85.) Sicher dürfte sein, daß die paulinische Glaubensunterweisung fest formulierte, von der Tradition vorgegebene Grundlagen gehabt hat. Jedoch spielt Paulus mit dem Ausdruck „Milch" kaum darauf an.

licher Weisheit gepredigt habe —, schreibt er in 2, 6: „Weisheit aber reden wir unter den Vollkommenen...". Spricht er jetzt doch von etwas anderem, von einem anderen Unterweisungsinhalt als in den vorhergehenden Versen? Nein — er meint genau dasselbe, dieselbe Botschaft vom Kreuz; nur bezeichnet er diese „Torheit" (1, 18) jetzt in paradoxer Weise als die wahre Weisheit. Die „Vollkommenen", unter denen er nach 2, 6 die Weisheit redet, sind nicht eine besondere Klasse innerhalb der Christen, sondern die Christen überhaupt, insofern sie in der Taufe den Geist Gottes empfangen haben[9].

Weswegen sind dann aber die Korinther, die doch getauft sind, in 3, 1 f. als „Unmündige" bezeichnet? Der Grund dafür kann nur sein, daß sie sich nicht entsprechend der Weisheit, die ihnen offensteht, verhalten[10]. Aber ihr Christenstand ist nicht geleugnet: Sie sind „Unmündige i n C h r i s t u s".

Trotzdem bleibt jetzt noch eine weitere Frage: Weswegen macht Paulus in 3, 2 überhaupt die Unterscheidung von „Milch" und „Speise", wenn beide doch inhaltlich genau daselbe sind, nämlich die Predigt von Christus, dem Gekreuzigten?

Eine zweifache Antwort kann darauf gegeben werden: Zunächst handelt es sich um feine Ironie. Die Begriffe nehmen hier wieder mehr die Farbe der Antithese gegenüber der weltlichen Weisheit an; der Stolz der „Pneumatiker", als die diese Christen sich fühlen, und ihre vermeintliche Weisheit sollen ad absurdum geführt werden.

Vor allem aber ist die Ausdrucksweise von der „Milch" und der „Speise" gebraucht, um die Christen aufzufordern, in Wahrheit „Vollkommene" und Pneumatiker zu werden, wirklich die Kreuzespredigt als die verborgene Gottesweisheit zu erfassen; Paulus will nichts anderes, als daß die eine und selbe Predigt vom Kreuz für die korinthischen Christen aus „Milch" zu „fester Speise" werde. In 3, 18 drückt er das in Worten aus, die seine Absicht, durch paradoxe Formulierungen zu mahnen, ganz deutlich werden lassen: „Wenn einer unter euch weise zu sein glaubt in diesem Äon, der werde ein Tor, damit er weise werde."

Wir können jetzt die Schlußfolgerung für unser Thema ziehen. Zwischen „Milch" und „fester Speise" besteht in 1 Kor 3 materialiter kein Unter-

---

[9] Vgl. R. S c h n a c k e n b u r g , Christian Adulthood according to the Apostle Paul: Catholic Biblical Quarterly 25, 1963, 354—370, der vom Gesichtspunkt der christlichen Mündigkeit aus die nähere Begründung dafür gibt. Vgl. auch R. Schnackenburg, Unser Dienst am Glauben. Anregungen aus dem NT, in: J. M. Reuss, Glauben heute, 1962, 36—58, bes. 38—44 und 44—47; H. U r s v. B a l t h a s a r , Wer ist ein Christ?, ³1966, 87—91.

[10] Vgl. R. Schnackenburg, Christian Adulthood ... (s. oben Anm. 9), 359. — Zum Begriff „Unmündige" vgl. ferner W. G r u n d m a n n , Die νήπιοι in der urchristlichen Paränese: NTS 5, 1958/59, 188—205; zu 1 Kor 3, 1 f.: 190 f.

schied. Ja, der Gedankengang des Apostels ist geradezu darauf angewiesen, daß beides inhaltlich dasselbe meint. Er will ja auf das Paradox der Botschaft vom Kreuz hinweisen, die einerseits als Torheit und andererseits als Weisheit aufgefaßt werden kann. „Fleischlich" bzw. „unmündig" ist in Wirklichkeit einer, der der Weisheit dieser Welt huldigt, und „Pneumatiker" ist einer, der durch Gottes Geist angeleitet wird, in der Torheit des Kreuzes Gottes Weisheit zu erkennen.

Es gibt also für Paulus keine Eröffnung höheren Geheimwissens innerhalb der Gemeinde. Es liegt an den Hörern, ob sie die eine Predigt von Christus dem Gekreuzigten als „Milch" oder als „feste Speise" erfassen. Die Unterscheidung dieser beiden Begriffe r e f l e k t i e r t die Art und Weise der Aneignung dieser Kreuzespredigt durch die Hörer. Paulus will mit seiner Redeweise eine wahrhaft „geistliche" Aneignung erreichen. Er ist weit davon entfernt, es mit seiner das Fundament legenden Predigt bewenden zu lassen; auf seiten der Verkündenden und der Hörenden ist eine immer neue Bemühung darum notwendig. Er tadelt keineswegs, daß seine Nachfolger auf dem von ihm gelegten Fundament „daraufbauen". Aber nur soweit sie den Christen zu einer echten geistlichen Aneignung der Kreuzespredigt helfen, bauen sie auf das Fundament Gold, Silber und edle Steine und nicht Stroh, und nur so werden sie im Gericht bestehen können[11]. Das Fundament ist Christus, und auch das Daraufgebaute muß Christus enthalten; die Predigt vom Kreuz ist „Milch", sie muß auch die „Speise" sein — die „feste Speise" als eine vom Heiligen Geist gewirkte Einordnung und Applizierung des Grundkerygmas. Und zwar muß dieses in das Gesamt des christlichen Lebens eingeordnet werden, so daß „Eifersucht und Streit" unmöglich werden.

Die Unterscheidung von „Milch" und „Speise" hängt nur insofern auch mit einer materialen Unterscheidung zusammen, als sie die Antwort auf die Frage ist, die zwei in den Augen der Korinther materialiter verschiedene Verkündigungsweisen aufgeben: wie sich die Verkündigung des Paulus zu der seiner Nachfolger verhält; bzw. richtiger umgekehrt: wie das „Daraufgebaute" sich zum „Fundament" verhält. Aber dieser Unterschied verliert in der Argumentation des Apostels seinen scheinbar so schroff trennenden Charakter.

### III. „Milch" und „feste Speise" nach Hebr 5, 11—6, 3

Wenn wir uns jetzt dem Hebräerbrief zuwenden, so kommen wir anscheinend in eine in mehrfacher Weise gewandelte Vorstellungswelt.

Lesen wir zunächst den Text! Der Verfasser des Hebr hat zum Schluß des 4. Kapitels und in den ersten 10 Versen von Kapitel 5 das Hauptthema angedeutet, das ihn im folgenden beschäftigen wird, die Lehre von Christus als dem Hohenpriester. Jetzt sagt er in 5, 11—6, 3:

---

[11] Das Prüfungsfeuer in den bekannten Versen 3, 12—15, die diese Ausdrücke des „Daraufgebauten" enthalten, bezieht sich also nur auf die Lehrer der Gemeinde und ihr Werk.

*„Darüber haben wir viel zu sagen, und es ist schwierig, das verständlich zu machen, da ihr träge („stumpf") geworden seid zum Hören. Denn während ihr Lehrer sein müßtet der Zeit nach, habt ihr wieder nötig, daß euch einer die Anfangselemente der Gottesworte lehrt, und ihr seid solche geworden, die Milch nötig haben, nicht feste Speise. Denn jeder, der Milch genießt, ist unkundig des Wortes der Gerechtigkeit, denn er ist unmündig; für Vollkommene aber ist die feste Speise, für diejenigen, die durch die Gewöhnung die Sinneswerkzeuge geübt haben zur Unterscheidung von Gut und Böse. Darum wollen wir das Anfangswort vom Christus zurücklassen und uns der Vollkommenheit zuwenden und nicht wiederum das Fundament legen mit Umkehr von toten Werken und Glauben an Gott, Lehre von Taufen und Handauflegung, Totenauferstehung und ewigem Gericht. Auch das werden wir tun, wenn Gott es gestattet."*

## 1. Grundlegende Beobachtungen

Die Situation der hier angeredeten Gemeinde ist offenbar anders als im 1. Korintherbrief. Nach den Angaben des Hebr hat sie in der Zeit nach ihrer Bekehrung erste Bewährungsproben überstanden; aber seitdem scheint längere Zeit verstrichen zu sein, und jetzt stehen diese Christen in der Gefahr der Ermüdung und Erschlaffung[12]. Es scheint eine feste Gemeindeorganisation zu geben. Und was die religiöse Unterweisung angeht, so zeigt sie nicht in dem Maße die Spuren charismatischer Ursprünglichkeit, wie das bei Paulus und vielleicht auch seinen Nachfolgern in Korinth der Fall war[13], sondern scheint sich schon einigermaßen methodisch verfestigt zu haben. Zudem verfolgt der Hebr-Verfasser mit der Redeweise von „Milch" und „fester Speise" ein anderes Ziel als Paulus: Er will durch die Paränese 5, 11—6, 20 das Hauptstück seines Briefes vorbereiten[14], also gerade — ganz anders als Paulus — ein inhaltlich neues Thema einleiten. Denn es ist ganz offensichtlich, daß die Kapitel 7 bis 10 (genauer bis 10, 18) die in 6,1 angekündigte Hinführung zur „Vollkommenheit" (τελειότης) verwirklichen sollen, die gleichbedeutend ist mit dem Darreichen der „festen Speise" von 5, 12. 14 bzw. des „Wortes der Gerech-

---

[12] Vgl. O. K u s s , Der theologische Grundgedanke des Hebr, in: Auslegung und Verkündigung I, 1963, 281—328, hier 310; ders., Der Verfasser des Hebr als Seelsorger, in: Auslegung und Verkündigung I, 329—358 (zuerst veröffentlicht in der Trierer Theol. Zeitschr. 67, 1958, 1—12. 65—80); F. J. S c h i e r s e , Verheißung und Heilsvollendung. Zur theologischen Grundfrage des Hebr, 1955, 143 f.
[13] Von einer solchen Ursprünglichkeit darf man bei Paulus wohl trotz der im ganzen sicheren Tatsache sprechen, daß schon er (wie auch die hellenistische und schon die palästinensische Gemeinde vor ihm) eine feste Ordnung in seiner Katechese eingehalten hat. Vgl. A. Seeberg a.a.O. 58—85.
[14] Vgl. O. Michel 231.

tigkeit" (λόγος δικαιοσύνης) **von 5, 13**[15]. **Und dieser „festen Speise" (die also identisch ist mit der Hohepriesterlehre von Kap.** 7—10) stehen die sechs Elementarstücke von 6, 1 f. als „Milch" gegenüber — allem Anschein nach auch materialiter. Besteht hier also doch ein Unterschied zwischen der Katechese, die für alle gilt, und einer esoterischen „Gnosis"?

Eine erste (und sehr wichtige) Antwort erhalten wir, wenn wir nachschauen, f ü r  w e n die „Vollkommenheit" = „feste Speise" bestimmt ist: (1.) Sie ist der ganzen Gemeinde zugedacht, an die der Brief sich richtet. Es ist durch nichts zu erkennen, daß der Brief etwa nur an einen kleinen Kreis innerhalb einer Christengemeinde adressiert wäre. (2.) Diese Gemeinde scheint durch den Zustand ihres Glaubenslebens keineswegs für tiefere Weisheit prädestiniert zu sein. Es ist zwar durch zeitübliche Stilgesetze[16] bedingt, aber sicher keine Phrase, wenn der Verfasser sagt, die Gemeinde habe wieder die „Milch" des Elementarunterrichts nötig. Bestünde die „Vollkommenheit" wirklich in einem materialiter völlig neuen und höheren Wissensstoff, so gäbe es keinen Grund, nicht entsprechend der Feststellung von 5, 11 f. zu verfahren und tatsächlich den Elementarunterricht und nur ihn zu wiederholen. Aber das tut der Verfasser eben nicht. Im Gegenteil, der Übergang zur „Vollkommenheit" scheint für ihn geradezu eine Konsequenz aus seiner Feststellung des ganz unzureichenden Zustandes der Gemeinde zu sein. Das scheinbar so unlogische „Darum" (διό) zu Beginn von 6, 1 läßt sich kaum anders deuten. Die Gedankenverbindung ist etwa folgende: „Ihr habt Milch nötig ... denn die feste Speise ist nur für die „Vollkommenen", deren Sinne geübt sind ... — und solche Vollkommene seid ihr nicht." Und jetzt kommt — trotz allem — dieses διό: „D e s h a l b wollen wir das Anfangswort vom Christus zurücklassen ..."[17]. Der unausgesprochene Zwischengedanke

---

[15] τελειότης dürfte geradezu gleichbedeutend sein einem λόγος τῆς τελειότητος, vgl. U. W i l c k e n s , Die Missionsreden der Apostelgeschichte, ²1963, 83; E. Käsemann a.a.O. (Anm. 1) 122; J. Héring z.St. Nach O. Michel z.St. (S. 237 f.) bedeutet τελειότης sowohl den Zustand der Reife als auch „eine bestimmte Redeform, die diesem Reifsein entspricht".
λόγος δικαιοσύνης könnte zwar — wenn man V. 13 isoliert betrachtet — einfach „richtige Rede" bedeuten (vgl. die bei E. Gräßer 139, Anm. 444, angegebenen Autoren); im Zusammenhang des Abschnitts ist dieser Begriff jedoch eine so eindeutige Parallele zu „feste Nahrung" und „Vollkommenheit", daß man ihn auf den Inhalt der Lehre beziehen und als „Speise für die Vollkommenen" auffassen muß (so Windisch z.St.; C. S p i c q [L'Épître aux Hébreux, Études Bibliques, II, ²1961] z.St.; G. Delling in ThW I, 188; W. Grundmann a.a.O. 193, Anm. 1).
[16] Vgl. O. Michel a.a.O. 230 f.; bes. E. Käsemann a.a.O. 123 f.
[17] Vgl. H. v. S o d e n (Hand-Commentar zum NT III, 2, 1890) zu Hebr 6, 1: διό kann „weder bloß auf 5, 14 noch bloß auf 5, 12 bezogen werden, vielmehr geht es, ganz analog wie 3, 7, auf die Grundgedanken von 5, 11—14." Vgl. ferner

kann nur sein, daß die „Vollkommenheit" bzw. die „feste Nahrung" ein
Heilmittel auch für Christen ist, die νωθροί („stumpf", vgl. 6, 12) geworden
sind, daß gerade diese „feste Speise" entgegen der Vermutung dazu hilft,
den Zustand zu heilen, der durch die Schwäche des „Fundamentes" (6, 1)
gekennzeichnet ist — daß „Milch" und „feste Speise" also in einem Zusammenhang stehen.

Freilich deuten vor allem V. 4 f. und erst recht 9 f. an, daß der Schwäche-
zustand der Gemeinde keinen Abfall bedeutet, daß diesen Christen also ein im
Notwendigsten intakter Glaube zugetraut wird. Aber was unsere Frage nach
den Stufen der L e h r e angeht, bleibt die Beobachtung in Kraft: Der Verfasser will seinen Lesern die „feste Nahrung" t r o t z der Schwäche ihres
Glaubenslebens, die eigentlich ein erneutes Fundamentlegen notwendig machen
würde, darreichen.

Somit liegt eine Klassifizierung der Christen in Uneingeweihte und
Eingeweihte dem Hebr-Vf. fern. Seine Auffassung kann also nicht in
grundsätzlichem Widerspruch zur paulinischen stehen. Aber stellen wir
trotzdem noch die Frage, ob eine Art gnostischer Mentalität nicht vielleicht doch einwirkt, wenn auch ihre schlimmsten Konsequenzen nicht gezogen werden, d. h. ob Anfangsunterricht und „vollkommene Lehre" nicht
doch so verschiedenen Stoff haben, daß die letztere trotz allem in die
Nähe einer Enthüllung für Eingeweihte, einer Vermittlung geheimer Erkenntnisse, gerückt wird! Oder wenn wir auf die Auswirkungen solcher
Differenzierung schauen: Wird hier nicht doch der Versuchung wenigstens
Vorschub geleistet, es für den „Durchschnittschristen" mit dem „Elementarunterricht" bewenden zu lassen?

Schauen wir uns die „Milch" und die „feste Nahrung" des Hebr daraufhin näher an!

## 2. D e r I n h a l t d e s E l e m e n t a r u n t e r r i c h t s n a c h H e b r 6, 1 f.

„M i l c h" sind, wie schon gesagt, die sechs Stücke von 6, 1 f.: Umkehr
(Metanoia) von toten Werken, Glaube an Gott, Lehre von Taufen, Hand-
auflegung, Totenauferstehung und ewigem Gericht[18]. Keines dieser sechs
Stücke klingt beim ersten Hören spezifisch christlich. „Glaube an Gott"

---

E. Käsemann a.a.O. 121; O. Kuss im Regensburger NT z.St.; H. P. O w e n , The
„Stages of Ascent" in Hebrews V. 11—VI. 3: NTS 3, 1956/57, 243—253, hier 248 f.;
E. Gräßer a.a.O. 141, Anm. 452.

[18] Nach A. Seeberg, a.a.O. 249, nennt der Hebr-Vf. in 6, 1 „nur beispielsweise
einige Stücke…, die er zum Anfangswort Christi rechnet". Die sechs Stücke
wären also eine mehr zufällige Auswahl aus dem Stoff des urchristlichen Elementarkatechismus. Daran ist richtig, daß dieser „Katechismus" (in welcher
Form auch immer er existiert haben mag) noch Stoffe enthalten hat, die hier
nicht ausdrücklich genannt sind. Aber der Vf. deutet in keiner Weise an, daß
er nur Beispiele herausgreife, so daß wir damit rechnen müssen, daß wir hier
eine (für s e i n Verständnis bzw. in ihrer Art) vollständige Aufzählung vor
uns haben, daß diese sechs Stücke also für das Ganze des Elementarunterrichts
stehen.

läßt z. B. an eine Unterweisung denken, wie sie auch die Juden für Pro-
selyten aus dem Heidentum bereithielten; auch die Lehre von der Auferstehung und vom Gericht konnte in einer solchen Unterweisung enthalten
sein[19]. Sind diese sechs Stücke demnach im Grunde ein Erbstück aus der
katechetischen Unterweisung der Synagoge, wurde den Christen des Hebr
also bei ihrer Anfangsunterweisung das eigentlich Christliche noch vor-
enthalten und für die Stufe der „Vollkommenheit" reserviert?

Bevor wir uns die sechs Stücke im einzelnen anschauen, müssen wir
beachten, daß die „Milch" in 6, 1 als „Anfangswort vom Christus"
(ὁ τῆς ἀρχῆς τοῦ Χριστοῦ λόγος)[20] bezeichnet wird. Schon dadurch sind
diese sechs Stücke christlich qualifiziert[21], und wir könnten ihnen einen
spezifisch christlichen Charakter n u r   d a n n absprechen, wenn sich ihre
Beziehung zu den Kernwahrheiten des Christentums nicht aufzeigen ließe.
Dabei kann jedoch durchaus angenommen werden, daß sie in einem Zusammenhang mit der jüdischen Unterweisung an „Gottesfürchtige" aus
dem Heidentum stehen[22].

---

[19] Vgl. O. Michel, a.a.O. 238, Anm. 4.

[20] A. Seeberg (a.a.O. 248) versteht den Genitiv „des Christus" als genitivus
subiectivus: „das Anfangswort, das Christus selbst zum Urheber hat". Diese
Deutung ist erwägenswert, vor allem im Hinblick auf die unten noch anzu-
deutende Linie, die von der Verkündigung Jesu selbst zum ersten und letzten
Begriffspaar von Hebr 6, 1 f. hinführt. — Die Bezeichnung „Anfangswort vom
Christus" steht parallel zu „Anfangsgründe der Worte Gottes" 5, 12 und „Fun-
dament" 6, 1, kann sich also nur auf die sechs Stücke beziehen. Anders Spicq
z. St. — Vgl. auch die möglicherweise in dem Begriff „Erkenntnis der Wahrheit"
(Hebr 10, 26) vorliegende Zusammenfassung des Inhalts von 6, 1 f. (s. dazu
Gräßer 137 f.).

[21] In Anlehnung an eine Formulierung Windischs (z.St., S. 47) kann man die
Bezeichnung „Anfangswort vom Christus" (in Verbindung mit dem parallelen
Ausdruck „Anfangsgründe der Worte Gottes" 5, 12) etwa mit „Die Hauptartikel
der grundlegenden c h r i s t l i c h e n Missionskatechese" wiedergeben. — Vgl.
auch in der (zurückhaltenden) Ausführung von O. Kuss z.St. die treffende Bezeichnung der Funktion des Terminus „Anfangswort vom Christus" für Hebr
6, 1 f. durch die Begriffe „Notenschlüssel" und „Vorzeichen".

[22] H. K o s m a l a , Hebräer-Essener-Christen, 1959, 30—36, vermutet vor-
christlichen jüdischen Ursprung dieser Zusammenstellung der sechs Stücke (vgl.
auch Windisch z.St.); gegen Kosmala O. Michel a.a.O. 232 („wenig wahrscheinlich"). Die vorsichtige Formulierung von U. Wilckens a.a.O. 84 dürfte dem
Sachverhalt am besten entsprechen: das katechetische Schema christlicher „Fundamental"-Überlieferung habe (ebenso wie das Schema der heidenchristlichen
Missionspredigt, jedoch unabhängig davon) „die Tradition jüdischer Proselyten-
lehre und allgemeiner, an das Heidentum gerichteter Apologetik a l s   H i n t e r -
g r u n d gehabt" (Hervorhebung von mir). — O. Michel a.a.O. 233: „Höchstwahr-
scheinlich sind diese sechs Lehrstücke palästinischer Herkunft und geben die
notwendigsten Lehren eines [judenchristlichen?] Proselytenkatechismus weiter."

Die sechs Stücke sind in drei Paaren zusammengefaßt, die auch inhaltlich zusammengehören[23].

a) Das erste Begriffspaar „M e t a n o i a   v o n   t o t e n   W e r k e n —
G l a u b e   a n   G o t t" hat im Hebr selbst eine Parallele, in Hebr 9, 14
(Reinigung des „Gewissens" von toten Werken — Dienst dem lebendigen
Gott gegenüber). Die Verwandtschaft der beiden Stellen zeigt außer der
analogen Struktur (beidemal geht es um Abkehr von den Sünden und Hinwendung zu Gott) schon der in beiden enthaltene Begriff „tote Werke"[24].
Hebr 9, 14 ist aber eine ganz in die Hohepriestertheologie der Kap. 7 bis
10 eingebettete Aussage; die beiden Momente von Hebr 6, 1 (Abkehr
von den toten Werken — Glaubenshinwendung zu Gott) sind in 9, 14 ganz
vom Heilswerk aus gesehen. Schon durch diese Parallele deutet sich also
der Zusammenhang der Elementarkatechese 6, 1 f. mit der Hohepriesterlehre an[24a]!

Abgesehen von dieser Parallele im Hebr selbst werden wir durch unser erstes Begriffspaar an den Heroldsruf Jesu selbst (Mk 1, 15) erinnert.
Daß die Metanoia des Hebr wirklich auf der Linie der Botschaft Jesu
selbst liegt, dürfte durch einen urchristlichen „Katechismus" gestützt werden, der überhaupt in manchem unseren sechs Stücken vergleichbar ist,
durch die Didache[25]. Ihre Zwei-Wege-Lehre, die von der Bergpredigt
beeinflußt ist, scheint als erster Punkt der Unterweisung — aller Wahrscheinlichkeit nach einer Taufunterweisung — der „Metanoia" von Hebr
6, 1 zu entsprechen[26].

---

[23] Das erste Lehrstückpaar hebt sich dabei deutlich von den anderen beiden
ab (vgl. Wilckens a.a.O. 83, der aufgrund der grammatisch selbständigen Stellung
des ersten Begriffspaares traditionsgeschichtliche Selbständigkeit vermutet);
von Interesse ist in diesem Zusammenhang auch die von O. Michel 238, Anm. 4,
mitgeteilte Meinung von F. Delizsch, das erste Lehrstückpaar gehöre der Grundlegung des Glaubens gegenüber Ungläubigen an, die beiden anderen der gegenüber Katechumenen.

[24] Eine besondere Nähe besteht zu der wohl schon vorpaulinischen Formulierung 1 Thess 1, 9 (Abwendung von den Götzen und Hinwendung zum Dienst
des wahren und lebendigen Gottes); vgl. R. Schnackenburg, Unser Dienst am
Glauben (s. oben Anm. 9) 44–47; U. Wilckens a.a.O. 83 f. Vgl. auch Apg 14, 15
und 26, 20. — Dem in 1 Thess 1, 10 anschließenden Hinweis auf die Erwartung
der Parusie Christi dürfte das letzte, eschatologische Begriffspaar in Hebr 6, 2
der Sache nach (wenn auch vielleicht nicht traditionsgeschichtlich) entsprechen.

[24a] S. dazu Näheres unten in Abschn. 3c (in der Fortsetzung dieses Artikels).

[25] Vgl. außer der Zwei-Wege-Lehre Did I—VI den Abschnitt über die Taufe
Did VII und den eschatologischen Abschnitt Did XVI.

[26] Vgl. A. Seeberg a.a.O. 1—44, der den Zusammenhang der so häufig begegnenden katalogischen Elemente der urchristlichen Paränese mit diesem
Zwei-Wege-Schema zu erweisen sucht. Zur neueren Forschungsentwicklung
vgl. F. Hahn in der Einführung zu dem Neudruck von Seebergs Werk (1966),
S. XXI—XXVIII.

Auch der „G l a u b e  a n  G o t t" von Hebr 6, 1 kann keinen Gegensatz bilden zu dem christlichen Gottesbegriff von Hebr 1, 2 ff. (Gott als Vater Jesu Christi; vgl. 3, 6; auch 2, 10 ff.). Er entspricht dem „Glauben an die gute Nachricht" von der Nähe der verheißenen Gottesherrschaft in der ersten Verkündigung Jesu. Dafür finden wir im Hebr selbst einen Beleg, und zwar im 11. Kapitel, das ja den Glauben zum Thema hat. Es scheint, daß der Hebr-Vf. schon in Kapitel 11 seinen Vorsatz zum Teil ausführt, seine Leser auch über die Elementarstücke noch zu belehren. Denn 6, 3 „καὶ τοῦτο ποιήσομεν..." dürfte am ungezwungensten zu erklären sein, wenn es sich auf die Elementarstücke bezieht: „A u c h  dies werden wir tun (d. h. wiederum das Fundament legen), wenn anders Gott es gestattet[27]."

Dadurch, daß sich im Hebr also allem Anschein nach ein ausgeführtes Kapitel über mindestens eines der Elementarstücke befindet, scheint die verbreitete Deutung „und dieses [= das Darreichen der festen Speise] werden wir tun..." verwehrt zu sein; hierdurch ergibt sich ein zusätzliches Argument neben dem zunächst in die Augen fallenden, daß Hebr 6, 3 sich eben an die Aufzählung der sechs Stücke und nicht an 6, 1a anschließt[28].

Wenn wir einmal einen Blick auf Kapitel 11 werfen, stellen wir fest, daß auch hier vielleicht eine jüdische Vorlage benutzt ist — bzw. wohl

---

[27] Vgl. bes. H. v. Soden z.St. (S. 41 f.). v. Soden betont in diesem Zusammenhang u. a. zu Recht, daß der Hebr-Vf. der Mißdeutung wehren wolle, als ob er von dem Wert der sechs Elementarstücke gering denke. Vgl. auch O. Michel a.a.O. 232, der die Wichtigkeit einer Erkenntnis W. Mansons (The Epistle to the Hebrews, [2]1953, 61) hervorhebt: „Auf die katechetischen Lehrstücke, die zum Anfang des Christenstandes gehören, fällt kein verächtlicher Ton. Getadelt werden die Menschen, nicht die katechetischen Grundlagen."

[28] Von hier aus fällt auch einiges Licht auf das Folgende, die scheinbar so dunklen Verse 6, 4 ff. Wenn die Adressaten vom Glauben abfielen, wäre ein Erneuern zur Metanoia (V. 6; es handelt sich um dasselbe Wort wie im „1. Lehrstück" von V. 1!) unmöglich; aber da der Vf. bezüglich der Gemeinde „von dem Besseren überzeugt ist" (V. 9), d. h. seine Adressaten eben nicht für verloren ansieht, ist der Ansatzpunkt sowohl für die Erneuerung des Fundamentes (und darin für das „Erneuern zur Metanoia" im Sinne des „1. Lehrstückes") als auch für die „feste Nahrung" gegeben. Die schwierige Stelle 6, 4 ff. hat also ihre Funktion für den Kontext und ist keineswegs allgemeingültige Aussage! Im Zusammenhang kommt es nicht auf eine dogmatische Aussage über die „Unmöglichkeit der zweiten Buße" an, sondern darauf, daß es dem Seelsorger (als den der Hebr-Vf. sich versteht) unmöglich ist, „Abgefallenen" gegenüber sein Vorhaben der „Erneuerung" durchzuführen. Der Wortlaut von V. 4 ff. erklärt sich daraus, daß sich mit diesen Hauptakzent wie auch sonst die scharfe Warnung vor dem Abfall verbinden soll.

richtiger: daß eine geformte spätjüdische Tradition im Hintergrund steht[29]; denn die Behandlung der atl. Glaubenszeugen füllt das Kapitel ganz aus, und die christlichen Gedanken, die sich hier finden, bzw. die Gedanken, die zwar nicht von vornherein christlich klingen, aber typisch für die Theologie des Hebr sind (z. B. die Gedanken der Verheißung und der „Stadt", die Gott bereitet hat[30]), lassen sich wohl am besten zwar nicht als „Einschübe" in eine Vorlage, aber doch als in einen traditionell vorgeformten Gedankengang integrierte Interpretationselemente erklären. Am bedeutsamsten für das Verständnis von Hebr 11 ist sein Kontext: schon der vorhergehende Kontext in 10, 19—39 (bes. V. 22. 38 f.) und erst recht das folgende Kapitel 12, vor allem der Beginn dieses Kapitels mit dem Vers 12, 2, der von Jesus als dem „Anführer" (ἀρχηγός) und „Vollender" (τελειωτής) des Glaubens spricht. Auf diese Aussage ist das 11. Kapitel des Hebr hingeordnet. Das, was „Glaube an Gott" für das Judentum bedeutet, kommt durch Christus zum Zuge.

Für den „Glauben an Gott" von 6, 1 müssen wir zwingend folgern, daß auch er im Sinne der christlich verstandenen Ergänzungen bzw. Interpretamente von Kapitel 11 und vor allem des christlich-theologischen Kontextes, in dem Hebr 11 steht, zu erklären ist.

b) Das zweite Paar von Lehrstücken umfaßt die L e h r e  v o n  T a u - f e n  u n d  H a n d a u f l e g u n g[31]. Der ungewöhnliche Plural βαπτισμῶν deutet wohl an, daß es zu diesem Lehrstück gehört, die christliche Taufe von anderen Taufen bzw. Waschungen abzuheben. Da der Hebr die christliche Taufe ohne jeden Zweifel kennt[32] (selbst wenn das Wort φωτισθέντας [„die ... erleuchtet sind"] im folgenden V. 4 nicht oder nicht nur auf sie zu beziehen sein sollte[33]), kann er nur sie als Hauptgegenstand des 3. Lehrstückes meinen. Unter der Handauflegung ist hier wohl nicht die Ordination zu verstehen, sondern entsprechend dem Charakter

---

[29] Vgl. O. Michel 371, Anm. 2 zu einer Parallele in der Mekilta, bes. aber Michel 368: „Kap. 11 ... ist ein ‚Summarium' nach dem Muster spätjüdischer Paradigmenreihen, ist aber wohl auch in seiner Vorlage schon christlich gewesen."

[30] Vgl. Hebr 11, 1. 6. 8—12 und bes. 13—16 f. Hebr 11, 26 (Moses hielt „die Schmach des Christus" für einen größeren Reichtum als die Schätze Ägyptens) zeigt die christliche Interpretation des atl. Glaubenszeugnisses durch den Hebr-Vf. besonders deutlich, vor allem, wenn man 11, 26 mit 12, 2 und 13, 13 zusammensieht.

[31] „Lehre von ..." ist noch nicht zum ersten Begriffspaar zu ziehen; es ist daher um so zwingender, die Metanoia von V. 1 mit der von V. 6 zu verbinden (vgl. oben Anm. 28). Von diesem Genitiv διδαχῆς (der dem — freilich gut bezeugten — Akkusativ vorzuziehen ist) ist auch das letzte Begriffspaar noch abhängig.

[32] Vgl. nur Hebr 10, 22.

[33] Vgl. O. Michel 241.

des Ganzen als einer Zusammenfassung von fundamentalen Fakten die Geistmitteilung durch Handauflegung, die zum Christwerden gehört[34] und die wohl in Verbindung mit der Taufe zu denken ist (vgl. V. 4: „... die teilhaftig geworden sind des Heiligen Geistes"). Das zweite Lehrstückpaar handelt also von der sakramentalen Initiation des christlichen Lebens. Mit dem ersten zusammen scheint es typisch zu sein für eine Taufkate-chese[35].

c) Nur scheinbar fällt das 3. Lehrstückpaar, die L e h r e v o n d e r A u f e r s t e h u n g d e r T o t e n u n d d e m e w i g e n G e r i c h t[36], aus dem Rahmen einer Taufkatechese heraus. In Wirklichkeit ist es sehr wohl motiviert, in diesem Zusammenhang gerade von der Eschatologie zu sprechen; daß wir diese Zusammenstellung als ungewöhnlich empfin-den, deutet eher auf einen Mangel u n s e r e r Auffassung von den we-sentlichen Stücken des Christentums hin. Zwar spricht der Hebr nicht expressis verbis so wie Paulus von unserer zukünftigen Auferstehung als einer Teilnahme am Auferstehungsleben Christi, aber in s e i n e r Ter-minologie ist auch diese Verbindung zwischen Auferstehung Christi und unserer Auferstehung gegeben, wie aus Hebr 2, 9 f. hervorgeht: Christus ist mit Herrlichkeit und Ehre gekrönt (selbstverständlich gehört dazu sei-ne Auferstehung), und er ist der ἀρχηγός, der „Anführer" des Heiles für die „vielen Söhne", die Gott zur Herrlichkeit (d. h. wieder: zur Aufer-stehung) führt.

Daß der Hebr schließlich das „ewige Gericht" im Rahmen seiner christ-lichen Theologie sieht, kann nicht bezweifelt werden. Der Gerichtsgedanke spielt im Hebr eine große Rolle, und zwar sind die Christen a l s s o l c h e , als diejenigen, denen das Blut Christi zugute kommen soll bzw. schon zu-gute gekommen ist, unter das Gericht Gottes gestellt (vgl. vor allem die Zusammenstellung von Gott als dem „Richter aller" mit Jesus und seinem Blut in Hebr 12, 22—24, ferner auch 6, 6 und 10, 29).

Trotz der keineswegs eindeutig christlichen Formulierung sind die sechs Elementarstücke (als Inbegriff dessen, was in 5, 12 f. als „Milch" bezeichnet ist) also christlich verstanden; im Sinne des Hebr-Vf. sind sie offen für ein christlich-theologisches Verständnis, ja, sie sind für ihn noch nicht einmal ablösbar davon. Dieses vorläufige Ergebnis schließt jedoch nicht aus, daß die spezifische Theologie des Hebr noch eine Reihe von Fra-gen zum Verhältnis von „Milch" und „fester Speise" aufwirft!

---

[34] Vgl. Apg 8, 17 und vor allem 19, 5 f.

[35] Schon V. 4 zeigt, daß es durchaus offen ist für eine theologische Vertie-fung, wie sie in anderer Weise Röm 6, 1—11 bietet.

[36] Die Zusammenstellung der beiden Stücke dieses letzten Paares entspricht spätjüdischer (apokalyptischer) Tradition, vgl. O. Michel 240.

### 3. Das Verhältnis von „Milch" und „fester Nahrung" im Hebräerbrief

Auf eine eigene Erörterung der Frage, worin die „f e s t e  S p e i s e" für den Hebr materialiter besteht, können wir verzichten. Die Stellung der Paränese 5, 11—6, 20 unmittelbar vor dem großen kulttheologischen Hauptteil 7, 1—10, 18 läßt keinen Zweifel daran, daß die Lehre von Christus als dem wahren Hohenpriester und seinem Opfer gemeint ist[37]. So können wir gleich zu der Frage nach dem Verhältnis des Elementarunterrichtes von 6, 1 f. und der Hohepriesterlehre (7, 1—10, 18) übergehen.

#### a) *Zwei aus dem Text sich ergebende Fragen*

Zwar konnten wir die Bestimmung des gegenseitigen Verhältnisses von „Milch" und „fester Speise" in Abschnitt 1 und 2 schon vorbereiten. „Milch" und „feste Nahrung" stehen in einem Zusammenhang, insofern die „feste Nahrung" (= die Hohepriestertheologie) ebenso wie die „Milch" (= die sechs Lehrstücke von Hebr 6, 1 f.) für j e d e n Christen bestimmt ist und insofern die „feste Speise" die Funktion erfüllen soll, die eigentlich von einer Wiederholung des Elementarunterrichtes erwartet werden sollte (Abschnitt 1). In Abschnitt 2 konnte dann aufgezeigt werden, daß die gar nicht spezifisch christlich klingenden „sechs Stücke" offen sind für die Kernwahrheiten des Christentums und sie für das Verständnis des Hebr auch tatsächlich enthalten.

Trotzdem drängt sich die Frage auf (als e r s t e der beiden in der Überschrift angedeuteten Fragen), warum in den „sechs Stücken" eine eindeutig christologisch-soteriologische Formulierung fehlt. Es ist die Frage, von deren Beantwortung sich niemand dispensieren kann, der das Verhältnis von Elementarunterricht und Kulttheologie im Hebr klären will. Sie kann um so weniger an die Seite gedrängt werden, als das Urchristentum ja sehr früh christologisch-soteriologische Bekenntnisformeln geprägt hat und als gerade auch unser Brief dreimal mit Nachdruck auf ein solches Bekenntnis verweist[38].

---

[37] Es muß freilich noch gefragt werden, ob die Kulttheologie von 7, 1—10, 18 nicht (auch) unter einem formalen Aspekt als „feste Speise" bezeichnet sein kann, insofern sie „Schriftgnosis" ist. Doch dazu s. unten Abschnitt e!

[38] Vgl. unten Abschnitt b.

Zudem reflektiert unsere jetzige Frage nur ein Problem, das sich für den Glaubensbegriff des Hebr als ganzen stellt. E. Gräßer bringt es in seiner beachtenswerten Studie „Der Glaube im Hebräerbrief"[39] auf die Formel, wieso „das Hauptmoment der Pistis, nämlich ihr Bezug auf den Heilsträger Christus, in einem so dezidiert christologischen Entwurf" (wie ihn gerade der Hebr bietet) fehle[40].

Eine z w e i t e  F r a g e ergibt sich aus einem in unserem Abschnitt 5, 11 ff. vorliegenden Sachverhalt, den wir noch nicht beachtet haben. In H e b r 5, 14 werden die „Vollkommenen", denen die „feste Nahrung" zukommt, als solche bezeichnet, die „infolge von Gewöhnung geübte Sinneswerkzeuge haben zur Unterscheidung von Gut und Böse". Hier wird das sittliche Unterscheidungsvermögen mit der „Vollkommenheit" und der „festen Speise" der Kulttheologie verbunden. Offenbar spielt also das Moment des „ethischen" Lebens, des „Wandels" der Christen, in unser Problem hinein! Aber in welcher Weise?

H. P. Owen[41] nimmt diese Beobachtung sogar zum Anlaß[42], in Hebr 5, 11—6, 3 drei „Stufen des Aufstiegs" zu konstatieren: 1. Die „Milch" des Elementarunterrichts, 2. die „Vollkommenheit", zu der durch eine Serie von korrekten moralischen Entscheidungen ein „moral standard" aufgebaut wird (diese 2. Stufe wäre also „ethical and practical"), 3. die „feste Nahrung" der Hohepriesterlehre („religious and theoretical")[43]. Wir werden zwar sehen, daß diese Einführung einer dritten Stufe nicht notwendig und dem Denken des Hebr nicht adäquat ist[44]; aber immerhin stellt Owen durch seine Drei-Stufen-Theorie das Problem, welche Rolle das in unserem Text (wie im ganzen Hebr) ohne Zweifel sehr wichtige ethische Moment für die Relation von „Milch" und „fester Nahrung" spielt, in dankenswerter Schärfe!

b) *Das Verhältnis der „Homologie" zur Hohepriesterlehre*

Der Begriff „Homologie" (ὁμολογία, „Bekenntnis"), dessen Beziehung zur Elementarkatechese und zur Hohepriestertheologie wir jetzt zu prüfen haben, begegnet uns dreimal im Hebr, und zwar jedesmal an Stellen, die für die Gedankenführung des Briefes von großer Bedeutung sind (3, 1;

---

[39] S. oben Anm. 1.

[40] A. a. O. 147.

[41] The "Stages of Ascent" in Hebrews V. 11—VI. 3: New Testament Studies 3, 1956/57, 243—253.

[42] Zusammen mit einer Deutung des „Wortes der Gerechtigkeit" 5, 13 als eines moralischen Prinzips ("principle of righteousness") a. a. O. 244.

[43] A. a. O.

[44] Schon die Tatsache, daß „Wort der Gerechtigkeit" im Gedankengefüge unseres Abschnitts Parallelbegriff zu „feste Speise" ist, spricht gegen sie. Die Argumentation von Owens hätte nur dann eine echte Chance, wenn es in V. 14 statt „den Vollkommene͞ kommt die feste Speise zu" hieße „den Vollkommenen kommt das Wort der Gerechtigkeit zu".

4, 14; 10, 23). Nach der gutbegründeten These von G. Bornkamm[45] ist diese „Homologie" „das inhaltlich fixierte kurze Taufbekenntnis der Gemeinde"[46]; F. J. Schierse faßt sie nicht als Taufbekenntnis auf, sondern als „ein feierliches kultisch-liturgisches Christusbekenntnis, das im Gemeindegottesdienst seinen festen Platz hat"[47]. Man wird jedoch beides verbinden müssen. Grundlegend ist die Homologie Glaubens- und Taufbekenntnis, das freilich — in welcher Form auch immer — auch zum regelmäßigen Gemeindegottesdienst gehört. D e s h a l b ist Vernachlässigung des Gemeindegottesdienstes gleichzeitig Vernachlässigung der Homologie (vgl. Hebr 10, 23-25)!

Inhaltlich enthält die Homologie das Bekenntnis zu Jesus als dem Sohn Gottes[48], zugleich aber auch zu den Verheißungen, die Jesus eröffnet (vgl. Hebr 10, 23 „Homologie der Hoffnung").

W i e  v e r h ä l t  s i c h  n u n  d i e s e  „H o m o l o g i e"  z u  d e n  s e c h s E l e m e n t a r s t ü c k e n  v o n  6, 1 f.? Es gibt zwar keinen Text, in dem eine ausdrückliche oder auch nur von vornherein eindeutige Verbindung zwischen beiden hergestellt wäre. Trotzdem ist es m. E. möglich, diese Verbindung zu erkennen, und zwar dann, wenn man die folgenden Argumente z u s a m m e n berücksichtigt:

(1.) verbietet die Bezeichnung des Elementarunterrichtes als „Anfangswort vom Christus" wenigstens, eine christologische Homologie auf dieser ersten Stufe auszuschließen; (2.) muß die „Lehre von den Taufen" ein solches christologisches Bekenntnis eingeschlossen haben, da es eine christliche Taufe nicht ohne ein solches Bekenntnis gegeben haben kann. Das gilt um so mehr, wenn der Plural „Taufen" (wie es wahrscheinlich ist) eine Gegenüberstellung der christlichen Taufe und frühjüdischer Tauchriten andeutet. (3.) Nach 4, 14 und 10, 23 soll die Homologie „festgehalten" werden — offenbar als etwas, was die Christen „von Anfang an"[49], von ihrem Gläubigwerden und ihrer Taufe an, gehört haben. (4.) Nach Hebr 3, 1 ist Jesus der „Gesandte und Hohepriester unseres Bekenntnisses", während er in der parallelen Formulierung Hebr 12, 2 „Anführer und Vollender des Glaubens" genannt wird. Von hier aus ergibt sich eine Parallelität auch von „Bekenntnis" und „Glaube", die auf eine Zusammengehörigkeit

---

[45] Das Bekenntnis im Hebräerbrief, in: Studien zu Antike und Urchristentum (= Ges. Aufs. II), 1959, 188—203.

[46] A. a. O. 191.

[47] Verheißung und Heilsvollendung (s. oben Anm. 12) 200; s. dort auch die Anm. 11. Vgl. schon E. Käsemann, a. a. O. 107.

[48] Das kann aus Hebr 4, 14 entnommen werden, vgl. Bornkamm a. a. O. 190; vgl. auch schon A. Seeberg, a. a. O. 145, überhaupt 142—150; ferner die bei Bornkamm 190, Anm. 3, angegebenen Autoren.

[49] Vgl. 1 Jo 2, 20 „. . . was ihr von Anfang an gehört habt, soll in euch bleiben." Auch hier ist das „von Anfang an" Gehörte die Christushomologie.

beider schon im Anfang des Christseins schließen läßt. (5.) Das Bekenntnis ist in Hebr 10, 23 als „Homologie der Hoffnung" bezeichnet; die lehrmäßige Grundlage dieser „Hoffnung" ist aber in dem letzten, eschatologischen Lehrstückpaar von 6, 1 f. gegeben.

D i e „H o m o l o g i e" g e h ö r t   a l s   T a u f b e k e n n t n i s also — formulieren wir es vorsichtig, da der gattungsmäßige Unterschied von Homologie und Katechese nicht verwischt werden sollte — d e r g l e i c h e n (d. h. ersten) S t u f e   a n   w i e   d i e   s e c h s   S t ü c k e   v o n   H e b r   6, 1 f., ist also in diesem Sinne der „Milch" zugeordnet bzw. umgekehrt diese der Homologie.

Wenn wir an dieser Stelle eine Antwort versuchen sollen auf die Frage, weshalb die Christushomologie nicht ausdrücklich in die Aufzählung von 6, 1 f. einbezogen ist, so müßte sie etwa lauten: (1.) aus den in Abschnitt 2 schon angedeuteten traditionsgeschichtlichen Gründen (und damit hängt auch der eben angedeutete gattungsmäßige Unterschied von Homologie und Katechese zusammen)[50]; (2.) infolge der besonderen Konzeption der Pistis, die dem Hebr zu eigen ist[51]; (3.) wegen der s p e z i f i s c h e n Fundament-Funktion der sechs Stücke von Hebr 6, 1 f.[52].

G. Bornkamm sieht nun das eigentliche Anliegen des Hebr-Vf. zu Recht darin, daß er dem Bekenntnis der Gemeinde eine neue Auslegung geben und seinen Christen dadurch in ihrer besonderen Lage helfen will[53].

Von hier aus können wir schon F o l g e r u n g e n   f ü r   d a s   V e r - h ä l t n i s   v o n   „M i l c h" und „f e s t e r   S p e i s e" im Hebr ziehen. Zunächst für die mit der „Milch" des Elementarunterrichtes zusammengehörige „Homologie": Die „neue Auslegung" der Homologie durch die Hohepriesterlehre enthält nicht etwas inhaltlich grundsätzlich Neues, sondern

---

[50] Zusätzlich sei hier noch eine Vermutung geäußert: Sollten die „sechs Stücke" vielleicht eine außerordentlich frühe thematische Zusammenstellung der Elementarkatechese aus der Zeit widerspiegeln, in der das christologisch-soteriologische Kerygma noch nicht fest geformt war und als „Form" der Verkündigung und Katechese nur die Weiterverkündigung der Botschaft Jesu (d. h. der älteste Kern der Logienquelle) zusammen mit frühjüdischen Schemata zur Verfügung stand? Dem würden das erste und das letzte Lehrstückpaar entsprechen.

[51] S. unten Abschn. c.

[52] S. unten Abschn. d.

[53] A. a. O. (Anm. 45) 200: „In dieser Situation ruft der Hebr die Gemeinde zu ihrem Bekenntnis zurück. Aber bedrängt sie nicht mit einem bloßen Appell, sondern erschließt ihr den Horizont der Heilswirklichkeit, die ihr Bekenntnis umfaßt. Das leistet die Auslegung des Bekenntnisses..." Vgl. auch S. 202: Die Lehre vom Hohepriestertum Christi ist vom Hebr als Auslegung des Sohn-Gottes-Bekenntnisses gemeint. Vgl. ferner O. Michel in der 9. Auflage seines Kommentars, 1955, S. 19: „Die dargebotene Schriftgnosis . . . führt also nicht aus dem Bekenntnis der Gemeinde heraus, sondern tiefer in dies hinein."

erschließt den Sinn, den die Homologie von Anfang an hatte; sie schützt sie einerseits vor („gnostischen") Mißverständnissen und ermöglicht ihr andererseits die Fruchtbarkeit im Leben der Christen[54].

Grundsätzlich ist damit — wegen der aufgezeigten Verbindung von Homologie und Elementarkatechese — auch schon das Verhältnis der „Milch" des Anfangsunterrichtes und der „festen Speise" der Kulttheologie gegeben. Aber d i e s e s Verhältnis erfordert — eben infolge der nicht-christologischen Formulierung und des dadurch gegebenen eigenen (theo-zentrischen) Charakters der sechs Stücke[55] — doch noch eine besondere Überlegung.

Vergegenwärtigen wir uns noch einmal, inwiefern Christologie und Soteriologie in den „sechs Stücken" i m p l i z i t gegeben sind[56]: insofern in den ersten beiden Stücken die Verkündigung Jesu selbst aufgenommen ist, im zweiten Begriffspaar (dem „sakramentalen") die Heilstat Christi vorausgesetzt ist (da ja die mit der Taufe gegebene Vergebung der Sün-den für urchristlichen Glauben nur von ihr her bzw. überhaupt von Chri-stus her wirksam sein kann) und insofern das dritte, eschatologische Be-griffspaar für einen Christen des 1. Jahrhunderts nicht ohne Christus als den im Namen Gottes richtenden Menschensohn denkbar ist und die Auf-erweckung Christi als erstes und grundlegendes Ereignis der eschatologi-schen Totenauferweckung verstanden werden muß.

Die Aufgabe der „festen Speise" als theologischer Vertiefung ist es dann gerade, d i e i m p l i z i t c h r i s t o l o g i s c h e S t r u k t u r d e s „F u n d a m e n t e s" (d. h. der durch und durch monotheistisch-theozen-trischen christlichen Gottes- und Heilsverkündigung) e x p l i z i t z u m a c h e n. Es muß gezeigt werden, wie durchgängig Jesus der „Mittler des Neuen Bundes" (d. h. des Bundes m i t G o t t) ist (Hebr 9, 15; 12, 24), wie ausschließlich e r der „Bürge eines besseren Bundes" (Hebr 7, 22; vgl. 8, 6) geworden ist.

### c) Das Verhältnis der „Pistis" des Hebr zur „festen Speise" der Kulttheologie

Als wir oben in Abschnitt 3a auf das Problem stießen, welche Rolle das in Hebr 5, 14 unverkennbare ethische Moment für das Verhältnis von „Milch" und „fester Speise" spielt (in der z w e i t e n der „zwei aus dem Text sich ergebenden Fragen"), war noch nicht zu erkennen, wie eng es sich mit der e r s t e n dort gestellten Frage berührt (der Frage, warum der Glaubensbegriff des Hebr sich dem Augenschein nach nicht auf die

---

[54] Vgl. G. Bornkamm a. a. O. 202.
[55] S. unten Abschn. d.
[56] S. oben Abschn. 2.

Heilsmittlerschaft Christi bezieht). Diesen Zusammenhang haben wir jetzt ins Auge zu fassen.

„Glaube" (Pistis) ist im Hebr — trotz des so „dezidiert christologischen Entwurfes"[57] dieses Briefes — nicht wie bei Paulus und im Johannesevangelium ganz auf Christus und das Heilswerk Gottes in Christus ausgerichtet, sondern der Hebr „wurzelt mit allen Strukturelementen seines Glaubensbegriffs — und zwar mehr als alle ntl. Schriften sonst — im AT"[58]. „Glaube" ist nach der Bestimmung in Hebr 11, 1[59] der „feste Stand hinsichtlich der Hoffnungsgüter"[60]; er ist Ausrichtung auf die Heilszukunft[61]. So werden die für den Hebr charakteristischen Kennzeichnungen des christlichen Wandels — der für ihn ja selbst das Ausschreiten auf das Vollendungsziel ist — geradezu zu Synonyma der Pistis; denken wir nur an das „Ausharren" (ὑπομονή) bzw. das „ausdauernde Laufen" (τρέχειν δι ὑπομονῆς) auf das Verheißungsziel hin (Hebr 12, 1). Pistis ist im Hebr also „eine eminent ethische Kategorie"[62]. Sie ist die der „Verheißung" angemessene „Tugend" (ἀρετή). „Glaube ist Standhaftigkeit"[63].

Das „ethische" Moment ist also im Pistis-Begriff des Hebr selbst gegeben. Die Frage, welche Bedeutung das in Hebr 5, 14 durchscheinende ethische Moment für die „Milch" und die „feste Speise" habe, scheint also auf das engste verbunden zu sein mit der Frage, in welchem Verhältnis die „Pistis" als „Verhaltensweise dem Wort Gottes gegenüber"[64] zu ihnen steht!

Die „Pistis" des Hebr ist zwar weder mit der „Homologie" noch mit der durch die sechs Stücke von 6, 1 f. erklärten „Milch" identisch, da sie ja nicht nur als Glaubensgut oder Bekenntnisinhalt[65], sondern als Verhalten der Botschaft Gottes gegenüber aufgefaßt ist. Jedoch ist sie mit dem ersten Begriffspaar von 6, 1 f. erheblich enger verbunden als mit der „Homologie"

---

[57] E. Gräßer 147.
[58] E. Gräßer 85; vgl. S. 72, Zeile 2—7. Freilich spielt, wie E. Gräßer 95—144 aufzuzeigen sucht, auch das „hellenistische Erbe" eine große Rolle. — Zur Kritik an Gräßers Entwurf s. O. Michel, a. a. O. (12. Aufl., 1966) 337, Anm. 1 (von Gräßers Interpretation der Aussage Hebr 11, 1 ausgehend).
[59] Hierbei handelt es sich nicht um eine eigentliche „Definition"; vgl. E. Gräßer 51: „formgerechte Kennzeichnung".
[60] A. a. O. 48.
[61] E. Gräßer 65—67 übersteigert hier (im Anschluß an R. Bultmann, ThW VI, 209) den Unterschied gegenüber dem paulinischen Glaubensbegriff; denn der paulinische Glaube an die Auferweckung Christi bezieht sich nur scheinbar ausschließlich auf ein Faktum der Vergangenheit, in Wirklichkeit auf dieses Faktum, insofern es unsere Heilszukunft eröffnet. Vgl. nur den Glaubensbegriff von Röm 4, 17 ff.!
[62] E. Gräßer 63.
[63] Ebda.
[64] Vgl. ebda. 138, Anm. 439.
[65] S. dazu unten S. 268, auch Anm. 73.

und der Kulttheologie. Denn erstens befaßt das erste Begriffspaar sich mit der im Sinne von Hebr 11 verstandenen Pistis[66], und zweitens ist in unserem jetzigen Zusammenhang doch wohl zu beachten, daß nur die vier letzten Stücke in 6, 2 ausdrücklich als „Lehre" bezeichnet sind. Dadurch, daß das Wort „Lehre" zu Beginn von 6, 2 grammatisch noch nicht zum ersten Begriffspaar gehört, ist es für den Leser in der Schwebe gelassen, ob das „Fundament" in der L e h r e von Umkehr und Glauben an Gott gesehen werden soll oder in der Metanoia und Pistis selbst; bzw. es deutet sich die Überzeugung des Hebr-Vf. an, daß die Lehre von der (entsprechend Hebr 11, 1 verstandenen) „Pistis" und die Pistis selbst nicht voneinander zu trennen sind[67].

Ergibt sich von hier aus vielleicht wieder ein Gegensatz von „Milch" und „fester Speise", insofern die letztere als christologisch-soteriologische Lehre einem „Fundament", eben der „Milch", gegenübersteht, das stärker der (nicht ausdrücklich christologischen) Pistis — der lebensmäßigen Ausrichtung auf das Vollendungsziel — zugeordnet ist? Wir haben hier — unter einem anderen Aspekt — das Zentralproblem vor uns, „wieso unser Vf. das urchristliche Kerygma in einer so explizit christologischen Weise entfalten kann, ohne die Pistis in einen direkten Bezug zu Christus zu setzen"[68].

Zwar kann an dieser Stelle das Problem als ganzes nicht aufgearbeitet werden[69]; aber es soll doch eine aufschlußreiche V e r b i n d u n g  d e r „P i s t i s"  d e s  H e b r  m i t  d e r  H o h e p r i e s t e r t h e o l o g i e  aufgezeigt werden, d i e  d e r  T e x t  s e l b s t  a n  d i e  H a n d  g i b t.

Unser Abschnitt 5, 11—6, 3 steht zwar vor dem Abschnitt, in dem die Hohepriestertheologie recht eigentlich entfaltet wird (7, 1—10, 18); begonnen wird das Thema „Jesus als Hoherpriester" jedoch schon in dem voraufgehenden Abschnitt 5, 1—10. Der in diesem Sinne von 5, 1 bis 10, 18 reichende kulttheologische Hauptteil des Hebr wird nun e i n g e s c h l o s s e n (steht in einer „Inklusion") durch eine d o p p e l t e  M a h n u n g, die sich sowohl vorher (4, 14—16) als auch anschließend (10, 22 f.) findet, nämlich die Mahnung zum „F e s t h a l t e n  a n  d e r  H o m o l o g i e" (4, 14 und 10, 23) und zum „H i n z u t r e t e n" (zum „Thron der Gnade" 4, 16, bzw. ent-

---

[66] Vgl. oben III, 2a, S. 244 f.
[67] Das gilt unabhängig von der Frage, ob es noch eine andere Erklärung dafür gibt, daß das Wort „Lehre" noch nicht zum ersten Begriffspaar gehört. Vgl. dazu den beachtlichen Gedanken von Windisch z. St.!
[68] E. Gräßer 214.
[69] Wir müssen leider darauf verzichten, die im ganzen beachtliche Lösung des Problems durch E. Gräßer (vgl. a. a. O. 198—219, bes. 214—219) kritisch darzustellen und für unsere Frage auszuwerten. Vgl. jedoch unten Anm. 82 (zur Hauptthese Gräßers), ferner Anm. 106 und 107.

sprechend dem in 10, 19 ff. gegebenen Kontext von 10, 22: „Hinzutreten"
als Beschreiten des Weges, den der wahre Hohepriester mit seinem Blut
eröffnet)[70]. Innerhalb dieser durch 4, 14—16 und 10, 19—23 gebildeten
„Inklusion" oder Parenthese steht also auch unser Abschnitt 5, 11—6, 3,
der sich als „paränetischer Einschub" mit dem Ziel der kulttheologischen
Darlegungen befaßt und so von vornherein auf einer Linie liegt mit der
in 4, 14—16 und 10, 19—23 gegebenen paränetischen Klammer des ganzen
die Hohepriestertheologie enthaltenden Hauptteils. Sollte also diese als
„Klammer" fungierende Doppelmahnung, die den Sinn des ganzen kulttheologischen Teils angibt[71], nicht auch einen Schlüssel zur Beantwortung unserer Frage bezüglich 5, 11—6, 3 bieten?

Schauen wir uns die beiden Mahnungen einmal daraufhin an!

„An der Homologie festhalten" ist entsprechend dem „Pistis"-Begriff unseres Briefes nichts anderes als ein Synonymon für den
Glauben selbst. Denn es zeigt als „Festhalten an der Homologie der H o f f -
n u n g" (10, 23) den grundlegenden Zug der Ausrichtung auf das Vollendungsziel, in der dieses „Glauben" als Reaktion auf das (Verheißungs)-
Wort Gottes besteht.

Da die „Homologie", das christologische Grundbekenntnis, eng mit den
sechs Stücken des Elementarunterrichtes von 6, 1 f. verbunden gedacht
werden muß[72], gehört zur „Pistis" also auch das „Festhalten" an diesen
sechs Stücken (der „Milch") — genauso wie das Festhalten am Christusglauben selbst. Sie ist demnach nicht nur vertrauendes Ausharren, sondern hat auch ein inhaltliches Objekt[73].

In der Mahnung zum „H i n z u t r e t e n" ist demgegenüber das eigentliche und tiefste Anliegen der Hohepriestertheologie von 7, 1—10, 18 (der
„festen Speise") ausgedrückt[74]. Man kann geradezu sagen, daß der Hebr-Vf.
die Hohepriestertheologie d e s h a l b entwickelt hat, damit er diese Mahnung zum „Hinzutreten" in begründeter Weise und sinnerfüllt aussprechen kann. Denn die Reaktion seiner Leser, die er durch die kulttheologischen Ausführungen erreichen will, ist keineswegs nur eine intellektuelle
Bejahung dessen, was er dargelegt hat (ein „Fürwahrhalten" seiner Hohepriesterlehre)[75]. Ja, es ist nicht einmal nur ein überzeugteres und stand-

---

[70] Vgl. W. Thüsing, „Laßt uns hinzutreten . . ." (Hebr 10, 22). Zur Frage
nach dem Sinn der Kulttheologie im Hebräerbrief: Bibl. Zeitschr. N. F. 9, 1965,
1—17, bes. 4—6.

[71] Vgl. a. a. O. 5 und 16.

[72] S. oben Abschn. b.

[73] Vgl. O. Kuss, Der Vf. des Hebr als Seelsorger (s. oben Anm. 12) 344; E.
Gräßer 138, Anm. 439: „. . . ,sittlich' und ,glaubensmäßig' liegen für unseren Vf.
auf nicht zwei verschiedenen Ebenen . . .".

[74] Vgl. oben Anm. 70 und 71.

[75] Die Hohepriesterlehre ist keineswegs rein „theoretisch", vgl. O. Michel 232
im Anschluß an W. Manson, The Epistle to the Hebrews, ²1953, 61 ff.

hafteres „Festhalten an der Homologie", wenngleich er das sicherlich im Auge hat[76]. Vielmehr ist sein eigentliches Anliegen, daß seine Leser den Anschluß an den Hohenpriester Jesus vollziehen, der mit seinem sühnenden Blut in das wahre Allerheiligste eingegangen ist und jetzt in der verklärten Hingabe seines Opfers vor Gott steht — daß sie den von ihm eröffneten Weg gehen und die von ihm geschenkte Möglichkeit der Gottesbeziehung realisieren[77].

Mit der Mahnung zum „Hinzutreten" zielt er nun aber nicht nur auf eine beständige und treue Teilnahme an der Eucharistiefeier der Gemeinde[78], sondern sein Ziel geht weit darüber hinaus; es ist das Hinzutreten seiner Christen zum Opfer Christi in ihrem Lebensopfer. Und wenn wir das „Hinzutreten" jetzt mit der „Pistis" in Beziehung setzen: Es ist der Sache nach identisch mit der „Pistis" als der lebensmäßigen Ausrichtung auf das Vollendungsziel in ihrem ganzen Umfang. Denn dieses „Hinzutreten" von 4, 16 und 10, 22 ist eine sachlich gleichbedeutende Parallele zu dem „ausharrenden Laufen in dem vor uns liegenden Kampf" (12, 1) und zu dem Bemühen, in die Sabbatruhe Gottes einzugehen (4, 11; d. h. zu der Wanderung des Gottesvolkes selbst)[79] — mithin zu den Termini für die christliche Verhaltensweise, die wir schon als Synonyma der Pistis erkannten[80].

Die Verbindung der Hohepriestertheologie mit der „Pistis" ist also dann eindeutig zu erkennen, wenn man die Hohepriesterlehre nicht von ihrer Sinnspitze, ihrem Anliegen, isoliert, das sich in der Mahnung zum Hinzutreten ausspricht.

Beides gehört untrennbar zusammen, das „Festhalten an der Homologie" (zusammen mit dem Festhalten an den sechs Stücken von 6, 1 f. [der „Milch"]) und das „Hinzutreten" als Herstellung der Relation zu Gott durch die Vereinigung mit dem Opfer des Hohenpriesters. B e i d e s   i s t   V e r -

---

[76] S. oben Abschn. b.

[77] Vgl. W. Thüsing a. a. O. (Anm. 70) 9.

[78] Vgl. zu der Frage, welche Bedeutung die Eucharistie im Vorgang des „Hinzutretens" hat, unten Abschn. f.

[79] Es ist der Sache nach identisch mit dem „Hinausgehen" zu Jesus „außerhalb des Lagers, um seine Schmach zu tragen" (Hebr 13, 13); s. dazu unten IV.

[80] Vgl. an dieser Stelle noch einmal die oben (III, 2a) beobachtete Parallelität von Hebr 6, 1 und Hebr 9, 14! Die „Metanoia von toten Werken" (6, 1) ist durch den Hohenpriester Christus ermöglicht in der Reinigung unseres „Gewissens" von „toten Werken" (9, 14); und ebenso ist der „Glaube an Gott" (6, 1) durch Christus und sein Opfer ermöglicht als [priesterlicher] Dienst „für den lebendigen Gott" (9, 14). Der „lebendige Gott" (9, 14) als Beziehungspunkt der Pistis ist entsprechend dem Kontext von Hebr 11 der richtende (Hebr 10, 31) u n d der die Verheißungen erfüllende Gott (vgl. Hebr 12, 22).
Die Wendung „dem lebendigen Gott [priesterlich] dienen" ist mithin Synonymon von „Hinzutreten zum Hohepriesterdienst Jesu" und entsprechend der Sache nach gleichbedeutend mit der Verwirklichung der Pistis.

w i r k l i c h u n g  d e r  „P i s t i s" im Sinne des Hebr: sowohl „d i e  H o -
m o l o g i e  d e r  H o f f n u n g  u n b e u g s a m  f e s t z u h a l t e n" a l s
a u c h  zum „H o h e n p r i e s t e r  der  k ü n f t i g e n  G ü t e r" (Hebr 9, 11)
(bzw. durch ihn zu Gott: Hebr 7, 25) h i n z u z u t r e t e n und im Blick auf
ihn (Hebr 3, 1; 12, 2) seinen Weg zu beschreiten[81]. Die Lösung des Problems,
wieso die „Pistis" des Hebr und die sechs Stücke von 6, 1 f. nicht explizit
christologisch geformt sind, wird gerade durch die untrennbare Zusammengehörigkeit von „Festhalten an der Homologie" und „Hinzutreten
durch den Hohenpriester Jesus zu Gott" ermöglicht[82]!

Das „Hinzutreten" meint der Sache nach denselben Vorgang wie das,
was nach Kap. 11 in Auswirkung der Pistis geschieht; der Unterschied besteht wohl nur darin, daß das „Hinzutreten" die Innenseite des im „Glauben" geschehenden „Festhaltens", „Ausharrens" und „Laufens" zeigt: Es
erschließt im Zusammenhang mit der zu ihm gehörenden Hohepriestertheologie die (christologisch-soteriologische) Tiefendimension des „Festhaltens am Bekenntnis" und des „ausdauernden Laufens".

So dürfen wir abschließend formulieren: S i n n  d e r  „f e s t e n  S p e i s e",
der Kulttheologie, ist es, d a ß  d a s  c h r i s t l i c h e  L e b e n (in dem Verständnis, das sich aus der „Glaubens"-Theologie des Briefes und entsprechend aus der „Milch" des Elementarunterrichtes von 6, 1 f. ergibt: als le-
bensmäßige Bejahung Gottes und seines Verheißungswortes) g a n z  v o n
d e r  C h r i s t o l o g i e  u n d  S o t e r i o l o g i e  h e r  g e s e h e n  w i r d
und durch diese „theologische Vertiefung" neue Kraft empfängt.

Christliches Leben als „Verhaltensweise dem Worte Gottes gegenüber"
(„Pistis") auf der einen Seite und — auf der anderen Seite — Empfang
der Lehre sowohl in der Form der „Milch" als auch (und vor allem) der
„festen Speise" s t e h e n  i n  W e c h s e l w i r k u n g  z u e i n a n d e r[83].

---

[81] Die beiden aufeinander bezogenen Doppelbezeichnungen Jesu als des
„Gesandten und Hohenpriesters unserer Homologie" (3, 1) und des „Anführers
und Vollenders der Pistis" (12, 2) stellen ebenfalls eine Verbindung von Pistis,
Homologie und Hohepriesterlehre her.
Gerade von diesen beiden Stellen her kann (außer von der eben zitierten
Stelle Hebr 9, 11 her; vgl. 10,1) erschlossen werden, daß auch die Hohepriesterlehre und das ihr zugeordnete „Hinzutreten" die Ausrichtung der „Pistis" auf
das Vollendungsziel besitzt. Vgl. hierzu ferner die Verbindung von „Liturgie",
„Bund" und „Verheißungen" in Hebr 8, 6; außerdem den Hinweis auf die Parusie
in 9, 28, also noch im Zusammenhang der Hohepriesterlehre.
[82] Die Formulierung Gräßers (218), der christologische Entwurf als ganzer
ersetze eine ausführliche Erörterung des Glaubens im spezifisch christlichen
Sinn, kann also wohl präzisiert werden: Diese Rolle fällt der Zusammengehörigkeit und Wechselwirkung von „Festhalten an der Homologie" und „Hinzutreten
zum Thron der Gnade durch den Hohenpriester Christus" zu.
[83] Die Dreistufen-Hypothese von H. P. Owen (s. oben S. 262 und Anm. 41—44)
ist dadurch fragwürdig, daß Owen nur mit der Möglichkeit eines Nacheinander
des der „Ethik" (bzw. richtiger der Pistis) zugeordneten „Einübens..." (Hebr 5, 14)

Auch von hier aus zeigt es sich, daß „Milch" und „feste Nahrung" trotz aller erkennbaren Unterschiede nicht scharf voneinander getrennt, sondern aufeinander bezogen und angewiesen sind.

d) *Die Funktion der sechs Elementarstücke von Hebr 6, 1 f. als „Fundament"*

Bei aller Hinordnung der „sechs Stücke" auf die christologische Kulttheologie, die wir feststellen konnten, dürfen wir jedoch auf keinen Fall außer acht lassen, daß sie so, wie sie sind — in ihrem explizit theozentrischen und nur implizit christologischen Charakter — als „Fundament" (ϑεμέλιος, Hebr 6, 1) bezeichnet werden; es sollte nicht verwischt werden, daß von hier aus ein für den Hebr charakteristischer Unterschied zwischen der „Milch" und der „festen Nahrung" erkennbar wird.

Der Elementarlehre des Hebr dürfte gerade in dieser Fassung wegweisende Bedeutung zukommen: insofern trotz der eminent christologischen Vertiefung des Gesamtentwurfs nicht die Christologie als das „Fundament" hingestellt wird, sondern die Gottesverkündigung, der auf die Hinwendung zum lebendigen Gott (vgl. 1 Thess 1, 9; Hebr 9, 14) ausgerichtete Metanoia-Ruf[84] und (nach der Zwischenschaltung der sakramentalen Initiation) die eschatologische Botschaft!

Wohl noch deutlicher als bei Paulus zeigt sich im Hebr — in dem wir die nicht explizit christologisch durchformte Stufe besser erkennen —, daß das atl.-monotheistische Fundament und die christologische Botschaft (sowohl ihre Grundform in der „Homologie" als auch vor allem die christologisch-soteriologische Vertiefung) in einer S p a n n u n g s e i n h e i t stehen. Die christologische Botschaft behält nur dann ihre im Heilsplan bestimmte Funktion und ihre rettende Kraft, wenn der andere Spannungspol, der atl.-monotheistische, in voller Stärke vorgegeben ist. Die „feste Speise" des Hebr, die Hohepriestertheologie, hat nicht zum Ziel, das theozentrische Fundament in der Christologie aufgehen zu lassen, sondern im Gegenteil genau dieses Fundament mit der Kraft zu erfüllen, die Christusbotschaft und Christusglaube in sich bergen.

---

und des Empfangs der „festen Speise" als einer Lehre (d. h. seiner „zweiten" und „dritten" Stufe) rechnet, anstatt die Zusammengehörigkeit und Wechselwirkung beider zu sehen. In Hebr 5, 11—6, 3 sind also nicht drei Stufen (Elementarlehre — ethische Einübung — Hohepriestertheologie) gemeint, sondern die zwei Stufen des Elementarunterrichts und der theologischen Vertiefung, die beide in Verbindung und Wechselwirkung mit dem („ethischen") Glaubensleben und dadurch auch untereinander stehen.

[84] Die im zweiten Begriffspaar (Hebr 6, 2) angedeutete sakramentale Initiation dürfen wir in d i e s e m Zusammenhang wohl vor allem in ihrer Funktion als Konkretisierung der Metanoia betrachten.

Würde es nicht die Überzeugungskraft auch der heutigen christlichen Verkündigung vermehren, wenn sie mehr um die Stärkung des „Fundaments" in diesem Sinne bemüht wäre, statt den Blick zu sehr auf den „Weg" und nicht genug auf das Ziel zu fixieren[85]?

Für heutige Christen könnten die sechs Stücke von Hebr 6, 1 f. übrigens in einem bestimmten Sinne schon „feste Speise" sein; denn da der heutige Elementarunterricht oft schwerpunktmäßig mehr christologisch als theozentrisch ist, müßten sie zunächst faktisch den umgekehrten Weg gehen wie die Leser des Hebr, den Weg zu einem lebendigen und starken Monotheismus, um die „Spannungseinheit" der durch die Christologie vertieften Theozentrik (die in der „festen Speise" des Hebr gegeben ist) zu erreichen.

Und wie die Verzerrung der Perspektive sicherlich auch dadurch zustande kommt, daß das AT nicht genügend als „Fundament" des NT gewertet wird, so müßte auch die Wiedergewinnung des „Fundamentes" von Hebr 6, 1 f. bei der Botschaft des AT ansetzen!

e) *Formal-methodischer Unterschied von „Milch" und „fester Speise"*
   *(Die „feste Speise" als „Schriftgnosis")?*

E. Käsemann[86] faßt die τελειότης („Vollkommenheit"), das Ziel des Hebr-Vf. nach 6, 1, als einen λόγος τέλειος im Sinne der τελεία γνῶσις („vollkommenen Erkenntnis" bzw. „Gnosis") des Barnabasbriefes (Barn 1,5) auf. H. Windisch[87], an den er sich anschließt, bestimmt diese „vollkommene Gnosis" von Barn 1, 5[88] auf Grund der Sachparallele Barn 1, 7 als aus dem AT gewonnene „Bestätigung und Erweiterung der einfachen Glaubenslehre", die „zur Ergänzung neben den Glauben tritt"; sie sei die Kunst, aus dem AT „die ethischen und soteriologischen Lehren der christlichen Kirche . . . nachzuweisen und zusammenzusetzen", und zwar mittels einer „exegetischen Methode, die einen tieferen Sinn im A.T. offenbar macht". „Hat man das A.T. und hat man diesen ‚Schlüssel', dann hat man auch die Gnosis"[89].

---

[85] Hilfreich ist hier der Blick auf eine der am stärksten christologisch bestimmten Schriften des NT, das Johannesevangelium, das übrigens dem Hebr theologisch recht nahe steht. Im Sinne von Jo 14, 6 ist Jesus der „Weg zum Vater" als der Offenbarer des Vaters, als derjenige, der völlig transparent für den Vater ist (vgl. Jo 14, 9 f.). In d i e s e m Sinne ist auch die Christologie Weg zur Theo-logie. Die Hohepriesterlehre des Hebr erfüllt diese Funktion, indem sie zeigt, wie Jesus den „Weg in das Heiligtum" (Hebr 10, 19 ff.) eröffnet, d. h. den Weg vor den „Thron der Gnade" (Hebr 4, 16), den Thron Gottes selbst.

[86] A. a. O. (oben Anm. 1) 122 f.

[87] Die Apostolischen Väter. III. Der Barnabasbrief (Handbuch zum NT, Ergänzungsband), 1920, 307—309.

[88] Der „vollkommenen Erkenntnis" steht übrigens im Barnabasbrief eine „Erkenntnis des Weges der Gerechtigkeit" (Barn 5, 4) gegenüber — offenbar einer Zwei-Wege-Lehre, die dem ersten Lehrstückpaar des Elementarunterrichtes von Hebr 6, 1 vergleichbar ist.

[89] A. a. O. 308.

Gehört es also zum Wesen der „festen Speise" auch im Verständnis des Hebr, daß die christologisch-soteriologische Lehre sich mit einer solchen „exegetischen Methode" verbindet?

Es ist keine Frage, daß ein bestimmtes typologisches Verständnis des AT für sie charakteristisch ist. Aber findet sich diese Art der Verwertung des AT nur in den so eindeutig als Inhalt der „festen Speise" zu erkennenden Kapiteln 7—10 des Hebr? Eine Verwendung des AT, die kaum grundsätzlich anderer Art ist, begegnet uns doch auch schon in den früheren Kapiteln[90]. Ja, im Prinzip ist eine solche Verwendung des AT sogar in Kap. 11 gegeben[91], wo sie entsprechend der Terminologie von 5, 11—6, 3 gar nicht zur Darbietung der „festen Speise", sondern eines der „Milch" zuzurechnenden Elementarstückes, eben der Pistis, dient[92].

So wird man diese Art, „Erkenntnis" aus dem AT zu gewinnen („Schriftgnosis" zu treiben), höchstens bedingt zum Wesen der „festen Speise" des Hebr rechnen dürfen. Sie ist zeitgebundene Ausdrucksform des Wesentlichen; und dieses besteht, wie wir sahen[93], darin, daß das christliche Leben von der Christologie und Soteriologie her gesehen wird.

Es ist aber durchaus zu erwägen, ob das Verfahren des Hebr-Vf., aus dem AT tiefere Einsicht in Heilsplan und Heilsordnung Gottes zu gewinnen, nicht — von den zeitgebundenen „exegetischen" Methoden gelöst — in bestimmtem Sinne prinzipielle Bedeutung für jede „theologische Vertiefung" hat, die für ihre jeweiligen Adressaten die Aufgabe der „festen Speise" des Hebr übernehmen will. D. h.: Es wäre zu überlegen, ob die „feste Speise" als theologische Vertiefung der Glaubenswahrheit als solcher nicht auch einer Vertiefung derjenigen Beschäftigung mit der Heiligen Schrift bedarf, die schon bei der „Milch" des Elementarunterrichtes unerläßlich ist. Würde es nicht durchaus auf der (legitim durchgezogenen) Linie des Denkens unseres Hebr-Vf. liegen, zur „festen Speise" der „theologischen Vertiefung" auch die heilsgeschichtlich vorgegebene Form einer Vertiefung des Schriftverständnisses untrennbar hinzuzurechnen?

---

[90] Vgl. den Gebrauch von atl. Zitaten in Hebr 1 und 2, die Verwendung der Moses- und Josue-Typologie (in dem für den Hebr kennzeichnenden Schema „Entsprechung — Überbietung") und den Midrasch über Ps 95 in Hebr 3, 7 ff. Der kulttheologische Teil dürfte höchstens in der Melchisedech-Typologie in Kap. 7 gradmäßig über die auch sonst im Hebr anzutreffende Verwertung des AT hinausgehen. — Vgl. auch O. Michel 76 f.

[91] Vgl. vor allem das Motiv der Himmelsstadt; s. Schierse a. a. O. 121—126.

[92] Vgl. oben III, 2a. — Dieser Sachverhalt dürfte wieder einen Hinweis darauf bieten, daß die Grenzen zwischen „Milch" und „fester Speise" fließend sind.

[93] S. oben Abschn. 3 b und c, vor allem S. 265 und 270 f.

## f) „Milch" und „feste Speise" als Tauf- und Eucharistiekatechese?
(Zugleich Versuch einer abschließenden Verdeutlichung)

Wie wir erschließen konnten, bilden die sechs Elementarstücke von
Hebr 6, 1 f. die Grundzüge einer Taufkatechese. Die Lehre vom Hohepriestertum Christi hat demgegenüber das Anliegen, die Christen zum
„Hinzutreten" zum Hohenpriester Jesus und seinem Opferblut anzuleiten,
d. h. zum Anschluß an sein Opfer. Nun erblickt der Hebr dieses „Hinzutreten" nach der Ansicht mancher Autoren[94] konkret in der Teilnahme
an der Eucharistiefeier der christlichen Gemeinde. Hat die Unterscheidung
von „Milch" und „fester Speise" also vielleicht über das bisher Festgestellte
hinaus eine speziellere Bedeutung: Handelt es sich um den Gegensatz von
präbaptismaler und postbaptismaler Unterweisung[95] bzw. um den Unterschied von Taufkatechese und Unterweisung für die Eucharistiefeier[96]?

Wir werden uns hüten müssen, den Unterschied allzu vereinfachend in
dieser Weise festzulegen. Denn das „Hinzutreten" des Hebr meint sicher
nicht nur die Eucharistiefeier, sondern das ganze christliche Leben in
Glaube, Gebet, Hingabe und Leiden[97]. Aber der Hebr enthält Hinweise
auf die Gemeindeversammlungen, und vor allem läßt er verschiedentlich
eucharistische Terminologie anklingen, so daß es durchaus möglich oder
sogar wahrscheinlich ist, daß er a u c h an die Eucharistie denkt. Die Eucharistiefeier scheint für ihn der Punkt zu sein, an dem das im ganzen Chri-
stenleben erfolgende „Hinzutreten" zum Blut Christi sich verdichtet[98].
So spricht vieles dafür, daß seine Hohepriesterlehre der Eucharistiefeier
zugeordnet ist, zwar nicht als liturgische Ritenerklärung, aber als theologische Grundlegung. Doch auch in dieser Hinsicht steht die Elementarkatechese nicht im Gegensatz dazu, sondern in einem inneren Zusammenhang.
Der „Glaube an Gott" als Hingabe des ganzen Lebens ist und bleibt Grundlage und belebender Kern jenes „Hinzutretens" zum Opfer Christi.

Gerade durch die Wendung vom „Hinzutreten" verbindet der Hebr die
Taufe mit dem „Anschluß an das Opfer Christi"; wir sehen das daran, daß

---

[94] Vgl. die in dem oben Anm. 70 angegebenen Artikel S. 2—4 angeführten
Autoren.

[95] Es kann hier nicht Stellung genommen werden zu der Frage, wieweit
Hebr 5, 11—6, 3 eine Rolle gespielt hat für später in der Praxis der Alten Kirche
durchgeführte Unterscheidungen dieser Art.
Vgl. zu dem im folgenden skizzierten Gedanken über den Sachverhalt im
Hebr selbst die näheren Ausführungen in dem oben (Anm. 70) angegebenen
Artikel, S. 11—15.

[96] Vgl. J. Betz, Die Eucharistie in der Zeit der griechischen Väter, Bd. II/1:
Die Realpräsenz des Leibes und Blutes Jesu im Abendmahl nach dem NT, 1961,
157, Anm. 581, ferner bes. S. 161.

[97] S. oben Abschn. c.

[98] A. a. O. (oben Anm. 70) 14—17.

vom Hinzutreten einerseits im Perfekt gesprochen werden kann (Hebr 12, 22 „ihr seid hinzugetreten . . ."), andererseits im Kohortativ (4, 16 und 10, 22 „Laßt uns hinzutreten . . ."). „Ihr seid hinzugetreten" — das ist grundlegend in der Taufe (und im Gläubigwerden) geschehen[99]; „laßt uns hinzutreten" — das meint die Konsequenz, die aus der grundlegenden Verbundenheit mit Gott und dem Opfer seines Sohnes zu ziehen ist. In diesem Sinne geht es auch bei der (dem Kohortativ „laßt uns hinzutreten . . ." zugeordneten) Hohepriesterlehre um eine Aktualisierung der Taufwirklichkeit und darum auch um eine Entfaltung dessen, was in jenen sechs Elementarstücken gegeben war. Wir erkennen also auch an dieser Art, die dem Elementarunterricht und die der theologischen Vertiefung zugeordnete Gnadenwirklichkeit in Beziehung zueinander zu setzen, wie der Hebr-Vf. den Unterschied transzendiert, der von der äußeren Form und vom Aufbau her zwischen den beiden Formen der Unterweisung, der „Milch" und der „festen Speise", ursprünglich vorlag[100]. Er ist offenbar davon überzeugt, daß seine Christen jene sechs Stücke nicht festhalten und ihr christliches Leben nicht daraus gestalten können, wenn sie sie nicht im Lichte der Lehre vom Opfer Christi neu verstehen lernen.

Er will seinen Christen helfen, „Vollkommene" zu werden, d. h. in seinem Sinne: Menschen, die vom Opfer Christi erfaßt sind und dadurch den Zugang zum lebendigen Gott haben; und die „feste Speise" ist die Lehre, die von der „Vollkommenheit" (6, 1: der Sache nach dem Erfaßtsein vom Opfer Christi) ausgeht und zu ihr hinführt.

## IV. Zum Vergleich von 1 Kor 3, 1 f. und Hebr 5, 11—6, 3

Es bleibt uns noch die Aufgabe, das Verständnis von „Milch" und „fester Speise", wie es sich im Hebr findet, mit dem paulinischen des 1 Kor zu vergleichen.

Es ist in diesem Zusammenhang interessant, daß manche Erklärer, angefangen von Luther bis zu dem namhaften heutigen Dominikanerexegeten C. Spicq[101], den Apollos für den Vf. des Hebr halten. Wir hätten dann in Hebr 5, 11 ff. die Stellungnahme des „Weiterbauenden" von 1 Kor 3 zu dem gleichen Problem, das Paulus in 1 Kor 3, 1 f. anschneidet! Nun handelt es sich bei dieser Identifizierung des Hebr-Vf. mit dem schriftkundigen Alexandriner Apollos (vgl. Apg 18, 24—28) zwar um eine völlig unbeweisbare Hypothese. Aber der Hebr weist immerhin tatsächlich nach Alexandrien, der Stätte hellenistischer und jüdisch-hellenistischer Weisheitsspekulation, als seinem Ursprungsort oder we-

---

[99] Das läßt sich vor allem aus der Parallele in 10, 22 erschließen; vgl. a. a. O. (Anm. 70) 9.

[100] Vgl. zu diesem „Transzendieren" auch oben Abschn. c, S. 265—271.

[101] C. Spicq, L'épître aux Hébreux I, 209—219; ders., L'épître aux Hébreux, Apollos, Jean-Baptiste, les Hellénistes et Qumran: Revue de Qumran 1, 1959, 365—390.

nigstens seiner geistigen Heimat; und von daher ist es gar nicht so abwegig, seinen Verfasser, der ja Paulus gegenüber zur zweiten Generation gehört, wenigstens ganz allgemein in die Kategorie der „Weiterbauenden" von 1 Kor 3 einzustufen. Aber unser Vf. ist ein christlicher Lehrer, der — wenn wir in der Terminologie von 1 Kor 3 bleiben wollen — auf dem Fundament „Christus" nicht Holz und Stroh aufbaut, sondern den kostbaren Stein, der ebenfalls Christus ist.

Der Hebr hat eine andere Themenstellung als Paulus; anders als bei Paulus tritt tatsächlich eine Zweiheit von Unterweisungsstufen hervor, und dabei wird sogar ein recht komplizierter Sachverhalt sichtbar, der manche — mehr oder weniger sicheren — Rückschlüsse auf den Stoffplan und die Zielsetzung der Katechese zuläßt, die in jener Gemeinde üblich war[102]. Aber es kann aufrechterhalten werden: Auch der Hebr erfüllt die Forderung, auf die Paulus in großartiger Einfachheit alles konzentriert, die Forderung, durch geistliche Aneignung der Kreuzesbotschaft wahrhaft „weise" zu werden[103]. Die „feste Speise", die „Vollkommenheit" bzw. „vollkommene Lehre" des Hebr bleibt wie bei Paulus die „Torheit des Kreuzes". Die Mahnung, zum Opfer Christi hinzuzutreten, wird noch im letzten Kapitel des Hebr ergänzt durch die gleichbedeutende Mahnung „laßt uns hinausgehen zu ihm außerhalb des Lagers und seine Schmach tragen" (13, 13)[104]. Auch im Hebr ist die Bezeichnung der Adressaten als „Unmündiger" als Anruf gemeint, daß sie sich gerade nicht wie Unmündige verhalten, sondern die „feste Speise", die der Vf. ihnen reichen will,

---

[102] Mit dem Sachverhalt von Hebr 5, 11—6, 3 ist übrigens weniger die spezielle Aussageabsicht von 1 Kor 3, 1 f. zu vergleichen als eine für die theologische Arbeitsweise des Paulus außerordentlich bedeutsame Tatsache: Seine ganze Theologie ist nicht seine Erfindung, sondern „theologische Vertiefung" dessen, was ihm als „Elementarbestand" christlicher Lehre überliefert (vgl. 1 Kor 15, 3 ff.) und darum vorgegeben war! Er will nichts „Neues" sagen über dieses Elementarkerygma hinaus, sondern will es „nur" in theologisch vertiefter Form weitergeben.

[103] Es ist in diesem Zusammenhang zu beachten: Auch Paulus schaut bei seinem „Wort vom Kreuz" (1 Kor 1, 18) nicht nur auf die vergangene Heilstat von Golgotha, sondern wie der Hebr (s. vor allem Hebr 8, 1) auf den erhöhten und bei Gott für uns eingetretenen Herrn (Röm 8, 34; im Kontext 1 Kor 1—3 vgl. 1 Kor 1, 30).

[104] S. W. Thüsing a. a. O. 10. Vgl. ferner bes. O. Kuss, Der theologische Grundgedanke . . . (s. oben Anm. 12), der in dem scandalum crucis das Hauptmotiv für die besondere theologische Konzeption des Hebr erblickt. Vgl. dazu jedoch auch die berechtigte Einschränkung durch E. Gräßer (207, Anm. 46): „Das scandalum crucis . . . ist nur e i n Aspekt der Unanschaulichkeit der eschatologischen Sendung Jesu. Er wird von Hb nicht einmal besonders hervorgehoben. Die Deutung des Todes Jesu . . . ist nicht primär, viel ausschließlich als Gegenentwurf gegen das scandalum crucis gedacht, d. h. sie ist nicht apologetisch auf die Heils v e r g a n g e n h e i t gezielt, sondern paränetisch auf die Heilsgegenwart . . .". Aber da sich das auch bei Paulus ähnlich verhält (s. die vorige Anm.), ist von hier aus doch eine Gemeinsamkeit zwischen dem Hebr und 1 Kor 1—3 erkennbar.

bereitwillig aufnehmen. Und wie im 1 Kor ist die „feste Speise" als „Vollkommenheit" (Hebr 6, 1) nicht Sache des Intellekts allein, sondern abhängig vom „Glauben" und damit für den Hebr ipso facto vom „Wandel". Wie sich die Unmündigkeit und „Fleischlichkeit" der korinthischen Christen in ihrem Parteienstreit zeigte, so beschließt der Hebr-Vf. seine Mahnungen zum Anschluß an das Opfer Christi mit dem Gedanken, daß Wohltun und κοινωνία (Anteilgeben in enger Gemeinschaft) Opfer sind, an denen Gott Wohlgefallen hat. Und vor allem die Verbindung der Mahnung zur treuen Teilnahme an der Gemeindeversammlung (Hebr 10, 25) mit der Mahnung zum Eifer in der Liebe und in guten Werken (10, 24) ist charakteristisch[105]. Was er erreichen will, ist nicht bloßes Wissen, sondern der „Glaube" und der christliche „Eifer" (Hebr 6, 11; vgl. 4, 11), der — in ständigem „Fortschreiten"[106] — durchhalten läßt bis zur Erlangung der Verheißungen[107].

☆   ☆   ☆

---

[105] Vgl. W. Kasper, Dogma unter dem Wort Gottes, 1965, 135: Die Hauptaufgabe der Dogmen (sowohl als Hilfsmittel des christlichen Elementarunterrichtes wie auch als Lehrformulierungen [im Sinne der „theologischen Vertiefung"]) besteht . . . darin, die Homologia, das gemeinsame Bekennen in der Kirche, zu ermöglichen und damit der ekklesialen Liebe zu dienen."

[106] Vgl. E. Gräßer 137—141 (bes. 137, Anm. 433; 141), der für das Christsein überhaupt im Hebr als eine προκοπή beschrieben sieht.

Durch die Darstellung Gräßers, die auch und gerade den hellenistischen Hintergrund dieser Vorstellung vom „Fortschreiten" herausarbeitet (vgl. den Hinweis auf das Paideia-Motiv S. 138 sowie auf die „ethisch-philosophische und pädagogische Intention" des Hebr-Vf. S. 140 f.), dürfte ein konkreter, gerade dem Hebr eigentümlicher Aspekt der „theologischen Vertiefung" gut sichtbar werden. (Vgl. zur Bedeutung des intellektuellen Fortschritts für die sittliche Vervollkommnung des Christen vor allem Spicq II, 146 f., zu Hebr 6, 1.)

Freilich ist diese Vorstellung von Hebr 5, 14b wohl nicht in dem Grade „im ganzen NT einmalig", wie Gräßer es darstellt — man vergleiche nicht nur Phil 1, 9 f., sondern vor allem Kol 1, 9 ff. und auch die analogen Stellen vom „Wachsen" im Kol und Eph! Unsere sich immer wieder aufdrängende Erkenntnis, daß die „theologische Vertiefung" zum Christsein dazugehört, wird also auch von diesem Aspekt her erneut bekräftigt.

[107] Der Unterschied zwischen Paulus und dem Hebr, den Gräßer 141, Anm. 453, herausarbeitet, bezieht sich auf den „fortgeschrittenen kirchlichen Standpunkt" des Hebr und spricht — was unsere Frage angeht — nicht gegen die wesentlich gleiche Intention.

Sicherlich ist das paulinische „In-Christus-Sein" als eschatologische Existenz „keiner qualitativen Steigerung fähig" (nach Gräßer a. a. O. liegt darin der eigentliche Unterschied begründet), und es ist ohne Frage eine Folge dieser besonderen paulinischen Konzeption, daß „Milch" und „Speise" bei Paulus — im Gegensatz zur Grundbedeutung — i n h a l t l i c h faktisch dasselbe meinen (s. oben II). Aber ist die eschatologische christliche Existenz als solche im Hebr denn „einer qualitativen Steigerung fähig"? Der Hebr hat doch wohl seine eigenen Möglichkeiten, das qualitativ nicht zu Steigernde der christlichen

**Zur Wertung der „theologischen Vertiefung" im übrigen NT**

Wir haben die Stellungnahme von zwei, freilich bedeutenden, ntl. Autoren kennengelernt. Werfen wir jetzt noch in aller Kürze einen Blick auf das übrige NT! Daß das Johannesevangelium und der 1. Johannesbrief den Wert theologischer Vertiefung für das christliche Leben grundsätzlich in ähnlicher Weise beurteilen wie Paulus und der Hebr, wäre leicht nachzuweisen[108]. Darüber hinaus ist dieser Sachverhalt überall da zu erkennen, wo den Christen lebendige Theologie geboten wird; und das ist in höherem oder geringerem Grade nahezu im ganzen NT der Fall, ob man nun die Johannes-Apokalypse, die Apostelgeschichte (darin vor allem die sog. „Missionsreden") oder die synoptischen Evangelien betrachtet. Und wo ein ntl. Autor hinter der theologischen Tiefe des Paulus oder des Hebr-Vf. zurückbleibt — man mag hier etwa an eine Schrift wie den Judasbrief denken, höchstens bedingt an den Jakobusbrief[109] oder an mehr verfestigte Formen der Unterweisung, wie sie in den Pastoralbriefen deutlich werden —, dann handelt es sich dabei nicht um pädagogische Absicht oder gar Ablehnung einer theologischen Vertiefung. Wir haben allen Grund zu der Annahme, daß jeder ntl. Autor so tief vorzudringen suchte, wie es ihm möglich war; und es ist ein Ausnahmefall, wenn, wie im Judasbrief, reine Paränese geboten wird ohne eigentliche inhaltliche Unterweisung und erst recht ohne „theologische Vertiefung".

**V. Ausblick auf die heutige katechetische Aufgabe**

Wenn wir zum Schluß noch einmal an die heutigen Aufgaben der christlichen Glaubensunterweisung denken, dann ist aus dem ntl. Befund vor allem dies festzuhalten: Elementarkatechese und theologische Vertiefung stehen in einem inneren Zusammenhang. Bei Paulus erkannten wir die wesenhafte Identität von beiden; aber auch da, wo inhaltlich differenziert wird wie im Hebr, ist eine wesentliche Einheit, ein wechselseitiges Aufeinander-Angewiesensein deutlich. Die Redeweise von „Milch" und „fester Speise" steht nicht im Dienste einer katechetischen Methodenlehre

---

Existenz auszudrücken. Ein eindeutiger Beleg dafür dürfte Hebr 12, 22—24 sein: Die Christen sind schon „hinzugetreten" zu den himmlischen Wirklichkeiten. Selbst eine Stelle wie Hebr 6, 4—8 dürfte in ihrer Weise einen Hinweis geben. — Übrigens übersteigert Gräßer (216—218) den anthropologisch-individualistischen Charakter des paulinischen In-Christus-Seins, um das „kollektive" Denken des Hebr im Kontrast dazu um so stärker hervortreten zu lassen. Vgl. demgegenüber Stellen wie 1 Kor 3, 16; zur Frage vgl. R. Schnackenburg, Art. Christusmystik, I, Neues Testament, in: LThK ²2, 1958, 1179.

[108] Vgl. nur die auch in diesem Zusammenhang bedeutsamen Parakletsprüche, bes. Jo 14, 26; s. dazu F. Mußner, Die johanneische Sehweise und die Frage nach dem historischen Jesus, 1965, passim, bes. 56—63 und 64—78. Im 1 Jo vgl. (trotz der scheinbar entgegengesetzten pädagogischen Methodik in 1 Jo 2, 20 f. 27) die theologische Vertiefung der Christushomologie (z. B. „Jesus ist der Christus", „der Sohn" 1 Jo 2, 22—24, „Jesus ist der Sohn Gottes" 1 Jo 4, 15) im 4. Kapitel des 1 Jo (Herstellung des Zusammenhanges zwischen der Christushomologie, der Gottesaussage „Gott ist Liebe" und unserer Bruderliebe).

[109] Aber vgl. F. Mußner, Der Jakobusbrief, 1964, bes. 235 f.!

bzw. der Differenzierung innerhalb einer solchen Methodenlehre, sondern sie dient der Mahnung zu einem christlichen Leben, das diesen Namen verdient. Der Unterschied zwischen der Elementarkatechese und der Vertiefung ist nicht theologisch-grundsätzlicher, sondern psychologisch-pädagogischer Art: Wichtig ist die Beobachtung, daß die Übergänge auch da fließend sind, wo — eben aus psychologisch-pädagogischen Gründen — eine Verschiedenheit der Stoffgebiete vorzuliegen scheint.

„Milch" und „feste Speise" dürfen nicht auseinandergerissen werden. Das NT stützt in keiner Weise das Vorurteil, daß religiöse Bildung etwas für Unmündige im Sinne von Minderjährigen sei, oder daß die „vollkommene Lehre" einem kleinen Kreis von Eingeweihten vorbehalten sei. Jedes dieser beiden Vorurteile zieht die unausgesprochene, aber faktisch so oft gezogene Konsequenz nach sich, daß religiöse Unterweisung im eigentlichen Sinne für normale Erwachsene nicht mehr in Frage komme. Es scheint ein Zusammenhang zu bestehen zwischen diesen Vorurteilen und der eingangs erwähnten scharfen Trennung von Katechetik und Homiletik. Diese Trennung wird sicherlich zwar keineswegs in der Absicht vertreten, den Erwachsenen die volle christliche Wahrheit vorzuenthalten, könnte aber doch Ausdruck einer pastoraltheologischen Einstellung sein, die faktisch dahin wirkt.

Ob da nicht die Besinnung auf das „katechetische" Anliegen des NT dazu h e l f e n kann, eine Haltung zu bilden, die jene Vorurteile von der Wurzel her überwindet? Gerade derjenige, der sich die ntl. Denkweise zu eigen macht, muß sich gedrängt fühlen, für das in der heutigen Situation der Kirche immer dringender werdende Anliegen der Erwachsenenkatechese[110] mit einzutreten.

Das Entscheidende, das wir hierfür vom NT zu lernen haben, ist die feste Überzeugung, daß eine wahrhaft geistliche Aneignung der christlichen Botschaft (d. h. das theologisch-geistliche Verständnis Christi und seines Werkes) das beste Mittel ist, um das Glaubensleben zu stärken, und zwar für alle Christen, gerade auch für die „Stumpfgewordenen" (Hebr 5, 11) bzw. die im Sinne des Paulus oder des Hebr-Vf. „Unmündigen" (die ja — es sei nochmals betont — entsprechend der damaligen Situation unter den a l t e r s m ä ß i g erwachsenen Christen zu suchen sind)[111].

---

[110] Vgl. A. Exeler, Beschränkung auf die Unmündigen? (s. oben Anm. 5), 9: „Ob die Kirche in ihren Gliedern tatsächlich fähig wird zum Dialog mit der heutigen Welt, hängt weitgehend davon ab, ob die Katechese entschlossen die ... Beschränkung [der christlichen Unterweisung auf die im altersmäßigen Sinn Unmündigen] überwindet."

[111] Vgl. E. Gräßer 141, Anm. 452; auch S. 144. Besonders sei noch aufmerksam gemacht auf die für unsere Frage ergiebigen Ausführungen von C. Spicq, L'épître aux Hébreux II, 140—149; vgl. bes. 146 (zu Hebr 6, 1): Gerade weil die

Wenn man auf die ntl. Aussagen achtet, wird übrigens auch ein sich heute oft unreflektiert aufdrängendes Mißverständnis von vornherein hinfällig: Die „feste Speise" besteht keineswegs einfach in der Aufklärung der Zuhörer über neue theologische Entwicklungen. Eine solche Unterrichtung hat heute zwar sicherlich ihre unerläßliche Funktion; aber wenn es nicht nur um bloße Information, sondern um das Wachsen christlichen Glaubenslebens gehen soll, wird sie erst dann sinnvoll und verantwortbar, wenn die Vermittlung dessen, was das NT unter „fester Speise" wirklich versteht, damit Hand in Hand geht und zu den notwendigen Maßstäben verhilft, zu dem Unterscheidungsvermögen des mündigen Christen, das von innen heraus, aus der tiefen Aneignung der Kreuzesbotschaft heraus, gebildet wird.

Jeder Getaufte ist dazu aufgerufen, sich zum Empfang der „festen Speise" bereit und fähig zu machen; ein eindringendes Verständnis des christlichen Lebens von Christus und seinem Opfer her und damit eine „theologische Vertiefung" hat ihre unerläßliche Bedeutung für jeden Christen, und zwar nicht nur für ihn als einzelnen, sondern gerade auch für die Kirche und ihre Aufgabe: Denn diese „feste Nahrung" soll ihn — grundsätzlich jeden Christen in der angeredeten Gemeinde, wie Hebr 5, 12 eindeutig voraussetzt — befähigen, s e l b s t „L e h r e r" z u s e i n und so nach seinen Kräften den Menschen, zu denen er gestellt ist, Hilfe zu sein zum „Festhalten des Bekenntnisses der Hoffnung" und zum „ausdauernden Laufen" auf das Vollendungsziel hin.

---

Adressaten lau und schlaff geworden sind, brauchen sie „une forte nourriture doctrinale". Trotz allem bleiben sie fähig „à saisir une théologie profonde..., qui est le meilleur remède à la torpeur religieuse".

Bezeichnend ist die Überschrift, die Spicq dem ganzen Abschn. 5, 11—6, 20 gibt: „Vie chrétienne et théologie".

Vgl. ferner O. Kuss, Der Vf. des Hebr als Seelsorger (s. Anm. 12) 342.

# II.
## Deus semper maior

# 3. Das Gottesbild des Neuen Testaments*

## I. Zum Problem und zur Arbeitsweise

### 1. Der Zusammenhang von Theo-logie und Christologie im NT

Seit dem Christusgeschehen sind Theo-logie und Christologie nicht voneinander zu trennen. Theo-logie, Gottesverständnis, Gotteserfahrung, Gottesgemeinschaft sind nach dem uns vorliegenden NT durchgehend an Jesus Christus bzw. die „Gemeinschaft mit ihm" gebunden (um einen sehr offenen, auch neutestamentlich verifizierbaren Ausdruck für den verschieden ausgedrückten Sachverhalt zu verwenden); und umgekehrt bleibt der Gottesglaube die Voraussetzung, ohne die die durchgängige, das NT beherrschende Christo-logie (und Soteriologie) keinen Sinn hätte. Die Themafrage nach dem Gottesbild des NT kann also auch als die Frage nach der „christologischen Theo-logie des NT" gestellt werden.

### 2. Das Zentralproblem

Das *Zentralproblem* des Themas kann durch die Frage umschrieben werden: *Wie kann Gotteserfahrung christologisch vermittelt bzw. erst eigentlich ermöglicht werden?*

Dieses Problem ergibt sich *für uns* vielleicht am deutlichsten nicht

---

* Eine überarbeitete und stark erweiterte Fassung dieses Beitrags ist inzwischen innerhalb der folgenden Arbeit veröffentlicht worden: *W. Thüsing,* Neutestamentliche Zugangswege zu einer transzendental-dialogischen Christologie, in: *K. Rahner - W. Thüsing,* Christologie – systematisch und exegetisch (Quaestiones disputatae 55) (Freiburg i. Br. 1972) 79–315; zur christologisch bestimmten Theo-logie des NT s. bes. 133–233. Dort werden die jetzt folgenden Ausführungen in einen größeren Zusammenhang gestellt, der sowohl die Fragestellung als auch die Durcharbeitung des Materials und die Herausstellung der Konsequenzen adäquater ermöglicht, als es im Rahmen dieses Beitrags der Fall sein kann. – Gegenüber der 1. Auflage des vorliegenden Bandes sind vor allem die Abschnitte I,3 und II (S. 61–63) z.T. neu formuliert.

aus dem Gottesgedanken Jesu selbst, obwohl es in diesem sicherlich in unüberbietbarer Schärfe gegeben ist; denn den Gottesbegriff Jesu könnte man auch mißverstehen und in den des Judentums nivellieren. Vielmehr begegnet es uns durch den Befund des uns faktisch vorliegenden, gegenüber dem Wirken Jesu um Jahrzehnte späteren Neuen Testaments.

Wenn wir von den Christologien des NT ausgehen, ist der Kernpunkt des Problems folgendermaßen zu formulieren: Ist der Christusglaube des NT mit dem alttestamentlichen Monotheismus vereinbar? Oder, schärfer gefragt: Führt die neutestamentliche Christozentrik zu einer Komplizierung und damit zu einer Reduzierung und Schwächung des alttestamentlichen Gottesglaubens – oder stellt sie seine letztgültige Ermöglichung und Radikalisierung dar, und zwar dadurch, daß er auf eine qualitativ neue Ebene transponiert wird? Wird die Gottunmittelbarkeit durch die Mittlerfigur „Christus" aufgehoben (indem diese Figur sich zwischen den Glaubenden und Gott schiebt) – oder wird sie durch Christus erst letztgültig und radikal (als wirklich „direkte" Relation) ermöglicht?[1]

Signifikanter Begriff für unsere Frage nach dem Verhältnis von Christologie und Theo-logie ist der Begriff „Glaube". G. Ebeling[2] fragt: „Was ist überhaupt Glaube anderes als das Sicheinlassen auf Gott?" Die Kontinuität zwischen dem Gottesverhältnis des AT und Jesu einerseits und des uns vorliegenden, nachösterlichen NT andererseits ist dann gegeben, wenn die Grundthese Ebelings (vielleicht in einem noch volleren Sinne, als er selbst es meint) zu Recht besteht: daß Jesus als der „Zeuge des Glaubens" (d.h. als derjenige, der bezeugt, „was es heißt, sich auf Gott einzulassen, und zwar nicht nur im Leben, sondern auch im Tod sich auf Gott einzulassen") zum „Grund des Glaubens" wird (eben durch die Auferweckung) – so daß in Gemeinschaft mit Jesus „das tatsächlich immer wieder geschieht: das Sicheinlassen auf Gott".

Gerade die Kontinuität zwischen dem nachösterlichen Christusglauben und Jesus selbst ist durch die These Martin Bubers in seinem

---

[1] Nach *W. Bousset*, Kyrios Christos (Göttingen ²1921) 150, ist dadurch, daß Paulus neben Gott den Kyrios Christus sieht, eine Komplikation des Gottesbildes gegeben; es habe nicht mehr die Klarheit und Größe wie im Judentum und bei Jesus selbst. Vgl. hierzu *W. Thüsing*, Per Christum in Deum. Studien zum Verhältnis von Christozentrik und Theozentrik in den paulinischen Hauptbriefen (Münster ²1969) 1ff. 258–261.

[2] Das Wesen des christlichen Glaubens (München–Hamburg ²1965) 68.

Werk „Zwei Glaubensweisen"[3] in Frage gestellt. Nach Buber[4] stehen einander letztlich nur zwei Glaubensweisen gegenüber, die er „Emuna" und „Pistis" nennt. „Emuna" bedeutet, daß ich zu jemandem Vertrauen habe, ist „Vertrauensverhältnis" (Du-Glaube), während „Pistis" ein Anerkennungsverhältnis ist (daß ein Sachverhalt als wahr anerkannt wird = „Daß-Glaube"). Nach Buber ist durch „Emuna" und „Pistis" der Unterschied, ja Gegensatz des alttestamentlichen und neutestamentlichen Glaubens gekennzeichnet, wobei er Jesus eindeutig auf die Seite des AT stellt. Die „schlichte, konkrete, situationsverhaftete Dialogik des urbiblischen Menschen" werde bei Paulus (und analog bei Johannes) zur „sublimsten aller Theologien". Hiermit ist unsere Frage in der vielleicht provozierendsten Weise gestellt: Steht die „Pistis" der Urkirche im Gegensatz oder (trotz oder gerade wegen der durch die Auferweckungserfahrung und durch die auf ihr gründende theologische Reflexion erfolgenden Transposition) in Wirklichkeit doch auf seiten der „Emuna"?

### 3. Der Arbeitsgang

Es ist keine systematisierende Zusammenstellung der Thematik der ntl. Aussagen über Gott beabsichtigt, sondern der Versuch, das Ganze der Problematik wenigstens in den Strukturlinien in den Blick zu bekommen, d. h. das NT als Ganzes und nicht nur die aus dem uns vorliegenden NT zu eruierende früheste Tradition in die Überlegungen einzubeziehen.

Dieser Versuch wird im folgenden in den Abschnitten III und IV (S. 63–82) durchgeführt. Da der Neutestamentler von den vorliegenden Texten auszugehen hat, wird im Abschnitt III zunächst nach dem Gottesverständnis dieser ntl. theologischen Konzeptionen gefragt und die Art und Weise ihrer durchgängigen Bestimmtheit durch die Christologie aufgezeigt – und zwar durch eine Christologie, die den Glauben an die „Auferweckung" bzw. „Erhöhung" Jesu voraussetzt. (Ich halte es für eine mindestens potentielle Umgehung des eigentlichen Problems, wenn man sich auf die Frage nach dem Gottesverhältnis des historischen Jesus beschränkt.) Dann vollzieht sich die Hauptgedankenbewegung zu Abschnitt IV hin: in der Form des Ergebnisses einer Rückfrage durch die Texte hindurch zu Jesus[4a].

Zuvor soll jedoch in Abschnitt II noch eine kurze Reflexion auf unentbehrliche Voraussetzungen der Hauptabschnitte III und IV vorgeschaltet werden.

---

[3] Zürich 1950.     [4] S. 5ff.     [4a] Hermeneutische Hinweise unten 75–77.

II. Verstehensvoraussetzungen durch einen ersten Ansatz
beim historischen Jesus und bei der ursprünglichen
Auferweckungserfahrung

Daß jetzt schon in einer sehr vorläufigen Weise bei den Fragen nach dem
Jesus der Geschichte und seiner Auferweckung eingesetzt und ein Vorverständnis für die Schwerpunktteile III und IV wenigstens thesenhaft
angedeutet wird, dürfte durch die Bedeutung dieser Fragen gerechtfertigt
sein. Wenn die vorliegende Arbeit im ganzen nach dem Prinzip der „Rückfrage" von den vorliegenden Texten zu Jesus von Nazareth vorgeht, so
soll doch die entgegengesetzte Gedankenbewegung keineswegs abgewertet werden (und deshalb soll sie jetzt auch innerhalb dieses Beitrages
ansatzweise zur Geltung kommen).
    Sie ist berechtigt und notwendig, da sie die Funktion eines Kriteriums
und eines Korrektivs besitzt und die konstitutive Grundlage aller christologischen Theo-logie (eben den historischen Jesus und die Auferweckungserfahrung seiner Jünger) an den Anfang stellt.
    Der Ansatz beim historischen Jesus in II, 1 soll jedoch in einer noch
sehr offenen Weise geboten werden, die aufgrund dessen, was über ihn
zu erkennen ist, nur einige Strukturlinien zeichnet. Zu diesem Ansatz
wird in II, 2 dasjenige hinzugenommen, was über die ursprüngliche Auferweckungserfahrung der ersten Zeugen mindestens insofern vorweg zu
sagen ist, als sie Grundlage und Ansatz der urchristlichen Theologien
des NT bildet.
    1. Was den *Jesus der Geschichte* betrifft, kommt es im Zusammen-
hang dieses ersten Ansatzes auf das wirkliche, wenn auch singuläre
*Mensch-Sein* Jesu an. (Singulär ist es infolge des bei anderen Menschen und auch Propheten nicht vorfindlichen letztgültigen Sendungs-
bewußtseins – dessen, was nachösterlich als „Einheit mit Gott" erfaßt
wird.) Strukturell wichtig für die nachösterliche Transposition
scheint mir vor allem die radikale Theozentrik zu sein, in der das
menschliche Selbstbewußtsein Jesu Gott in freier Bejahung der
geschöpflichen Abhängigkeit, gehorsam und anbetend gegenüber-
stand. Jesus ist – das ist eine weitere konstitutive Strukturlinie – „der
Mensch für andere"[5], weil er der Mensch für Gott ist[6]. Schließlich ist
als letzte dieser „Strukturlinien" die Haltung des vorösterlichen Jesus
zu seinem Todesschicksal zu nennen – die freie Übernahme dieses
Todesgeschicks, das er als Folge seiner Sendung erfährt und das er in

---

[5] *D. Bonhoeffer*, Widerstand und Ergebung. Briefe und Aufzeichnungen aus der Haft,
hrsg. von E. Bethge (Siebenstern-Taschenbuch, 1) (München-Hamburg ³1966) 191f.
[6] Zur Begründung dieser m. E. notwendigen Erweiterung der Bonhoefferschen Formulierung s. auch unten S. 73f und 78f.

einem vielleicht noch gar nicht letztlich verbalisierbaren Zusammenhang mit dieser Sendung und mit dem Inhalt seiner Botschaft von der
schon in diese Weltzeit vorstoßenden Gottesherrschaft bejaht.

2. Durch das *Auferweckungsgeschehen bzw. die Auferweckungserfahrung* ist für alle nachfolgende Deutung eine neue Situation gegeben; denn diese Erfahrung setzt selbst den Vorgang einer Transposition (bzw. Transformation) vorösterlicher Sachverhalte in Gang
und zwingt die theologische Reflexion zum Nachvollzug dieser Transposition. Wenn in der Auferweckungserfahrung der reale, von Jesus
selbst unablösbare Anspruch als gültig erfahren wird, den er in seinem
Leben erhoben hat, so ist das im Ansatz schon gleichbedeutend mit
der (in der Transposition gegebenen) „Bleibendheit" der Person und
Funktion Jesu – d. h. des Gekreuzigten und Auferweckten in seiner
Identität [7].

### III. Das Gottesbild der uns vorliegenden theologischen Entwürfe des NT in seiner untrennbaren Verbindung mit der Funktion des auferweckten Jesus

Nachdem die These, die diesen Teil bestimmt, in dem zunächst
folgenden Abschnitt 1 vorausgeschickt ist, sollen die Abschnitte 2
und 3 (in der notwendigen Beschränkung auf Schriften, die von exem-
plarischer Bedeutung sein können) Texte aus den paulinischen Briefen,
dem JoEv und dem 1 Jo heranziehen. Hierbei soll auf den christologischen und dialogischen Charakter des neutestamentlichen Gottesverhältnisses und vor allem auf das Moment der „Gotteserfahrung"
geachtet werden.

#### 1. Die These

Die „aufsteigende Linie der Theozentrik" hat entscheidende Bedeutung, wenn die Funktion Jesu für das Gottesverständnis, wie das uns
vorliegende NT sie darstellt, aufgezeigt werden soll.

---

[7] Vgl. zu diesem Abschnitt II *K. Rahner*, Grundlinien einer systematischen Christologie, in: *K. Rahner - W. Thüsing*, Christologie – systematisch und exegetisch (QD 55)
(Freiburg i. Br. 1972) 15–78, bes. 25–34 und 35–47; ferner *W. Thüsing*, ebd. 140–143.
S. auch *K. Rahner*, Art. „Auferstehung Jesu", in: Sacramentum Mundi I (Freiburg i. Br.
1967) 421 f. – Ich habe von K. Rahner in diesem Abschnitt manche Anregungen übernommen, besonders den m. E. präzisen und treffenden Ausdruck „Bleibendheit".

Die Unterscheidung zwischen der Theozentrik der absteigenden und der aufsteigenden Linie ist m. E. unbedingt notwendig, wenn die neutestamentlichen Aussagen über das Verhältnis Jesu zu Gott erfaßt werden sollen. Bei der „absteigenden" Linie ist Gott als Ursprung der Heilsdynamik gesehen, d. h. als der die Heilsinitiative Ergreifende und als der Schenkende, während er bei der „aufsteigenden" Linie als Zielpunkt, auf den alles hinzuordnen ist, betrachtet wird, d. h. als der, dessen schenkender Liebe geantwortet wird.

Dieses an sich allgemein für theologische Anthropologie geltende Relationspaar ist auch auf Jesus, also christologisch, anwendbar und erst recht soteriologisch, d. h. für die Frage, welche Rolle Jesus in diesem Beziehungsgefüge hat.

„Gottesbild" und „Gotteserfahrung" gibt es nur, wenn auf die Selbstmitteilung Gottes (d. h. die „absteigende Linie") eine Antwort in demjenigen erfolgt, der dieses „Gottesbild" gewinnen oder diese Erfahrung machen soll – also dann, wenn es die *„aufsteigende* Linie der Theozentrik" bei diesem Menschen gibt; und was die christologische Theo-logie angeht, ist es das Entscheidende, ob und wie Christozentrik – in sich selbst und soteriologisch – in der aufsteigenden Linie steht und ob das aus den Texten erkannt werden kann. Für diese Frage der Hinordnung von Christozentrik auf Gott ist es nun wieder das Entscheidende, ob auch der *auferweckte* Christus (und nicht nur der irdische) „theozentrisch" gesehen wird, mit anderen Worten: ob die „Haltung" des auferweckten Jesus als Bleibendheit der „Glaubens-" und Gehorsamshaltung des irdischen Jesus zu erkennen ist.

Impliziert ist also etwas, was meist übersehen wird und doch im Befund des NT eindeutig verankert ist: Eine Theozentrik der aufsteigenden Linie wird nicht nur vom Jesus der Geschichte, sondern auch vom Auferweckten ausgesagt. Jesus ist auch als der Auferweckte im NT als wirklicher Mensch gesehen, d. h. (im transzendentalen Verständnis) als der auf das absolute Geheimnis hin Geöffnete und als derjenige, der von dem absoluten Geheimnis das empfängt, was er weitergeben soll. Das ist kein Widerspruch zu der durch die Auferweckung auf einer neuen Ebene gegebenen Einheit Jesu mit Gott (seiner „Göttlichkeit").

Mit anderen Worten: Für das NT ist auch der auferweckte Jesus derjenige, der in einer singulären und ursprungshaften personal-dialogischen Beziehung zu Gott steht, also dieses im AT grundgelegte personal-dialogische Verhältnis vollendet.

## 2. Paulus

Nach Martin Buber ist bei Paulus die „dialogische" durch die „mystische Situation", das Gegenüber durch ein Ineinander ersetzt (Zwei
Glaubensweisen 45 f). Buber hat sich hier offenbar durch inzwischen
überholte Thesen der religionsgeschichtlichen Forschung früherer
Jahrzehnte beeinflussen lassen. In Wirklichkeit ist auch bei Paulus die
„dialogische" Denkweise gegenüber der hellenistisch-mystischen –
falls diese überhaupt im Zuge der Antwort auf Fragen der religionsgeschichtlichen Umwelt aufgenommen ist, was hier offenbleiben kann
– unbedingt dominierend und auch als solche nachzuweisen.

### a) Christologisch-soteriologische Theo-logie bei Paulus

In *Röm 6, 10* findet sich die vom bisher geläufigen theologischen Denken
her keineswegs naheliegende Aussage, daß der *auferweckte* Jesus – denn
nur um diesen kann es sich nach dem Kontext handeln – „für Gott lebt".
    Diese Aussage beinhaltet durchaus das, was als „Bleibendheit" des Kreu-
zesgehorsams – mitsamt der Bleibendheit des irdischen Lebens und des
Anspruchs Jesu, der ihn in den Tod führte, überhaupt (vgl. das ἐφάπαξ
in Röm 6,10a) – ausgesagt werden kann, und zwar als Bleibendheit in
einem wirklichen, jetzigen „Leben für". Die nach dem geläufigen Verständnis der Situation des Erdenlebens zuzuordnende, das dialogische
Moment implizierende Redeweise vom „Leben für Gott" – als dem Dienst
„für Gott" im Halten seiner Gebote, im Tun seines Willens zur Bereitung
seiner Herrschaft, in der Verherrlichung Gottes auch unter Anfechtungen
– ist nicht nur an dieser Stelle auf den erhöhten Jesus angewendet. Wenn
es etwa in *1 Kor 3,23* heißt, daß „Christus Gott gehöre" (vgl. 1 Kor 11,3:
„Christi Haupt ist Gott"), dann ist auch hier kein „mystisches" Verhältnis, vielmehr durchaus im alttestamentlichen Sinne ein durch die dyna-
misch-dialogische Situation bestimmtes wirkliches „Gegenüber" im Sinne
Bubers gemeint[8]. Eine Verherrlichung Gottes durch den auferweckten
Jesus wird z.B. in Röm 15,7 ausgesagt. Auch das für die Mittlerfunktion
Christi bei Paulus charakteristische διὰ Χριστοῦ impliziert keineswegs
einen „mystischen", sondern einen personal-dialogischen Sachverhalt:
Daß die Christen Gott „durch Christus" verherrlichen oder „durch Christus" zu ihm beten, ist innerhalb der paulinischen Konzeption nur dadurch
möglich, daß der auferweckte Jesus selbst Gott nach wie vor als sein
„Gegenüber" hat, für das er „lebt".
    Vor allem *zwei Sachverhalte* belegen die „dialogische" Relation, in der

---

[8] Daß Christus „Gottes ist", impliziert übrigens vom Kontext in 1 Kor 1–3 her die
Bleibendheit des „Kreuzes"; vgl. Per Christum in Deum, 16 ff.

der auferweckte Jesus nach Paulus steht: Wenn nach *Gal 4,6* der „Geist des Sohnes Gottes" in den Herzen der Gläubigen ruft „Abba, Vater" – an sich ein Befund, der unten (S. 68) zu behandeln ist –, so impliziert das die *Bleibendheit der Relation zu Gott,* die der Jesus der Geschichte durch die Abba-Anrede ausdrückt.

Erst recht kommt dieses „Gegenüber", das der auferweckte Jesus bei aller Einheit mit Gott behält, in *futurisch-eschatologischen Aussagen* wie *1 Kor 15,28* zum Ausdruck, wo von der „Unterordnung" des erhöhten, schon bisher herrschenden Jesus unter Gott die Rede ist. Wenn als Ziel dieser „Unterordnung" genannt ist, daß „Gott in bezug auf alles in allen" sei, so ist im Sinne des Paulus damit keineswegs ein Aufhören dieser grundlegenden „dialogischen" Situation gemeint. Sie ist mit der in 1 Kor 15,28 ausgesagten vollendeten heilshaften Theozentrik (die auch die Vollendung dessen ist, was schon in der Jahwe-Offenbarung des AT angelegt ist) nicht nur vereinbar, sondern für sie konstitutiv.

Denn wenn der auf den auferweckten Jesus bezogene Sohnesbegriff, wie Gal 4,6 uns schon zeigte, nicht nur die Würde, sondern gerade die Relation zum Vater dieses Sohnes anzeigt, so wird auch dieses Moment in der Eschatologie vollendet – vgl. *Röm 8,29.* Und daß nach Röm 8,29b der auferweckte Jesus als „der Sohn" der „Erstgeborene unter vielen Brüdern" werden soll (d.h. daß die Vielen auferweckt und so im Vollsinn als „Brüder" mit *dem* zuerst und ursprungshaft Auferweckten verbunden werden sollen), *besagt schon seine soteriologische Funktion,* die hier auf das Eschaton bezogen ist, wie das paulinische Denken überhaupt von der futurischen Eschatologie aus konzipiert ist. Diese soteriologische Funktion gibt es aber nicht nur in jenem futurischen Eschaton, sondern schon in der Gegenwart: dadurch, daß die Relation der „Söhne" zum Vater schon jetzt durch den einen „Sohn" ermöglicht wird (vgl. Röm 8, 14f).

An dieser Stelle ist wie an vielen anderen *das entscheidende Bindeglied* zu erkennen, das ein Übergreifen der Relation des auferweckten Jesus zu Gott auf die Christen ermöglicht: *das Pneuma.* Wichtig ist hier vor allem die „dynamische Identifikation" des auferweckten Jesus mit dem Pneuma; vgl. 1 Kor 15,45 („Der letzte Adam [Jesus] wird [durch die Auferweckung] zum lebenspendenden Pneuma"; 2 Kor 3,17: „Der Kyrios ist das Pneuma").

Die Soteriologie des Paulus ist theozentrisch, weil schon seine Christologie es ist. So läßt sich die Linie von der theozentrischen Christologie zu der ihr korrespondierenden Soteriologie (Rettung durch Hinordnung auf Gott) in der *Verbindung von Röm 6,10 mit V. 11 erkennen;* ferner etwa durch Stellen wie Röm 5,1f, nach denen die Glaubenden durch den auferweckten Jesus Christus den „Frieden zu Gott hin" und den „Zugang" (bzw. die „Hinzuführung") zu der „Gnade" dieser Relation zu Gott haben. Zum Schluß sei in diesem Zusammenhang noch das theozentrische „Eintreten für uns" des Christus Jesus erwähnt, der der Gestorbene und Auferweckte in seiner Identität ist – „mehr aber der Auferweckte" (Röm 8,34).

## b) „Gotteserfahrung"

Das Medium der Offenheit auf Gott, also erst recht der „Gotteserfahrung", ist in der paulinischen Theologie das Pneuma. Vgl. *1 Kor 2,10ff:* „*Das Pneuma erforscht alles, auch die Tiefen Gottes.*" 2,11 schaltet in typischer Weise einen anthropologischen Gedanken ein (nur der Geist des Menschen, „der in ihm ist", weiß das, was zur Erkenntnis des Menschen gehört), um über die theo-logische Analogie (so erkennt nur das Pneuma Gottes das, was Gottes ist) zur eigentlich intendierten Aussage zu gelangen (V. 12): „Wir haben das Pneuma, das aus Gott ist, empfangen, damit wir [erfahrend] das wissen können, was uns von Gott geschenkt ist." Im Kontext des Ganzen ist *auf die Erkenntnis der Weisheit Gottes in der „Torheit des Kreuzes" abgezielt;* und in diesem Sinne heißt es auch in 2,16: „Wir aber haben den Sinn [Geist] Christi."

In Röm 14,17 werden Zentralbegriffe paulinischer Theologie und Anthropologie als durch das Pneuma gegeben ausgesagt: „Die Gottesherrschaft ist... Dikaiosynē [rechte Relation zu Gott] und Friede und Freude *in heiligem Geist.*" Nach Röm 15,13 wird nicht nur Freude und Friede im Glauben, sondern auch die Überfülle der Hoffnung durch die Dynamik des Pneuma ermöglicht. So kann Paulus im folgenden Vers, 15,14, seiner Überzeugung Ausdruck geben, daß die angeredeten Christen mit aller Erkenntnis (γνῶσις) erfüllt seien; hier ist wie auch an anderen Stellen nicht die sich in der religionsgeschichtlichen Umwelt schon bildende „Gnosis", die eine Schein-Gnosis ist, gemeint, sondern eine Gotteserfahrung, die als integrierendes Moment die „Erkenntnis" seines Willens enthält und damit die Bereitschaft, ihn zu tun.

Bedeutsam für unsere Frage sind u.a. zwei Abschnitte des Römerbriefs: Röm 5,1–5 und Röm 8,14–27.

*Röm 5,1–5:* Daß die scheinbar nur objektivierenden Begriffe vom „Frieden auf Gott hin" und von der „Hinzuführung", die durch Christus geschenkt sind, in Wirklichkeit durchaus auf Gotteserfahrung bezogen sind, zeigen die explizit oder implizit gnoseologischen, auf „Erfahrung" bezogenen Wendungen in 5,2–5. Der Begriff „sich rühmen" (καυχᾶσθαι) besagt bei Paulus das Aussprechen dessen, was das Selbstverständnis des Menschen an positiv Gewertetem enthält. Dieses Selbstverständnis gewinnt der Glaubende nicht durch seine eigene Leistung, sondern durch seine im Geist geschenkte Gemeinschaft mit Christus („In-Christus-Sein"). In diesem Sinne ist es ein durch das „Rühmen" sich aussagendes Selbstverständnis „im Kyrios". Und weil der Kyrios die Gegenwart dadurch bestimmt, daß er sie auf die Vollendung hinordnet, gehört die sich aussagende „Erfahrung" der Hoffnung auf die Herrlichkeit Gottes (5,2) zu diesem „sich rühmen in Christus" hinzu. Röm 5,3 ist typisch für eine Reihe von vergleichbaren paulinischen Aussagen der Gotteserfahrung: sie kommt gerade durch die „Bedrängnisse" zustande; diese „Bedrängnisse" verhindern die christliche Erfahrung und ihr „rühmendes" Aussagen keineswegs, sondern ermöglichen sie, „weil die Bedrängnis Durchhalten, das Durchhalten Bewährung, die Bewährung Hoffnung wirkt". V. 5 verbindet diesen ganz auf „Erfahrung" ausgerichteten Gedankengang mit den Begriffen _Agape_ und _Pneuma,_ die gerade hier (vgl. auch den folgenden Kontext) auf die spezifisch durch das Christusereignis und den Gekreuzigten selbst gegebene Gotteserfahrung hingeordnet und als _im_ Menschen gegeben ausgesagt werden („... weil die Agape Gottes in unseren Herzen ausgegossen ist durch heiliges Pneuma, das uns gegeben ist").

_Zu Röm 8, 14–27:_ Aus der Inhaltsfülle dieses Abschnitts seien nur einige Stichworte, die für unser Thema von Belang sind, herausgegriffen. Nach Röm 8,16 vermittelt das Pneuma durch sein „Bezeugen" unserem πνεῦμα die Erfahrung der υἱοθεσία, der „Einsetzung zu Söhnen". Schon hier ist diese Erfahrung der υἱοθεσία mit dem vom Pneuma gewirkten Gebet als der Hinordnung auf den Vater Jesu Christi verbunden (vgl. V. 15). Gerade hier in Röm 8,16 ist gut zu sehen, wie das „objektivierende" Moment (der Ausdruck dessen, was von Gott her diese Erfahrung trägt: das Pneuma) _und_ das anthropologische Moment der Erfahrung selbst („unserem Geiste") untrennbar verknüpft sind. Das „objektivierend" ausgesagte Pneuma ist in die Strukturen des Lebensvollzugs der Glaubenden eingegangen in der Weise, daß sich beides überhaupt nicht mehr voneinander trennen läßt.

In V. 23 wird die Sehnsucht nach der Vollendung – nach der υἱοθεσία, die hier als Vollendungsgut aufgefaßt ist – durch das starke Wort „wir stöhnen in uns selbst" ausgedrückt; durch die Verbindung mit dem „Stöhnen" oder „Seufzen" der Schöpfung handelt es sich hier zweifellos um die durch die Christuserfahrung umgeformte ursprüngliche Gotteserfahrung, die durch die Erfahrung der Nähe des Todes, der „Knechtschaft der Vergänglichkeit" (V. 21) und die überwältigend starke Sehnsucht, diese Schranke zu durchbrechen, gekennzeichnet ist. In V. 26f ist dieser Gedanke wieder mit dem des Pneuma und der vom Pneuma gewirkten Gebetswirklichkeit und -erfahrung verbunden: die Artikulation der Erfahrung und Sehnsucht auf Gott hin gelingt auch dem Glaubenden nicht aus seiner eigenen Kraft, sondern das Pneuma „tritt für ihn ein mit unaussprechlichem Stöhnen" – es handelt sich wieder um Gebetserfahrung (und das bedeutet ja: Gotteserfahrung) durch das im Christen wirkende Pneuma. Die Parallele in 8,34, nach der Christus selbst „für uns eintritt", ist ein Beleg dafür, daß es sich für Paulus hier um das Wirken des Pneuma-Kyrios selbst handelt.

Die oben (Abschnitt a) zitierte Stelle _Gal 4,6_ (der Geist des Sohnes Gottes ruft _in den Herzen der Glaubenden_ „Abba, Vater") hat in unserem jetzigen Zusammenhang ihren eigentlichen Ort.

Aus dem 8. Kapitel des Röm ist noch V. 38f zu vergleichen, wo das πέπεισμαι („ich bin überzeugt") Ausdruck der Zuversicht schenkenden Glaubenserfahrung von der absolut zuverlässigen Liebe Gottes ist („von der nichts uns scheiden kann"). Von hier aus liegt es nahe, auf die implizite Gotteserfahrung zu verweisen, die in den „objektivierenden" Aussagen der Größe Gottes gegeben ist; vgl. vor allem *Röm 11,33–36*. Diese Doxologie steht ebenfalls im Horizont der durch das Pneumà ermöglichten Glaubenserfahrung der „Tiefen Gottes" (1 Kor 2,10), die hier der Glaube an die universale χάρις Gottes ist.

*Daß diese Gotteserfahrung die Agape bzw.* „*Mitmenschlichkeit" in sich schließt,* ist bei Paulus an etlichen Stellen zu zeigen; hingewiesen sei nur auf das „Hohelied der Liebe" 1 Kor 13, das vom Apostel mit Absicht in die Mitte der vom Pneumà, seinen Charismen und den Pneumatikern handelnden Kapitel 12 und 14 gestellt ist. Wenn man diesen Zusammenhang berücksichtigt, ist auch zu erschließen, daß die Gotteserfahrung von bisher Ungläubigen (1 Kor 14,25) auf keinen Fall ohne die in den schon zum Glauben Gelangten und durch sie hindurch sich manifestierende Agape zustande kommen kann; d.h., sie wird nicht durch bloße ekstatische und prophetische Äußerungen vermittelt.

Die in Röm 11,33 f implizierte Gotteserfahrung ist nur im Zusammenhang mit der Erfahrung der Unheilsmächte „Sündenmacht", „Gesetzesmacht" und „Todesmacht" und ihrer Besiegung in Dikaiosynē, Freiheit, Leben und Hoffnung zu verstehen; hinzunehmen ist ferner die Erfahrung von universaler Schuld, die sich in Röm 1,18 – 3,20 ausdrückt (vgl. Röm 7,7ff).

### 3. Die johanneischen Schriften

#### a) Christologisch-soteriologische Theo-logie

Auch hier ist in ähnlicher Weise *die „Bleibendheit" der Relation Jesu zum Vater auch im Stadium der Verherrlichung* zu erkennen[9].

Nach *Jo 17,1* hat die Existenz des „verherrlichten" Jesus das Ziel, den Vater zu verherrlichen (d.h. nach johanneischer Auffassung: ihn zu „offenbaren" – wobei „Offenbarung" in einem umfassenden Sinn zu nehmen ist). Nach der wahrscheinlicheren Deutung von Jo 6,57 lebt der irdische *und* auferweckte Jesus „um des Vaters willen" – d.h., um ihn zu verherrlichen. In Jo 14,31 ist von der Liebe zum Vater die Rede, die Jesus den Weg in den Tod antreten läßt; die Bleibendheit dieser Liebe ist gerade durch die Aussagen von der Verherrlichung des Vaters durch den auferweckten und verherrlichten Jesus zu sehen – vgl. etwa Jo 17,26: „damit die Liebe, mit der du mich geliebt hast [die Liebe, die die antwortende Liebe Jesu ermöglicht und umgreift], in ihnen sei und ich in ihnen".

---

[9] Vgl. hierzu und zum folgenden *W. Thüsing,* Die Erhöhung und Verherrlichung Jesu im Johannesevangelium (Münster [2]1970).

Die dialogische Beziehung Jesu – entsprechend der ganzen Aussageintention auch hier die des irdischen Jesus, die in der Existenz des Verherrlichten ihre Bleibendheit erlangt – kommt u. a. gut zum Ausdruck in Jo
5, 17ff: der Vater „zeigt" dem Sohn die Werke, die er tun soll – der Sohn
„tut" diese Werke, die der Vater ihm zeigt. Gerade hier ist (durch eine
exegetisch gerechtfertigte, ja m. E. notwendige Verbindung der Gedanken
von Jo 5, 20 und 14, 12) zu erkennen, daß das JoEv durchaus von einem
„Werk" bzw. von „Werken" des erhöhten Jesus redet, die er durch die
Seinen in der Zeit des Parakleten durchführt.

Der *soteriologische Ansatz* der durch und durch theozentrischen johanneischen Christologie ist gut in *Jo 12, 32* zu erkennen: „Wenn ich von
der Erde erhöht bin (am Kreuz und – im Zusammenhang damit – vor allem:
im Status der Verherrlichung), werde ich alle an mich ziehen" – d. h. zuerst
an das Kreuz und dadurch in die Herrlichkeit.

### b) „Gotteserfahrung"

Das Moment der Gotteserfahrung ist in der Form gnoseologischer
Gedankengänge im *1. Johannesbrief* stark ausgeprägt; eine ganze Reihe
von Stellen aus dem 1 Jo können als „Erkenntnisformeln" aufgefaßt
werden (z. B. 1 Jo 3, 14: „Wir wissen, daß wir aus dem Bereich des
Todes in den des Lebens hinübergeschritten sind, weil wir die Brüder
lieben").

*Erkenntnisobjekt* ist in diesen „Erkenntnisformeln" (die oft auch das
Verbum „erkennen" [γινώσκειν] enthalten) die *Gemeinschaft mit Gott*
(„in der Wahrheit sein", „im Licht sein", „vom Tode zum Leben hinübergeschritten sein", „Ihn erkannt haben" usw.).
Erkenntnissubjekt ist immer der im Brief angesprochene glaubende und
denkende Christ; *Erkenntnisweg* ist durchgängig die Bruderliebe bzw. das
Pneuma, das die Bruderliebe ermöglicht.
Diese gnoseologische Denk- und Ausdrucksweise führt *zum zentralen
Erkenntnisinhalt,* der hier vermittelt werden soll, d. h. zur zentralen theologischen Konzeption des 1 Jo hin: *Gott ist Liebe* (dem Höhepunkt neutestamentlichen Redens von Gott, 1 Jo 4, 8.16) – er offenbart sich als Liebe
für die ganze Welt in der Todeshingabe seines Sohnes – er senkt dem einzelnen Glaubenden seine Liebe durch den Geist ein, damit derjenige, der
diese Liebe empfangen hat, sie weiterschenken darf und muß in der durch
die Todeshingabe Jesu normierten und ermöglichten „Bruderliebe".
Zu dieser Konzeption gelangt der Verfasser auf zwei Wegen: einmal
vom Grundkerygma der Urkirche her und seiner Grundlage in der Verkündigung Jesu. Hier seien nur Stichworte genannt: „Erbarmen Gottes"
– Tod Jesu „für" die Welt – Verkündigung und Erfahrung des Pneuma
– Forderung radikaler Bruderliebe als Konsequenz;

andererseits: von seinem gnoseologischen Anliegen aus, das von der anderen (anthropologischen) Seite her zur zentralen theo-logisch-christologischen Botschaft (Gott ist Liebe, insofern er sich durch Jesus geoffenbart hat ...) vorstößt.

Auch hier impliziert und provoziert das Moment des *Glaubens* wieder den anthropologisch-gnoseologischen Ansatz. Die wohl signifikanteste Formulierung findet sich in 1 Jo 4,16a: „Wir sind zur Erkenntnis und zum Glauben gelangt an die Liebe ..." Es ist zu beachten, daß im 1 Jo wie schon im AT γινώσκειν ein liebendes Erkennen und ein erkennendes Lieben bedeutet, das die Tendenz zur Höchstform personaler Gemeinschaft impliziert.

Was das *Johannesevangelium* angeht, so sei zunächst auf Jo 7, 16 f aufmerksam gemacht. In unmittelbarem Anschluß an eine Aussage der „Direktheit" der Offenbarung trotz ihrer „Vermittlung" („meine Lehre ist nicht meine, sondern die Lehre dessen, der mich gesandt hat") heißt es: „Wenn einer sich entschließt, seinen Willen zu tun, wird er, was die Lehre angeht, erkennen, ob sie aus Gott ist oder ob ich von mir selbst aus rede." Wie aus dem Kontext hervorgeht, haben wir hier einen typisch auf die Möglichkeit christologisch begründeter Gotteserfahrung bezogenen Satz vor uns. Solche Erfahrung kann sich nur ereignen, wenn einer sich dafür entscheidet, den Willen Gottes so, wie Jesus ihn verkündet, zu tun: in der radikalen, durch die Lebenshingabe Jesu normierten und ermöglichten Bruderliebe. Dieses „Tun des Willens" ist – genuin biblisch – konstitutives Moment des „Erkennens" (γινώσκειν) Gottes, das ja liebendes Einswerden ist. Dieses „Erkennen" impliziert auch die Ermöglichung des unmittelbaren Zugangs zu Gott durch den – traditionsgeschichtlich andersartigen, aber der Sache nach dem paulinischen Pneuma entsprechenden – Parakleten der johanneischen Abschiedsreden, also die Ermöglichung von „Gebet" im weitesten Sinne.

Für das Thema einer mindestens implizit ausgesagten Gotteserfahrung sind alle fünf Parakletsprüche in Jo 14–16 aufschlußreich; es sei hier nur an die Erkenntnis Jesu als des Offenbarers und damit auch des Vaters durch den Parakleten erinnert (Jo 14,16–20; vgl. auch schon 14,4–12 bzw. bis 14). Auch das Moment, daß der Paraklet in der Verfolgungssituation Gotteserfahrung und dadurch Zeugnis ermöglicht (15,26f), sei erwähnt; ferner die in 15,5ß implizierte Befähigung zum „Fruchtbringen" in der Liebe.

Gerade in diesem Zusammenhang spielen die johanneischen Immanenzformeln („μένειν ἐν ...") eine Rolle. Sie sind keineswegs nur objektivierende Aussagen des Gottesverhältnisses, sondern untrennbar mit dem „Erfahrungs"-Moment des „Erkennens" verbunden, das wiederum nicht ohne das „Lieben" zu denken ist, das sich im „Halten der Gebote" bzw. des *einen* Gebots der Bruderliebe vollzieht (vgl. Jo 14,20f).

Von kaum zu überschätzender Bedeutung dürfte die in *Jo 14, 28* enthaltene Andeutung sein, daß die nicht ohne die Bruderliebe zu denkende,

vom Geist gewirkte Liebe zu Jesus und die im gleichen Sinn vom Geist
geschenkte „Freude" von dem – durch Glaubens-„Erfahrung" konstitu-
ierten – „Wissen" um den *je größeren Gott* abhängen. Jo 14,28 lautet:
„Wenn ihr mich liebtet, würdet ihr euch freuen, daß ich zum Vater gehe,
weil der Vater größer ist als ich." Das bedeutet: Der Vater ist „größer",
insofern er der Ursprung des durch den verherrlichten Jesus gespendeten
Pneuma ist bzw. die ursprungshafte Liebe, die Jesus umfängt und zum
Spender des Pneuma macht. Der Satz impliziert im Sinn des JoEv die
Hinordnung des verherrlichten Jesus selbst auf den Vater in dem oben
(Abschnitt a) dargelegten Verständnis, also einen „Aufblick" des erhöhten
Jesus zum „größeren" Vater. Und ein solcher Aufblick, d. h. die ahnende
Erfahrung des immer größeren Gottes, ist auch dem Jünger Jesu nur möglich, wenn er sich von der in Jo 17,1 ausgedrückten Intention des Verherrlichten mitziehen läßt: den Vater zu „verherrlichen", d. h. ihn als den je
Größeren zu offenbaren. Dieses Mit-Verherrlichen kann nur durch den
vom Sohn gesendeten Geist realisiert werden (durchaus analog dem paulinischen Befund). Es gründet entsprechend Jo 4,23f in dem „Anbeten"
des Gottes, der selbst Pneuma ist[10], „im πνεῦμα und in der ἀλήθεια"
(= der sich selbst erschließenden Wirklichkeit Gottes). Gott „anbeten"
heißt, ihn als den stets Größeren „erkennend" („erfahrend") und glaubend
zu bejahen. Und das kann im johanneischen Vollsinn nur in der „Einheit"
mit dem Sohn geschehen, der zu seinem Vater als zu dem alle Gottesbilder
sprengenden „Größeren" aufblickt.
　Das jetzt dargelegte Verständnis von Jo 14,28 wird gestützt durch die
in unserem Zusammenhang noch unmittelbarer instruktiven Aussagen des
*1 Jo* über die Glaubenserfahrung der Größe Gottes. 1 Jo 4,4: „Der in euch
ist größer als der in der Welt" – das gilt, weil Gott als Licht (vgl. 1 Jo
1,5) der Finsternis absolut überlegen ist, weil er als Liebe (vgl. 1 Jo 4,8.16)
im Glaubenden absolut siegreich sein will über Haß, Selbstsucht und Lieblosigkeit. Und nach 1 Jo 3,19f erkennt der Glaubende an seiner tätigen
Bruderliebe, daß die absolute Liebe in ihm ist, und dadurch erfaßt er, daß
„Gott größer ist als unser Herz".
　Schließlich sei auf die wichtigen Gedanken von *Jo 17,20ff* hingewiesen.
Hier wird die Gotteserfahrung (und die „Erkenntnis" des Offenbarers
Jesus, der ja transparent für Gott ist, vgl. Jo 14,6.9f, und so als „Wahrheit"
und „Leben" den „Weg" zu Gott und zur Gotteserfahrung bildet) *an die
„Einheit" der schon an Jesus Glaubenden gebunden* – d. h. doch offenbar
an die Erfahrung der Liebe derer, die auf ihr Beschenktsein schon geant-
wortet haben.

---

[10] Diese Gottesprädikation ist übrigens eine Art Zusammenfassung der johanneischen
Botschaft von der Größe Gottes.

## 4. Zusammenfassung

Im folgenden ist die paulinische Ausdrucksweise – zwar nicht ausschließlich, aber doch überwiegend – leitend; Paulus steht gewissermaßen in der Mitte des NT. Er steht nicht nur zeitlich in der Mitte zwischen der „frühen", vorneutestamentlichen und der „späten" neutestamentlichen Theologie, sondern auch sachlich. Einerseits bietet die paulinische Neuinterpretation des Grundkerygmas mit der Offenheit und Weite der darin implizierten Synthese den Zugang zu anderen, späteren neutestamentlichen Konzeptionen; andererseits dürfte kaum eine der neutestamentlichen Theologien – allem Augenschein und aller so verschiedenen Ausdrucksweise zum Trotz – strukturell so stark der „Theologie" Jesu selbst analog sein; die paulinische Konzeption kann zwar nicht die Rückfrage zum historischen Jesus selbst vermitteln (weil bei Paulus ja das Material der synoptischen Tradition fehlt), aber die dafür notwendigen Denkanstöße geben.

*Worin stimmen die theo-logischen Konzeptionen des uns vorliegenden NT überein?*

Die hier erfragte Übereinstimmung gilt m.E. für *alle* neutestamentlichen Konzeptionen, kann aber hier nur an den zwei ausgewählten Schriftengruppen aufgezeigt werden.

Wir versuchen, in Zusammenfassung des oben in 2 und 3 Gesagten die in einer fundamentalen Tiefenschicht gegebene Übereinstimmung zu erkennen – natürlich ohne die zunächst feststellbaren großen Unterschiede in Begrifflichkeit, Denkweise und geschichtlicher Situation verwischen zu wollen – und zwar versuchen wir das von zwei Ansätzen aus:

a) Von dem oben in Abschnitt II (in einer m.E. notwendigen Ergänzung der Bonhoefferschen Formulierung) geprägten Satz aus: *Jesus ist „der Mensch für andere", weil er der Mensch für Gott ist.*

Dieser Ansatz ist auch hier legitim, da ja der theozentrische *und* der soteriologische Charakter (das „für Gott" und das „für uns") der nachösterlichen Christologien des NT, d.h. der theologischen Reflexion über den auferweckten Jesus und seine Funktion, oben aufgewiesen werden konnte.

Jesus ist auch und erst recht *als der Auferweckte der „Mensch für andere";* übereinstimmend drückt sich das in den theologischen Entwürfen des Paulus und des JoEv (und mehr oder weniger explizit auch sonst im NT) dadurch aus, *daß er als der Spender des Pneuma darge-*

*stellt wird*[11]. Als Spender des Geistes ist Jesus der „Mittler", der nicht nur Gotteserfahrung, sondern – objektivierend ausgedrückt bzw. eine transsubjektive Wirklichkeit andeutend – Gemeinschaft mit Gott schenkt, und zwar gerade *als Gottunmittelbarkeit*. Er kann sie eben dadurch schenken, daß er als der Pneuma-Christus die Gemeinschaft mit sich selbst gibt und im Pneuma auch die Agape als qualitativ neue Gabe und qualitativ neue Möglichkeit verleiht.

Dieser „Mensch für andere" kann er nur sein, *weil er auch als der Auferweckte der Mensch für Gott ist* – weil er in singulärer Einheit mit Gott steht und auch als der Erhöhte „für Gott lebt" und Gott verherrlicht, und zwar dadurch, daß er die Seinen in seine theozentrische Hinordnung auf den Vater rettend einbezieht – d. h. dadurch, daß er in der pneumatischen Gemeinschaft mit sich selbst die durch die „Kreuzesnachfolge" radikalisierte Bruderliebe, Gottesgemeinschaft und Gotteserfahrung schenkt. Den Zusammenhang der beiden Relationspole „Mensch für andere" und „Mensch für Gott" bzw. „Mensch in Einheit mit Gott" kann man gut in Jo 3,34f erkennen: Weil der Vater den Sohn „liebt" (und dadurch seine Einheit mit ihm konstituiert), hat er „alles" – d. h. „die Fülle des Pneuma" – in seine Hand gegeben, so daß der Sohn dieses Pneuma in ungemessener Fülle spenden kann.

b) Von 1 Kor 8,6 aus:

Diese paulinische Aussage („Wir haben den einen Gott, den Vater, aus dem ,alles' [= alles Welt- und Heilsgeschehen] kommt und auf den wir hingeordnet sind, und den einen Kyrios Jesus Christus, durch den ,alles' ist und wir ,durch ihn'") ist geeignet, die Übereinstimmung der neutestamentlichen Entwürfe in ihrer entscheidenden Tiefenschicht erkennen zu lassen. *1 Kor 8, 6 bildet die vielleicht dichteste Aussage des „Mittlertums" Christi bei Paulus*. Nur scheinbar ist sie bloß der Relation „Christus als Mensch für Gott" zuzuordnen; in Wirklichkeit läßt gerade diese Aussage den Sinn des „weil" („... weil er der Mensch für Gott ist") sichtbar werden. Wenn die beiden Teile von 1 Kor 8,6 – der theo-logische und der christo-logische – verbunden

---

[11] Vgl. die oben III, 2 und 3 angegebenen Stellen; für Jo vgl. dazu noch Jo 7,37–39; 19,34; 3,34f.

werden[12], dann erhalten wir folgende Aussage: Alles, was uns geschichtlich und existentiell widerfährt, ist als Geschenk „aus Gott", d. h. von Gott her „*durch Christus*" gegeben; *und umgekehrt besteht das Geschenk in einer Hinordnung auf das absolute Geheimnis,* die gleichzeitig Hinordnung auf die radikale Agape ist und die es *nur* „*durch Christus*" als in diese Richtung gelenkte und ihr Ziel in ihm erreichende Hinordnung gibt.

Die neutestamentlichen Neuinterpretationen des Grundkerygmas stimmen durchweg – explizit oder implizit – darin überein, daß das ἐκ τοῦ ϑεοῦ *und* das εἰς τὸν ϑεόν als christologisch vermittelte Wirklichkeit überall ausgesagt wird. Für unsere Frage ist vor allem von Bedeutung, daß das „*auf Gott hin*" christologisch und soteriologisch durchgängig gegeben ist. Und zwar ist es überall durch den Jesus gegeben, der Gottesgemeinschaft und Gotteserfahrung vermittelt und die „Hinzuführung" zu Gott schenkt – sowohl „direkt" als auch von daher auf dem Wege über die Mitmenschlichkeit (und umgekehrt!).

Die soteriologische Grundstruktur der neutestamentlichen Christologie läßt sich demnach so bestimmen, daß aus dem „aus Gott" und „auf Gott hin" das „für die Menschen" folgt.

## IV. Die Rückfrage zum Jesus der Geschichte

### 1. Zur Möglichkeit der Rückfrage

Angesichts der Erschwerung solcher Rückfrage durch die Differenziertheit heutiger neutestamentlicher Methoden erscheint sie nur möglich im Zuge einer m. E. legitimen, sauber durchgeführten *Methodenkombination,* d. h. es sind verschiedene, ohne Vermischung durchgeführte methodische Arbeitsgänge notwendig. Für das Problem einer Rückfrage zu Jesus selbst hat innerhalb des „hermeneutischen Zirkels" nicht nur die Arbeit am Detail, sondern vor allem der andere Pol „Erfassung von Verbindungslinien und Gesamtkonzeptionen" (bzw. überhaupt „der Kontinuität des Ganzen") entscheidende Bedeutung. Gerade hier kommt es letztlich nicht auf die Traditionsge-

---

[12] Daß das exegetisch möglich und m. E. notwendig ist, ist in Per Christum in Deum, 225–232, ausgeführt.

schichte *einzelner* Artikulationen des Glaubens an, sondern *auf die
hinter ihnen sichtbare Traditionsgeschichte des Glaubens selbst.* Für
die „Rückfrage ist also die Bedeutung der „Sachstrukturen" bzw. der
theologischen Begriffsfeldforschung hervorzuheben.

Es ist m. E. zweckmäßig, statt des oft verwendeten, mißverständlichen Begriffs „ipsissima vox" bzw. „ipsissima verba Jesu", der zu einer
Verzerrung und Engführung verleitet, den Begriff „ipsissima *intentio*
Jesu" einzuführen. Hierbei darf „intentio" jedoch nicht auf das vordergründig feststellbare Bewußtsein eingeengt werden, sondern meint
die aus der „Grundbefindlichkeit" bzw. „Tiefenschicht" dieses singulären Menschen Jesus sich ergebende Sinnrichtung seines Lebens und
Wirkens – im ganzen und *von daher* auch in den einzelnen konkreten
Fällen.

Wie ist die ursprüngliche „Intention" Jesu – vor allem was die Verknüpfung der Gottesherrschaft mit Jesus selbst angeht – legitim zu
erfassen? Die Antwort muß lauten: nicht durch ein Subtraktionsverfahren, sondern nur durch die uns vorliegenden Quellen hindurch.
Auch die späteren „Übermalungen" geben Hinweise und Fragen auf,
ohne die die ursprüngliche Aussagetendenz des in etlichen Logien und
Perikopen und vor allem in zentralen Strukturkomplexen aufweisbaren „Urgesteins" kaum zu erkennen sein dürfte. Es handelt sich nicht
um eine „Grenze" im Sinn eines Scheidungsverfahrens, sondern um
die Feststellung, inwiefern die damalige Aktualisierung relevant ist für
die Erkenntnis des historischen Jesus und seiner „Intention" (und
schließlich auch für die heutige Situation).

Als Zugang zur „ipsissima intentio" bzw. „missio" (gnoseologisch
ausgedrückt: zum „Sendungsbewußtsein") Jesu dürfte vor allem das
christologische Begriffsfeld der Logienquelle – im Zusammenhang mit
dem christologischen Begriffsfeld anderer früher synoptischer Traditionen – von Bedeutung sein.

Zum Begriff „Sachstrukturen":

Mein Erachtens kommt es gerade beim Versuch einer Rückfrage zum
Jesus der Geschichte und in anderen entscheidenden Fragen, etwa der
Frage nach der „Einheit in der Vielfalt" des NT, darauf an, sich um
eine ganz bestimmte Sehweise bzw. die Einübung einer bestimmten
Fähigkeit zu bemühen. Es handelt sich um die Fähigkeit, durch die

Verschiedenheit oder Divergenz der Vorstellungs- und Ausdrucksmittel hindurch *die in einer spezifischen und nicht mehr relativierbaren Weise strukturierte „Sache selbst" zu sehen.* In unserem Fall ist von hier aus das Postulat aufzustellen, daß man den Blick dafür schärft, das in einer letztlich unverwechselbaren Weise strukturierte *Funktions- und Relationsfeld* zu erkennen, in dem *Jesus* – grundlegend schon in der ältesten nachösterlichen Christologie – gesehen wird und das sich in allen Neuinterpretationen durchhält. Es geht letztlich um die Fähigkeit, in den neutestamentlichen Neuinterpretationen des Grundkerygmas bzw. der Urerfahrung Jesu die legitime „Transformation" (bzw. Transposition) des ursprünglich Gegebenen zu erkennen.

Das geht sicher nicht ohne Detailarbeit, z. B. an formgeschichtlichen Fragen; aber mindestens genauso wichtig ist es, den anderen Teil des hermeneutischen Zirkels einzuüben: die wenigstens approximative Erfassung der Gesamtkonzeptionen bzw. Gesamtbegriffsfelder. Dieses Postulat bleibt m. E. in seiner ganzen Dringlichkeit bestehen, auch wenn das Wort „approximativ" in dem vorhergehenden Satz sehr zu beachten ist – d. h. wenn erkannt und anerkannt wird, daß in diesem anderen Teil des hermeneutischen Zirkels (soweit man ihn isoliert von der als notwendig vorauszusetzenden Detailarbeit betrachtet) kaum jemals die relative methodische Exaktheit und (ebenfalls relative) Zuverlässigkeit der Arbeit am Detail erreicht werden kann. Trotzdem ist durch diesen Pol „Erarbeitung der Gesamtkonzeptionen bzw. von Gesamtbegriffsfeldern" eine Verifikationsmöglichkeit gegeben; er bietet die Chance, der „Sache selbst" – natürlich nur auf dem Fundament einer soliden Detailforschung – unvergleichlich näher zu kommen als eine fragmentistische Arbeit am Detail.

## 2. Thesen zum Gottesverhältnis Jesu und seiner Jünger

### a) Das „objektivierte" Gottesverständnis Jesu

Der Ansatz in II (S. 62f) sollte fundamentalste Strukturlinien der „Christologie Jesu selbst" und der ursprünglichen Auferweckungserfahrung wiedergeben. Demgegenüber ist jetzt aufzuzeigen, daß es legitim ist, die im „späten" NT ausgesagte, absolut konstitutive *Bedeutung des auferweckten Jesus* für das Gottesverhältnis *im Jesus der*

*Geschichte*, seinem Gottesverständnis und Gottesverhältnis, *begründet zu sehen.*

Die beiden Punkte des synoptischen Befundes, von denen aus die folgende thetische Zusammenfassung erarbeitet worden ist, sind: einerseits der dialogische Denkhorizont des biblischen *und* jesuanischen Gottesbildes und andererseits der antipharisäische Charakter der Gottesverkündigung Jesu. Diese beiden Themen sind nur scheinbar unzusammenhängend. Wie sie zusammengehören, zeigt m. E. am besten das Thema „Verhältnis von Gottes- und Nächstenliebe". Der „dialogische Denkhorizont" tritt – unter anderem – im Gebot der Gottesliebe zutage, während der antipharisäische Charakter der Gottesverkündigung Jesu in der radikalen Mitmenschlichkeit, die diese Verkündigung mit der Gottesliebe verbindet, deutlich wird.

Das Gottesverständnis Jesu ist so, daß Gott absolut Ausgangs-, Ziel- und Mittelpunkt ist. Es handelt sich um eine *radikale Theozentrik.* Sie drückt sich in der ersten Vaterunser-Bitte aus: „Geheiligt werde dein Name." Diese Bitte ist der zweiten und dritten um das Kommen der Gottesherrschaft[13] und das Geschehen des Willens Gottes übergeordnet[14]: Nur von der radikalen Theozentrik der ersten Vaterunser-Bitte aus kann die absolute Initiative des Erbarmens Gottes und infolgedessen die Mitmenschlichkeit als *Weitergabe* dieses Erbarmens erkannt werden. Dieser Sachverhalt entspricht der alttestamentlichen Verkündigung, nach der das Volk Gottes Bund halten muß, damit Gott sich als heilig erweise.

Das Gottesverständnis Jesu enthält eine Spannungseinheit von *Majestät* (z. B. des richtenden Gottes) und bisher so nicht gekannter *Nähe* Gottes (vgl. den Abba-Ruf, der als vertraute, familiäre Anrede des irdischen Vaters im Judentum der Zeit Jesu sonst nicht als Gottesanrede belegt ist und auch m. E. nicht denkbar ist). Diese Spannungseinheit ist auch in ältesten Schichten der Überlieferung, und zwar ohne Zweifel auch schon in Q, vorzufinden.

Dieser Gott ist so, daß er zuerst redet und handelt und daß ihm

---

[13] Die Verkündigung des Nahegekommenseins der Gottesherrschaft ist für das Dynamisch-Andrängende im Gottesbild Jesu konstitutiv, jedoch bildet es nicht für sich allein die „Objektivierung" des Gottesverhältnisses Jesu.
[14] Vgl. *H. Schürmann*, Das hermeneutische Hauptproblem der Verkündigung Jesu. Eschato-logie und Theo-logie im gegenseitigen Verhältnis, in: Gott in Welt (Festgabe für K. Rahner) I (Freiburg 1964) 579–607, hier 592.

geantwortet werden kann. Die hier gemeinte Spannungseinheit kann
auch mit den Begriffen „Herr-Sein" und „Liebe-Sein" wiedergegeben
werden: Das „abba" der jesuanischen Gottesanrede ist die synoptische
Chiffre für das, was in 1 Jo 4, 8.16 steht. Aus diesem dialektischen Verhältnis von Herr-Sein und Liebe-Sein resultiert die vom Pneuma Gottes geschenkte Kraft, das Erbarmen Gottes weiterwirken zu lassen.

Die Überbietung des alttestamentlichen Gottesverständnisses und
der alttestamentlichen Antwort auf die Anrede Jahwes besteht in der
synoptischen Tradition zentral darin, daß die Gottesherrschaft – in der
Spannungseinheit von Heiligung des Namens und Weitergabe seines
Erbarmens – in Jesus selbst schon in diese Weltzeit hineinwirkt. An
Jesus und seinem Handeln muß sich der dazu aufgerufene Mensch entscheiden. Diese Entscheidungsfunktion Jesu für die Gottesbeziehung
setzt eine singuläre Beziehung Jesu zu Gott voraus. Daß Jesus diese für
sich selbst bezeugt hat, ist aus den Quellen, auch aus Q, zu entnehmen
(vgl. z. B. die Unterscheidung des Sohnesverhältnisses Jesu und der
Jünger).

Dieses Gottesverständnis Jesu ist nicht als zeitbedingter Überbau
über bestimmte soziologische Verhältnisse zu verstehen – trotz vieler
zeitbedingter Ausdrucksmittel. Selbstverständlich gibt es Zeitbeding-
tes in den Weisungen Jesu; es kommt aber darauf an zu untersuchen,
wo die Grenze zwischen Zeitbedingtem und auch für die weiteren
Generationen von Glaubenden noch Gültigem anzusetzen ist.

Die folgende Überlegung kann dafür einen Hinweis geben: Das
Gottesverständnis Jesu ist nicht nur *antipharisäisch* (der eigentliche
Gegensatz zwischen Jesus und den Pharisäern gründet im je verschiedenen Gottesverhältnis), sondern auch *antiapokalyptisch*, d. h. es enthält zwar die Hoffnung auf die *absolute Zukunft*, die Gott schenkt
(und selbstverständlich auch die Botschaft vom richtenden Gott, weil
Gottes Barmherzigkeit keine kraftlose Sentimentalität ist), aber die
apokalyptische Verzerrung des Gottesbildes ist durch den Verzicht
Jesu auf die apokalyptische Version der urmenschlichen Versuchung,
Gott und seinen Plan in den Griff zu bekommen bzw. vorausschauend
berechnen zu können, *ebenso durchkreuzt und zerbrochen wie die
pharisäische*. Das prophetische Zerbrechen der vom Menschen aus gemachten Gottesbilder durch Jesus ist das (negative) Indiz dafür, daß
die Gottesverkündigung Jesu nicht durch zu starke Akzentuierung des
Zeitgeschichtlichen relativiert werden darf.

## b) Die „Gotteserfahrung" Jesu

In diesem Punkt handelt es sich um den gnoseologischen Aspekt des eben in Abschnitt a) Gesagten (vor allem der Abba-Anrede und der Verkündigung des herrschenden Gottes bzw. der nahegekommenen Gottesherrschaft). Das Gottesverhältnis Jesu setzt, wie man auch sagen kann, eine bestimmte singuläre *Gotteserfahrung* bei ihm voraus, ebenso wie diese durch etwas singulär Vorgegebenes bedingt ist.

Es ist kaum Zufall, daß die einzige synoptische Stelle, die das aramäische „abba" enthält, in der Gethsemani-Perikope (also zu Beginn der Leidensgeschichte) steht: die Gottesbeziehung Jesu bewährt sich in der äußersten Belastung der Passion. Wenn die Frage nach der „Gotteserfahrung" Jesu gestellt wird, ist nicht zu übersehen, daß Jesus sich nach verschiedenen, konvergierenden Zeugnissen der synoptischen Tradition dem „unendlichen Geheimnis" stellt. Man vergleiche etwa die sicherlich zuverlässige, in Mk 1,35 sich widerspiegelnde Tradition, daß Jesus sich „an einen einsamen Ort zurückzog, um zu beten"[15]. Es handelt sich hier offenbar sowohl um eine Konsequenz aus der vorgegebenen „unthematischen" Einheit Jesu mit Gott[16] als auch darum, daß in diesem „Sich-Stellen" für Jesus die Erfahrung Gottes als „seines Vaters" ermöglicht wird.

## c) Die Gotteserfahrung der Jünger Jesu

Erfahrung Gottes durch die Jünger Jesu ereignet sich in der von Jesus vorgezeichneten und ermöglichten *Einheit von Gottes- und Nächstenliebe*.

Liebe zu Gott ist verbunden mit dem Glauben an Gott, wie Jesus ihn will; sie ist identisch mit dem restlos vertrauenden und sich restlos hingebenden Bejahen des „Willens" Gottes, wie Jesus ihn verkündet.

Auch in der synoptischen Tradition finden sich deutliche Ansätze der Lehre des 1 Jo (vgl. oben III, 3 b), nach der „Bruderliebe" Weg zu Gotteserkenntnis und Gottesgemeinschaft ist.

---

[15] Diese Tradition ist im Lukasevangelium legitimerweise theologisch ausgebaut worden. Vgl. *W. Ott*, Gebet und Heil. Die Bedeutung der Gebetsparänese in der lukanischen Theologie (Studien zum Alten und Neuen Testament, XII) (München 1965) 94–99.
[16] Vgl. *K. Rahner*, Dogmatische Erwägungen über das Wissen und Selbstbewußtsein Christi, in: Schriften zur Theologie V (Einsiedeln 1962) 222–245.

Gotteserfahrung der Jünger Jesu in der *Nachfolge*
Ein Christ, der sich nicht wirklich in die Jesusnachfolge hineingegeben und sich in ihr engagiert hat (und der nicht zugleich im
alttestamentlichen Sinn „das Antlitz Jahwes sucht"), kann der Forderung Jesu, sich für die Herrschaft Gottes und damit für Gott als
den „Vater Jesu" zu entscheiden, nicht durch den Rückzug auf die
heutige Erschwerung der Gotteserfahrung ausweichen. Wenn das
Gottesverhältnis Jesu eine bestimmte Gotteserfahrung voraussetzt,
dann setzen in Konsequenz dieses grundlegenden und normativen
Sachverhalts auch die Forderungen, die er an seine Jünger richtet,
ebenfalls eine solche Gotteserfahrung voraus, die offenbar *für die
Jünger* (nicht für die „Völker" = Heidenvölker, die in Mt 25 angesprochen sind) nur in und durch die radikale Jesusnachfolge zu
machen ist – d. h. durch die Gemeinschaft mit Jesus sowohl in seiner
Gottesbeziehung als auch in seiner radikalen Mitmenschlichkeit.
Daß die Gottesbeziehung Jesu sich im Leiden bewährt und hier, in
dem von Gott bestätigten Kreuzestod, konstitutiv wird für die
spätere Jüngergemeinschaft, ist von den neutestamentlichen Zeugen
legitim entfaltet worden [17].

Man kann nicht auf Gotteserfahrung warten, um *dann erst* Jesu Entscheidungsforderung (d.h. nicht nur eine bloße Mitmenschlichkeit,
sondern eine *radikale,* durch das „Kreuz" Jesu ermöglichte Mitmenschlichkeit als Konsequenz seiner Theozentrik) anzunehmen.
Vielmehr wird man Gotteserfahrung im Sinn Jesu nur dann machen,
wenn man sich entschließt und engagiert, nicht nur seine radikale Mitmenschlichkeit, sondern gleichzeitig und sachlich vorgeordnet sein
Hören auf den Vater und sein Antworten (sein „Gebet", das in der
synoptischen Tradition doch eindeutig verankert ist) mitzumachen –
und letztlich nur dann, wenn man sich auf seinen zur Verwundung
und zum Kreuz (bzw. zur „Kreuzesnachfolge") führenden Nonkonformismus einläßt. Denn effizienten Dienst für die Welt gibt es nur
durch diesen Nonkonformismus hindurch; er verhindert die Solidarität mit den Mitmenschen nicht, sondern ist die einzige Möglichkeit,

---

[17] Kreuz und Kreuzesnachfolge sind schon bei Mk als Kraftquelle des radikalen Dienens erkennbar. Mk interpretiert in diesem Punkt vorgegebenes Logienmaterial durch
Elemente der m.E. im Kern jesuanischen Herrenmahlstradition; vgl. z.B. Mk 10,45
im Zusammenhang der Rangstreitperikopen Mk 9,33–35 und 10,35–45.

die Verhärtung des Egoismus zu durchbrechen (auch und gerade die
kollektive) und so das Erbarmen Gottes wirklich und wirksam weiter-
zugeben.

### V. Zusammenfassung und Abschluß: Das Verhältnis der christologi-schen Theo-logie des NT zur Jahwe-Theologie des AT

*1. Zur Strukturgleichheit des Gottesverhältnisses im nachösterlichen
NT und des vorösterlichen Gottesverhältnisses Jesu und seiner Jünger*

Die Strukturgleichheit der in den beiden Hauptabschnitten III und IV
erarbeiteten Inhalte – *einerseits* des Gottesverhältnisses der nachösterlichen Christen, die wie Paulus die Hinwendung zu Gott als nur
„durch Christus" und sein Pneuma realisierbar glauben (in dem Sinn,
wie Gott diese Hinwendung letztlich will), und *andererseits* des Gottesverhältnisses Jesu und der ihm in Galiläa und bis Jerusalem nachfolgenden Jünger – dürfte erkennbar geworden sein. Die Strukturgleichheit der Inhalte von Abschnitt III und IV kann jedoch nur unter der
Voraussetzung einsichtig sein, daß die durch die Auferweckung Jesu
gegebene Transformation vorösterlicher Sachverhalte und *darin* die
„Bleibendheit" von Person und Funktion Jesu anerkannt wird. Nur
wenn die Strukturgleichheit (d. h. nicht eine Gleichheit von Wortspiel-
strukturen, sondern eine sachstrukturelle Gleichheit) angenommen
werden darf, ist die Frage nach der Kontinuität zwischen AT und NT
(und nach dem Neuen im NT) sinnvollerweise zu beantworten.

*2. Neuheit und Kontinuität im Verhältnis der christologischen Theo-
logie des NT und des alttestamentlichen Jahwe-Glaubens*

Das Neue gegenüber dem AT kann man letztlich nur in dem sehr einfachen Satz aussagen: Das Neue schlechthin ist Jesus Christus (vgl. 1
Jo 2,7f; 2 Kor 5,17). Er ist es aber als derjenige, der das AT nicht
einfach abtut und außer Kraft setzt, sondern ihm sein eigenes Ziel
letztgültig ermöglicht.
Der Christusglaube ist nicht Minderung, sondern qualitativ neue
Radikalisierung des alttestamentlichen Jahwe-Monotheismus und seines legitimerweise intensiv-emphatischen Bekenntnisses: „Höre,
Israel: Jahwe, dein Gott, ist ein Einziger." Das neutestamentliche

Christentum ist keineswegs eine von der schöpfungsgemäßen Fülle und Weite alttestamentlichen Glaubenslebens isolierte „mystische Religion", sondern dieses in seiner Tiefendimension zu sich kommende und qualitativ neu ermöglichte volle Glaubensleben selbst.

Dem Mißverständnis, die Relation zu Gott „durch Christus" bedeute eine Komplikation des „einfachen" alttestamentlichen Gottesverhältnisses, liegt wohl ein allzu individualistischer Begriff von Gottesverhältnis zugrunde. Wer die Meinung hat, nur die Beziehung der eigenen einsamen Seele zu Gott sei unkompliziert, muß in jeder gemeinsamen Hinwendung zu Gott eine Störung dieser Einfachheit sehen; er verneint von Grund auf die (schon schöpfungsmäßig bzw. auch transzendental-anthropologisch gegebene) theologisch-soziologische Struktur, die auch der gemeinsamen Hinwendung *des* Sohnes und seiner Brüder zugrunde liegt – und zwar sowohl der zukünftigen Vollendung als auch der gegenwärtigen Bereitung dieser Hinwendung, dem „Leben für Gott in Christus"[18].

Die neutestamentliche Christozentrik bedeutet also keine Minderung der dynamischen Dialogik alttestamentlichen Verheißungsglaubens, sondern sein „Festmachen", „In-Kraft-Setzen" (Röm 15,8) in der Weise, daß das Pneuma die Anteilschaft an der radikalen Selbstübergabe des Gekreuzigten und damit die Schicksalsgemeinschaft mit diesem Einen schenkt, durch die die dialogische Beziehung zu Gott auf eine qualitativ neue Stufe gehoben wird. Von der durch die Kreuzesoffenbarung getragenen Wahrheit „Gott ist Liebe" aus (1 Jo 4,8.16) kann dann auch noch einmal sichtbar werden, weshalb die Weite alttestamentlichen Glaubenslebens nicht nur erhalten, sondern neu und intensiviert ermöglicht ist.

*So* ist Jesus der „Jeschua" – der Name ist neutestamentlich selbst dann, wenn man von Lk 1,31 und Mt 1,21 absieht, in seinem vollen Gewicht zu nehmen –, und das Heil, das uns von ihm zukommt, ist das der Gemeinschaft mit diesem Jeschua, mit dem, der nicht *sein* Heil, sondern das Heil Jahwes ist. Die ur-sprüngliche Gottesoffenbarung, die keimhaft schon alles in sich enthält, ist die Offenbarung des Jahwe-Namens im AT[19]. Diese schließt die Selbstmitteilung Gottes

---

[18] Vgl. Per Christum in Deum, 261.
[19] Vgl. *A. Deissler*, Gottes Selbstoffenbarung im Alten Testament, in: Mysterium Salutis II 226–269, bes. 243f und 244–248; ferner den Beitrag A. Deisslers in diesem Band, bes. oben 52.

durch einen singulären Menschen nicht aus, sondern ist offen für ein andrängendes „Da-Sein" Jahwes – selbst in der ungeahnten Weise des Jesusgeheimnisses.

Christusglaube ist nicht Christozentrismus im Sinn eines subkutanen Monophysitismus, der den Ursprung und das Ziel allein in „Christus" sieht; vielmehr ist Jesusglaube – im Sinn von Hebr 12,2 – sowohl der Glaube Jesu (Jesus selbst wird in Kontinuität zum alttestamentlichen Glauben „theozentrisch" gesehen) als auch der Glaube seiner Jünger an den Jahwe, der jetzt durch die Gemeinschaft mit Jesus ihr „Vater" geworden ist. Das Neue im NT und von daher auch der Zusammenhang zwischen NT und AT ist weithin durch den Pneuma-Gedanken erfaßt. Das Pneuma ist jetzt, im NT, durch die Verbindung mit dem singulären „Sohn Gottes", Medium der Gottunmittelbarkeit nicht nur für einzelne Geistträger, sondern für alle in Gemeinschaft mit Jesus Stehenden – und potentiell bzw. intentional für alle Menschen (vgl. die nach neutestamentlichem Kerygma universal erfüllte bzw. sich erfüllende Verheißung von Joel 3,1f; Ez 36,26f; vgl. auch Jer 31,33f).

Es gibt im NT nicht die „Gottesfrage" als Frage, ob Gott sei, aber es gibt wie im AT die Frage nach dem „wahren Gott"; es gibt die Frage, was als verfestigtes Gottesbild, d.h. als Götzenbild, zu zerstören ist und woraufhin der durch das Zerstörte nicht mehr gehemmte Blick zu richten ist – und das ist identisch mit der Frage, wie man offen sein oder werden kann für den wirklichen Willen dieses Gottes und „Vaters" Jesu.

### 3. Antwort auf die These M. Bubers

Zu Beginn ist die These *Martin Bubers* referiert worden, die innerhalb der Problemstellung dieses Vortrags zur entscheidenden und in der schärfsten Form gestellten Frage nach der Legitimität des Christusglaubens schlechthin wird: Warum genügt für den, den die Jesusoffenbarung gefordert hat, nicht der Glaube des Judentums – obwohl dieser Glaube doch (etwa in der Form M. Bubers) etwas Großes ist, aus dem Menschen offenbar leben können? Auf diese Frage kann jetzt abschließend eine Antwort versucht werden.

a) In der Konzeption Bubers wird der „Verheißungsüberschuß" des AT nicht adäquat erkannt. Durch Jesus sind die „Verheißungen der

Väter" nicht schlechthin „erfüllt" oder gar erledigt, sondern irreversibel in Kraft gesetzt. Die Jesusoffenbarung besagt, daß die Verheißungen des Alten Bundes auf noch Größeres gehen, als es aus dem AT allein entnommen werden könnte. In diesem Sinn vermag die Konzeption Bubers den Gott des Alten Bundes nicht so radikal als den je Größeren zu sehen, wie es der biblischen Botschaft letztlich entspricht.

Vielleicht darf oder muß man in einer nahezu kühn klingenden Formulierung sagen, daß Gott etwas „riskiert" hat, indem er diese „Komplizierung", die das Christusereignis scheinbar darstellt, in sein Heilsgeschehen einführte; er hat eine Minderung oder sogar Verzerrung dessen riskiert, was das AT schon bedeutet und was in Fortführung des AT im Judentum möglich ist. Er ist das Risiko eingegangen, daß es jetzt Jesusgläubige geben kann, bei denen „weniger" an Gottesverhältnis und Gotteserfahrung vorhanden ist als etwa im – freilich nicht ohne christliche Einflüsse denkbaren – Judentum M. Bubers und im Chassidismus. Weswegen dieses Risiko? Weil Gott das „περισσόν", das „Überfließende", die ohne Maß gespendete Fülle des Geistes (vgl. Jo 3,34f) geben wollte – weil er seine Selbstmitteilung *dadurch*, daß dieser Mensch Jesus jetzt identisch ist mit seinem Offenbarungswort, unumstößlich machen wollte.

b) Erst durch das Jesusgeschehen sind Gottesglaube und Gottesgemeinschaft so grundsätzlich und unumgänglich auf ein je neues Transzendieren hin geöffnet, daß „Partnerschaft" zu diesem Gott nicht mehr gesetzlich mißverstanden werden kann. „Partnerschaft" bleibt zwar auch nach der neutestamentlichen Verkündigung – als Teilnahme an der Sohnschaft des Einen – wirklich dialogisch bzw. vermag es durch diese Teilnahme erst eigentlich zu werden; aber sie kann jetzt grundsätzlich nicht mehr pervertiert werden – *falls* die Gemeinschaft mit diesem Einen durchgehalten wird, in dem ihre Nicht-Pervertierbarkeit endgültig, irreversibel geworden ist.

Die christlich legitime und im NT auch faktisch vorhandene Synthese von „Emuna" und „Pistis" (besser: „Pistis als Kontakt" und „Pistis als Akzeptation") ist darin gegeben, daß der neutestamentlich Glaubende durch sein Bekenntnis zur Äonenwende (d.h. durch das Bekenntnis, daß Gott den gekreuzigten Jesus von den Toten auferweckt hat) hineingenommen wird in die Emuna Jesu[20].

---

[20] Bei *M. Buber* (Zwei Glaubensweisen, 15–20) findet sich eine Deutung von Mk 9,23

c) Das im letzten Entscheidende, das ohne die Jesusoffenbarung fehlt, ist die Schicksalsgemeinschaft mit Jesus bzw. *der von Gott bestätigte Gekreuzigte selbst* als der, der πάσχειν als συμπάσχειν ermöglicht und die Sinnrichtung dieses συμπάσχειν auf das συνδοξασθῆναι schenkt (Röm 8, 17) – und der nur in *diesem* Zusammenhang die Offenbarung des „ὁ θεὸς ἀγάπη ἐστίν '' sein kann und die „Welt'' wirklich zu überwinden vermag (1 Jo 4, 8.16 und 5, 4f)[21].

Letztlich ist das schlechthin Neue und unverzichtbar Überbietende der sich selbst in Jesus mitteilende Gott, dessen Selbstmitteilung nur im Vollzug der Antwort (in der „Theozentrik der aufsteigenden Linie''), d. h. in Gemeinschaft mit dem antwortend sich hingebenden Jesus selbst, erfahrbar ist. Nur so kann es zu einem – immer wieder durch die Dynamik des Pneuma zu zerbrechenden – „Gottesbild'' des NT, zu einem Gottesverhältnis, ja zur Koinonia (1 Jo 1,3), zur Gemeinschaft mit diesem Gott, kommen.

---

auf Jesus als Glaubenden, die dem Sinn des Verses recht nahe kommt; Buber möchte sie als Beleg für seine These verwenden, daß Jesus auf der Seite der alttestamentlichen Emuna und deshalb nicht auf der der „neutestamentlichen'' Pistis gestanden habe. Hier ist zu fragen, ob ein Unterschied zwischen diesem Verständnis Bubers und dem Verständnis des zweiten Evangelisten festzustellen ist.

[21] Bei Mk ist – außer dem Gedanken der Singularität Jesu – ein weiterer zentraler Zwischengedanke implizit gegeben oder vorausgesetzt, den Buber ebenfalls nicht kennt und nicht sehen kann: Der Gebetsglaube von Mk 9,23 und Mk 11,22f ist für das Verständnis des Mk im Zusammenhang mit dem für ihn zentralen „für'' der Lebenshingabe Jesu (z. B. Mk 10,45) und der unbedingten Nachfolgeforderung und Bindung an Jesus zu sehen. Der Sache nach ist hier schon durchaus der Inhalt von Jo 15,5 („Ohne mich könnt ihr nichts tun'') gegeben: Gottesverhältnis als Heil (so, wie Gott es verfügt hat) ist nicht mehr ohne den gegeben, der durch sein Sterben hindurch „viele Frucht trägt'' (Jo 12,24).

# 4. Der Gott der Hoffnung (Röm 15,13)

## Verheißung und Erfüllung nach dem Apostel Paulus

Es gehört zu den charakteristischen Kennzeichen des alttestamentlichen Verhältnisses von Verheißung und Erfüllung, daß die Erfüllung in eigenartiger Weise hinter der Verheißung zurückbleibt[1]. Dieser Sachverhalt weist schon auf die Erfüllung, von der das Neue Testament kündet. Aber was ist denn für den Christen, der an die Erfüllung in Christus glaubt, noch „Verheißung"?

Der Gegensatz von jüdischem und christlichem Glauben ist oft auf die vereinfachende, primitive Formel gebracht worden: „Für die Juden kommt der Messias noch, für die Christen ist er schon gekommen." Theologisch tiefer sprechen neutestamentliche Schriften wie der deuteropaulinische Epheserbrief mit einem Nachdruck von dem schon gegenwärtigen Heil, daß man fragen muß, wo da noch Raum für Verheißung und Hoffnung bleibt[2].

Worauf warten wir Christen noch? Nur auf unser persönliches Heil? Der Apostel Paulus bietet auf diese Fragen eine Antwort, die zwar nicht absolut gesetzt und erst recht nicht gegen andere neutestamentliche | Konzeptionen ausgespielt werden darf, die aber wie kaum eine andere die Verheißungslinie des Alten Testaments zugleich weiterzuführen und zu transzendieren vermag. Und wenn ich recht sehe, ist das eine Antwort, die durchaus nicht oder nicht allgemein im Bewußtsein der heutigen katholischen Christen steht, die aber, was die Glaubwürdigkeit unseres Redens von christlicher Hoffnung angeht, vielleicht geradezu befreiend wirken kann.

Als Leitfaden unserer Überlegungen zum Thema „Verheißung und Erfüllung nach Paulus" kann uns der Gebetswunsch des Apostels in *Röm 15,13* dienen, dem auch der Haupttitel dieses Aufsatzes entnommen ist: „Der Gott der Hoffnung erfülle euch mit aller Freude und allem Frieden im Glauben (ἐν τῷ πιστεύειν: in eurem Akt bzw. Vollzug des Glaubens), damit ihr überreich seid an Hoffnung in der Kraft des Heiligen Geistes." Dieser Vers ist schon durch seine Stellung im Römerbrief von großem Gewicht; er bildet den Schlußsatz des zweiten, paränetischen (ermahnenden) Hauptteils und damit den eigentlichen Schlußsatz des im Briefentwurf angelegten Gedankengangs. Dieser am meisten durchmeditierte Paulusbrief, dessen erstes Hauptthema die Rechtfertigung aus *Glauben* ist, schließt seine thematischen Ausführungen also mit einem Gebetswunsch, der wesentlich auf die *Hoffnung* zielt. (*Röm 15,13* enthält diesen Begriff zweimal, wie schon der vorhergehende Vers 12 das Verbum „hoffen" bringt.) In

---

[1] Vgl. (für den Pentateuch) *H. Eising*, Die Berufung Israels: Sinn und Erfüllung, in: W. Heinen und J. Schreiner (Hg.), Erwartung – Verheißung – Erfüllung, Würzburg 1969, 33–62.

[2] Vgl. z.B. Eph 2,5f.: Gott hat uns in Christus (schon jetzt) „mitauferweckt und mit in die Himmel versetzt".

einem I. Teil unserer Überlegungen haben wir uns mit dem Ausdruck „der Gott
der Hoffnung" zu befassen, mit dem Röm 15,13 einsetzt. Die Frage, inwiefern
Paulus Gott als den „Gott der Hoffnung" bezeichnen kann, wird uns schon zu
einer der Hauptfragen unseres Themas führen: wie Paulus | die im Alten Testa-
ment ergangenen Verheißungen Gottes versteht. Von diesem „Gott der Hoffnung" erbittet Paulus nun für die Christen in Rom, daß er sie erfülle mit Freude
und Frieden im Glauben.

Das erste Ziel des paulinischen Gebetswunsches ist also offenbar das Glauben
(πιστεύειν) als Grundlage der Hoffnung. Das Wort „glauben" meint aber bekanntlich bei Paulus und erst recht hier im Römerbrief den rechtfertigenden
Christusglauben, der mit der vom Pneuma Gottes gewirkten gnadenhaften Christusgemeinschaft verbunden ist.

So haben wir in Teil II die Bedeutung des Christusglaubens bzw. des Christus-
ereignisses selbst für Verheißung und Erfüllung und damit für die Hoffnung zu
bedenken. Im III. Teil ist dann davon zu sprechen, wie Paulus das jetzige Leben
des Christen als ein Leben in der Hoffnung auffaßt, als ein „Überreich-Sein
[Überfließen] in der Hoffnung in der Kraft des Heiligen Geistes". Und mit
diesem Überreichsein in der Hoffnung verbinden sich noch die ebenfalls aus der
Grundlage des Glaubens erwachsenden Heilsgüter „Freude" und „Friede".

## I.

Weshalb nennt Paulus Gott in Röm 15,13 „Gott der Hoffnung"? Offenbar
zunächst deshalb, weil Gott die Hoffnung schenkt und trägt, so wie Paulus
Gott an anderen Stellen den „Gott des Ausharrens und des Trostes" (Röm
15,5; 2 Kor 1,3), den „Gott des Friedens" (Röm 15,33; 16,20; Phil 4,9; 1 Thess
5,23) und den „Gott der Liebe und des Friedens" (2 Kor 13,11) nennt. Hier ist
überall das gemeint, was Gott schenkt und durch sein sich offenbarendes We-
sen selbst garantiert. Von besonderem | Interesse sind die beiden Stellen aus
dem Kontext unserer Aussage (Röm 15,13) in Röm 15,5 und Röm 15,33[3].

Besagt das Wort vom Gott der Hoffnung darüber hinaus vielleicht noch mehr?
Etwa, daß er der Gott sei, *auf den man hoffen muß*, der selbst Ziel und Gegen-
stand der Hoffnung ist? Doch sind solche Gedanken aus den paulinischen
Briefen zu belegen? Was für einen Gottesgedanken hat Paulus überhaupt?

Das erste, was hier gesagt werden muß und was nicht nachdrücklich genug
betont werden kann, ist: Der Gott und Vater Jesu Christi, den Paulus verkündet,
ist für ihn eindeutig und ohne Einschränkung der Gott des alttestamentlichen
Glaubens. Nicht der griechische, philosophische Gottesbegriff liegt dem seinen

---

[3] In Röm 15,33 und Phil 4,9 ist „Friede" stark auf das zwischenmenschliche Verhalten
bezogen.

zugrunde, sondern der Glaube an den Jahwe des Alten Testament, an den, der da ist und dessen „Da-Sein" ein gewaltiges, dynamisches Leben und Andringen in Macht und Verheißungstreue ist[4], der Glaube an den geschichtsmächtigen Gott, von dem man gar nicht recht reden kann, wenn man nicht von Zukunft und Verheißung redet. Denn wer er ist, läßt sich nicht nur an der Schöpfung ablesen, sondern darüber hinaus und mehr noch an seinem Handeln in der Geschichte, an seinem Volk.

In diesem Sinne sind die großen Gottesaussagen bei Paulus zu verstehen.

Als Beispiele seien zwei genannt: Röm 3,4 und Röm 11,36.

In *Röm 3,4* steht – im Zusammenhang mit der Frage, die Paulus so sehr bewegt hat, ob der Unglaube Israels | nicht ein Argument gegen die Verheißungstreue Gottes sei – der Ausruf, der das Bekenntnis zur Treue Gottes ganz radikal festhalten will: „Gott soll sich als wahrhaftig [zuverlässig] erweisen, jeder Mensch aber als ‚Lügner' [als untreu]". Der verheißungstreue Gott wird als der ganz Andere dem Menschen und seiner Untreue entgegengesetzt.

Ferner ist der Lobpreis zu nennen, mit dem Paulus den heilstheologischen Hauptteil des Römerbriefs beschließt, *Röm 11,36*.

Es ist der Lobpreis auf die nicht zu erforschenden und zu durchdringenden „Wege" Gottes, d. h. sein heilsgeschichtliches Wirken: „Aus ihm und durch ihn und auf ihn hin ist alles; ihm die Herrlichkeit in die Äonen." In diesem Satz, der zwar an eine stoische Formel anklingt, aber ganz von alttestamentlich-jüdischem und urchristlichem Glauben gefüllt ist, ist schon zusammenfassend enthalten, was die Bezeichnung „Gott der Hoffnung" meint: „Aus ihm" ist „alles": Nicht nur die Schöpfung, die man als statisches Objekt betrachten könnte, sondern die Gesamtheit des Welt- und Heilsgeschehens, in dem die Verheißungen enthalten sind, mit dem zusammen sie verborgen und offenbar an die Menschheit ergehen und Grund der Hoffnung sind; alles Welt- und Heilsgeschehen ist „durch ihn" – er wirkt das Heilsgeschehen, von dem der Römerbrief bisher gehandelt hat. Durch das Geschehen in Kreuz und Auferweckung seines Sohnes führt er die Verheißungen ihrem Ziele zu und gießt mit seiner Liebe durch den Heiligen Geist auch die Hoffnung in die Herzen der Erwählten ein; *„auf ihn hin"* ist alles: Das Geschehen in der Welt mitsamt dem Geschick seines Volkes und dem Leben jedes einzelnen Menschen ist auf ihn hingeordnet, er ist selbst die letzte Erfüllung der Verheißungen und das | „Hoffnungsgut" (das Gut, auf das die Hoffnung sich richtet [ἐλπίς kann auch diesen Sinn haben]). Aber wenn wir die Behauptung verifizieren wollen, der Gott des Apostels Paulus sei trotz alles Neuen noch wirklich der Gott des Alten Bundes, müssen wir fragen, was *„Verheißung"* bei Paulus bedeutet, ob dieser Begriff, der uns bei ihm recht oft begegnet, noch auf der Linie der alttestamentlichen Bedeutung liegt.

---

[4] Vgl. die Wiedergabe von Ex 3,10–15 durch *M. Buber-F. Rosenzweig*, Die fünf Bücher der Weisung, Köln-Olten 1956, 158.

Nun knüpft Paulus an die dem Abraham gegebene Verheißung an (vgl. bes. Röm 4). „Verheißungen" sind für ihn die „Verheißungen der Väter" (Röm 15,18), d. h. die den Urvätern gegebenen Verheißungen (vgl. Röm 4,16). Es ist seine feste Überzeugung, daß er jetzt, im Lichte der Christusoffenbarung, klarer erkennen kann, worauf diese Verheißungen von Anfang an zielen. Aus den Motiven der Abrahamsverheißung werden vor allem zwei aufgenommen: Erwählung und Heil Israels bleiben erster Inhalt der Verheißungen (ἐπαγγελίαι), aber der „Segen für die Völker" tritt jetzt ungleich stärker hervor, als es im Alten Testament der Fall sein konnte[5].

Die Väterverheißungen richten sich nach Paulus auf ein Dreifaches: auf das Heil der Heiden, auf das schließliche Heil des jetzt noch verstockten Volkes Israel und – in einem nicht sofort einsichtigen Zusammenhang damit – auf das letztgültige Heil, das er| „Auferweckung der Toten" oder „Leben aus den Toten" (Röm 11,15) nennt.

Für den Apostel besteht kein Zweifel, daß die Verheißung des Segens für die Völker sich jetzt dadurch realisiert, daß Christus (*der* Nachkomme Abrahams schlechthin, Gal 3,16) die Heiden in seine Gemeinschaft aufnimmt (vgl. Röm 15,7 ff.). Von dieser Erkenntnis ist er selbst zutiefst betroffen: Es ist seine Lebensaufgabe, seine spezielle Gnadengabe, die Gott und der Kyrios Christus ihm zugewiesen haben, Heidenapostel zu sein (vgl. Gal 1,15 f.; Röm 15,15 f.). Es ist für ihn keine Frage, daß Gott genau das, die Rechtfertigung der Heiden aus dem Glauben an Christus, bei der Verheißung an Abraham vorgesehen und geplant hat; das ist klar in Gal 3,8 enthalten (vgl. auch Röm 4,17 mit Röm 4,11 f.). Die Verheißung des Heiles für Israel, die Nachkommenschaft Abrahams dem Fleische nach, tritt dabei keineswegs zurück, obwohl sie angesichts des Unglaubens dieses erwählten Volkes zum bedrängenden Problem wird.

Die drei Kapitel 9–11 des Römerbriefs sind bewegendes Zeugnis für das theologische Ringen des Apostels um dieses Problem. Schon im Eingang von Kapitel 9 bezeugt er mit dem größten Nachdruck seine „große Trauer" und seinen „unaufhörlichen Schmerz" über das Fernbleiben, ja die Feindschaft Israels gegenüber Christus (Röm 9,1–2). In Röm 9,3 folgt der bekannte, beeindruckende Satz „ich wünschte, selber verflucht zu sein von Christus weg für meine Brüder dem Fleische nach" [wenn ich sie dadurch retten könnte] – für die Israeliten, deren Gnadenvorzüge im Alten Bunde er dann aufzählt: … denen die Verheißungen gehörten und die Patriarchen… |

Für Paulus ist es klar: Die Verheißungen Gottes sind unverbrüchlich. Aber wie sollen sie angesichts der jetzigen Verstockung des Volkes noch realisiert werden?

---

[5] Beide Motive ringen im Denken des Paulus miteinander, wie vor allem die Kapitel Röm 9–11 zeigen. – Das alttestamentliche Motiv der Landverheißung klingt im Begriff des „Erbes", der κληρονομία (der ursprünglich zum Begriffsfeld der Gnadenerweise Gottes an sein Volk Israel gehört, bei Paulus aber universal gewendet ist), noch einmal auf (vgl. Gal 3,18; 1 Kor 6,9 f.; 15,50; Röm 4,13 f.; Gal 3,29; 4,1.7).

Die Antwort von Röm 11: Wenn die Heiden zum Heil kommen, dann dient das dem Heil Israels, zieht es gewissermaßen nach sich. In Röm 11,25 f. heißt es: Wenn die Fülle der Heiden [das πλήρωμα τῶν ἐθνῶν] „eingegangen" ist, dann wird ganz Israel gerettet werden[6]. Ungehorsam der Heiden und Erwählung Israels, Ungehorsam Israels und Erwählung der Heiden stehen in geheimnisvoller Wechselwirkung, so daß die Verheißungen für beide erfüllt werden: Nach Röm 11,32 kann gesagt werden, Gott habe alle in den Ungehorsam beschlossen, damit er sich aller erbarme.

Aber jetzt kommt ein neuer, dritter, alles bisherige transzendierender Inhalt der Verheißung in den Blickpunkt. Er ist in Röm 11 in einer frappierenden Art ausgesprochen – frappierend, sobald man sich zu Bewußtsein bringt, wie wenig selbtverständlich uns dieser Gedanke ist und wie sehr er uns trotzdem angeht: *Röm 11,15* „Wenn schon ihre [der Israeliten] Verwerfung zur Versöhnung des Kosmos [Heidenwelt] ist, was wird ihre Annahme [das Ereignis, in dem schließlich ganz Israel als Gottesvolk wieder angenommen wird] anders sein als – *Leben aus den Toten?"*

Nach dem Glauben des Paulus wird die Rettung ganz Israels mit der abschließenden, alle bisherige Heilsgeschichte übersteigenden Heilstat Gottes gekoppelt sein, mit der Auferweckung der Toten, der die ganze Menschheit ergreifenden Neuen Schöpfung. | Wie die Verheißungen, so richtet sich auch die Hoffnung auf das Ganze und Letzte – in einem Sinne, wie etwas nur vom schöpfungsmächtigen Geist Gottes her und nicht vom Menschen her „Ganzes" und „Letztes" sein kann.

Der Gott, der die Verheißungen gibt, ist für Paulus letztlich *der Gott, der die Toten erweckt*[7]. Denn eins der Grundprobleme, wenn nicht *das* Grundproblem, mit dem Paulus ringt und das eine Triebkraft seiner Theologie bildet, ist die Frage: wie kann der θάνατος [die Todesmacht] überwunden werden? Wohl am deutlichsten kommt das in dem Jubelruf 1 Kor 15,54 ff. zum Ausdruck, mit dem Paulus das Fazit des eschatologischen Handelns Gottes zieht: „Tod, wo ist dein Sieg – Tod, wo ist dein Stachel?" Die Todesmacht ist „verschlungen in den Sieg", untergegangen im Sieg Gottes. Vielleicht ist das die letzte Begründung und Erläuterung des Begriffes „Gott der Hoffnung": daß Gottes schöpferische Macht auch dem Tode absolut überlegen ist, daß trotz des Todes die Hoffnung möglich ist, und zwar eine unermeßliche Hoffnung.

Wir mögen nun fragen, ob das eine nur zeitgebundene „apokalyptische" Vorstellung sei. Muß der heutige Christ nicht vielmehr auf etwas hoffen, was schon innerhalb dieser Weltzeit sich realisieren kann? Die Antwort kann nur dann recht gegeben werden, wenn wir den Gottesbegriff des Apostels berück-

---

[6] Paulus selbst will durch seine Heidenmission die Brüder aus seinem Volk jetzt schon „zur Eifersucht reizen" und so „einige aus ihnen retten" (Röm 11,13 f.).

[7] Vgl. Röm 4,17: Der Glaube an den totenerweckenden Gott ist hier schon als der Gottesglaube Abrahams dargestellt.

sichtigen: daß Gott vom Wesen her der „Gott der Hoffnung" ist, d. h. der Gott, der in schöpferischer Macht Zukunft | eröffnet. Wenn man diesen Gottesbegriff nicht akzeptiert bzw. nicht wenigstens sehr ernsthaft mit der Möglichkeit rechnet, daß die paulinischen „apokalyptischen" Aussagen ein Handeln Gottes beinhalten, das größer ist, als wir es uns vorstellen können, das die Maße und Begriffe dieser jetzigen Schöpfung transzendiert – dann glaubt man im Sinne des Paulus nicht wie Abraham, dann glaubt man nicht wirklich an den Gott, der Nichtseiendes ins Dasein ruft[8].

Ist das nur zeitgebundene apokalyptische Vorstellung? Muß der heutige Christ in Wirklichkeit demgegenüber auf etwas hoffen, was innerhalb dieser Weltzeit liegt, was die jetzige Menschheit wachsen läßt auf den (vielleicht als Punkt Omega diesen Äon transzendierenden) Zielpunkt einer bis dahin völlig innerweltlichen Entwicklung?

Noch einmal: Wir verfehlen die Antwort, wenn wir nicht den Gottesbegriff des Apostels berücksichtigen: Denn das Ziel von Verheißung und Hoffnung ist letztlich doch der Gott der Hoffnung, der grundsätzlich und vom Wesen her nicht nur immanent, sondern transzendent ist; es ist (vom alttestamentlichen Gottesbegriff bzw. vom Jahwe-Namen her) der Gott, der „da ist" und als der Daseiende „im Kommen ist"[9]. | Die Antwort kann dem Denken des Apostels nicht adäquat sein, wenn man nicht bereit ist, den eigenen, stets zu engen Gottesbegriff in Frage stellen zu lassen: d. h. wenn man nicht offen dafür ist, daß die paulinischen „apokalyptischen" Ausagen eine Neuschöpfung durch Gott beinhalten können, die die Vorstellungsmöglichkeit und überhaupt die Maße und Begriffe dieser Welt völlig transzendiert (vgl. 1 Kor 15,35 ff.). Wer nicht ernsthaft mit dieser Möglichkeit rechnet, der glaubt nicht an den Gott und den Vater Jesu Christi, den Paulus verkündet, den Gott, der das Nichtseiende ins Dasein zu rufen vermag.

Ferner darf folgendes nicht übersehen werden: „Leben aus den Toten" bedeutet für Paulus nicht nur ein äußeres Ereignis, sondern die Vollendung der Gottesbeziehung. Bei der Auferweckung werden die Erwählten keineswegs nur äußerlich umgestaltet, sondern erlangen auch die vollendete „Einsetzung zu Söhnen" (vgl. Röm 8,23); die „Herrlichkeit" der Auferweckten und ihre „Gerechtigkeit" (als Vollendung der rechten Relation zu Gott) gehören zusammen[10].

---

[8] Röm 4,17. – Übrigens begreift „Leben aus den Toten" (Röm 11,15) als letztes Ziel der Verheißungen für Paulus nicht nur das kollektive, sondern in vollem Maße auch das individuelle Heil ein – als Vollendung der Freiheit des einzelnen Erwählten von der Knechtschaft der Sünden- und Todesmacht.

[9] Vgl. Apk 1,4.8 und 4,8, wo dieser Gottesbegriff verdeutlicht ist („der da war und der da ist und der Kommende"). Vgl. auch die Formulierung von *J. Moltmann* (Theologie der Hoffnung, München 1965, 127), der Gott des Alten Testaments sei der Gott mit „futurum als Seinsbeschaffenheit". Bei diesem Aspekt des Gottesbegriffs handelt es sich um eine wichtige Hilfe des hebräischen Denkens, den Blick auf die Transzendenz Gottes zu eröffnen.

[10] Vgl. *J. Jervell*, Imago Dei. Gen. 1,26 f. im Spätjudentum, in der Gnosis und in den

Man kann dem Apostel Paulus nicht vorwerfen, daß er primitiv apokalyptisch denke; denn die *reductio in mysterium* der apokalyptischen Aussagen ist bei ihm mit aller Deutlichkeit und Intensität gegeben. Das | zeigt vor allem 1 Kor 15,35 ff.; die Antwort auf die Frage „Wie werden die Toten auferstehen?" wird hier mit aller wünschenswerten theologischen Klarheit in einer Weise gegeben, daß sie die apokalyptischen Vorstellungselemente transzendiert bzw. in die Transzendenz des Mysteriums Gottes hineinführt[11].

## II.

Aber widerspricht eine solche Sicht, nach der das Eigentliche noch wie im Alten Testament bevorsteht, nicht dem urchristlichen Glauben, daß die alttestamentlichen Verheißungen in Christus (und dem Heil, das er bringt [in der Gabe des Geistes, in Wort und Sakrament, in der Kirche]) schon erfüllt seien[12]?

Es dürfte keinen neutestamentlichen Autor geben, der die Bedeutung des Christusereignisses stärker betont als Paulus, keinen, bei dem Kreuz, Auferweckung und Geschenk des Geistes mehr als bei Paulus im Zentrum stünden. Trotzdem widerspricht sein Christusglaube nicht nur keineswegs dieser grenzenlosen Ausweitung des Glaubens an die noch ausstehende Verheißungserfüllung, sondern er bedingt und bekräftigt sie geradezu. Wir wenden uns jetzt, im II. Teil, dem ersten Gebetswunsch von Röm 15,13 zu; daß der „Gott der Hoffnung" das Glauben als Grundlage des Hoffens | schenken möge. (Die mit dem „Glauben" verbundenen wichtigen Begriffe „Freude" und „Friede" stellen wir noch ein wenig zurück.)

„Glauben" ist bei Paulus nicht nur intellektuelles Fürwahrhalten; es bedeutet, daß der Mensch sich der Herrschaft des Kyrios Christus unterstellt, daß er das Leben in der vom Heiligen Geist gewirkten Gemeinschaft mit Christus als Heilsweg wählt und nicht mehr das Gesetz. Aber Paulus formuliert dabei auch den *Inhalt* dieses Glaubens, und zwar – das ist in unserem Zusammenhang von Bedeutung – so, daß er in die Zukunft der Verheißung hinein geöffnet ist; er zeigt auf, wie die endgültige Erfüllung in diesem Glauben schon grundgelegt ist:

*Röm 10,9:* „Wenn du mit deinem Munde Jesus als Kyrios [göttlichen Herrscher] bekennst und in deinem Herzen *glaubst, daß Gott ihn von den Toten*

---

paulinischen Briefen, Göttingen 1960, 180–183; *W. Thüsing*, Gott und Christus in der paulinischen Soteriologie. Bd. I.: Per Christum in Deum. Das Verhältnis der Christozentrik zur Theozentrik (NTA 1/I), Münster ³1986 (¹1965), 125–134.

[11] Vgl. auch 1 Kor 2,9 „Was kein Auge geschaut...“; auch 2 Kor 4,16 f.

[12] Daß es sich nicht um eine an den Text herangetragene Frage handelt, sondern um eines der für Paulus selbst brennendsten Probleme, läßt sich an manchen Stellen seiner Briefe erkennen, z.B. Röm 8,11.16–30; auch an den Stellen, die das Christusereignis in Beziehung setzen zu den Verheißungen: Röm 9–11; 15,7–13; 2 Kor 1,20.

*auferweckt hat*, wirst du gerettet werden." Der Glaube an den Sohn Gottes ist formuliert als der Glaube an seine Auferweckung!

Ähnlich Röm 4,24 f. (wo Gott selbst das Objekt des Glaubens ist): Die Erzählung von der Glaubensgerechtigkeit Abrahams ist nicht allein um seinetwillen aufgeschrieben worden, „sondern auch um unseretwillen [denen dieselbe Glaubensgerechtigkeit zuteil werden soll], die wir an den glauben, der Jesus, unseren Kyrios, aus den Toten erweckt hat". (Vgl. Röm 4,25: Wir glauben an den Gott, der Jesus auferweckt hat – Jesus, „der hingegeben worden ist um unserer Verfehlungen willen und auferweckt um unserer Rechtfertigung willen".) Weshalb diese Betonung der Auferweckung Christi? Weil gerade sie den neuen, unermeßlichen Horizont der Verheißungen eröffnet, von dem wir eben sprachen. Gott hat sich als der schöpferisch dem | Tod Überlegene und damit als der Gott der Hoffnung erwiesen, indem er Christus von den Toten auferweckte.

Es gibt zwei Paulusstellen, die das Christusgeschehen ganz ausdrücklich mit dem Verheißungsgedanken verbinden. (Es sind Stellen, die vielleicht nicht immer in der Bedeutung gewertet werden, die sie tatsächlich haben.)

*2 Kor 1,19 f.:* „Christus ist nicht Ja und Nein zugleich, sondern in ihm ist das Ja Wirklichkeit geworden. Denn so viele Verheißungen Gottes [es gibt], in ihm das Ja [in ihm spricht Gott das Ja zu seinen eigenen Verheißungen]".

Es heißt ausdrücklich *nicht*, daß in Christus die Verheißungen *erfüllt* seien; sie sind vielmehr, wie es an der anderen Stelle (*Röm 15,8*, im Kontext unseres Gebetswunsches 15,13) heißt, bekräftigt, endgültig und universal in Kraft gesetzt[13].

Die Verheißungen Gottes sind durch Tod und Auferweckung Christi und durch das Geschenk des Geistes an die Glaubenden *erfüllt und nicht erfüllt:* *Erfüllt* sind sie in dem aus den Toten erweckten, verherrlichten Christus, über den der Tod endgültig keine Macht mehr hat – er ist als *der* Nachkomme Abrahams schlechthin, dem die Verheißung gilt (vgl. Gal 3,16), nicht nur „Erbe", sondern hat auch schon das „Erbe", die Herrlichkeit, das „Leben aus den Toten" erlangt. *Nicht erfüllt* (bzw. erst anfanghaft, „angeldhaft" erfüllt) sind die Verheißungen für die Glaubenden, nicht er|füllt sind sie für „ganz Israel" und die ganze Menschheit.

Was die Verheißungen für uns angeht, hat Gott sie bekräftigt, hat er sein endgültiges Ja zu diesen Verheißungen in Christus gesprochen: indem er uns in die Gemeinschaft mit dem auferweckten Christus (das „In-Christus-Sein", wie Paulus diese Gemeinschaft nennt) schon hineingezogen hat; den Geist Christi, den Geist, durch den er Jesus von den Toten auferweckt hat, hat er uns schon geschenkt als die Kraft, die in uns auf unsere Mitverherrlichung mit Christus hinarbeitet. Die Heilstat Gottes in Christus *ist* das entscheidende eschatologische

---

[13] Für den exegetischen Nachweis, daß das griechische Wort βεβαιῶσαι hier in dieser Weise wiedergegeben werden muß, vgl. *W. Thüsing*, a. a. O. 43 f., 180 f. (s. dort auch S. XII). Vgl. auch *J. Moltmann*, a. a. O. 132 f.

Geschehen – trotzdem bedeutet es für Paulus keineswegs, daß der Horizont der Verheißungen jetzt verengt würde, etwa auf das individuelle Heil des einzelnen Glaubenden.

Im Gegenteil: Die Heilstat Gottes in Christus setzt die Verheißungen eigentlich erst frei, läßt ihre eigentliche Dimension erst erkennen; in ihr spricht Gott das endgültige Ja, daß sie erfüllen will, ohne Schranken, universal: Daß er gleichsam die Funken von dem Geist-Feuer (das identisch ist mit der „Herrlichkeit" des auferweckten Sohnes) auf die Erwählten überspringen lassen und so die Erfüllung verwirklichen wird. Ohne Schranken wird diese Erfüllung nicht nur als äußere Neuschöpfung in Herrlichkeit sein, sondern mehr noch in dem, was man ihre „Innenseite" nennen könnte: die Teilnahme an der Liebe des Vaters zu seinem Sohn Jesus Christus und an der liebenden Hinwendung des Sohnes zum Vater.

Der große, endlose Horizont der Verheißungen (ἐπαγγελίαι) ist *durch das Ja, das Gott in seinen Sohn setzte*, ungeahnt weit aufgerissen worden – weil die | Herrlichkeit, die auf die Gemeinde und die Welt übergreifen will, schon in der Gemeinde und der Welt wirkt und durch ihr Wirken im Glauben (in eben diesem Glauben an den aus den Toten erweckten Sohn Gottes, den der Gott der Hoffnung nach dem Gebetswunsch des Apostels hervorrufen soll) nicht nur geahnt, sondern durch eine das Leben bestimmende Entscheidung bejaht werden kann.

## III.

Wenn Gott in Christus die Verheißungen nicht einfach durch endgültige Erfüllung erledigt, sondern sie durch die Vorerfüllung in ihrer Weite und Größe neu eröffnet und in Kraft setzt, dann ist der Glaubende auch einer, der in völlig neuer Kraft zu hoffen vermag – und Hoffnung ist Grundbestimmung christlichen Lebens.

Der größere Teil unseres Gebetswunsches in Röm 15,13 spricht gerade hiervon. Aufgrund unserer bisherigen Überlegungen können wir die Intensität besser erkennen, die ein solches Erfülltwerden durch den Gott der Hoffnung für Paulus (und für den, der mit Paulus glaubt) haben muß: „Der Gott der Hoffnung erfülle euch mit aller Freude und allem Frieden im Glauben, damit ihr überreich seid an Hoffnung in der Kraft des Heiligen Geistes."

Der Glaube an den Gott, der Jesus Christus von den Toten erweckt hat, an den Gott der universalen Verheißung, treibt die Hoffnung aus sich hervor, und zwar in einem doppelten Sinne: im Sinne des *Hoffnungsgutes* (des Gutes, auf das die Hoffnung sich richtet – auch das kann das griechische Wort für Hoffnung, ἐλπίς, bedeuten) und in dem uns gewohnten Sinne der *Hoffnungshaltung*.

Wir sind gewohnt, auf die Frage, wodurch wir gerettet sind, etwa zu antwor-

ten: durch die Gnade (so | heißt es sogar wörtlich im deuteropaulinischen Ephe-
serbrief). In Röm 8,24 hören wir demgegenüber: „Durch die Hoffnung sind wir
gerettet." Wir brauchen nicht die ausweichende Übersetzung „auf Hoffnung
hin" zu wählen. Was der Christ jetzt schon als Gnade hat aufgrund des rechtfertigenden Glaubens, das, wodurch er „gerettet" ist, wird hier als *„Hoffnung"*
bezeichnet. Wie aus dem Zusammenhang hervorgeht, bedeutet das Wort ἐλπίς
hier nicht die Tugend der Hoffnung, sondern das anfanghaft sich realisierende
und zu weiterer Erfüllung treibende Hoffnungsgut. Paulus hätte in einer weniger
knappen Ausdrucksweise auch sagen können: Ihr seid gerettet durch das Pneuma, den Heiligen Geist Gottes als das Angeld, den Keim und die Garantie der
zukünftigen Vollendung – so wie das Pneuma in Röm 5,5 die Kraft der Liebe ist,
die das Zuschandenwerden der Hoffnung verhindert.

Die Christen sind „Gerettete" – das bedeutet für Paulus: Ihnen ist die Kraft der
Hoffnung geschenkt. Sie tragen die zur Endvollendung drängende schöpferische
Dynamik Gottes in sich, den Geist Gottes und Christi selbst; „gerettet" sind sie
als Menschen, die sich in ihrem ganzen Leben, in ihrer Beziehung zum Mitmenschen und zu Gott, „vom Geiste treiben lassen", so daß ihr ganzes Leben ein
großes Sich-Öffnen für die Verheißungen Gottes wird (d. h. zur „Hoffnung" in
der zweiten Bedeutung: in der Hoffnung als Haltung christlichen Lebens). *Das*
meint unser Gebetswunsch, wenn er zum Schluß von der Hoffnung in der
δύναμις, der Dynamik des Heiligen Geistes spricht („… auf daß ihr überreich
seid an Hoffnung in der Kraft des Heiligen Geistes").

Doch diese Dynamik des Geistes Gottes, in der die christliche Hoffnung lebt,
ist für Paulus nicht zu den|ken ohne „Freude" und Friede". Nach unserem Text
sind sie sogar nicht nur Begleiterscheinungen der Hoffnung, sondern gehen aus
dem Glauben hervor und bewirken ihrerseits, daß die Hoffnung überreich wird
(„Der Gott der Hoffnung erfülle euch mit aller Freude und allem Frieden *im
Glauben*, auf daß ihr überfließt an Hoffnung…").

Der Christ als einer, der sich hoffend auf die Verheißungen Gottes hin öffnet,
ist auch in der Gegenwart kein frustrierter Mensch. Die Hoffnung betrügt ihn
nicht um das Glück der Gegenwart. Die Freude und der Friede, wie Paulus sie
auffaßt, sind etwas, was ein Menschenleben mit größtem Reichtum erfüllen
kann. Für Paulus wäre der Gedanke, daß die Hoffnung das Glück der Gegenwart
schmälern könnte, geradezu absurd; denn die Freude und der „Friede", das
„Heil" werden ja einzig und allein von der Kraft gewirkt, die auf die Vollendung
hin drängt und also auch die Hoffnung schenkt, von der Dynamik des Pneumas.
Paulus vermag glaubhaft zu machen, daß das keineswegs bloßes Postulat ist,
sondern daß man es mitten in den „Bedrängnissen" erfahren kann, wenn man
sich vom Geiste treiben läßt (vgl. vor allem Röm 5,3–5). Und nach Röm 12,12
sind die Christen Menschen, die sich „in der Hoffnung [und durch die Hoffnung]
*freuen*". Die Bedrängnisse und Leiden dieses christlichen Lebens (das „Mit-
Leiden mit Christus") sprechen keineswegs dagegen – Röm 12,12 kann unmittel-

bar anschließend sagen, daß die Christen als Menschen, die sich in der Hoffnung freuen, auch in der Bedrängnis durchzuhalten vermögen; und nach Röm 5,4 bewirkt umgekehrt das Ausharren in der Bedrängnis die Hoffnung – durch den Geist als die Kraft der Liebe (weil Gott die Liebe… in unseren Herzen ausgegossen hat). |

Mit dieser Liebe, die Gott durch seinen Geist in unseren Herzen ausgegossen hat und die nicht im Herzen des Einzelnen verharren kann – sonst würde sie versiegen und erstarren –, sondern weiterströmen will, hängt das zweite Stichwort zusammen, das wir noch nicht genügend bedacht haben: εἰρήνη, „Friede". Zwar wird in diesem Wort die Bedeutungsfülle mitschwingen, die es schon von seiner Grundlage in dem hebräischen Begriff *schalom* her hat: das Heil, d. h. der rechte, vom Plan Gottes her „normale" Zustand aller Dinge, das eschatologische Heil des ganzen Menschen, vor allem das rechte Verhältnis zu Gott (vgl. Röm 5,1)[14]. Aber an der Stelle, an der unser Vers 15,13 steht, als Abschluß einer Paränese, in der es wesentlich darum geht, daß die Gruppen in der Gemeinde einander in voller Liebe akzeptieren (vgl. Röm 14,17), trägt doch wohl *die Bedeutung „Friede" als rechte Beziehung der Menschen untereinander, christlich also als „Bruderliebe"*, den Akzent. Der Geist treibt durch den Glauben an die in Christus siegreiche Liebe Gottes (vgl. Röm 8,31–39) zum „Frieden" in der Bruderliebe.

Aber wieso kann diese (zunächst innergemeindliche) Agape die Hoffnung aus sich hervorbringen, wie es nach unserem Text doch der Fall sein muß („… Freude und Friede, *damit* ihr überreich seid an Hoffnung…")? Die Antwort: weil gerade in dieser zwischenmenschlichen Agape das Pneuma als die Kraft erfahren wird, die den Horizont aufzureißen vermag – jetzt können wir sagen: den Horizont der universalen Liebe Gottes. In 1 Kor 13,7 im sogenannten „Hohenlied der Liebe", heißt es, daß die Agape „alles hoffe", daß ihre Kraft, | dem Mitmenschen das Große und Gute zuzutrauen, nicht erlahmt.

Und diese von der Liebe hervorgebrachte Hoffnung wirkt wieder auf die Liebe zurück, ist (umgekehrt) wieder Antriebskraft der Liebe selbst; nach einem Wort von *Jürgen Moltmann*[15] braucht es zur Liebe immer „Zukunftsgewißheit, denn die Liebe sieht auf die noch nicht ergriffenen Möglichkeiten des anderen Menschen, billigt ihm darum Freiheit zu und gewährt ihm in der Anerkennung seiner Möglichkeiten Zukunft".

Die aufs Ganze und Letzte gehende Hoffnung hat im Verständnis des Paulus also auch schon in diesem Äon ihre auf innerweltliche Ziele gerichteten Erscheinungsformen. So mag uns an dieser Stelle die Frage kommen, ob wir bei Paulus etwas über die Mitarbeit der Christen an der innerweltlichen Zukunft der Menschheit erfahren. Diese Frage lag als solche – das ist für den historisch

---

[14]  Vgl. *W. Foerster*, Art. εἰρήνη: ThWNT 2 (1935) 410–416.
[15]  *J. Moltmann*, a. a. O. 312.

Denkenden selbstverständlich – nicht in seinem Gesichtskreis. Aber den Ansatzpunkt finden wir in seiner Konzeption doch – nicht nur in der auf die Zukunft des
*einzelnen* Mitmenschen gerichteten Bruderliebe, sondern weit darüber hinaus in
dem Tun des Apostels und der Kirche, durch das Gott nach der Überzeugung des
Apostels auf das universale, die irdischen Möglichkeiten transzendierende Heil
hinarbeitet: im Wachsen und Auferbautwerden der Gemeinde Christi, in der
„*Mission*“. Das Wort „Mission“ meint in diesem Zusammenhang weit mehr als
nur die Gewinnung neuer Mitglieder für die Kirche (Würde der von uns mit
„Mission“ bezeichnete Sachverhalt nicht im genuin paulinischen Sinne genommen, wäre das Wort hier mißverständlich!). Bei Paulus ist das lebendige Wachs-
|tum in der Kraft des Heiligen Geistes intendiert, die Bildung immer neuer
Zellen, in denen mit dem Wort und der Heilsgabe der Versöhnung auch die
konkrete, von Hoffnung getragene Bruderliebe in die Welt hinein wächst. Nicht
umsonst tragen ja in den charakteristischen „Charismen-Katalogen“, den Auf-
zählungen der Geistesgaben, die Paulus in 1 Kor 12 und Röm 12 bietet, gerade
(neben den der Wortverkündigung zugeordneten Charismen und Ämter) die
dem Bereich der Bruderliebe zugeordneten, also die karitativen „Dienstleistungen“ einen starken Akzent!

Ein Gebetsanliegen wie das von Röm 15,13, daß die Christen in ihrem Christusglauben *Freude* und den Frieden der Liebe gewinnen und so überreich
werden an Hoffnung, dürfte selten in der Kirchengeschichte so dringend gewesen sein wie heute. Angesichts einer Welt, die nichts so sehr braucht wie wirkliche, nicht trügende Hoffnung, ist es nötiger denn je, daß die Christen „überflie-
ßend“ sind an Hoffnung[16]; denn die Hoffnung muß überfließen und von der
Dynamik des Geistes Gottes getragen sein, wenn die Christen sie den anderen
mitteilen sollen – oder wenn sie überhaupt die Chance haben soll, wirksam zu
werden.

Aber müssen wir nicht jetzt doch sehr skeptisch werden gegenüber diesem
wunderbaren Satz des Paulus in Röm 15,13 – ist diese Hoffnung in der Kraft und
der Freude und dem Frieden des Geistes nicht doch etwas für den heutigen
Christen Unrealistisches und Unrealisierbares?

Die Entscheidung darüber, ob das so ist und bleibt oder nicht, hängt auch
heute (und gerade heute) nicht von den Gedanken über dieses oder jenes, das
erhofft | wird, ab, sondern es hängt davon ab, ob wir offen sind für den „Gott der
Hoffnung“. Nicht umsonst beginnt Paulus seinen Gebetswunsch mit diesem
Wort, das alles andere vom Gottesbegriff abhängig macht. Denn am Gottesbegriff oder richtiger an der Offenheit für den je größeren Gott fällt die Entscheidung.

Sie mag in unserer Zeit schwerer geworden sein, mag vielleicht mehr wie ein
Sich-Öffnen auf ein schweigendes Dunkel hin erlebt werden – aber auch heute

---

[16] περισσεύειν heißt ja wörtlich „überfließen“.

gilt ihr die Zusage von Freude und Friede. Und auch heute gilt das Wort von Röm 5,3–4(–5), daß die „Bedrängnis" (θλῖψις) kein Hindernis für die Hoffnung zu sein braucht. Es gilt noch, daß die Bedrängnis das Ausharren bewirkt und das Ausharren die Hoffnung; es gilt auch für die heutige Not, daß Gott uns scheinbar so ferngerückt ist: Auch sie wirkt, wenn wir nur in ihr ausharren, die Hoffnung – die Hoffnung für uns und für die Welt. Der Gott der Hoffnung ist der Gott, der die Verheißungen gibt, der selbst letztlich das verheißene Gut ist, der in Christus sein Ja zu den Verheißungen spricht und der durch den Heiligen Geist schon das „Angeld" des Hoffnungsgutes und die Kraft zur Hoffnung in uns hineinsenkt.

Glauben an diesen „Gott der Hoffnung" – das setzt voraus, daß wir immer wieder die Vorstellungen, die wir uns selbst von Gott und seinen Möglichkeiten machen, d. h. unsere Gottesbilder, zerbrechen und uns vom Geist zum wirklichen Gott treiben lassen; denn Offenheit für Gott ist Geschenk und Kraft des Geistes Gottes. Hoffnung in der Kraft des Heiligen Geis|tes ist Offenheit für den Gott, der alle unsere Vorstellungen von schöpferischer Mächtigkeit, von Zukunft und Glück noch transzendiert – für den Gott, der nicht will, daß wir bescheiden sind in unserer Hoffnung (weder für uns selbst noch für die Welt!). Die Hoffnung, die der Geist wirken will, richtet sich letztlich darauf, daß Gott in der Heilsvollendung, wenn Christus ihm die Herrschaft übergeben hat, „alles in allem" sein wird (1 Kor 15,28), daß er in jeder Hinsicht, absolut und schrankenlos in allen, auch in uns, sei – und das ist ja die Verheißung von etwas Unausdenkbarem, von der absoluten Herrschaft der Liebe und des Glückes, der Weite und der Freiheit. *Das* ist gemeint, wenn Paulus den Christen in Rom wünscht, daß der Gott der Hoffnung sie mit aller Freudigkeit und allem Frieden im Glauben erfüllen möge, damit die Hoffnung überströmend sei in der Kraft und Dynamik des Heiligen Geistes.

# 5. Rechtfertigungsgedanke und Christologie in den Korintherbriefen

## *Zur Einführung*

1. Das Thema dieses Aufsatzes weist über sich hinaus. Man kann ein Thema, dessen erster tragender Begriff „Rechtfertigungsgedanke" lautet, nicht nur nach den Korintherbriefen behandeln; die meisten und nach allgemeiner Ansicht wichtigsten Rechtfertigungstexte finden sich ja im Galater- und Römerbrief. Es könnte sogar befremdlich erscheinen, daß für dieses Thema überhaupt die Korintherbriefe herangezogen werden. Aber der Beitrag will einem Anliegen dienen, für das gerade die wenigen Aussagen der Korintherbriefe mit δικαιοσύνη-Terminologie besonders aufschlußreich sein dürften: dem Anliegen, die Rechtfertigungstheologie des Paulus stärker mit seiner Pneuma-Christologie zu verbinden.

Heute dürfte sich die Erkenntnis weitgehend durchgesetzt haben, daß es hierbei nicht um zwei völlig voneinander getrennte Ströme paulinischen Denkens geht[1]. Nur ist die Konsequenz für die Rechtfertigungstheologie m.E. noch sehr unzureichend gezogen. Der Grund dafür besteht wohl in folgendem: Wenn man die „klassischen" Rechtfertigungstexte des Galater- und Römerbriefs isoliert betrachtet, wird man allenfalls undeutliche Spuren der Pneuma-Christologie entdecken. Und wenn man einen christologischen Ansatz sucht, wird zwar die mit dem Rechtfertigungsgedanken verbundene Reflexion auf das Heilsgeschehen des Kreuzes sehr deutlich in das Blickfeld treten, nicht aber der personale Pneuma-Christus.

Deshalb soll hier der Ansatz bei den Korintherbriefen versucht werden. In ihnen finden sich zwei einschlägige Stellen, an denen der Begriff der δικαιοσύνη Gottes in einem christologischen Kontext steht: 1 Kor 1,30

---

[1] Vgl. *Schnackenburg, R.*: Neutestamentliche Theologie. Der Stand der Forschung (München 1963) S. 94f; *Stuhlmacher, P.*: Gerechtigkeit Gottes bei Paulus (Göttingen 1965) S. 44f gegen A. Schweitzer.

und 2 Kor 5,21[2]. Δικαιοῦσθαι findet sich in einem solchen Kontext in 1 Kor 6,11.

In der Literatur wird meist nur 2 Kor 5,21 einigermaßen ausreichend berücksichtigt[3]. M. E. steht 2 Kor 5,21 aber in einer sachlich-theologischen Beziehung zu 1 Kor 1,30[4]; und beide Aussagen stehen innerhalb der korinthischen Korrespondenz in einem Gesamtkontext, der sowohl die Strukturen der „klassischen" Rechtfertigungstheologie aufweist als auch die zentralen Texte der Christus-Pneuma-Theologie enthält. Beides ist im Gesamtkontext der Korintherbriefe – anders als es bei einer nicht tief genug ansetzenden Betrachtung des Galater- und Römerbriefs zu sein scheint – untrennbar miteinander verbunden.

Der hier vorgelegte Versuch müßte dadurch weitergeführt und verifiziert werden, daß auch die Rechtfertigungstexte des Galater- und Römerbriefs auf ihre Vereinbarkeit mit der jetzt zu entfaltenden These untersucht würden. Wie das zu geschehen hätte, soll zum Schluß[5] kurz angedeutet werden[6].

2. Für die eben schon angeschnittene Frage, ob man im Vergleich mit dem Galater- und Römerbrief überhaupt von Rechtfertigungstheologie in den Korintherbriefen reden kann, ist noch eine Vorbemerkung zu machen. Sie betrifft das Verhältnis des Rechtfertigungsgedankens in den Korintherbriefen zur „Rechtfertigungslehre" des Galaterbriefs.

---

[2] Zu vergleichen ist 2 Kor 3,9. Hier ist zwar nicht ausdrücklich von der δικαιοσύνη *Gottes* die Rede, aber sachlich gleichbedeutend vom „Dienst der Dikaiosyne", der dem Dienst des Pneuma, des Neuen Bundes und der Versöhnung parallel ist; dadurch ist gesichert, daß auch diese Stelle in den christologisch-pneumatologischen Zusammenhang gehört, der die δικαιοσύνη θεοῦ-Aussage 2 Kor 5,21 hervorgebracht hat.

[3] Vgl. *Kertelge, K.*: „Rechtfertigung" bei Paulus (Münster [2]1972) S. 99–107; *Stuhlmacher*, Gerechtigkeit S. 74–78 und die bei diesen Autoren angegebene Literatur. Bei beiden Autoren wird hervorgehoben, daß 2 Kor 5,21 die chronologisch erste Stelle ist, an der sich die Genitivverbindung δικαιοσύνη θεοῦ findet. Dagegen vgl. *Zahn, Th.*: Der Brief des Paulus an die Römer (Leipzig-Erlangen [3]1925) zu Röm 1,17, bes. S. 84f. Stuhlmacher S. 41 kennzeichnet die Position Zahns in der Weise, daß 1 Kor 1,30 für Zahn der sachliche Mittelpunkt der paulinischen Rechtfertigungslehre sei. Stuhlmacher (65) hält demgegenüber das Verfahren E. Gauglers, 2 Kor 5,21 als Hauptbelegstelle zu nehmen, für „historisch präziser". Vgl. Stuhlmacher S. 77f Anm. 2, wo – m.E. mit nicht ausreichender Begründung – nur 2 Kor 5,21 und nicht 1 Kor 1,30 in Verbindung mit Röm 3,24ff gesetzt wird. (Anscheinend wird *in diesem Zusammenhang* Röm 3,21f übersehen.) – Was die Bedeutung von 1 Kor 1,30 angeht, vgl. schon den Versuch des Origenes; s. dazu Stuhlmacher S. 13.

[4] Und zwar trotz des nicht genau übereinstimmenden Wortlauts bei der Verbindung von δικαιοσύνη und θεός.

[5] Unten S. 322ff.

[6] Die Durchführung dieser Untersuchung soll einer späteren Studie vorbehalten bleiben.

Der 1 Kor und der 2 Kor – und damit auch das theologisch selbständige Brieffragment 2 Kor 2,14–7,4 – sind während der gleichen Periode des missionarischen Wirkens des Apostels Paulus entstanden wie der Gal[7]; die Abfassung des Gal dürfte der der Korintherbriefe kurze Zeit vorausliegen. Paulus hat sich zur Zeit der Abfassung der beiden Korintherbriefe also schon mit der Rechtfertigungsthematik beschäftigt. Aber auch die Rechtfertigungstheologie des Gal mit ihrer scharfen polemischen Zielsetzung kommt nicht gewissermaßen aus heiterem Himmel; sie ist wohl schon vor dem Gal in den Grundzügen präformiert gewesen.

Die zeitlich ersten Dikaiosyne-Stellen, die in einem anderen als dem gewohnten, durch die Antithese zum νόμος polemisch bestimmten Kontext stehen, liegen in 1 und 2 Kor vor. Wenn gerade sie den Zusammenhang von δικαιοσύνη und In-Christus-Sein zeigen, dann dürfte das aufschlußreich sein für die Intention, die Paulus von Anfang an mit dem Rechtfertigungsgedanken verbunden hat: beides gehört zusammen. Für 1 und 2 Kor läßt sich das fraglos nachweisen; und auch die führende Rolle einer Pneuma-Christologie, die im Dialog mit enthusiastisch beeinflußten Christen entwickelt wird, ist hier offenkundig. Im Gal wird demgegenüber die soteriologische Gesamtkonzeption im Gegenangriff gegen einen (mindestens vermeintlichen) judaistischen Nomismus verteidigt, und so entsteht die „*Rechtfertigungslehre*" in ihrer Galaterbrief-Form.

In den Korintherbriefen und im Galaterbrief haben wir also eine verschiedene Frontstellung und deshalb auch eine verschiedene Akzentuierung der Rechtfertigungsthematik vor uns. Trotzdem ist der innere Zusammenhang nicht zu übersehen. Auch die Auseinandersetzung mit den Korinthern wird vom Apostel ebenso von der „Rechtfertigungs"-Konzeption aus geführt, wie er sich gegen enthusiastische Strömungen in der Gemeinde von Philippi von der gleichen Position aus wendet, die er in der Rechtfertigungstheologie gefunden hat[8]. Daß δικαιοσύνη θεοῦ-Aussagen in Briefen, die sich weniger gegen Nomisten als gegen Enthusiasten wenden, nicht zahlreich sind, ist leicht zu verstehen – ebenso, daß trotz ihres Gewichts der Eindruck aufkommen kann, sie seien von der sonstigen Theologie dieser Briefe isoliert[9].

---

[7] Vgl. *Kümmel, W. G.:* Einleitung in das NT (Heidelberg [12]1963) S. 197f; *Merk, O.:* Handeln aus Glauben. Die Motivierungen der paulinischen Ethik (Marburg 1968) S. 66–68; *Kertelge,* „Rechtfertigung" S. 296 (mit Hinweis auf Wikenhauser und Marxsen). Der Philipperbrief mit seiner Dikaiosyne-Stelle 3,9 ist m.E. ebenfalls der ephesinischen Periode des paulinischen Wirkens zuzuweisen.

[8] Vgl. Kertelge S. 296f; Stuhlmacher S. 223: „Es ist also nicht richtig, daß die Rechtfertigungslehre nur im Galater- und Römerbrief eine Rolle spielt . . ."

[9] Wenn die korinthischen Christen den Apostel gefragt hätten, weshalb er in den an sie ge-

## I. Christus als „δικαιοσύνη von Gott her" (1 Kor 1,30)

### 1. Traditionsgeschichtliche Bemerkungen

P. Stuhlmacher[10] hat es wahrscheinlich gemacht, daß 1 Kor 1,30 (ebenso wie 1 Kor 6,11 und die vorpaulinische Formel Röm 3,24f) einen Reflex vorpaulinischer hellenistisch-christlicher Theologie darstellt. Jedoch erschöpft sich der paulinische Text nicht in dieser Reflex-Funktion. Falls 1 Kor 1,30 auf eine vorpaulinische Formel zurückgehen sollte (was ich im Hinblick auf 1 Kor 6,11 und andere Stellen nicht gerade für wahrscheinlich halte – Paulus war durchaus in der Lage, selbständig solche formelhaften oder besser: hymnisch klingenden Wendungen zu bilden!), wäre der Vers immer noch nach dem Sinn zu befragen, den er innerhalb der paulinischen „Redaktion" hat. Jedenfalls ist Christus hier nicht „Stifter und damit Verkörperung unserer δικαιοσύνη . . ."[11]; das ist vielmehr Gott: Der Sendungsgedanke ist einzubeziehen. ’Από θεοῦ in 1 Kor 1,30 dürfte traditionsgeschichtlich auf Sendungsterminologie zurückgehen und in einem sachlichen Zusammenhang mit den Sendungsstellen bei Paulus stehen[12]. Denn 1 Kor 1,30 kann innerhalb des Kontextes nur den Sinn haben, darauf hinzuweisen, daß μωρία und „Schwachheit" (1 Kor 1,26ff) in der Sendung Christi – bzw. in der Existenz des gesendeten und in seiner Sendung bestätigten Christus – begründet sind.

Ebenso ist vom unmittelbaren Kontext her die paulinische Theologie der pneumatischen Christusgemeinschaft zur Deutung des Sinnes von 1 Kor 1,30 hinzuzunehmen. Und im Sinne der paulinischen „Redaktion" muß δικαιοσύνη ἀπὸ θεοῦ ein Synonym von δικαιοσύνη θεοῦ sein.

Ob der Vers trotz seines traditionsgeschichtlich bestimmten Hintergrunds genuine paulinische Theologie enthält, hängt unter anderem von der Frage ab, ob die scharfe Differenzierung zwischen δικαιοσύνη θεοῦ = Bundestreue (vorpaulinisch) und „Schöpfertreue" (paulinisch), wie Stuhlmacher und schon Käsemann sie durchführen, berechtigt ist. Ferner hängt es mit davon ab, ob δικαιοσύνη ἀπὸ θεοῦ für Paulus gleichbedeutend ist

---

richteten Schreiben nur gelegentlich das Thema der Rechtfertigung berührt, hätte er etwa folgendermaßen antworten können: Das ist zwar eigentlich ein Thema für die Gemeinden in Galatien und ihre Judaisten; aber es geht nicht nur die an, sondern auch euch. Denn „Dikaiosyne Gottes" bedeutet ja das Heil und die Ermöglichung von christlichem Wandel; sie bewirkt den Gegensatz gegen die falsche καύχησις – und das ist gerade für euch, in eurer Verunsicherung durch die Enthusiasten, wichtig.

[10] S. 186.     [11] Ebd.

[12] Gal 4,4 „Gott sandte seinen Sohn . . ." (vgl. Gal 4,6 „Gott sandte das Pneuma seines Sohnes . . ."); Röm 8,3.

mit dem nur wenig später in 2 Kor 5,21 erstmals auftauchenden διχαιοσύνη ϑεοῦ.

Schon vorweg sei eine These formuliert: Es steht zwar vorpaulinische Theologie im Hintergrund, und Paulus benutzt vorpaulinische theologische Begriffe. Aber er versteht „Dikaiosyne von Gott her" schon hier in 1 Kor 1,30 trotz der Einfügung in die Viererreihe („Weisheit . . .") in einem Sinn, der auf der Linie der διχαιοσύνη ϑεοῦ-Stellen liegt.

## 2. Der Kontext

Der *weitere Kontext* ist durch die kreuzestheologischen Darlegungen des Apostels von 1 Kor 1,11 bis etwa 3,23 gegeben. Gegenüber den Spaltungen in Korinth verwendete der Apostel das zentrale und christlich in letzter Hinsicht allein tragende Argument für die Agape, das in der „Torheit" des Kreuzes besteht. Spaltung und Unfrieden kann man letztlich nur dann überwinden, wenn man gegenüber den vordergründigen Maßstäben der „Weisheit" dieses Kosmos dem Imperativ folgt, den die „Torheit" der Liebe Gottes setzt. Dieser Imperativ gründet sich aber nicht nur auf eine vergangene Heilstat Gottes: Er ist nicht denkbar ohne die Verbindung derer, an die er ergeht, mit dem gegenwärtig lebenden Kyrios Christus. So begründen 1 Kor 3,21–23 die herrscherliche Freiheit der Christen (als das Kennzeichen der radikalen Agape) durch ihre Unterstellung unter Christus und seine Herrschaft, ebenso wie Christus theozentrisch auf Gott hingeordnet ist.

In diesem Rahmen ist der *engere Kontext* von 1 Kor 1,30 zu sehen, der in 1 Kor 1,26–31 vorliegt. Die Paradoxie des Kreuzes wird exemplifiziert an der Tatsache, daß die korinthischen Christen aus den niedrigen Schichten des Volkes berufen sind; daraus folgt der Gedanke, daß das Werk der Rettung von Gott auf die Destruktion des falschen Sich-Rühmens (καύχησις) hingeordnet ist. 1 Kor 1,30 ist von den beiden Versen 1,29 und 1,31 gewissermaßen eingerahmt. Beide gelten der Destruktion des falschen Sich-Rühmens (= der Artikulation des falschen Selbstverständnisses, mit dem der Mensch sich auf sich selbst stellen will). Überwindung der Spaltungen kann es nur dann geben, wenn jeder Christ auf die falsche καύχησις verzichtet und sein Selbstverständnis von der „Torheit" des Gekreuzigten herzuleiten lernt. Aber das geht wiederum nicht nur durch die Erinnerung an die vergangene Heilstat des Kreuzes. Es ist nur möglich aus der Kraft des gegenwärtigen Geheimnisses Gottes heraus, das sich mit dem gegenwärtigen Geheimnis des jetzt bei Gott lebenden („erhöhten")

Christus verbindet: Die Christen können das falsche Sich-Rühmen nur dann destruieren und nur dann zu dem die Agape ermöglichenden Selbstverständnis durchdringen, wenn sie nicht nur ihr Aus-Gott-Sein, sondern auch ihr In-Christus-Sein anerkennen und leben (1 Kor 1,30a). „In Christus" kann in diesem Zusammenhang nur die paulinische Formel für die pneumatische Christusgemeinschaft sein[13]: Nur „in Christus" – durch die Einbeziehung in die Gemeinschaft mit dem jetzt bei Gott lebenden Jesus, die der Unterstellung unter die Herrschaft Christi von 1 Kor 3,23 entspricht – können die Christen dem Imperativ dieser kreuzestheologischen Kapitel entsprechen.

Jetzt folgt in 1 Kor 1,30b in einem Relativsatz die vierfache Prädikation Christi als σοφία, δικαιοσύνη, ἁγιασμός und ἀπολύτρωσις. Vom Kontext her wäre im Grunde nur die Bezeichnung Christi als „Weisheit von Gott her" erforderlich. Daß Paulus an diese Prädikation jedoch die Begriffe „Dikaiosyne, Heiligung und Loskauf" anschließt, ist zwar sicherlich Reflex traditioneller Formeln; jedoch ist keine vorgegebene Formel als solche zitiert, sondern der Apostel verwendet diese traditionell vorgegebenen Begriffe zur Auffüllung und Erläuterung dessen, was mit dem paradoxen Begriff „Weisheit" gemeint ist. Derjenige, der sich in der „Torheit" der Liebe und des Gehorsams kreuzigen ließ, ist durch seine Einbeziehungs-Funktion (die durch das „in Christus Jesus" angedeutet ist) der „Ort", an dem der Mensch auf die Seite Gottes gestellt wird (ἁγιασμός) und von der Knechtschaft der Mächte „losgekauft", befreit wird zur Unterstellung unter die Herrschaft Gottes[14].

Wie Christus „von Gott her" – durch sein Gesendetsein – die Heiligungs- und Befreiungsfunktion hat, so hat er nun auch die Funktion, Dikaiosyne zu sein. Wie von Gott her die „Torheit" und Weisheit der Heilstat und dadurch die „Heiligung" und die Befreiung kommt, so wird der Mensch auch aus der Verheißungstreue Gottes heraus in die „rechte Relation" zu diesem Gott gestellt.

Es ist noch nachzutragen, daß in 1 Kor 1,30 nicht nur Sendungstheologie vorliegt (durch das ἀπό angezeigt), sondern auch Schöpfungstheologie. Das läßt sich durch einen Vergleich des ἐγενήθη von 1 Kor 1,30 mit dem ἐγένετο von 1 Kor 15,45 erschließen. Wie der „letzte Adam" nach der letzteren Stelle zum „lebenspendenden Pneuma" wurde, so wird er hier (sachlich parallel, bzw. sogar z.T. gleichbedeutend) zur personalen

---

[13] Vgl. *Thüsing, W.:* Per Christum in Deum. Studien zum Verhältnis von Christozentrik und Theozentrik in den paulinischen Hauptbriefen (Münster ²1969) S. 15f.64.107f.

[14] Zur Bedeutung von ἁγιασμός vgl. Kertelge S. 272–274.276–280.

Ermöglichung der rechten Relation zu Gott – zufolge der „rechten Relation" Gottes zu den Menschen, die in seiner Verheißungstreue gegeben ist.

### 3. „Dikaiosyne von Gott her" und „Dikaiosyne Gottes"

Oben wurde schon die These aufgestellt, daß „Dikaiosyne von Gott her" gleichbedeutend sei mit „Dikaiosyne Gottes". Diese These entspricht der Erkenntnis, daß „Dikaiosyne Gottes" primär nicht Gabe, sondern von Gott ausgehende Macht ist[15]. Nun hat Stuhlmacher[16] zwar nicht der Deutung unserer Stelle, sondern der von Phil 3,9 die Auffassung zugrunde gelegt, daß zwischen „Gerechtigkeit Gottes" und „Gerechtigkeit aus Gott" zu unterscheiden sei. Freilich sind Phil 3,9 und 1 Kor 1,30 nicht ohne weiteres gleichzusetzen. Die Präposition ist verschieden: In 1 Kor 1,30 steht ἀπό, in Phil 3,9 ἐκ. Und vor allem liegt in 1 Kor 1,30 eine Identifizierung Christi mit der Dikaiosyne vor, während es sich bei der „Dikaiosyne aus Gott" von Phil 3,9 um eine Dikaiosyne handelt, die „διὰ πίστεως Χριστοῦ" bzw. „aufgrund der πίστις" zustande kommt. Trotz dieser nur „indirekten", den klassischen Texten des Röm vergleichbaren Christologisierung der Gottesgerechtigkeit in Phil 3,9 scheint mir eine so weitgehende Vergleichbarkeit gegeben zu sein, daß es notwendig ist, auch bezüglich 1 Kor 1,30 auf die These Stuhlmachers einzugehen. Zwar würde Paulus in 1 Kor 1,30 kaum sagen, daß Christus „Dikaiosyne aus Gott" sei[17]; immerhin ist aber beidemal ein Ursprungsverhältnis gekennzeichnet, und in 2 Kor 5,18 kann Paulus eine sachlich gleichbedeutende Christologisierung wie in 1 Kor 1,30 durchführen, indem er sagt, daß „alles" – das Geschehen der Schöpfung und Neuschöpfung – „aus Gott" sei „durch Christus".

Stuhlmacher bestimmt δικαιοσύνη θεοῦ als „Gottes Schöpfertreue", während δικαιοσύνη ἐκ θεοῦ ihre „Individuation" sei[18]. Wäre diese Verhältnisbestimmung der beiden Begriffe richtig, so hätte das Konsequenzen auch

---

[15] Vgl. *Käsemann, E.*: Gottesgerechtigkeit bei Paulus, in: *ders.*, Exegetische Versuche und Besinnungen II (Göttingen 1964) S. 181–193; Stuhlmacher S. 69f. (Stuhlmacher will in Ergänzung zu Käsemanns These – soweit ich sehe, schon in Richtung auf die Intention meines Versuchs hin – stärker auf die Verbindung von Geistbegriff und Gerechtigkeit achten, S. 70.)

[16] S. 100f.

[17] Und zwar schon aus stilistischen Gründen – weil dann zweimal ἐκ stünde; zudem dürfte ἀπό für den Gedankengang passender sein. – Wie es übrigens in 2 Kor 5,21 heißt, daß „wir" δικαιοσύνη θεοῦ sind, so hätte es in 1 Kor 1,30 – wenn man einmal vom Kontext abstrahiert – auch heißen können, daß Christus „uns" δικαιοσύνη θεοῦ (statt ἀπὸ θεοῦ) geworden sei.

[18] S. 101.

für die Deutung von 1 Kor 1,30 und würde zudem die Interpretation der Rechtfertigungsstellen des Röm beeinflussen.

M. E. handelt es sich bei „Dikaiosyne aus Gott" (bzw. „von Gott") nicht um „Individuation", sondern um synonyme Verdeutlichung und Akzentuierung: Es handelt sich um eine Verstärkung der dynamischen Richtung, die sowieso in dem Begriff „Dikaiosyne Gottes" impliziert ist. „Dikaiosyne aus Gott" ist genauso eine das Individuelle übersteigende, „soziologische" Größe wie „Dikaiosyne Gottes". Wenn wir auf die Parallele ἐκ νόμου in Phil 3 schauen, so ist auch hier nicht bloß „aufgrund der Gesetzesbeobachtung" gemeint, sondern „aus der Kraft der Unheilsmacht des νόμος", so daß dieser Gegen-Macht die „Macht aus Gott" gegenübersteht.

„Dikaiosyne aus Gott" ist nicht Individuation der heilschaffenden Schöpfertreue Gottes, sondern dieselbe „Schöpfertreue", die jetzt als dynamischer, von Gott ausgehender Prozeß erscheint. Auch „Dikaiosyne Gottes" selbst ist ja nicht etwas, was metaphysisch in Gott ruht oder seine Eigenschaft ist, sondern die „rechte Relation" bzw. die Relationsfülle, *die von ihm ausgeht.*

„Dikaiosyne Gottes" ist nicht in so exklusivem Sinn Terminus technicus[19], daß diese Genitivverbindung *niemals* in „Dikaiosyne von Gott her" bzw. „aus Gott" variiert werden könnte[20].

Stuhlmacher[21] schreibt zu 1 Kor 1,30, das tragende Motiv der Überhöhung der vorgegebenen adoptianischen Christologie durch die Rede vom präexistenten Gottessohn, die hier vorliege, sei die Dikaiosyne Gottes. M. E. würde man besser sagen, daß dieses treibende Motiv sachlichtheologisch die paulinische Theozentrik ist. Diese kann sich hier durch δικαιοσύνη ἀπὸ θεοῦ ausdrücken, weil gerade dieser Begriff adäquat ist, wenn die Theozentrik in der theologisch-polemischen Situation zur Geltung gebracht werden soll, die der Apostel in seinen Gemeinden vorfindet oder voraussetzt.

---

[19] Bei einem Autor wie Paulus, der seine Fähigkeit zur schöpferischen Neugestaltung und Variation des Traditionsgutes beweist, darf man sich m.E. nicht allzu einseitig nur auf die traditionsgeschichtlich zweifellos zugrunde liegende Genitivverbindung δικαιοσύνη θεοῦ festlegen – im Unterschied zu Käsemann (vgl. Stuhlmacher S. 69f).

[20] Käsemann (a.a.O. S. 185) hat zwar recht, daß die paulinische Wendung von der Gottesgerechtigkeit methodisch (wegen der Übernahme einer traditionellen Formel) „nicht von vornherein dem allgemeinen Begriff δικαιοσύνη subsumiert und damit ihrer Eigenart beraubt werden darf". Aber die Frage, ob δικαιοσύνη θεοῦ *bei Paulus* nicht vielleicht präpositional gebildete Äquivalente haben kann, stellt er nicht.

[21] A.a.O. S. 208; vgl. auch S. 209.

Wie es in 2 Kor 5,21 heißt, daß „wir" Dikaiosyne Gottes sind, so hätte es in 1 Kor 1,30 heißen können, daß Christus „uns" *Dikaiosyne Gottes* (statt „von Gott her") geworden sei. „Dikaiosyne von Gott her" und „Dikaiosyne Gottes" müssen also – vielleicht mit Ausnahme einer relativ geringen Nuancierung – identisch sein. Die Nuancierung kommt vor allem dadurch zustande, daß bei „Dikaiosyne von Gott her" der Sendungsgedanke vorliegt[22]. Demgegenüber ist bei „Dikaiosyne Gottes" eine stärkere Verbindung der von Gott ausgehenden Dynamik mit Gott selbst gegeben. Es ist also nicht gerechtfertigt, 1 Kor 1,30 in der Weise aus der Diskussion der paulinischen „Dikaiosyne Gottes" auszuklammern, wie es fast durchweg geschieht.

### 4. Dikaiosyne Gottes (bzw. Dikaiosyne von Gott her) – „Bundestreue" oder „Schöpfertreue"?

Nach Käsemann und Stuhlmacher meint „Dikaiosyne Gottes" bei Paulus nicht mehr wie in der vorpaulinischen jüdisch-hellenistischen Tradition nur „Bundestreue", sondern Treue des Schöpfers zu seiner Schöpfung[23]. Diese These artikuliert sicher etwas sehr Richtiges und Zentrales. Aber es ist doch folgende Frage zu stellen: Wird hier nicht das Moment der Verheißung an Abraham übersehen – und zudem das eigentliche Motiv von Röm 9–11? Es geht in Wirklichkeit um eine universale Ausweitung der Bundestreue, jedoch so, daß die Verheißungstreue Israel gegenüber immer noch das Kernstück *derjenigen Verheißungstreue* ist, *die der ganzen Menschheit gilt.* Es geht um die Treue Jahwes zur Abrahamsverheißung. Auch die Adam-Christus-Parallele steht im Dienst dieser Intention. Daß die Bundestreue gegenüber Israel zur Verheißungstreue der ganzen Menschheit gegenüber werden kann, ist freilich nur dadurch möglich, daß die Kategorie der „neuen Schöpfung" (vgl. 2 Kor 5,17) ins Spiel kommt: dadurch, daß der „letzte Adam" zum „lebenspendenden Pneuma" wird (1 Kor 15,45).

---

[22] Es könnte durchaus auch im Sinne Stuhlmachers ein der Existenztheologie nahestehender Gedanke mitgegeben sein, der aber m.E. von der Sendungstheologie her zu deuten wäre.
[23] Stuhlmacher S. 77, im Anschluß an Käsemann S. 190–192. Vgl. auch *Müller, Chr.:* Gottes Gerechtigkeit und Gottes Volk. Eine Untersuchung zu Römer 9–11 (Göttingen 1964) S. 112 (im Zusammenhang von S. 108–113).

### 5. Die im eigentlichen Sinn christologische Aussage von 1 Kor 1,30

Man wird der christologischen Aussage von 1 Kor 1,30 kaum ganz gerecht, wenn man wie Stuhlmacher von Christus nur als der „Verkörperung" der Dikaiosyne Gottes spricht[24]. Es ist zu beachten, daß in 1 Kor 1,30 „Dikaiosyne von Gott her" auf einer Linie liegt mit „Weisheit von Gott her". Aus dem engeren und weiteren paulinischen Kontext ist zu erschließen, daß Christus die „Weisheit von Gott her" nicht nur deswegen ist, weil Gott in ihm seine Weisheit manifestiert oder verkörpert, sondern vor allem auch, weil dieser Jesus die „Torheit" Gottes in einer menschlichen Existenz bis zum Äußersten gelebt hat. Entsprechend den Texten, die von Christus den „Gehorsam" aussagen (Phil 2,6–8 und Röm 15,3), hat Christus das „Törichte" und „Schwache" Gottes (1 Kor 1,25) nicht nur passiv an sich selbst erlitten, sondern personal mitvollzogen[25]. Die Konsequenz für die Christen: Sie können Anteil an der „Weisheit" und an der „Dikaiosyne" Gottes erhalten nicht nur dadurch, daß sie an die vergangene Heilstat glauben. Vielmehr werden sie „in Christus" (= durch die Einbeziehung in ihn, die es nur durch das Pneuma gibt) auch in die „Torheit" seiner Selbstaufgabe einbezogen und damit in die wirkliche Weisheit und in die rechte Relation (δικαιοσύνη) zu Gott. Christus ist nicht nur ein äußerlich hingestelltes Zeichen der Weisheit Gottes, sondern diese Weisheit und Dikaiosyne mit ihrem Gesetz der Selbstaufgabe und καύχησις-Destruktion lebt von innen heraus in ihm mit einer Kraft, die alles ergreifen will[26]. Christus ist nicht nur eine Art Kanal für die von Gott kommende Dikaiosyne, sondern er realisiert sie in solcher Weise personal, daß er mit ihr identisch ist.

## II. Die Christen als „δικαιοσύνη Gottes in Christus" (2 Kor 5,21)

### 1. Vergleich mit 1 Kor 1,30

Sowohl in 2 Kor 5,21 als auch in 1 Kor 1,30 liegt Verarbeitung vorpaulinischer Tradition vor. Beidemal findet sich das „in Christus"; und vor allem haben wir in beiden Fällen eine christologisch-ekklesiologische Aussage vor uns – das eine Mal ist Christus Subjekt, das andere Mal die Gemeinde[27]. Da die Christologie bei Paulus durchgängig der Ekklesio-

---

[24] A.a.O. S. 186.    [25] Vgl. Thüsing a.a.O. S. 16f.    [26] A.a.O. S. 17f.
[27] Daß die Präposition ἀπό in 1 Kor 1,30 kein für paulinische Theologie relevantes Unterscheidungsmerkmal ist, wurde oben S. 307ff schon ausgeführt.

logie übergeordnet ist, muß man annehmen, daß der Inhalt von 1 Kor 1,30 die logische Priorität gegenüber dem von 2 Kor 5,21 hat. Man kann also von einer Linie sprechen, die die beiden Stellen verbindet: Es ist die Linie von der ekklesiologisch relevanten Christologie (1 Kor 1,30) zu einer christologisch fundierten Ekklesiologie (2 Kor 5,21). Das Neue gegenüber 1 Kor 1,30 bringt der durch den Begriff καταλλαγή bestimmte engere Kontext und vor allem die in stärkerem Maße missionstheologische Gedankenführung in der ganzen Kapitelfolge von 2 Kor 2,14 bis 6,2[28].

### 2. Traditionsgeschichte Vorbemerkung

In 2 Kor 5,18–21 dürfte in relativ stärkerem Maße traditionelles Gut verarbeitet sein als in 1 Kor 1,30. Das gilt vor allem für die beiden Verse 2 Kor 5,18f und ihre Aussage von der „Versöhnung durch Christus". Jedoch wird Paulus auch in diesen beiden Versen nur Fragmente vorliegender Traditionsformeln benutzt haben und relativ selbständiger formulieren, als oft angenommen wird. Für uns ist wichtig, daß V. 21 in seiner heutigen Form sicher nicht der vorpaulinischen Tradition zuzuweisen ist, sondern Intentionen der genuin paulinischen Theologie ausdrückt[29].

### 3. Der Kontext

#### a) Der engere Kontext

In 2 Kor 5,21 haben wir den abschließenden Satz eines schon mit 2,14 beginnenden Kontextes vor uns, der unter dem Thema des apostolischen Dienstes steht. Näherhin geht es in den letzten Versen 2 Kor 5,18ff um die διακονία τῆς καταλλαγῆς. Die Funktion von V. 21 für diesen Kontext V. 18–20 (bzw. schon V. 14–20): Durch diesen abschließenden Satz wird die Finalität des Dienstes herausgestellt; Ziel des Dienstes ist es, der Theozentrik zu dienen, der Hinordnung auf Gott, die seit der Äonenwende nur „durch Christus" zustande kommt. Vorausgesetzt ist also der christologische Gehalt von 1 Kor 1,30. Beachten wir das ὑπὲρ Χριστοῦ: Es besagt nicht eigentlich, daß der Apostel als „Stellvertreter" Christi

---

[28] Für 2 Kor 5,21 dürfte es – zumal nach den Arbeiten von Kertelge und Stuhlmacher – kaum mehr umstritten sein, daß hier christologische Verankerung der paulinischen Rechtfertigungstheologie vorliegt. Mir geht es darüber hinaus darum aufzuzeigen, daß diese Verankerung intensiver und auch anders zu fassen ist, als es meist geschieht.

[29] Vgl. die ausführliche, in Auseinandersetzung mit Käsemann durchgeführte Argumentation bei Stuhlmacher S. 77f Anm. 2.

tätig ist, sondern daß Christus durch den Dienst seines Apostels wirkt; und durch Christus wirkt Gott, wie die Verse 19 und 20 ausdrücklich sagen. Die Aussage von Röm 15,18, daß Christus durch den Apostel redet und wirkt, kündigt sich hier schon an – jedoch noch unmittelbarer theozentrisch ausgedrückt als dort.

Der Begriff Dikaiosyne taucht in dem durch den Terminus καταλλαγή bestimmten Kontext nicht zufällig auf. Die beiden Termini sind nicht nur dadurch von Paulus parallel gesetzt, daß die Diakonia einmal als „Dienst der καταλλαγή" (2 Kor 5,18) und das andere Mal als „Dienst der Dikaiosyne" (2 Kor 3,9) bezeichnet wird. Vielmehr kann Paulus durch diese Parallelisierung eine sachliche Identität andeuten, weil beidemal ein Relationsbegriff vorliegt, wobei es in beiden Fällen um die Herstellung oder Wiederherstellung derselben Relation geht – zwischen Gott und denjenigen, denen die Verheißung gilt[30]. Schon von hier aus ist es also abwegig, die καταλλαγή-Aussagen nur als Überreste vorpaulinischer Tradition zu betrachten und nicht auch, und zwar in hohem Grade, als inhaltlich gefüllte Aussagen des Apostels Paulus selbst.

Das „in Christus" von 2 Kor 5,21 setzt das im Kontext vorhergehende „in Christus" von V. 17 und damit den Begriff „neue Schöpfung" voraus[31]. Die Auferweckungstheologie, die in dem – ohne jeden Zweifel christologisch-soteriologisch motivierten – Begriff „neue Schöpfung" impliziert ist, kann für die Deutung von 2 Kor 5,21 kaum hoch genug veranschlagt werden. Die Finalität des Dienstes richtet sich deshalb auf die schöpferische Manifestation der Gottesgerechtigkeit in der Gemeinde, die „in Christus" ist – und damit auf die „neue Schöpfung in Christus" von 2 Kor 5,17.

Die „Diakonia" und damit auch ihre Finalität ist durch 2 Kor 5,21a kreuzestheologisch bestimmt. Das Paradox (die „Torheit") des Kreuzes ist in 2 Kor 5,21 nicht weniger betont als in 1 Kor 1–3.

## b) Der weitere Kontext (2 Kor 2,14–5,15)

Der weitere Kontext von 2 Kor 5,21 bestätigt die Akzentsetzung, die aus dem engeren gewonnen wurde.

Das hymnenartige Stück 2 Kor 2,14–16a, mit dem das Brieffragment beginnt, gegen dessen Schluß wir 2 Kor 5,21 finden, setzt die „missions-

---

[30] Der sachliche Zusammenhang von καταλλαγή und δικαιοσύνη ist auch aufgrund der Parallelität zwischen 2 Kor 5,19 und 5,21 zu zeigen.

[31] Das „in Christus" von 2 Kor 5,19 dürfte stärker der vorpaulinischen Formulierung und ihrer Theologie verhaftet, jedoch schon offen sein für den pneumatologischen Sinn, den Paulus sonst mit dieser Wendung verbindet.

theologische" Überschrift über alles Folgende: Es geht um Gottes Werk, um Gottes Siegeszug durch die Verkündigung und Ausbreitung des Evangeliums, in den sowohl der Apostel als auch die Gemeinde eingespannt sind. Auch die Gemeinde: Der Abschnitt von der Gemeinde als „Brief Christi" (3,1–3) läßt sich im Zusammenhang mit 2,14ff nur dann befriedigend erklären, wenn die Gemeinde „Brief Christi" nicht nur als Empfehlungsbrief des Apostels ist – dieser wird vielmehr nach 3,3 ja durch die Apostel besorgt –, sondern in ihrer leibhaftigen, vom Pneuma geprägten Existenz selber in der Verkündigungsfunktion für die Welt steht. Wenn die Gemeinde und der Apostel nach 2 Kor 5,21 „Dikaiosyne Gottes in Christus" werden sollen, so ist das einzuordnen in die große, dynamische Bewegung des Werkes Gottes für die Rettung der Welt. Die Dikaiosyne Gottes wird geltend gemacht vor der Welt durch die Gemeinde und natürlich in erster Linie durch die missionarischen Funktionsträger κατ' ἐξοχήν, die Apostel. Durch diese missionstheologische Komponente der Diakonia- und Dikaiosyne-Theologie von 2 Kor 2,14–5,21 ist eine Brücke gegeben nicht nur zum missionstheologischen Anliegen des Römerbriefs, wie es am klarsten in Röm 9–11 (im Zusammenhang mit Röm 1,1–17 und 15,14–19a) hervortritt, sondern auch zur Rechtfertigungstheologie dieses letzten und größten Paulusbriefs. Und diese kulminiert letztlich – wie immer mehr erkannt wird[32] – gerade in Röm 9–11.

Die Antithesen in 2 Kor 3,4–9 (Dienst des Buchstabens – des Pneumas; des Todes – des Pneumas; der Verurteilung – der Dikaiosyne; des Alten und des Neuen Bundes) bereiten die Kennzeichnung des neubundlichen Dienstes als διακονία der καταλλαγή und (einschlußweise) der δικαιοσύνη in 2 Kor 5,18–21 vor. Durch sie wird klar, in welchem Maße diese Diakonia durch das *Pneuma* getragen ist, das die Christusgemeinschaft und damit „Versöhnung" und „Rechtfertigung" wirkt. Nicht zuletzt ist der polemische Akzent dieser Antithesen stark zu beachten; die polemische Spitze, die die Diakonia- und Dikaiosyne-Theologie des Apostels durch sie erhält, ist sicherlich nicht weniger stark als die Akzentsetzung durch den Gedanken der καύχησις-Destruktion in 1 Kor 1[33].

Die bedeutsamste Erkenntnis, die der weitere Kontext von 2 Kor 5,21 für die Theologie von 5,21 beisteuert, ist ohne Zweifel die „dynamische

---

[32] Vgl. das oben (Anm. 23) zitierte Werk von Chr. Müller; ferner Kertelge, z.B. S. 298.

[33] Übrigens findet sich auch im Kontext von 2 Kor 5,21 ein Anklang an diese καύχησις-Destruktion von 1 Kor 1; er ist in 2 Kor 5,12 enthalten.

Identifikation" Christi mit dem Pneuma in 2 Kor 3,17[34]. Der Christus, von dem 2 Kor 5,21b und 1 Kor 1,30 handeln, ist derjenige, der nach 1 Kor 15,45 „lebenspendendes Pneuma" geworden ist: Selbstverständlich kann nur an seine Auferweckung gedacht sein. Die Dikaiosyne-Aussage von 2 Kor 5,21 ist ebenso wie die von 1 Kor 1,30 nicht denkbar ohne die Christus-Pneuma-Theologie von 1 Kor 15,45 und 2 Kor 3,17.

Schließlich darf die φωτισμός-Aussage von 2 Kor 4,1–6 nicht übersehen werden. Sie stellt eine vorweggenommene Sachparallele zu 2 Kor 5,18–21 dar. Daß die Theozentrik, die in 2 Kor 5,18–21 so außerordentlich stark ist, auch in der Christus-Pneuma-Aussage 2 Kor 3,17 mitgedacht ist, läßt sich nur erkennen, wenn man diesen nachfolgenden Kontext (der in 4,1–6 vorliegt) mitdenkt[35]. Die schöpferische Dimension des Wirkens des Pneuma-Christus geht aus 4,6 auf das deutlichste hervor: Dieses Wirken ist hingeordnet auf das „Aufstrahlenlassen der Erkenntnis der Doxa Gottes", das sachlich identisch ist mit der καταλλαγή und mit der Manifestation der Dikaiosyne Gottes.

### 4. Ergebnis

Als Ergebnis können wir vor allem folgendes festhalten: Die Parallelität von „Dikaiosyne Gottes" (2 Kor 5,21) und „Dikaiosyne von Gott her" (1 Kor 1,30) ist bestätigt. Im Vergleich zwischen 2 Kor 5,21 und 1 Kor 1,30 gibt es keinen Grund, die letztere Stelle aus der Diskussion um die paulinische Rechtfertigungstheologie auszuklammern. Im Gegenteil ist sie mitsamt ihrem Kontext von der gleichen eminenten Bedeutung wie andere Zentralstellen der Dikaiosyne-Theologie. Die christologisch-ekklesiologische Linie von 1 Kor 1,30 zu 2 Kor 5,21 dürfte in ihrer Bedeutung erkennbar geworden sein.

Das missionarische Anliegen von 2 Kor 5 ist Gewähr genug, daß der Gedanke von der Dikaiosyne Gottes hier nicht auf einer „Bundestreue" basiert, die auf das Volk Israel (und die seine Nachfolge antretende judenchristliche Gemeinde) eingeengt wäre. Vielmehr gründet er auf einer sie transzendierenden, für die ganze Menschheit geltenden Verheißungstreue Gottes. In 2 Kor 5,21 ist vom missionstheologischen Kontext aus der

---

[34] Nach *Hermann, I.*: Kyrios und Pneuma (München 1961) S. 50f handelt es sich um eine „*erklärende Identifikation*" in dem Sinne, daß Pneuma die „dynamische Präsenz des Kyrios" in seiner Gemeinde ausdrückt.

[35] Vgl. *Thüsing*, Per Christum in Deum S. 154f; *ders.*: Neutestamentliche Zugangswege zu einer transzendental-dialogischen Christologie, in: *K. Rahner – W. Thüsing*, Christologie – systematisch und exegetisch (Freiburg i. Br. 1972) S. 264ff.

universalistische Rahmen der Rechtfertigungstheologie mitzudenken, wie er im Römerbrief durch die Kapitel 9–11 gegeben ist[36].

Das gleiche gilt für die in 1 Kor 1,30 enthaltene Kreuzestheologie, die ebenfalls universal die Wünsche der Juden und Hellenen (es handelt sich hier um die übliche Zweierformel für die Gesamtmenschheit) zerbricht und transzendiert. So ist auch der ganze Kontext von 1 Kor 1,30 bis zu 1 Kor 3,18–21 hin missionarisch-universal konzipiert; diese Komponente ist zwar nicht so explizit wie in 2 Kor 2–5, aber etwa durch 1 Kor 3,21 ff deutlich genug gewährleistet[37].

### III. Der theologische Sachkontext für die christologischen Dikaiosyne-Aussagen in den beiden Korintherbriefen:

*Hauptlinien einer aus 1 und 2 Kor gewonnenen „Rechtfertigungstheologie"*

Dieser Abschnitt III stellt den Versuch dar, die wichtigsten Linien der Rechtfertigungstheologie, die aus dem Galater- und Römerbrief gewonnen werden können, auch – mutatis mutandis – für die beiden Korintherbriefe aufzuweisen. Die bisherigen Ausführungen in I und II dürften schon erwiesen haben, daß dafür in diesen beiden Briefen eine recht breite Basis vorliegt. Sie soll im folgenden noch erweitert werden.

Letztlich kann meine Auffassung, daß die beiden christologischen Dikaiosyne-Stellen der Korintherbriefe eine zentrale Bedeutung für die paulinische Theologie besitzen (m.E. ist es sogar eine Schlüsselfunktion), nur unter einer bestimmten Voraussetzung verifiziert werden: Sie müssen innerhalb dieser beiden Briefe selbst im Kontext einer Konzeption stehen, die derjenigen der Rechtfertigungslehre (wie sie uns aus dem Gal und Röm bekannt ist) entspricht. Das Gewicht von 1 Kor 1,30 und 2 Kor 5,21 kann nur dann erwiesen werden, wenn diese Stellen nicht isoliert werden bzw. innerhalb der jeweiligen Briefe nicht isolierte, zufällige Äußerungen sind. Vielmehr müßten sie – bei aller Spontaneität, die den Apostel zu dieser oder jener Linienführung drängen kann –, aus der Mitte seiner

---

[36] In diesem Zusammenhang ist eigens auf 2 Kor 5,19 hinzuweisen, wo es in einer vorpaulinischen, aber von Paulus bewußt aufgenommenen Formulierung heißt, daß Gott den κόσμος mit sich versöhnt.

[37] Die universale Sicht schlägt sich in diesen Versen nieder in der Aussage, daß „alles", auch der κόσμος, den Glaubenden gehöre, sie selbst aber der Herrschaft Christi und Gottes unterstellt seien. Darin ist impliziert, daß Gott und Christus die herrscherliche Gewalt über „alles" durch die Glaubenden ausüben wollen.

Theologie kommen und Ausdruck bzw. (wenn auch vielleicht „zufällig" zutage getretene) Spitze einer auch sonst in diesen Briefen nachweisbaren theologischen Konzeption sein.

Die beiden Korintherbriefe machen gegenüber dem der gleichen Periode zugehörigen (allenfalls etwas früheren) Galaterbrief keinesfalls den Eindruck einer weniger ausgereiften Theologie. Die Bausteine des großen Entwurfs, der im Römerbrief vorliegt, sind, soweit ich sehen kann, sämtlich vorhanden – zu einem Teil (kontextbedingt) sogar noch deutlicher akzentuiert und weiter ausgeführt.

Es dürfte verständlich sein, daß diese Einordnung von 1 Kor 1,30 und 2 Kor 5,21 in eine in den Korintherbriefen vorliegende theologische Konzeption im folgenden nur thesenhaft geboten werden kann.

## 1. Die soteriologisch-universalistische Intention des Paulus

Durch den missionstheologischen Kontext von 2 Kor 5,21 und in analoger Weise durch (der Tendenz nach) universalistische Aussagen des 1 Kor ist gesichert, daß auch nach den beiden Korintherbriefen die rettende Manifestation der Macht Gottes (vgl. Röm 1,16f) bezeugt und vorangetrieben werden soll[38]. Wenn wir ein anderes in 2 Kor erhaltenes Brieffragment zu Hilfe nehmen, und zwar das chronologisch letzte im sog. „Versöhnungsbrief", erkennen wir auch die Grundlage des missionstheologischen Universalismus: Sie besteht in der Verheißungstreue Gottes, die nach 2 Kor 1,20 allumfassend ist, und in dem in Christus gegebenen Ja Gottes zur Gesamtheit seiner Verheißungen. Dieser Universalismus wird erhärtet durch die in beiden Briefen enthaltene Konzeption der eschatologischen Vollendung[39].

## 2. Die soteriologisch-paränetische Intention :
### Destruktion der falschen und Schaffung der rechten καύχησις, der Pistis und der ekklesialen Agape

Die polemische Spitze der Rechtfertigungstheologie ist – wenn auch in anderer Nuancierung und Akzentuierung – nicht weniger deutlich zu erkennen als im Röm und Gal[40]. Auch in den Korintherbriefen gehört die Destruktion der καύχησις nicht einer rein individualistischen Kategorie an. Noch deutlicher als im gedanklichen Duktus des Röm ist in 1 Kor 1

---

[38] Vgl. Käsemann und Stuhlmacher (s. oben Anm. 15).
[39] Vgl. unten Abschnitt 9, S. 321.
[40] Vgl. Kertelge S. 295.

zu erkennen, daß die paränetische Stoßrichtung über die Destruktion der falschen καύχησις zur ekklesialen Agape führt. Das ist durch den Kontext in 1 Kor 1–3 (bzw. -4) klar, in dem die Überwindung der Spaltungen nicht nur Anlaß, sondern insgeheim durchgängig vorhandenes Leitmotiv ist. Die Linien, die zu 1 Kor 13 (dem sog. Hohenlied der Liebe) hinführen, sind in 1 Kor 1–4 schon implizit angelegt. Das Pendant zur Agape-Theologie des 1 Kor bildet im 2 Kor wohl vor allem 2 Kor 5,14 („die Liebe Christi erfaßt und drängt uns . . .“). Von diesem Text führt eine starke und unverzichtbare Linie zu 2 Kor 5,18–21 hin. *Diese* Agape-Theologie hat also eine universale und missionarische Dimension.

Die Bedeutung der Pistis (des „Glaubens") als des Gegenstücks der falschen καύχησις wird in 1 Kor 2,5 erkennbar. Nach dieser Stelle soll die πίστις auf die Dynamik des Pneuma gegründet sein und nicht auf die „Weisheit" der Menschen. Der Gegensatz von „Weisheit der Menschen" ist diejenige δύναμις θεοῦ, die zum Mitvollzug der „Torheit Gottes" befähigt – d.h. zur Schicksalsgemeinschaft mit dem Gekreuzigten. Der Zusammenhang von „Glaube" und Solidarität mit dem Gekreuzigten wird also erkennbar. In 1 Kor 1,21 ist die soteriologische Bedeutung der Pistis herausgestellt, in 2 Kor 4,13 die Beziehung von Pistis und Mission. Die Universalität des paulinischen πίστις-Begriffs zeichnet sich ab.

3. *Die Kreuzestheologie* von 1 Kor 1–3 und 2 Kor 5[41] ist Ermöglichung der rechten καύχησις, πίστις und ἀγάπη. Die Kreuzestheologie ist auch in dem Agape-Kapitel 1 Kor 13 präsent: insofern hier die Radikalität der aufs Ganze gehenden und „alles" auf sich nehmenden Agape (1 Kor 13,7) gezeigt wird; in dem Auferweckungskapitel 1 Kor 15 ist sie implizit vorhanden durch den Gedanken der „Unterordnung" des seine futurisch-eschatologische Funktion ausübenden Christus unter den Vater (1 Kor 15,28); dieser Gedanke der „Unterordnung" des Sohnes dürfte im Rahmen der paulinischen Theologie kaum anders denn als Applikation des beherrschenden Grundsatzes der Kreuzestheologie auf die futurischeEschatologie zu verstehen sein.

4. In gleicher Weise ist die *Christus-Pneuma-Theologie* – von der Seite der Auferweckungstheologie her – Ermöglichung der Paränese zu καύχησις-Destruktion, Pistis, Agape und Mission. Ohne den grundlegenden pneumatheologischen Gedanken von 1 Kor 15,45 und 2 Kor 3,17 wären die Dikaiosyne-Aussagen von 1 Kor 1,30 und 2 Kor 5,21 nicht denkbar. Die

---

[41] In 2 Kor 5 ist Kreuzestheologie schon in 5,14 und dann vor allem in 5,21a gegeben.

fundamentale Funktion der Christus-Pneuma-Theologie ist aber auch für die Rechtfertigungsaussagen anderer Paulusbriefe, vor allem des Gal und Röm, zu postulieren. Für den Röm ist recht deutlich nachzuweisen, daß der in ihm verkündete Christus durchgängig der (mit dem Gekreuzigten identische) Erhöhte ist, der über das Pneuma verfügt (vgl. Röm 8). Die polemische Spitze der paulinischen Rechtfertigungslehre verschafft sich auch innerhalb der Pneuma-Theologie von 2 Kor 2,14–7,4 selbst ihren Ausdruck, und zwar in der γράμμα-πνεῦμα-Antithese 2 Kor 3,3–9. In dieser dürfte eine der Hauptwurzeln des Rechtfertigungsgedankens überhaupt liegen (neben und mit der Kreuzestheologie und der Theologie des Ruhmverzichts)[42]. Die γράμμα-πνεῦμα-Antithese ist die Voraussetzung dafür, daß es überhaupt die polemische Stoßrichtung der Rechtfertigungstheologie geben kann.

5. Die Christus-Pneuma-Theologie ist Ausdrucksmittel einer auf dem AT aufbauenden, außerordentlich intensiven *dialogischen Theozentrik* der Christologie und Soteriologie. Diese Dialogik spielt gerade für die Rechtfertigungstheologie, in der die paulinische Theozentrik ihre polemische (bzw. den „alten Menschen" angreifende) Spitze erreicht, eine konstitutive Rolle. Die „Dialogik" kommt durch die doppelte Bewegung „von Gott her – auf Gott hin" zustande. In den „formelhaft"-abstrakten Durch-Christus-Wendungen ist diese Struktur der paulinischen Konzeption vom Heilshandeln Gottes durch Christus m.E. klarer enthalten als an anderen Stellen. Besonders instruktiv ist die abstrakteste dieser Wendungen, 1 Kor 8,6. (M.E. handelt es sich hier im ganzen nicht um eine vorpaulinische Formel, sondern um eine aufgrund der Strukturen vorpaulinisch-hellenistischer Formeln geprägte paulinische Formulierung.) Die Aussage 1 Kor 8,6 bedeutet: Alles Welt- und Heilsgeschehen kommt den Menschen von Gott her („aus Gott") durch Christus zu – und umgekehrt geschieht die Antwort der erwählten Menschen, die in ihrer personalen Hinordnung auf Gott besteht, „durch Christus". Die paulinische Rechtfertigungstheologie kann nicht klar erfaßt werden, wenn dieses die paulinische Theologie insgesamt durchziehende dialogische Linienpaar nicht in seiner Bedeutung auch und gerade für sie gesehen wird. Die christologische Dikaiosyne-Aussage 1 Kor 1,30 entspricht der „absteigenden" Linie von 1 Kor 8,6, während die ekklesiologische Dikaiosyne-Aussage in 2 Kor 5,21 der „aufsteigenden" Linie korrespondiert. („Wir" sind durch Christus [bzw. „in Christus"] auf Gott hingeordnet.) Diese Betonung des dialogischen Mo-

---

[42] Vgl. Stuhlmacher S. 93f.

ments macht Ernst damit, daß es sich bei der Rechtfertigungstheologie um eine relationale Theologie handelt[43].

6. *Gottesrelation und auf die Rettung der Welt gerichtete Agape Christi* (in der paulinischen Theologie des gekreuzigten *und* erhöhten Christus!) bilden den innersten Kern des Sachverhalts, der mit der Aussage von 1 Kor 1,30 (Christus als Dikaiosyne von Gott her) gemeint ist. Dafür spricht schon die oben bereits angedeutete Überlegung, daß Christus – was seine eigene „Haltung" anbetrifft – „Weisheit von Gott her" geworden ist, insofern er selbst „töricht" geworden ist; diese „Haltung" ist impliziert in seiner Bezeichnung als des „Gekreuzigten" in Verbindung mit der Aussage „Christus gehört Gott" in 1 Kor 3,23.

Ferner ist 1 Kor 2,16 zu nennen: Wir haben den Sinn (νοῦς) Christi. Offenbar ist das gemeint, was im Kontext mit Pneuma bezeichnet wird: das Pneuma *Christi*. Weshalb steht hier statt einer solchen Formulierung, die der Christus-Pneuma-Theologie scheinbar besser entsprechen würde, das Wort νοῦς? M.E. deshalb, weil auf eine „Haltung" Christi angespielt wird, in der auch die Christen auf eine bestimmte Haltung ausgerichtet sind. Gemeint ist der pneumatische Sinn, der die „Tiefen Gottes" sehen und bejahen lehrt (und zwar im Kreuzesgehorsam), der νοῦς, der *als Verständigkeit* die „Torheit" des Kreuzes bejaht. Den „Sinn" Christi haben und in dieser Haltung des radikalen Gehorsams und in Gemeinschaft mit Christus mit der ganzen Existenz sich antwortend auf Gott hinordnen, entspricht sachlich dem, was Paulus die Pistis der Christen nennt.

Nicht zuletzt ist die auf die Versöhnung der Welt (2 Kor 5,18–21) drängende Agape Christi von 2 Kor 5,14 in diesem Zusammenhang zu nennen. Das Versöhntwerden der Menschen ist identisch damit, daß sie „Dikaiosyne Gottes werden" (5,21). Die Agape Christi wirkt also auf den Sachverhalt hin, der sowohl in der Weise von 2 Kor 5,21 als auch in der von 1 Kor 1,30 ausgedrückt werden kann; sie drängt darauf hin, daß sich dasjenige für die Glaubenden auswirkt, was Christus durch Kreuz und Auferweckung geworden ist: „Dikaiosyne von Gott her", in die glaubende Menschen einbezogen werden können[44].

---

[43] Zum Beleg lassen sich die anderen Durch-Christus-Stellen heranziehen (vgl. *Thüsing*, Per Christum in Deum S. 165–237), besonders die Stellen von der „Versöhnung durch Christus" (a.a.O. S. 190–200).

## 7. Der Zusammenhang von δικαιοῦσθαι und Taufe in 1 Kor 6,11

Es handelt sich um eine Aussage, die bisher noch kaum in die Überlegungen einbezogen wurde, obschon sie die dritte Stelle in den Korintherbriefen ist, an der ausdrückliche Rechtfertigungsterminologie auftaucht. Der Vers nimmt ohne Zweifel traditionelle tauftheologische Vorstellungen der jüdisch-hellenistischen Gemeinde auf; und „gerechtfertigt sein" bedeutete in diesem traditionell vorgegebenen Zusammenhang „von den Sünden befreit sein"[45]. Der rhetorisch wirksame Abschluß des Abschnitts, der jetzt in V. 11 vorliegt, ist jedoch von Paulus gestaltet, und so dürfen wir ähnlich wie später in dem „tauftheologischen" Kapitel Röm 6 auch die Wendung vom Gerechtfertigtwerden keineswegs mehr nur im vorpaulinischen Sinn verstehen. Hier gilt ähnliches wie für 1 Kor 1,30. Man kann 1 Kor 6,11 und die in diesem Vers ausgesagte Befreiung von der Macht der Sünde im Sinn des 1 Kor nicht verstehen, wenn man nicht die christologisch-theozentrische Herrschaftsaussage in 1 Kor 3,23 hinzuzieht. (Außerdem muß man die möglicherweise traditionelle Wendung „im Namen . . ." mit der paulinischen Christus-Pneuma-Theologie gefüllt denken.) Die Herrschaft Gottes realisiert sich nach 1 Kor 3,23 durch die Unterstellung unter die Herrschaft Christi als des Gekreuzigten. Wenn meine These zutrifft, daß dieser Sachverhalt mit dem Gerechtfertigtwerden von 1 Kor 6,11 verbunden werden muß, ist aus dem (weiteren) Kontext des 1 Kor das Moment der sich manifestierenden Macht Gottes (das Käsemann zu Recht so stark hervorhebt) auch für 1 Kor 6,11 gegeben. In der vermutlich vorpaulinischen Formulierung zum Schluß von 1 Kor 6,11 dürfte Paulus selbst in den ersten Teil der Formel („im Namen des Kyrios Jesus Christus") die Unterstellung unter die Herrschaft Christi und in den zweiten („im Pneuma unseres Gottes") seine Theologie des In-Christus-Seins hineingelegt haben, das mit der Unterstellung unter Christi Herrschaft gegeben ist.

---

[44] Auch bei Christus kann zu einem Sachverhalt zurückgefragt werden, der der Pistis der ihm zugehörigen Menschen analog ist; denn auch bei ihm ist es die durch die Agape wirksam werdende (Gal 5,6) Gehorsamshaltung, die das Werk Gottes zur Rettung der Menschheit durchträgt und die Pistis der zu Christus gehörenden Menschen als Antwort ermöglicht. Da es nach Gal 5,6 für Paulus keine Agape gibt, die nicht Wirksamwerden der Pistis wäre, darf man in dieser Hinsicht wohl tatsächlich von den „anthropologischen" Pistis-Stellen auf den analogen Sachverhalt bei Christus zurückschließen.

[45] Vgl. Kertelge S. 244f.

## 8. *In-Christus-Sein und „Gemeinschaft mit dem Sohn Gottes"*

Die Formulierung von der „Berufung in die Gemeinschaft des Sohnes [Gottes] Jesus Christus, unseres Herrn" (1 Kor 1,9) dürfte programmatisch sein für die paulinische, schon dem 1 Kor zugrundeliegende theologische Konzeption. Expliziter wird sie in der υἱοθεσία-Theologie des Gal und Röm, die m.E. auch dort mit der Dikaiosyne-Theologie verbunden ist. Das In-Christus-Sein, das in 1 und 2 Kor bereits eine bedeutende Rolle spielt, ist auch für diese Briefe schon als Einbeziehung in die Sohnschaft Christi zu erschließen. (D.h.: Wer „in Christus" ist, wird sowohl in die singuläre Zugehörigkeit Christi zu Gott hineingenommen als auch in seine singuläre Hinordnung auf den Vater.) Auch in 1 Kor 1,30 ist Christus die „Gerechtigkeit von Gott her" als der vom Vater gesendete, auf den Vater hingeordnete und hinordnende „Sohn". Die Linie, die im 1. Korintherbrief mit 1,9 beginnt, wird in 1 Kor 15,28, der Aussage von der eschatologischen Unterordnung Christi als des Sohnes, zur Vollendung gebracht[46]. Im 2. Korintherbrief ist 1,19 zu beachten; nach dieser Stelle ist Christus als „Sohn Gottes" das Ja zu den Verheißungen Gottes.

## 9. *Eschatologische Vollendung als Einheit von Doxa und Dikaiosyne*

Die futurisch-eschatologische Komponente der Dikaiosyne-Theologie ist in unseren Stellen aus den Korintherbriefen nicht in der Weise zu erkennen wie etwa in Gal 5,5. J. Jervell hat die Einheit von Doxa und Dikaiosyne für die eschatologische Vollendung wie für ihre Bereitung im jetzigen Äon herausgestellt[47]. Diese Einheit zeichnet sich schon in den Korintherbriefen ab[48]. Der „letzte Adam" ist nicht nur durch seine Auferweckung ἐν δόξῃ zum „lebenspendenden Pneuma" geworden (vgl. 1 Kor 15,43–45). Er ist auch der „Sohn", der mit der eschatologischen Doxa die seine „Haltung" signalisierende „Unterordnung unter den Vater" verbindet; so verhilft er der sich in ihm und seinem Evangelium offenbarenden Macht Gottes zum endgültigen Durchbruch. Die rechte Relation Gottes zu seinen Menschen vollendet sich dadurch, daß alle in die rechte Relation zu ihm gebracht werden[49]. Hierbei kommt es im Rahmen unserer Betrachtungsweise wiederum nicht darauf an, ob die genannten theologischen

---

[46] S. den folgenden Abschnitt 9.

[47] *Jervell, J.*: Imago Dei. Gen. 1,26f im Spätjudentum, in der Gnosis und in den paulinischen Briefen (Göttingen 1960) S. 171–336, bes. S. 180–183; vgl. auch *Thüsing*, Per Christum in Deum S. 125–134.

[48] Vgl. *Jervell*, a.a.O. S. 173–197.257–271.292–312.

[49] Vgl. *Thüsing*, Per Christum in Deum S. 239–254 zu 1 Kor 15,28.

Topoi *traditionsgeschichtlich* zusammengehören, sondern ob sie im Rahmen der paulinischen Theologie in einem engen Zusammenhang stehen.

### 10. Die Mitte der paulinischen Theologie nach den Korintherbriefen

Der Rechtfertigungsbegriff ist oft die Mitte der paulinischen Theologie genannt worden[50]. Von den Korintherbriefen aus ist diese Behauptung nicht zu bestreiten, aber doch zu differenzieren und mit einer bestimmten Akzentsetzung zu versehen. Aufgrund der Korintherbriefe (und m.E. auch des Röm und selbst des Gal) ist diese Mitte in der Theologie des „Sohnes Gottes" zu sehen – des Gekreuzigten und Erhöhten in seiner Identität –, die ihre für Paulus fundamentale Ausdrucksform in der Christus-Pneuma-Theologie und entsprechend in der Theologie des In-Christus-Seins gefunden hat. Freilich hat diese Theologie des gekreuzigten und erhöhten Pneuma-Christus ihre Angriffsspitze genau in der gegen die καύχησις gerichteten Theologie, d.h. in der Rechtfertigungstheologie[51].

In der Sohn-Gottes-Christologie wie in der Pneuma-Christologie ist der futurisch-eschatologische Aspekt deutlicher als in der Rechtfertigungslehre. (Hier kann man ihn ohne eine ausreichende Beachtung von Gal 5,5 oder eine sorgfältige Exegese von Röm 9–11 leicht übersehen.) Schon deshalb dürfte es naheliegen, die Sohn-Gottes-Christologie bzw. die Pneuma-Christologie als die fundamentale Mitte der paulinischen Theologie zu bezeichnen. Wenn es jedoch darum geht, die anthropologische und theozentrische Relevanz zu ermitteln, die sich von diesem Zentrum her ergibt (die Stoßrichtung auf den ἄνθρωπος hin, nach dem „die Macht Gottes greift"), dann kommt unter den theologischen und theologiegeschichtlichen Voraussetzungen des Paulus die Rechtfertigungslehre zustande. Diese würde also besser nicht undifferenziert als Mitte der paulinischen Theologie bezeichnet werden, sondern als die für Paulus zentralste und wichtigste Ausdrucksform der Dynamik, die der Mitte seiner Theologie eigen ist.

Der Ansatz bei der Linie von 1 Kor 1,30 zu 2 Kor 5,21 läßt sowohl die Prävalenz der Christus-Pneuma-Theologie erkennen als auch die ihr immanente Dynamik; diese drängt auf συμπάσχειν Χριστῷ (bzw. „Mit-

---

[50] Vgl. *Kertelge* S. 290–304; S. 301: Dem Rechtfertigungsbegriff kommt „der Ort in der Mitte der paulinischen Theologie" zu.

[51] Vielleicht kann man im Anschluß an Jervell sagen, daß die Mitte der paulinischen Theologie die im Pneuma geschenkte Zusammengehörigkeit von Doxa und Dikaiosyne ist (vgl. oben Anm. 47); dabei vertritt „Doxa" neben seiner eigenen Bedeutung auch die von „Pneuma".

gekreuzigtwerden"), Metanoia („Ruhmverzicht") und Agape (auch und
gerade ekklesiale Agape!). Sie richtet sich auf die biblische Dialogik von
Beschenktwerden und Antworten sowie letztlich auf die eschatologische
Vollendung in der Einheit von Doxa und Dikaiosyne.

---

In den beiden christologischen Dikaiosyne-Stellen aus 1 und 2 Kor liegen
also, wenn man sie im Rahmen ihres engeren und weiteren Kontextes
betrachtet, alle Strukturelemente der Rechtfertigungstheologie vor, wie
sie uns aus dem Gal und Röm geläufig sind – jedoch in einer Akzentuierung, die geeignet ist, die „klassischen" Rechtfertigungstexte des Gal
und Röm zu ergänzen und deutlicher sehen zu lehren.

Daraus ergibt sich für die Interpretation der „klassischen" Rechtfertigungstexte ein Postulat bzw. eine Arbeitshypothese: Auch hier darf man
sich nicht damit zufrieden geben, daß eine Verbindungslinie in den isoliert
betrachteten Röm- und Gal-Texten nicht deutlich erkennbar wird, sondern
muß die Frage nach dem Zusammenhang von Rechtfertigungstheologie
und Pneuma-Christologie neu stellen.

Das dürfte möglich sein unter folgenden Voraussetzungen:

Zunächst muß die Bedeutung von *Sachparallelen* genügend gesehen werden, die im Röm und Gal selbst zur Christus-Pneuma-Theologie (und
damit vielleicht auch zur Verbindung von Rechtfertigungsgedanken und
Pneuma-Christologie) zu finden sind. Im Römerbrief wären hierfür vor
allem folgende Stellen zu untersuchen: Röm 4,25; 5,18f; 6,10f; 8,29f;
im Galaterbrief müßte u.a. stärker auf die Bedeutung des ἐν Χριστῷ in
Gal 2 und 3 geachtet werden.

Freilich wird auch nach solchen Untersuchungen wohl noch immer der
unbefriedigende Eindruck bleiben, daß der pneuma-christologische Ansatz
in den klassischen Texten selbst nicht zu entdecken ist. Aber trotzdem
wäre angesichts seiner nachweisbaren Bedeutung zu fragen, ob er nicht
doch auch in diesen Texten implizit gegeben ist. Hierfür bietet sich eine
Untersuchung der Aussagen an, die „Gottesgerechtigkeit" bzw. „Rechtfertigung" mit „Pistis" verbinden; es scheinen fast die einzigen Stellen
zu sein, an denen Pneuma-Christologie indirekt einwirken könnte. (Es
sind sowohl die Stellen zu untersuchen, an denen von der πίστις Χριστοῦ
die Rede ist, als auch diejenigen, die den „absoluten" Gebrauch von
πίστις aufweisen.)

Ob sich dann etwa, was die Einzeldeutung angeht, für das διὰ πίστεως
Χριστοῦ von Röm 3,22 die Deutung verifizieren läßt, die ich in der
Quaestio disputata „Christologie – systematisch und exegetisch" versucht

habe[52], wird sich in der weiteren Untersuchung und in der Diskussion zeigen müssen[53]. Sicher erscheint mir aber, daß die Deutung der „klassischen" Rechtfertigungstexte von der Pneuma-Christologie des Apostels her kräftigere und vielleicht auch neue Akzente erhalten muß[54].

---

[52] *Thüsing*, Neutestamentliche Zugangswege . . . (s. oben Anm. 35) S. 218–221.

[53] Meine Deutung wird sicher umfassender begründet und vor einer Engführung besser gesichert werden müssen, als es dort geschehen konnte.

[54] Entscheidend dürfte sein, ob die doppelte theozentrische Linie (von Gott her – auf Gott hin; vgl. oben III, Abschnitt 5) in ihrer durchgängigen Bedeutung nicht nur für die Anthropologie, sondern *zunächst* für die Christologie und *von daher* für die paulinische Anthropologie erkannt wird. Nach der Auffassung des Paulus wird das Heilswerk nicht nur „von oben her" durchgeführt, indem Christus von Gott gesendet wird; diese Linie von oben her erlangt vielmehr erst in einer Linie „von unten her" – bei Christus und durch ihn bei den Glaubenden – ihre Effizienz: Christus lebt als der durch den Tod hindurchgegangene Erhöhte auf Gott hin und bezieht die Glaubenden in diese seine rettende Sohnes-Hinwendung zum Vater ein. (Vgl. Röm 6,10f; 8,29f; s. dazu *Thüsing*, Per Christum in Deum S. 67–78.115–147. Zum Begriff der „doppelten theozentrischen Linie" vgl. *ders.*: Neutestamentliche Zugangswege . . . [s. oben Anm. 35] S. 118–120.225f.276f.)

Wenn es sich bei dieser doppelten theozentrischen Linie, *die ohne das Pneuma und die Pneuma-Christologie nicht gedacht werden kann*, wirklich um eine durchgängige Struktur des paulinischen Denkens handelt, wird das Postulat noch dringlicher, eine stärkere Verbindung von Rechtfertigungslehre und Christologie zu suchen.

# 6. Die johanneische Theologie als Verkündigung der Größe Gottes*

Es mag gewagt erscheinen, in einer Vorlesung wie dieser ein Thema zu behandeln, das mit einem so umfassenden und das Verständnis so übersteigenden Begriff wie der Größe Gottes verknüpft ist. Aber von Zeit zu Zeit ist es notwendig, den Blick zu weiten für das, was in aller Theologie und sicherlich in aller wissenschaftlichen Beschäftigung mit dem Neuen Testament das Ziel sein muß. Und am Beginn eines neuen Abschnitts des Dienstes am Wort Gottes, wie es der ist, an dem ich jetzt stehe, legt sich eine solche Besinnung besonders nahe.

Es ist wie in einer Begebenheit, von der ich einmal hörte[1], in der ein kleiner Junge an der Hand seiner Mutter einen Ozeanriesen besichtigen konnte. Man führt die Gäste über die Decks, durch die Gänge, die Unterhaltungs- und Aufenthaltsräume verschiedenster Art, Sporteinrichtungen, Schwimmbad, man zeigt ihnen die Funk- und Radaranlagen, die Navigationseinrichtungen, die Maschinenräume. Der Junge ist zuerst gepackt von all dem, was es zu sehen gibt; aber mit der Zeit wird er unruhig — als ob er etwas suche, was er unbedingt erwartet hat. Und schließlich ruft er: „Mutter, wo ist denn das Meer?"

Wenn wir uns fragen, wo wir inmitten all des Schönen und Kostbaren, mit dem Gott uns in dem Schiff der Kirche umgeben hat, den Ausblick auf das freie Meer gewinnen können (ohne den dieses Schiff seinen Sinn nicht erfüllen könnte) — den glaubenden Ausblick auf die Unendlichkeit und Größe Gottes selbst —, dann denken wir vielleicht zuerst an das Gotteswort des Alten Testamentes; etwa an das Wort, mit dem Ps 104 Gott anredet: „Jahwe, mein Gott, du bist sehr groß[2]!" Oder an Psalmworte wie diese: „Groß bist du, der du Wunderbares tust; du allein bist Gott"[3]; „groß ist die Herrlichkeit Jahwes[4]." Solche Verkündigung der Größe Gottes ist im Alten Testament alles andere als eine Randerscheinung; in ihren mannigfachen Formen ist sie vielmehr das Erste und Wichtigste; sie ist zudem für das von Gott erwählte Volk Quelle der Kraft, aus der die Treue zu diesem Gott möglich wird.

Hat das Neue Testament dieses lebendige Wissen des biblischen Monotheismus um die Größe des e i n e n Gottes abgeschwächt? Etwa dadurch,

---

* Antrittsvorlesung an der Theologischen Fakultät Trier, 3. 7. 1965.
[1] In einem Vortrag von P. Benoit über das Thema „Paulinisme et Johannisme", abgedruckt in: New Testament Studies IX (1962—63) 193—207, hier 193; das Bild ist dort in anderer Zielsetzung verwendet.
[2] Ps 104 (103), 1.
[3] Ps 86 (85), 10.
[4] Ps 138 (137), 5.

daß es den nahen, barmherzigen Gott verkündet und scheinbar nicht den majestätischen, furchtbaren? Wir werden den Gedanken, daß im Neuen Testament eine Minderung vorliege, sofort ablehnen — aber wir spüren doch vielleicht, daß hier für uns eine Bemühung notwendig ist, daß uns die Antwort auf die Frage, wie denn das Neue Testament bzw. in unserem Falle die johanneischen Schriften die Größe Gottes verkünden, gar nicht mit Selbstverständlichkeit zur Hand ist. Und erst recht wissen wir, daß vielen unserer Christen das Bewußtsein der Größe Gottes verlorenzugehen droht oder verlorengegangen ist.

Wenn wir jetzt die johanneische Schriftengruppe des Neuen Testamentes auf ihre Verkündigung der Größe Gottes befragen — näherhin den 1. Johannesbrief und das Johannesevangelium —, dann kann das sicherlich nicht bedeuten, daß diese Frage nicht auch in anderen Schriften des Neuen Testamentes ihre reiche und tiefe Beantwortung finden würde. Und auch innerhalb der johanneischen Theologie selbst kann nur eine Auswahl getroffen werden. Um unser Thema zu behandeln, könnte man zuerst einen Abriß der johanneischen Theologie geben — dieser Lehre von der Offenbarung des ewigen Lebens in Jesus, über den Gegensatz von „oben" und „unten", von „Licht" und „Finsternis", der Botschaft von der Inkarnation des Logos und der Verherrlichung des Vaters und Jesu —; und man könnte von diesen Linien aus aufzeigen, ob und inwiefern diese Theologie von der Größe Gottes redet. Wir wählen jedoch einen kürzeren, weniger anspruchsvollen Weg, der aber trotzdem in den Kern der johanneischen Botschaft von Gott hineinzuführen vermag. Wir gehen aus von drei Johannesstellen, an denen unser Thema wörtlich anklingt, von den drei Stellen, an denen Gott als μείζων, als der „Größere", ausgesagt ist. Und im Verlauf der Erklärung dieser drei Stellen ziehen wir drei weitere hinzu: die drei großen johanneischen Gottesprädikationen „Gott ist Licht" —„Gott ist Liebe" — „Gott ist Geist".

Als erste der Aussagen vom „größeren" Gott nehmen wir 1 Jo 4, 4: „denn größer ist ‚der in euch' als ‚der in der Welt' ". Das Wort ist an Christen gerichtet, die ihren Glauben gegen einen Angriff auf seine Fundamente zu verteidigen hatten. Ihnen sagt der Brief: „Ihr seid aus Gott, und ihr habt den Sieg über sie (d. h. über die falschen Propheten, in denen der Widersacher Gottes und Christi wirksam ist) errungen", und zwar nicht aus eigener Kraft, sondern — so fährt der Brief jetzt fort — „weil ‚der in euch' — Gott — größer ist als ‚der in der Welt' " — der Widersacher, der Satan.

„Gott ist größer als ‚der in der Welt' " — um den Sinn zu erfassen, den der 1. Johannesbrief selbst mit dieser Aussage verbindet, müssen wir auf die Gottesprädikation schauen, die er ganz zu Anfang bringt und in der er geradezu seine Botschaft beschlossen sieht: 1 Jo 1, 5 „Und das ist die Botschaft, die wir von ihm [Christus] gehört haben und euch verkünden, daß Gott Licht ist und keinerlei Finsternis in ihm ist." Finsternis — das ist nach dem Zusammenhang (1, 6 ff.) das, was den Herrschaftsbereich des Widersachers bestimmt, das, worin der sündigende Mensch sich bewegt. Wenn der Verfasser unseres Briefes sagt „Gott ist Licht, und keinerlei Finsternis ist in ihm", dann heißt das nicht, daß er nur soviel größer sei als der Widersacher, daß er ihn mit knapper Not überwinden kann, sondern das sagt ihn als den absolut Überlegenen aus, als das reine, klare und zugleich glühende und machtvolle sonnenhafte Leuchten, dessen Sieg über das Dunkel gerade deshalb absolut gesichert und unwiderstehlich ist, weil in ihm nicht die geringste Spur dieser Finsternis ist.

Aus dem 1. Johannesbrief läßt sich aber noch genauer bestimmen, was mit diesem Licht und dieser Finsternis i n h a l t l i c h gemeint ist. Es geht schon aus dem Satz 1 Jo 2, 10 (der noch zu dem durch 1, 5 eingeleiteten Abschnitt gehört) hervor, daß der Liebende (der, der seinen Bruder liebt) im Licht und damit „in Gott" ist (vgl. 1 Jo 2, 5 u. ö.) und daß der Hassende (der, der seinen Bruder haßt) sich in der Finsternis befindet, d. h. im „Kosmos" als dem gottfernen, vom Widersacher Gottes beherrschten geistigen Raum. Durch diese und andere Vergleiche läßt sich zeigen, daß die Aussage „Gott ist Licht" der Sache nach gleichbedeutend ist mit der anderen „Gott ist Liebe" (1 Jo 4, 8. 16). Gott ist Licht, insofern er die Klarheit der machtvoll wirkenden Liebe ist.

„Gott ist Liebe": das kann sehr mißverstanden werden und ist oft mißverstanden worden, als ob hier nur gesagt werde, Gott sei Wohlwollen und Güte — ein Verständnis, das nur allzu leicht abgleitet in die (unreflektierte und unausgesprochene) Meinung, Gott sei von einer Gutmütigkeit beherrscht, die alles versteht und verzeiht, aber nicht mehr fordert und im Grunde auch machtlos ist gegenüber der Not der Menschen. Daß der 1. Johannesbrief etwas ganz anderes meint, sagt er unmißverständlich in 4, 9 und vor allem in 4, 10: „Darin besteht die Liebe, nicht daß wir Gott geliebt hätten, sondern daß er uns geliebt und seinen Sohn als Sühne für unsere Sünden gesandt hat."

Daß Gott Liebe ist, zeigt sich darin, daß er uns „zuerst geliebt hat" (4, 19), d. h. in einem absolut freien, souveränen Handeln, in dem er seinen Sohn in den Sühnetod gibt. Ὁ θεὸς ἀγάπη ἐστίν — das bedeutet: Er ist Liebe nicht im Sinne eines sentimental unverbindlichen Wohlwollens, sondern im Sinne der Hingabe (ja man kann sogar, insofern er seinen eigenen Sohn gegeben hat, von einer äußersten Selbsthingabe sprechen).

Gott ist Liebe, das heißt: Er ist das Sichverschenken und Sichverströmen (obwohl er immer derselbe bleibt); er ist das Sichverströmen der
stets sie selbst bleibenden Unendlichkeit. D e s h a l b ist Er das Licht
ohne den leisesten Flecken der Finsternis, weil „Finsternis" das Gegenteil des Sichöffnens ist, das Sichverschließen, die Lieblosigkeit, die nicht
schenken will und die in ihrer Konsequenz, dem Haß, ihr Wesen enthüllt.

Jetzt sind wir in der Lage, die Stelle 1 Joh 4, 4, von der wir aus-
gingen, besser zu verstehen. „Der in euch ist größer als der in der Welt"
— das gilt, weil dieses Licht der Finsternis absolut überlegen ist, weil
diese Liebe absolut siegreich ist über den Haß und die Selbstsucht und
die Lieblosigkeit.

Und deshalb gilt auch ein weiterer Satz des 1. Johannesbriefes in
Kap. 5, V. 4 (der unserem Vers 4, 4 ähnlich ist): „Das ist der Sieg, der die
Welt überwindet, unser Glaube." Der Glaube ist siegreich über die
Finsternis, weil er Glaube an die in Christus sich offenbarende Liebe
Gottes ist. Die beiden Hauptthemen des 1. Johannesbriefes — Christus-
glaube und Bruderliebe — sind durch diesen Gedanken verklammert,
wie er in 4, 16 ausgedrückt ist: „Wir sind zum Glauben gelangt an die
Liebe" — der Christusglaube ist als solcher der Glaube an den Gott,
dessen Liebe den Sohn hingibt. Der Glaube an Gott als die Liebe drängt
zu einem Leben, das die Liebe weiterschenkt und in dieser Liebe die
Finsternis und Kälte überwindet, ja er schließt ein solches Leben in der
Liebe nach der Botschaft des 1. Johannesbriefes geradezu ein: weil in
dem, der so glaubt, der allzeit größere Gott „bleibt" und wirksam ist.

Es gibt im Leben des Christen (und gerade in unserem heutigen christlichen Leben) vieles, was den Glauben bedrängt, was ihn erlahmen läßt
und verdunkelt, was die einzelnen Glaubenswahrheiten als Zumutung
erscheinen läßt, die man nur mehr als Last erträgt, unfroh und ohne
Kraft. Es ist wohl nicht zuviel gesagt, daß es in solcher Lage das beste,
recht verstanden sogar das einzige Heilmittel ist, durchzustoßen zum
Glauben an die Größe Gottes — in welcher Weise auch immer (und es
gibt viele Weisen, in denen dieses Durchstoßen zum Zentrum des Glaubens
möglich ist). Glaubensforderungen und Forderungen, die mit dem Ruf
Gottes zum Dienst verbunden sind, kommen uns nur dann unwahrscheinlich und schwer vor, wenn wir Gott zu klein denken. An Worten
wie denen des 1. Johannesbriefes „wir glauben an die Liebe" und „wir
siegen, weil ‚der in uns' der Größere ist" kann sich unser Kleinglaube
aufrichten; die Last wird von der Freude über den größeren Gott umfangen, ja von der Macht dieser immer größeren Liebe selbst, dieser
unendlichen, sich unfaßbar verschwendenden und doch in Majestät sie
selbst bleibenden Liebe.

Daß solche Stärkung nicht nur in der Not des Glaubens, sondern auch in der des Schuldigwerdens wirksam ist, sagt die andere Stelle des 1. Johannesbriefes, die vom „größeren Gott" spricht: 1 Jo 3, 19—20 „....Gott ist größer als unser Herz..." Meist wird nur der V. 20 isoliert wiedergegeben, in dem dieses Wort sich findet, so daß der Eindruck entsteht: „Wenn unser Herz uns anklagt", wenn wir etwas auf dem Gewissen haben, dann wird Gottes verzeihende Barmherzigkeit schon größer sein. Was an diesem unvollkommenen Verständnis richtig ist, bleibt auch dann erhalten und kommt erst eigentlich zur Geltung, wenn man den ganzen Gedanken des Satzes V. 19—20 bzw. V. 18—20 erfaßt und so erkennt, daß durch V. 20 eine ganz präzise Aussage über die Bruderliebe der Christen vollendet wird. Der ganze, im Urtext nicht leicht durchschaubare Satz lautet in der Übersetzung, die dem Zusammenhang am besten gerecht wird[5]: „Daran [nämlich daran, daß wir nicht nur in Worten und mit der Zunge, sondern in der Tat und Wahrheit die Brüder lieben (V. 18)], werden wir erkennen, daß wir aus der Wahrheit [d. i. aus Gott] sind und werden vor ihm [vor Gott] unser Herz zur Ruhe bringen können über alles [wörtlich: in bezug auf alles], weswegen das Herz uns etwa verurteilt, weil Gott größer ist als unser Herz und alles erkennt."

Der Text redet also nicht primär von dem Trost, der in der Nachsicht und verzeihenden Allwissenheit Gottes liegt, sondern von dem Trost, der aus dem Glauben an die in uns wirkende Liebe Gottes kommt. Der Christ erkennt an seiner tätigen Bruderliebe, daß er „aus Gott gezeugt" ist, daß Gott als die Liebe in ihm ist; und darin besteht der Trost für den Menschen, der sich als Sünder vor Gott sieht. Das Wort „Gott ist größer als unser Herz" ist wie das von 1 Jo 4, 4 (wir siegen, weil der in uns der Größere ist) nur im Zusammenhang der Wahrheit „Gott ist Liebe" ganz zu verstehen. Größer als unser Herz ist Gott nicht nur in der Weise, wie ein großmütiger, der Verzeihung fähiger Mensch ein größeres Herz hat als einer, der egoistisch, eng und klein gegen ihn handelt. Wenn der Satz, daß Gott größer ist als unser Herz, nicht mehr als das oder ähnliches von Gott aussagen würde, wäre er nicht der Trost, der er wirklich ist. Gott ist nicht in der Weise größer als ein enges und dunkles Herz, wie das auch Menschen möglich ist, sondern Gott ist der schlechthin Größere, weil er die in Christi Lebenshingabe sich offenbarende Liebe ist, weil er der in Liebe sich ohne Maß Verschenkende ist, der sich als diese Liebe gnadenhaft in uns hineingesenkt hat und bereits — wie der Blick des Glaubens an der Bruderliebe erkennen kann — in uns wirkt.

Der Nachsatz „Gott ist größer als unser Herz u n d e r k e n n t a l l e s" ordnet sich in diese Aussageabsicht ein. Gott „erkennt alles":

---

[5] Vgl. R. S c h n a c k e n b u r g, Die Johannesbriefe (Herders Theologischer Kommentar zum Neuen Testament XIII, 3, Freiburg ²1963) z. St. (S. 194. 201 ff.).

nicht nur die Schwachheit unseres kleinmütigen Herzens, sondern auch die Werke der Liebe, die Er in uns wirkt. Er weiß darum, daß sein „Same" (1 Jo 3, 9), d. h. sein Geist, in uns bleibt, er weiß um sein heiligendes und bewahrendes Wirken in uns. Wir können unser Herz vor ihm zur Ruhe bringen, weil er als das Licht in uns ist, gegen das die Finsternis in der Welt und in unserem Herzen nicht aufkommen kann.

Wir haben bisher nur Aussagen aus dem 1. Johannesbrief betrachtet. Aber auch im Johannesevangelium findet sich an einer Stelle die Ausdrucksweise, daß Gott „größer" ist, und zwar im Munde Jesu, in den Abschiedsreden, aber in einem Zusammenhang und in einer Sinnrichtung, die der bisherigen gegenüber scheinbar neu und fremd ist. Die Aussage lautet: „Der Vater ist größer als ich" (Jo 14, 28). Der Vater größer als Jesus, der wesensgleiche Sohn — von unserem Glaubensbewußtsein her sind wir versucht, Anstoß an diesem Wort zu nehmen, und wir wissen ja auch um die Häretiker, die es in ihrem Sinne gegen den Glauben der Kirche gebraucht haben. Was bedeutet das Wort nun wirklich? Der ganze Satz, in dem es steht, lautet: „Wenn ihr mich liebtet, würdet ihr euch freuen, daß ich zum Vater gehe, denn der Vater ist größer als ich." Das Wort fordert die Jünger, von denen der Herr scheidet, auf, nicht zu trauern, sondern sich mitzufreuen — denn für Jesus muß es die größte Freude und Seligkeit sein, wenn er wieder „beim Vater" ist. Und weshalb? Weil der Vater „größer" ist als er. Diese Begründung seiner Freude und der Aufforderung zur Mitfreude kann nur in dem Sinne interpretiert werden, in dem das Verhältnis von Vater und Sohn auch sonst im Johannesevangelium dargestellt ist: Der Vater ist Jesus gegenüber immer derjenige, der die Initiative hat, der den Auftrag erteilt. Größer sein könnte man in diesem Sinn mit „übergeordnet sein" wiedergeben. Jo 14, 28 bedeutet somit in keiner Weise, daß der Sohn metaphysisch geringer sei als der Vater, sondern es bedeutet zunächst, daß der Vater ihm die Sendung zur Rettung der Welt gibt.

Aber das Wort besagt noch mehr. Der Vater ist der „Größere" nicht nur, insofern er Jesus die Sendung gibt, sondern vor allem, insofern er der Ursprung der Herrlichkeit ist, die Jesus wiedererlangen soll, Ursprung und Urquell aber auch aller Gaben, die er der Welt durch die Sendung und Verherrlichung seines Sohnes schenken will. So erwartet der scheidende Herr vom Vater die Herrlichkeit und alle Gaben für das Leben der Welt — richtiger: die eine Gabe aller Gaben, den Heiligen Geist. „Größer sein" bedeutet in diesem Zusammenhang nicht nur „übergeordnet sein", sondern vor allem „geben können". Jesus schaut zum Vater als dem „Größeren" auf, weil er die eigene Herrlichkeit und den Geist, den er den Glaubenden ohne Maß spenden wird, nur aus dem

Reichtum des Vaters empfangen kann und will. Einen unausmeßbaren
Inhalt hat dieser liebende Aufblick, der in dem Wort „der Vater ist
größer als ich" angedeutet ist, diese Hinwendung des Sohnes zu dem,
der dieses Aufblickes würdig ist, zu der Größe des Gottes, der sein Vater
ist. Und aus diesem Aufblick erfließt der Wille, den Vater zu verherrlichen, d. h. ihn als den zur Geltung zu bringen, in dem das Leben und
alle Gaben des Lebens ihren Ursprung haben. Jesus betet im ersten Satz
des hohepriesterlichen Gebetes Jo 17, 1: „Vater ... verherrliche deinen
Sohn"; er erwartet diese Verherrlichung von der Macht und Liebe des
„größeren" Vaters. Aber die Bitte schließt damit nicht, sondern wird
weitergeführt in eine Bitte um die Verherrlichung des Vaters selbst:
„Verherrliche deinen Sohn, d a m i t  d e i n  S o h n  d i c h  v e r h e r r -
l i c h e" — damit er dich als den Größeren offenbare.

Das μεῖζων von Jo 14, 28, in dessen Sinn wir jetzt ein wenig ein-
gedrungen sind, führt uns (selbst gegenüber den Aussagen aus dem
1. Johannesbrief) noch tiefer in das Geheimnis der Größe Gottes hinein,
bzw. es lenkt den Blick stärker auf eine Seite dieses Geheimnisses, die
auch in den Worten aus dem 1. Johannesbrief enthalten ist; denn auch
sie reden nicht von Gott im abstrakten Sinne, sondern vom Vater Jesu
Christi. Aber Jo 14, 28 zeigt doch die Wahrheit „Deus semper maior",
anders als sie, ausdrücklich von der johanneischen Theologie des Verhältnisses Jesu zum Vater aus auf. In der Konsequenz dieser und anderer
johanneischer Aussagen liegt das Geheimnis des dreifaltigen Gottes, das
sich dem Glauben der Kirche immer mehr erschlossen hat und das schon
dem Bekenntnis „Gott ist Liebe" zugrunde liegt. Das Jesuswort „Der
Vater ist größer als ich" weist uns aber darauf hin, daß wir unseren
Glauben nur dann in einer der Offenbarung gemäßen Weise auf das
Geheimnis der Trinität richten, wenn wir über dem Geheimnis Jesu das
Geheimnis des Vaters als des „Größeren" im johanneischen Sinn, als des
Ursprungs des Geistes, der Liebe und der Herrlichkeit, nicht übersehen.

Gott ist uns in Jesus nahegekommen — so nahe, daß es uns schwer-
werden kann, seine Größe vor Augen zu haben, daß wir seine Liebe ver-
kleinern, weil wir ihre Majestät nicht mehr ahnen. Wir sind versucht,
uns durch den Blick auf die gottmenschliche Gestalt Jesu in einer Weise
fesseln zu lassen, wie Jesus selbst es nicht will. Die Sehnsucht und das
glühende Verlangen seines Herzens ist nicht nur, uns zu retten, sondern
uns dadurch zu retten, daß er uns vor seinen Vater stellt, daß er den
Vater offenbart und dadurch verherrlicht; das Ziel des Heilswerkes Jesu
ist es nach der Andeutung von Jo 20, 17, daß wir als seine Brüder
Söhne dieses Vaters werden, Ihm, dem Vater, in Liebe zugewandt.

„Der Vater ist größer als ich" — dieses Wort weist uns darauf hin,
daß der christliche, trinitarische Gottesglaube dann die lebendige, kraft-

volle Erfüllung des alttestamentlichen Monotheismus, des heiligen Eiferns für den einen großen Gott ist, wenn er den Vater Jesu Christi so sieht, wie das Neue Testament ihn verkündet, so, wie Jesus selbst den Gott der Offenbarung als seinen Vater verherrlichen will — wenn er die Funktion des Vaters im trinitarischen Leben und im Heilswerk so sieht, wie die Schrift sie zeichnet: wenn der Vater als ἀρχή, als Quellgrund der Gottheit und als Ursprung des machtvollen Gottesgeistes, durch den Jesus der Welt das Leben spendet, geglaubt wird. Daß wir diesen Hinweis aus dem Johannesevangelium, also aus einer Schrift erhalten, in der die Einheit Jesu mit dem Vater in einer kaum überbietbaren Weise bezeugt wird, ist Gewähr genug, daß solcher Blick auf den Vater als den „Größeren" die gleiche göttliche Würde des Sohnes in keiner Weise beeinträchtigt, ja sie in Wahrheit erst sichert.

Das Johannesevangelium enthält nicht nur diese Aussage vom Größersein des Vaters, sondern auch eine Gottesprädikation, die sich den beiden aus dem 1. Johannesbrief an die Seite stellt und in der wir eine Zusammenfassung der johanneischen Botschaft von der Größe Gottes erblicken dürfen: „πνεῦμα ὁ θεός, Gott ist Geist" (Jo 4, 23). Jesus belehrt an dieser Stelle im 4. Kapitel des Johannesevangeliums die Samariterin, die ihn nach dem rechten Ort der Gottesverehrung fragt, über die vollkommene Anbetung des Vaters: „Gott ist Geist, und die ihn anbeten, müssen ihn im Geist und in der Wahrheit anbeten." Aus dem voraufgehenden Satz ist es ganz offensichtlich, daß er hier nicht in der Weise späterer christlicher Jahrhunderte von der Anbetung der Trinität im abstrakten Sinne, sondern von der Anbetung seines Vaters redet: „Es kommt die Stunde und sie ist jetzt, da die wahren Anbeter d e n  V a t e r im Geist und in der Wahrheit anbeten — denn solche Anbeter sucht d e r V a t e r." Und das Ziel des Werkes Jesu ist es, daß er sie findet!

Im Geist und in der Wahrheit will Gott angebetet werden — auch dieses Wort ist mißdeutet worden; es ist sogar ein außerordentlich weit verbreitetes Mißverständnis, daß hier eine rein geistige Gottesverehrung im Gegensatz zu äußerem Kult gefordert werde. In Wirklichkeit meint das Jesuswort in keiner Weise einen verschwommenen Spiritualismus; es steht nicht in Gegensatz zur Verleiblichung der Anbetung (wenn es auch die Überwindung des alttestamentlichen Kultes anzeigt), sondern schließt sie ein. Denn „im Geist" bedeutet nicht „im menschlichen Geist" im Unterschied vom Leib, sondern: im Heiligen Geist Gottes, der in der Kirche durch Wortverkündigung und Sakrament den Raum für diese Anbetung schafft, und ἐν ἀληθείᾳ, „in der Wahrheit", d. h. in johanneischem Verständnis in der sich offenbarenden göttlichen Wirklichkeit, die Jesus selbst ist nach seinem Wort in Jo 14, 6: „Ich bin die Wahrheit."

Die Offenbarung Jesu und des Parakleten, des Heiligen Geistes, bringt uns nicht nur eine ungeahnte N ä h e Gottes, sondern sie ermöglicht es uns auch, die geheimnisvolle Majestät, die Größe Gottes in einer neuen, spezifisch anderen Weise in den Blick zu bekommen und anzuerkennen, als die Menschen vor Christus das konnten: Denn die Anbetung im Geiste und in der Wahrheit, die Jesus bringt, i s t diese neue, qualitativ höhere Weise, Gott anzuerkennen. Gott anbeten heißt: ihn als den stets Größeren glaubend zu bejahen. Und das ist in vollem Sinne nur in der gnadenhaften Einheit mit dem Sohn möglich, der zu seinem Vater als dem „Größeren" aufblickt; es geschieht im Raum der ἀλήθεια, der göttlichen Wirklichkeit, die Jesus als der Offenbarer des Vaters in seiner Person ist, in diesem „Raum", den er durch den Heiligen Geist, den er vom Vater aus sendet, schafft.

So können wir die Hinwendung, in der wir als Christen — als Menschen, in denen Jesus ist und die in Jesus sind — zur Größe Gottes stehen, abschließend ausgedrückt finden in diesem Wort von der Anbetung unseres Gottes, der Geist ist, wie er Licht und Liebe ist. Wir dürfen sogar sagen: der Licht und Liebe ist, w e i l er Geist ist, unendliche, göttlichste Macht, Leben in Fülle. Und mit solcher Anbetung ist der Sieg, den der Glaube an den größeren Gott bedeutet, und der Trost, den er verleiht, verbunden.

Was die johanneische Heilsverkündigung von der Größe Gottes aussagt — daß Gott Licht, Liebe und Geist ist —, das ist gewiß schon im Alten Testament grundgelegt. Aber die neutestamentliche Offenbarung, wie wir sie jetzt in ihrer johanneischen Form betrachtet haben, bietet doch auch hier die Erfüllung. Dadurch, daß das Neue Testament uns in das Geheimnis der Selbsterschließung Gottes hineinführt, wird die Verkündigung der Größe Gottes nicht gemindert, sondern ist objektiv dringlicher geworden.

Kann und darf es dann sein, daß im Gottesglauben von Christen doch eine faktische Minderung eintritt, daß das Bewußtsein der Größe Gottes an Intensität nachläßt gegenüber den Menschen des Alten Bundes, gegenüber gläubigen Juden, selbst gegenüber Monotheisten, die außerhalb der biblischen Offenbarung stehen?

Angesichts des Glaubensschwundes, der weithin zu beobachten ist, ist es sicher eine der dringlichsten Aufgaben von Theologie und Verkündigung, den „Sinn für Gott" (wie Kardinal Suhard in einem bedeutsamen Hirtenbrief formulierte[6]) wiederzuerwecken und zu stärken. Es ist zudem eine Aufgabe für jeden Christen. Aber vor allem sind diejenigen, die der Herr zur Verkündigung seiner frohen Botschaft beruft,

---

[6] E. Card. S u h a r d , Le sens de Dieu, Paris 1948.

ohne Zweifel auch dazu bestimmt, in den Dienst jener Gottesmänner des Alten Bundes einzutreten, denen der Eifer für die Einzigkeit und Majestät Gottes anvertraut war, die die Menschen ihrer Zeit vor den wahren, lebendigen Gott stellen sollten. Denn auch heute ist es die Aufgabe, die falschen, stets zu klein geratenen Bilder immer wieder zu zerbrechen, die wir uns (wenn auch nur in Gedanken) von Gott anfertigen — damit der Blick des Glaubens frei wird für den wirklichen, den immer größeren Gott.

Wir sind sicher noch weit davon entfernt, die biblische Gottes-offenbarung auszuschöpfen und sich ungehindert entfalten zu lassen. Aber es muß doch der Wunsch und der Wille — und die Bitte an Gott — in uns stark werden, von dieser Gottesoffenbarung des Alten Testamentes und vor allem des Neuen Testamentes die Fesseln fernzuhalten, die unser Kleinglaube und unsere Gedankenlosigkeit ihr anlegen will, damit ihre ganze Dynamik in der Verkündigung der Kirche frei wirken und frucht-bar werden kann.

---

Eines muß freilich auch jetzt noch hinzugefügt werden, das notwendig ist, damit die biblische Gottesverkündigung zum Zuge kommt: daß wir uns bewußt bleiben, daß selbst tiefstes Verständnis des Wortes der Schrift vor dem wirklichen Gott unzulänglich bleiben muß, ja daß selbst eine so tiefschürfende, vom Heiligen Geist geleitete Theologie wie die johan-neische ihn nicht zu fassen vermag. Selbst sie steht immer wieder vor der Grenze des kreatürlichen Unvermögens, Gott so zu sehen, wie er ist. Der 1. Johannesbrief deutet das in Kap. 3, V. 2 an, wo er davon spricht, daß wir erst in der Vollendung Gott so schauen werden, wie er ist, und daß diese Schau uns in einer Weise, wie wir es noch nicht wissen können, umwandeln wird. Das ist der Ausdruck des Bewußtseins, daß „Gott schauen, wie er ist", etwas Ungeheures, vom Menschen her völlig Un-ausdenkbares ist. Und schon durch den Gebrauch des Komparativs an unseren drei Stellen ist die Begrenztheit allen Redens über Gott an-erkannt; der Komparativ verzichtet ja darauf, etwas Abschließendes zu sagen, und hält so den Blick des Glaubens für die Unendlichkeit frei.

Das Gleichnis eines mittelalterlichen Mönches, des seligen Ägidius von Assisi, eines der ersten Gefährten des heiligen Franziskus, mag jetzt zum Schluß diese Wahrheit, daß selbst das Wort der Schrift nicht das Letzte sagen kann, in seiner schlichten Weise veranschaulichen[7]. Zu seiner Einsiedelei in der Nähe von Cetona kamen einmal zwei Predigerbrüder,

---

[7] Vgl. G. M e n g e , Der selige Ägidius von Assisi, Paderborn 1906, S. 34 f.; Der stumme Jubel (Religiöse Schriftenreihe der Buchgemeinde Bonn, 2. Bd.), Bonn 1926, S. 41.

um ihn aus Verehrung zu besuchen. Als sie miteinander über Gott sprachen, meinte einer: „Ehrwürdiger Vater, überaus Großes und Erhabenes hat der heilige Evangelist Johannes über Gott gesagt." Ägidius sinnt nach und antwortet: „Lieber Bruder, der heilige Johannes sagt nichts über Gott." Darauf der andere: „Lieber Vater, was sagst du da? Hüte dich! Der heilige Augustin meint doch, wenn der heilige Johannes höher gesprochen hätte, würde ihn kein Sterblicher verstanden haben. Sprich darum nicht, Vater, daß er nichts sagt." Darauf Ägidius: „Abermals und abermals sage ich euch, daß der heilige Johannes nichts von Gott sagt." Da wurden seine Besucher unwillig und schickten sich wenig erbaut an, wegzugehen. Nachdem sie sich schon einige Schritte entfernt hatten, rief Ägidius sie zurück, zeigte ihnen den Berg, der sich in der Nähe von Cetona erhebt, und sprach: „Wenn es einen Berg von Hirsesamen, so hoch wie dieser da, gäbe, und ein am Fuße des Berges wohnender Sperling fräße davon: wieviel würde er an einem Tage, in einem Monat, in einem Jahre, ja wieviel in hundert Jahren abtragen?" Die Antwort (nach kurzem, verwundertem Schweigen): „In tausend Jahren würde er ihn um fast nichts vermindern." Darauf Ägidius: „Die ewige Gottheit ist so unermeßlich und ein so hoher Berg, daß der heilige Johannes, der gleichsam ein Sperling war, nichts sagt im Vergleich zur Größe Gottes."

Der Bericht schließt: Da nun die beiden Ordensbrüder sahen, daß er wahr gesprochen, warfen sie sich dem Seligen zu Füßen, baten um Verzeihung und sein Gebet und gingen erbaut — im Glauben gestärkt — von dannen.

# 7. Die theologische Mitte der Weltgerichtsvisionen in der Johannesapokalypse

## I.

Wer die Apokalypse des Johannes, dieses rätselvolle, so wenig bekannte und ausgewertete letzte Buch des Neuen Testaments (dieses Buch, das wir nur zu oft den Sektierern überlassen) ohne ausreichende Erklärung liest, wird wohl zunächst den Eindruck haben, daß hier einige schöne Szenen fast untergehen in einer wirren Fülle von düsteren Visionen. Da werden die „apokalyptischen Reiter" entsandt, um Krieg, Hunger und Seuchen über die Erde zu bringen[1]; da wird der „Brunnen des Abgrundes" geöffnet, und aus dem Rauch, der diesem Brunnen entströmt, kommen furchtbare Wesen wie riesige Heuschrecken heraus, um die Menschen zu peinigen[2]; Engel schütten goldene Schalen über das Meer und die Flüsse und die Quellen aus, und sie werden zu Blut[3]; da rüstet sich die satanische Macht, unter dem Bilde eines furchterregenden feuerroten Drachen dargestellt, mit dem Antichristen als dem „Tier aus dem Meere" zum Kampf gegen Gott[4]; breit wird die Verderbtheit der großen Dirne „Babylon" (der gottfeindlichen Weltmacht) und das schreckenerregende Gericht über sie dargestellt[5]; und die Schrecken steigern sich bis zum endgültigen Gericht Gottes über den Antichristen und seine Heerscharen und den Satan. Es ist, als ob alle Traumängste der Menschheit vor den Katastrophen der Weltgeschichte uns geballt entgegenträten.

Wir können leicht zu der Frage kommen — heute eher als vor 20 und 25 Jahren —, ob das alles nicht überholte mythologische Redeweise ist, ob es überhaupt zu unserem Welt- und Geschichtsbild paßt (und zwar nicht nur zum naturwissenschaftlichen, sondern auch zu unserem heutigen theologischen). Wird die jetzige Schöpfung nicht völlig abgewertet, wenn man sich dieses Bild der in Katastrophen vergehenden Welt zu eigen macht? Und was die Apokalypse selbst angeht: Gibt es überhaupt eine theologische Ordnung in dieser Folge von eigenartigen oder sogar abstrusen Visionen? Gibt es hier so etwas wie eine „Mitte"?

Und vor allem: Paßt alles zu unserem Gottesbild? Ist dieser Gott des Gerichtes, der das Blut seiner Heiligen rächt, der scheinbar sinnlose Plagen und Qualen über die Menschheit hereinbrechen läßt, wirklich u n s e r Gott?

---

[1] Apk 6, 2—8.
[2] Apk 9, 1—11.
[3] Apk 16, 3—7.

[4] Apk 12, 3 f. 17; 13, 1—18.
[5] Apk 17, 1—18, 24.

Bevor wir diese eigentliche Frage unseres Themas zu klären versuchen, wird es gut sein, so kurz wie möglich z w e i   V o r f r a g e n zu beantworten, und zwar   e r s t e n s   die nach der gemäßen Deutung und der literarischen Art der Apokalypse, und   z w e i t e n s   eine Übersicht über den Aufbau (den allem vorläufigen Augenschein zum Trotz außerordentlich kunstvollen und überlegten Aufbau) dieser Schrift zu gewinnen.

## 1. Zur literarischen Art und zur sachgerechten Deutung der Apokalypse

Hier muß vor allem   e i n e s   so nachdrücklich wie möglich betont werden: Die sog. welt- oder kirchengeschichtliche Deutung (die heute noch von vielen Sekten gepflegt wird) ist — wie in der ntl. Wissenschaft längst allgemein klar ist[6] — ein verhängnisvoller Irrweg. Es geht dem Apokalyptiker nicht darum, einzelne innergeschichtliche Ereignisse vorauszusagen; er will vielmehr der bedrängten Christenheit seiner Zeit, die die Probe der ersten Christenverfolgungen durch das römische Imperium zu bestehen hat, Trost spenden durch die Botschaft vom Weltgericht, Weltende und der neuen Schöpfung. Es geht ihm um das gleiche, was Jesus selbst in seiner Botschaft vom bevorstehenden Hereinbrechen der Gottesherrschaft verkünden will (vgl. vor allem die sog. „synoptische Apokalypse" Mk 13 parr); wenn man so will, sagt er diese Botschaft Jesu für die Christen seiner Tage neu. Wir können daran festhalten, daß er auf Patmos Offenbarungen erhalten hat, daß er von Gott her etwas „geschaut" hat; aber was er geschaut hat, das sind nicht die Einzelheiten, die wir in seinem Buch nachlesen können. Die sind nur Darstellungsmittel für das, was Gott seiner Kirche sagen will; und zwar ist leicht nachzuweisen, daß Johannes „Vorstellungsmaterial", das in der damaligen Zeit weit verbreitet war — es gab damals eine ganze Reihe solcher „Apokalypsen"[7] — in einer souveränen Weise in den Dienst seiner genuin biblischen und christlichen Botschaft stellt. Sein Buch lebt nächst der Christusbotschaft vor allem aus der Vorstellungswelt der atl. Propheten, und zwar mehr als aus der zeitgenössischen Apokalyptik.

Die Apokalypse des Johannes will das als nahe erhoffte Ende der Welt und damit den Sieg Gottes darstellen; den Vorrang hat also die sog. „e n d g e s c h i c h t l i c h e   Deutung". Aber diese ist zu verbinden mit der   „t r a d i t i o n s g e s c h i c h t l i c h e n"   (weil die einzelnen Vor-

---

[6] Vgl. A. V ö g t l e , Das Neue Testament und die neuere katholische Exegese I, Freiburg 1966, 150—152, ferner 152—178.

[7] Vgl. A. V ö g t l e a.a.O. 156—161; H. H. R o w l e y , Apokalyptik. Ihre Form und Bedeutung zur biblischen Zeit. Eine Studie über jüdische und christliche Apokalypsen vom Buch Daniel bis zur Geheimen Offenbarung, Einsiedeln 1965 (Übers. der 3. Aufl. des engl. Originals, 1962).

stellungen aus der atl. und zeitgenössischen Tradition genommen sind) und vor allem einer z e i t g e s c h i c h t l i c h e n Sicht; denn Johannes schreibt nicht im luftleeren Raum, die Apokalypse ist ein Buch aus ihrer Zeit und für ihre Zeit[8], und so erhält die gottfeindliche Weltmacht (die es nicht nur in der Zeit des Sehers gibt, sondern allezeit und vor allem in der Endzeit) wie von selbst die Züge des christenverfolgenden Roms. Es geht um eine „Endgeschichte", die schon für die Gegenwart des Sehers — aber auch für die unsere! — relevant ist.

## 2. Zum Aufbau der Apokalypse

Wir haben eben die Frage gestellt, ob in diesem zunächst so unübersichtlichen Buch eine Ordnung und eine gedankliche „Mitte" festzustellen ist. Wir fragen jetzt konkreter: Kann der A u f b a u des Buches einen Hinweis auf eine solche „Mitte" geben?

In der folgenden Gliederung ist versucht worden, den Aufbau der Apokalypse so darzustellen, daß auf diese „Mitte" schon hingewiesen wird.

---

### Aufbau der Johannesapokalypse

Überschrift, Grußzuschrift, Berufung des Sehers (1, 1—11)

#### Einleitender (ermahnender) Teil:
Der Menschensohn inmitten seiner Gemeinden (1, 12—3, 22)

#### Hauptteil (apokalyptischer Teil): 4, 1—22, 5

**A. DIE ENDEREIGNISSE UND DAS GERICHT** (4, 1—20, 15)

> *Übergeordnet:* Die Doppelvision
> Kap. 4: Der Thronende ist der „Kommende"
> Kap. 5: Das Lamm ist „würdig, die Siegel zu öffnen"

**I.** **(Erste Siebenerreihe von Gerichtsvisionen): Die sieben Siegel**
Öffnung der ersten 6 Siegel (6, 1—17)
> *Zwischenstück* 7, 1—17: Besiegelung der 144 000.
> Die Sieger vor dem Thron Gottes
Öffnung des 7. Siegels (8, 1)

**II.** **(Zweite Siebenerreihe von Gerichtsvisionen): Die sieben Posaunen**
Die ersten 6 Posaunen (8, 2—9, 21)
> *Zwischenstück* 10, 1—11, 14: Bedeutung der 7. Posaune
> Die zwei Zeugen

---

[8] Vgl. W. G. K ü m m e l, Einleitung in das NT (Feine-Behm-Kümmel), Heidelberg 1963, 337 f. 341.

**Die 7. Posaune:**
    Jubellieder im Himmel (11, 15—19)
    **Zentrale Zwischenvisionen** (Kap. 12—14):
        Die Sternenfrau und der Drache (12, 1—18)
        Die zwei Tiere (13, 1—18)
        Das Lamm und die 144 000 auf dem Berge Sion (14, 1—5)

        Verkündigung und Darstellung des Endgerichts („Ernte"): 14, 6—20
        (+ 15, 2—4: Die Sieger auf dem kristallenen Meer)

**III. (Dritte Siebenerreihe von Gerichtsvisionen): Die sieben Zornesschalen** (Kap. 15 und 16)
    **Entfaltung des Endgerichtes** (Kap. 17—20):
        Das Gericht über „Babylon" (Kap. 17 und 18)
        Jubellieder im Himmel (19, 1—10)
        Das Gericht über das Tier und den falschen Propheten („Messiasschlacht"): 19, 11—21
        Das Gericht über den Satan (20, 1—3. 7—10) und das „tausendjährige Reich" Christi (20, 4—6)
        Das Jüngste Gericht (20, 11—15)

**B. DIE NEUE SCHÖPFUNG** (21, 1—22, 5); vgl. schon 20, 4—6 und die „vorgreifenden Visionen" 7, 9—17; 11, 15—19; 15, 2—4; 19, 6—9.
    Schluß (22, 6—21)

---

In dem Abschnitt A des Hauptteiles heben sich drei Reihen von Visionen schon von vornherein von allen anderen ab: drei Reihen von je sieben „Plagen".

Es gibt Versuche, auch in den dazwischenliegenden Visionen Siebenerreihen festzustellen[9]; doch sind sie nicht zwingend. Die Siebenerreihen, die der Apokalyptiker selbst als solche kennzeichnet, sind diese drei. Rein formal wäre also von diesem vorweg erkennbaren Aufriß aus alles, was dazwischenliegt, jeweils als „Zwischenstück" zu charakterisieren; es würde sich also entweder tatsächlich um verbindende Glieder oder um Einschübe handeln (die freilich in i n h a l t l i c h e r  H i n s i c h t bedeutsamste Ergänzungen und Entfaltungen bieten können).

Das Schema gibt also einen Aufbau, der im großen und ganzen v o r a l l e r  D e u t u n g feststellbar ist.

Unter den Auslegern wird die Frage viel diskutiert, wie das Verhältnis der drei Siebenerreihen untereinander ist — s u k z e s s i v oder p a r a l l e l.

---

[9] Vgl. die Angaben bei M. E. B o i s m a r d , Die Apokalypse, in: Einleitung in die Heilige Schrift (Hrsg. A. R o b e r t und A. F e u i l l e t), Bd. II, Wien 1964, 645 (in der französischen Originalausgabe [Tournai 1959] p. 721 s.); M. R i s s i , Was ist und was danach geschehen soll. Die Zeit- und Geschichtsauffassung der Offenbarung des Johannes, Zürich 1965, 21, Anm. 43.

Daß sie d e m  W o r t l a u t  n a c h sukzessiv sind, ist leicht zu erkennen — die zweite geht aus der ersten und die dritte aus der zweiten
hervor, wie die erste durch die Vision von Kapitel 5 in Gang gesetzt
wird. Aber dieser kompositorischen Aufeinanderfolge braucht keine chronologische zu entsprechen, so daß die Frage bestehen bleibt.

Die m.E. zutreffende Antwort sei kurz angegeben: Die Reihen II und
III bilden ein zusammengehöriges Ganzes. Sie sind beide zum großen Teil
den ägyptischen Plagen (Ex 7—10) nachgestaltet; und zwar kann man
die Entsprechung zwischen II und III Zug um Zug nachweisen[10]. Dabei
schildert II jeweils eine partielle und III eine totale Katastrophe.

Reihe I ist demgegenüber ebenfalls ein zusammengehöriges Ganzes
und bietet präludierend (oft nur geheimnisvoll andeutend) schon die
wichtigsten Motive der Apokalypse[11]: von den innergeschichtlichen Katastrophen, die auf das Ende bezogen sind[12], über das Weltende selbst —
vgl. das sechste Siegel[13] — bis zur neuen Schöpfung[14]. Der Abschnitt
Apk 7, 9—17 gehört also nur unter rein formalem Aspekt zu einem
„Zwischenstück"[15], während er in Wirklichkeit den Abschluß der Reihe I
bildet.

D. h. also: Was als Nacheinander „geschaut" und berichtet wird,
braucht deshalb nicht notwendig im Nacheinander zu geschehen[16]. Man
verfehlt die eigentliche Aussageabsicht der Apokalypse, wenn man nicht
erkennt, daß hier eine darstellerische Absicht am Werke ist, daß die
„Vorgriffe" (d. h. die Einschaltung von Szenen, die schon das Ende des
Weltgerichts oder die Vollendung zeigen) und die Verklammerungen einer
bestimmten theologischen Aussageabsicht dienen.

Es geht also n i c h t um historisch hintereinanderliegende Ereignisse.
Das Nacheinander ist t e i l s  D a r s t e l l u n g s m i t t e l , das trotz der
verschiedenen Aspekte, die zum gleichen theologischen Sachverhalt geltend gemacht werden, die Spannung des Lesers aufrechterhalten soll;

---

[10] Vgl. G. B o r n k a m m , Die Komposition der apokalyptischen Visionen in
der Offenbarung Johannis, in: Studien zu Antike und Urchristentum (Ges. Aufs.
II), München 1959, 204—222, hier 205 f.; E. Lohse, Die Offenbarung des Johannes
(NTD 11), Göttingen ⁸1960, 83 f. (zu Apk 16, 1—21).

[11] Vgl. G. B o r n k a m m , a.a.O. 220.

[12] Apk 6, 1—11.

[13] Apk 6, 12—17.

[14] Apk 7, 9—17.

[15] Nur Apk 7, 1—8 (Die Versiegelung der 144 000) kann als eigentliches Zwischenstück angesprochen werden. Zwischen die vorgreifende Vision des Endgerichtes (Apk 6, 12—17) und die der Vollendung (7, 9—17) ist hier eine Vision
der Kirche auf Erden eingeschoben, die innerhalb der „zentralen Zwischenvisionen" der Kapitel 12—14 noch eine Entsprechung hat (Apk 14, 1—5: Das
Lamm auf dem Berge Sion und mit ihm die 144 000).

[16] Vgl. H. H. R o w l e y a.a.O. (Anm. 7) 116; M. R i s s i , a.a.O. (Anm. 9) 19 f.

t e i l s ist es aber auch Ausdrucksmittel für die Tatsache, daß es innerhalb der auf die Endereignisse zueilenden Weltgeschichte und vor allem innerhalb der Endereignisse selbst eine Steigerung und Intensivierung der Katastrophen gibt, in denen das göttliche Gericht sich vollzieht. Außerdem dürfte das Nacheinander öfters Ausdrucksmittel dafür sein, daß die Endereignisse schon für die Gegenwart relevant sind[17].

## II.

### 1. Die Herrschaftsübernahme Gottes als die „theologische Mitte" der Apokalypse

Wir haben die Frage, ob in dem Aufbau der Apokalypse schon Hinweise auf die „theologische Mitte" zu finden sind, noch nicht beantwortet. Jedoch ist in unserem Aufbau-Schema schon ein Ansatzpunkt für diese Antwort enthalten, indem die „7. P o s a u n e" im Druck hervorgehoben ist.

Das ist schon durch die Darstellung selbst gerechtfertigt. Kein anderes Glied der Siebenerreihen ist in seiner Bedeutung so stark hervorgehoben wie dieses. Das „Zwischenstück" Kapitel 10 und 11 (zwischen der 6. und 7. Posaune) hat zu einem großen Teil die Aufgabe, auf diese 7. Posaune hinzuweisen; in Apk 10, 5—7 heißt es:

> „Der Engel, den ich stehen sah auf dem Meer und auf der Erde, erhob seine Rechte in den Himmel, und er schwur bei dem, der lebt von Ewigkeit zu Ewigkeit, der den Himmel, und was in ihm ist, und die Erde, und was in ihr ist, und das Meer, und was in ihm ist, geschaffen hat, daß keine Zeit mehr sein wird, sondern in den Tagen, da der siebte Engel in die Posaune stößt, ist das Mysterium Gottes vollendet, das er verkündet hat an seine Knechte, die Propheten."

Die 7. Posaune kommt dann erst nach zwei bzw. drei weiteren Zwischenvisionen, die die Spannung noch erhöhen, in A p k 11, 15. Und was geschieht beim Ertönen dieser 7. Posaune?

> „Und der siebente Engel stieß in die Posaune. Und es erhoben sich gewaltige Stimmen im Himmel, die riefen: (N u n) i s t (W i r k l i c h k e i t) g e w o r d e n d i e H e r r s c h a f t unseres Kyrios und seines Gesalbten, und er wird herrschen in alle Ewigkeit!"

Man ist nahezu enttäuscht, daß auf dieses als Abschluß und Vollendung angekündigte Ereignis „nur" J u b e l r u f e i m H i m m e l laut wer-

---

[17] Übrigens schlägt sich in der Doppelung und Variation vieler Szenen und Motive auch die Tatsache nieder, daß der Verf. verschiedenartige Stoffe aus der ihm vorliegenden Tradition eingebaut hat; er hat sie so seinem Ziel dienstbar gemacht, in einem spannungsgeladenen Nacheinander doch viele Aspekte der wesentlichen Gerichtsereignisse zu bieten. Vgl. W. G. K ü m m e l, Einleitung (s. oben Anm. 8) 339.

den. Auch in den Vv. 16—18 folgen auf die Rufe der gewaltigen Stimmen Jubelrufe, die der „24 Ältesten".

> „Und die vierundzwanzig Ältesten, die vor Gott auf ihren Thronen sitzen, fielen auf ihr Angesicht und beteten Gott an und sprachen: Wir danken dir, Kyrios, Gott, Allherrscher, der da ist und der da war, daß du d e i n e   g e w a l t i g e   M a c h t   e r g r i f f e n   u n d   d i e   H e r r s c h a f t   a n g e t r e t e n   h a s t. Die Völker gerieten in Zorn, und dann kam dein Zorn und die Zeit der Toten, gerichtet zu werden, und (die Zeit), den Lohn zu geben deinen Knechten, den Propheten, und den Heiligen und denen, die deinen Namen fürchten, den Kleinen und den Großen, und zu verderben, die die Erde verderben."

In V. 19 folgt dann freilich noch die Bemerkung:

> „Und es öffnete sich der Tempel Gottes im Himmel, und es erschien seine Bundeslade in seinem Tempel, und es ereigneten sich Blitze und Stimmen und Donnerschall und Erdbeben und großer Hagel."

Ist die Spannung, die der Apokalyptiker hervorgerufen hat, vielleicht nur erzählerisches Mittel, ohne daß der 7. Posaune wirklich diese Bedeutung zukäme? Hinterher kommen doch noch viele Visionen vom Endgeschehen, darunter auch die letzte Reihe der sieben Schalenplagen! Oder hat das Geschehen bei diesem siebten Posaunenstoß — also die Jubelrufe und das Sich-Öffnen des himmlischen Tempels — für den Seher doch d i e zentrale Bedeutung? Ist in den Jubelrufen vielleicht die „theologische Mitte" aller Visionen schon beschlossen? Hier ist in der Weise des Lobpreises ja schon das im eigentlichen Sinne letzte Gericht ausgesagt („Es kam dein Zorn" 11, 18) und außerdem die Vollendung alles Geschehens: „Gott wird herrschen in Ewigkeit" (V. 15)[18]! Ist alles Folgende von 14, 6 an nur einerseits die Entfaltung dieses Letzten und andererseits (in Kapitel 12 und 13) die (nachgeholte) Schilderung der Gegner, die einander in der zum endgültigen Siege führenden Entscheidungsschlacht Gottes (Kap. 17—20, vor allem 19, 11—21) gegenüberstehen?

So ist es, wenn nicht alles täuscht, tatsächlich. Diese Lobpreisungen in Kap. 11 sind — wie auch die übrigen in Kap. 4 bis 19[19] — keine fromme

---

[18] Auch V. 19 ordnet sich in diese Sicht ein. Das Erscheinen der Bundeslade dürfte einerseits eine Andeutung der eschatologischen Gnadengegenwart Gottes sein, die in Apk 21, 1—22, 5 entfaltet wird (vgl. schon 7, 15—17); andererseits deuten die „Blitze und Stimmen . . ." wohl an, daß es sich zunächst um eine Gerichts-Theophanie handelt (vgl. Ex 9, 23 f.; 19, 16; vor allem Ps 18 [17], 13—15; Js 30, 30).

[19] Apk 4, 8 (Heilig-Ruf der „vier Wesen"); 4, 11 (Akklamation der „vierundzwanzig Ältesten"); 5, 9 f. und 5, 12 (Doxologien auf das „Lamm; s. unten S. 12, Anm. 25); 5, 13 (Lobpreis auf Gott und das Lamm); 7, 10. 12 (Lobpreisungen der „unzählbaren Schar vor dem Thron" und der Engel); 12, 10—12 (nach dem Sieg Michaels über den Drachen); 14, 7 (Ruf des Engels, der „das ewige Evangelium hat"); 15, 3 f. (Das Lied der Sieger auf dem kristallen-feuerglühenden Meer); 16, 5—7 (nach dem Ausgießen der dritten Schale); 19, 1 f. und 19, 6—8 (Allelujarufe, s. unten S. 16).

Zugabe, sondern in ihnen sagt der Apokalyptiker seine eigentliche Botschaft aus; bzw. sie dienen ihm zur Deutung seiner Visionen[20]. Oder, umgekehrt gesehen und etwas zugespitzt ausgedrückt: Man kann die Visionen in all ihrer bunten Mannigfaltigkeit als Illustration dieser „theologischen Mitte" auffassen.

Und was ist nun diese „theologische Mitte"? Sie offenbart sich in der Tatsache, daß die himmlischen Jubelrufe nicht zuerst davon reden, daß jetzt das Gericht geschehe, sondern d a ß G o t t s e i n e H e r r s c h a f t ü b e r n i m m t — dieser Gott, der in unbegreiflicher Geduld seine Feinde gewähren ließ, der seine gewaltige Macht nicht einsetzte und es hinnahm, daß die Welt von seinem Feind in unsägliche Katastrophen und das Leid der Zwietracht gestürzt und daß seine Propheten und selbst sein Sohn von den Mächten der Finsternis „besiegt" wurden. Dieser Gott ergreift jetzt seine Macht und seine Herrschaft, jetzt erweist er sich offenkundig vor aller Welt als den, der er ist. Genau dies ist das eigentliche Anliegen des Apokalyptikers (wie der ganzen Offenbarung vom Alten Testament, vor allem den Propheten, an; es ist auch das innerste Anliegen selbst der apokryphen Apokalypsen): daß Gott offenbar wird und herrscht.

Wichtig für diese Aussageabsicht ist eine Gottesbezeichnung in dem zweiten Jubelruf Apk 11, 17; dort wird Gott genannt „der da ist und der da war". Hier liegt ganz offensichtlich der Jahwe-Name des AT zugrunde — wir verdeutlichen die Übersetzung von Apk 11, 17 also am besten durch eine Betonung des „da": „der d a ist und der d a war[21]". Dieses „D a - Sein" ist schon vom AT her ein gewaltiges dynamisches Leben und Andringen in Macht und Bundestreue. Jetzt, in dem Geschehen, das unsere Doxologie von Apk 11 anzeigt, ist dieses machtvolle D a -Sein als das Herrschen Gottes vollendet.

Noch deutlicher erkennen wir das durch einen Vergleich mit den Parallelen unserer Gottesbezeichnung in den ersten Kapiteln der Apokalypse. Hier taucht eine solche Gottesbezeichnung dreimal auf, in dem Eingangsgruß 1, 4, in einer „Selbstvorstellungsformel" Gottes 1, 8 und in dem Heilig-Ruf der vier Wesen 4, 8. Aber es gibt einen Unterschied gegenüber 11, 17. An diesen drei Stellen ist die Gottesprädikation dreigliedrig: „Der d a war und der d a ist u n d d e r K o m m e n d e. Dieses letzte Glied „der Kommende", das in 1, 8 und 4, 8 den Akzent trägt, fehlt in dem Jubelruf von Kap. 11! Gerade das ist bezeichnend; denn es läßt sich nur dadurch erklären, daß der Apokalyptiker dieses „Kommen" schon jetzt als realisiert ansieht. Der ganze Verlauf der Gerichtsvisionen ist auf dieses „Kom-

---

[20] Vgl. G. D e l l i n g , Zum gottesdienstlichen Stil der Johannes-Apokalypse: Novum Testamentum III (1959) 107—137.
[21] Vgl. die Wiedergabe von Ex 3, 10—15 durch M. B u b e r — F. R o s e n - z w e i g , Die fünf Bücher der Weisung, Köln-Olten 1954, 158.

men" zu Gericht und Neuschöpfung hingeordnet; der Gott, von dem in ihnen gesprochen wird, ist der „Kommende" als derjenige, der im Begriff steht, seine Herrschaft zu übernehmen.

## 2. Der Vollzug der Herrschaftsübernahme in der Weise des Gerichts

Der Gott, der seine Herrschaft übernimmt, ist notwendig der r i c h - t e n d e  G o t t. Das Gericht über den Bösen und das Böse ist w e g e n der Herrschaftsübernahme Gottes notwendig; das Gericht ist nur die negative Kehrseite dieser Herrschaftsübernahme (die aber wegen der Feindschaft, die sich in der Welt gegen Gott erhoben hat, äußerst real und bedrängend ist). Aber nicht das Gericht ist die theologische Mitte der Apokalypse, sondern die Herrschaftsübernahme Gottes.

Trotzdem erhebt sich die Frage, ob die Weise, wie hier vom Gericht Gottes die Rede ist, für uns Menschen des Neuen Bundes noch akzeptabel ist. Schauen wir nur auf Apk 11, 18 „Da entbrannte dein Zorn" und — noch härter und schärfer — Apk 19, 2 „Er hat R a c h e  g e n o m m e n für das Blut seiner Knechte"; vgl. ferner 16, 5—7, wo die härteste Stelle dieser Art sich findet. Da spricht der dritte Schalenengel, der seine Schalen auf die Flüsse und die Quellen ausgießt, so daß sie „zu Blut werden": „Gerecht bist du, der da ist und der da war, du Heiliger, daß du dieses Gericht gehalten hast, denn Blut von Heiligen und Propheten haben sie ausgegossen, und Blut hast du ihnen zu trinken gegeben; denn sie sind es wert." Wir können auch noch 6, 9 vergleichen, wo die Seelen derer, die geschlachtet worden sind wegen ihres Zeugnisses für Christus, selber um Rache schreien.

Ist das nicht alttestamentarisch im Sinne des Unterchristlichen? Wenn man es isolieren wollte: ja. Dann verträgt es sich nicht mit dem Gebot der Feindesliebe und dem Verzeihungsruf, den uns Lukas vom sterbenden Jesus und von Stephanus berichtet.

Wir könnten uns auf eine historische Überlegung zurückziehen: Das AT und die Apokalyptik sind davon durchdrungen, daß das Böse um der Heiligkeit und der Herrschaft Gottes willen ausgerottet werden muß; und auf weite Strecken wird im AT (und weit darüber hinaus!) dazu keine andere Möglichkeit gesehen als die Ausrottung aller Sünder. Hier trübt also die geistes- und religionsgeschichtlich bedingte Unfähigkeit, zwischen Sünder und Sünde zu unterscheiden, den Blick. Wir könnten uns auch darauf zurückziehen, daß das Gericht in Wirklichkeit von dem sündigen-den Menschen selbst grundlegend vollzogen wird (vgl. etwa Joh 3, 18: Wer sich nicht im Glauben Gott überantwortet, „ist schon gerichtet"). Solche Gedankengänge tragen ohne Zweifel zur Lösung unserer Frage bei.

Aber könnte es nicht auch noch anders ein — könnte im letzten Buch des NT nicht ein aus dem AT genommenes theologisches Schema als Darstellungsmittel für eine Wahrheit verwendet sein, die auch aus der ntl. Offenbarung nicht eliminiert werden darf: daß Gott so ist, daß er „seiner nicht spotten lassen" kann (vgl. Gal 6, 7)? Wird hier nicht vielleicht mit der gewiß äußerst unvollkommenen Ausdrucksweise vom zürnenden und rächenden Gott eine Seite des Gottesbildes dargestellt, die ohne den größten Substanzverlust nicht übersehen werden darf (und die man faktisch übersieht und fallen läßt, wenn man diese Ausdrucksweise nur überlegen lächelnd ad acta legt)? Und das, was als Auswirkung des Zornes Gottes in der Apokalypse beschrieben wird, gibt es ja faktisch schon äußerst real und bedrängend in der Menschheitsgeschichte. Sollen wir uns weigern, die Katastrophen der Menschheitsgeschichte mit Gott und Gottes Handeln zusammenzubringen, nur weil wir überzeugt sind, daß wir das nicht in der für unsere Begriffe kurzschlüssigen Weise der Apokalypse tun dürfen?

Man wird um so vorsichtiger, je mehr man erkennt, daß die Apokalypse zwar sicherlich nicht die ganze ntl. Offenbarungsfülle enthält, daß sie aber doch durchgängiger, tiefergehend und theologisch richtiger von der ntl. Heilsbotschaft geprägt ist, als manche Ausleger es wahrhaben wollen — und daß sie in einer außerordentlich eindrucksvollen und eindringlichen Weise den Blick auf das unauflösliche G e h e i m n i s Gottes richtet.

### 3.  Die Thronvision Apk 4 und die Herrschaftsübernahme Gottes

Wie die Apk das tut, erkennen wir am besten aus der „übergeordneten" Doppelvision Apk 4 und 5. Wenn man in der Lage ist, den Gehalt d i e s e r Vision wirklich in sich aufzunehmen, vermag man zu erfassen, daß der Gott, den die Apk verkündet, seine Herrschaft nicht übernimmt, um seine Feinde zu quälen und zu vernichten, sondern einfach und vor allem deswegen, weil er „würdig" ist; weil die Gottheit Gottes, des wahren, lebendigen Gottes — des Gottes, den kein Weiser dieser Welt ersinnen könnte — untrennbar zusammenhängt mit den beiden wichtigsten Fakten des Welt- und Heilsgeschehens: einmal mit der „Schwäche" und „Geduld" Gottes, in der er das „Lamm" besiegen läßt, damit es siege — und zum anderen mit seiner Herrschaftsübernahme, in der er „seine gewaltige Macht ergreift".

In Kapitel 4 schaut Johannes Gott als den „Thronenden", als den Ungenannten, Unnennbaren, den er nicht einmal zu beschreiben wagt. Es heißt einfach, daß er im Himmel einen Thron schaut, „und auf dem Thron [ist] ein Sitzender". Dieser geheimnisvoll Thronende ist wahrnehmbar nur in der Lichtfülle, die von ihm ausstrahlt, und in dem Spiegel, den die Huldigungen seiner Diener darstellen. Und mit dem Licht, das in der Klarheit und Helle eines Diamanten und durch rot und smaragden leuchtende Edelsteinpracht reflektiert wird, mit der Unendlichkeit des kristallenen Meeres, das den Boden des Thronsaales bildet und die Wahrheit „Gott ist Licht" (vgl. 1 Joh 1, 5) tausendfach reflektiert, verbindet sich die Glut des Feuers — in den „sieben Fackeln", die vor dem Throne brennen; und Blitze und Stimmen und Donner erschallen wie am Sinai.

Man hat oft gesagt, Apk 4 stelle ein zeitloses Bild des ewigen Gottes vor uns hin. Das stimmt — und stimmt doch wieder nicht. Schon die Blitze und Donner des Sinai, die vom Thron ausgehen, wollen zeigen, daß hier der Gott der Heilsgeschichte sich offenbart. Und so sehr die Lobrufe der „vier Wesen[22]" und der „vierundzwanzig Ältesten[23]" als Darstellung der nie endenden himmlischen Liturgie genommen werden können, so sind sie doch noch stärker auf das bevorstehende Handeln Gottes bezogen — eben auf das, was in 11, 15 ff. als vollzogenes Geschehen verkündet wird: auf die Übernahme der Herrschaft.

Der Nachdruck in dem „Heilig"-Ruf der Wesen (4, 8) liegt auf dem letzten Glied der Gottesprädikation: „der da kommt", d. h. der im Begriff steht, seine Herrschaft zu ergreifen. Und die Akklamation der „vierundzwanzig Ältesten" (4, 11) wird zwar meist übersetzt „Würdig bist du, Ehre und Macht zu e m p f a n g e n " — aber das griechische Wort, das im Urtext steht (λαβεῖν), kann genausogut „nehmen, ergreifen" bedeuten. Man könnte zwar im Sinne der Übersetzungsmöglichkeit „empfangen" meinen, der Apokalyptiker denke nur daran, daß Gott von seinen Geschöpfen die Lobpreisungen entgegennimmt. Aber das Wort „Macht" verwehrt diese Deutung: denn Gott empfängt seine Macht nicht, sondern e r g r e i f t   s i e (er besitzt sie ja schon als der Schöpfer, und als solchem gilt ihm die Akklamation 4, 11) — wie es dann ja in Apk 11, 16—18 auch ausdrücklich gesagt wird[24]. Und auch die Herrlichkeit, die die Wesen und die Ältesten preisend anerkennen, empfängt er nicht, sondern offenbart sie mit seiner Macht zusammen.

Wir sehen, wie sehr die Apk auch in dieser übergeordneten Vision von dem Gedanken geprägt ist, daß es um die Herrschaftsübernahme Gottes geht!

## 4. Die Herrschaft Gottes und des „Lammes". Die Apokalypse als neutestamentliche Schrift

Die gleiche Linie erkennen wir im 5. Kapitel, das mit dem vierten zusammen eine Einheit bildet. Der Thronende setzt die Endereignisse dadurch in Gang, ergreift dadurch seine Herrschaft, daß er dem „Lamm"

---

[22] Diese gewaltigen, aus der Vision des Propheten Ezechiel (Ez 1, 5—25) übernommenen und umgeformten Thronassistenten Gottes sind vielleicht als Vertreter der Schöpfung gedacht.
[23] Die Auslegung schwankt, ob Vertreter des priesterlich-königlichen Gottesvolkes gemeint sind oder ebenfalls Engelwesen.
[24] Vgl. auch G. D e l l i n g a.a.O. 114.

das Buch mit den sieben Siegeln übergibt. Und dieses Buch ist eine Chiffre nicht für die Summe einer überzeitlichen Gotteserkenntnis, sondern für den göttlichen Plan und Entschluß, die alte Welt ihrem Ende zuzuführen und die neue heraufzuführen. Die Siegel des Buches können aber nur von dem „Löwen aus dem Stamme Juda" geöffnet werden, dessen Sieg dem Seher angesagt wird (Apk 5, 5); und dieser siegreiche „Löwe" erscheint ihm als das „Lamm", das die Todeswunde noch an sich trägt (5, 6). Das zuinnerst mit der christlichen Heilsbotschaft verbundene Paradox ist hier voll aufgenommen, daß der Tod Jesu Christi der entscheidende Sieg ist. Die Entscheidungsschlacht fällt nicht erst auf dem Schlachtfeld von „Harmagedon" (16, 16), sondern ist längst geschlagen in dem gehorsamen Besiegtwerden von Golgotha; das Wesen der satanischen Macht, das in dem sich aufgipfelnden Egoismus besteht, ist durch diese Tat der selbstlosen Liebe (vgl. Apk 1, 5) überwunden, endgültig niedergerungen. Apk 5 stellt die theologische Wirklichkeit dar, daß durch d i e s e n Sieg der Weg frei ist für die offenbare Herrschaftsübernahme Gottes mitsamt Gericht und neuer Schöpfung. Der Gott des Gerichtes, der dynamisch andrängende und kommende Gott ist der „Gott und Vater Jesu Christi". Beide Akte der Herrschaftsübernahme, sowohl das Gericht als auch die eigentliche Machtergreifung in der Neuschöpfung, geschehen durch Christus[25]. Gott richtet, indem er dem Lamm das Gericht übergibt; und er realisiert die neue Schöpfung als die „Hochzeit des Lammes" (Apk 19, 7.9)[26].

---

[25] Das ist in Apk 5 gut aus einem Vergleich der beiden an das Lamm gerichteten, zusammengehörigen Doxologien zu ersehen.

Apk 5, 9 f.: „Würdig bist du, das Buch zu nehmen und seine Siegel zu öffnen: denn du wurdest geschlachtet und hast für Gott mit deinem Blut [Menschen] erkauft aus allen Stämmen und Sprachen und Völkern und Nationen, und du hast sie für unseren Gott zu einem Königtum und zu Priestern gemacht, und sie werden herrschen auf der Erde."

Apk 5, 12: „Würdig ist das Lamm, das geschlachtet wurde, zu nehmen Macht und Reichtum und Weisheit und Kraft und Ehre und Herrlichkeit und Lobpreis."

Das Lamm ist auf Grund seines Sieges nicht nur würdig, die Siegel zu öffnen, d. h. die Endereignisse in Gang zu setzen, sondern es ist auch würdig, eben damit die endzeitliche Herrschermacht zu ergreifen. Seine Machtergreifung ist die Herrschaftsübernahme Gottes selbst, wie es — der auferstandene Sieger-Christus — ja auch schon mit seinem Vater auf dessen Thron Platz genommen hat (Apk 3, 21).

[26] Daß nicht nur die Gerichtsereignisse, sondern auch der Vollendungszustand schon in Apk 5 mit dem Sieg des Lammes verknüpft werden, ist aus dem ekklesiologischen Schluß der Doxologie Apk 5, 9 f. zu erkennen. Das Lamm hat für den Zustand der Vollendung, das „neue Jerusalem", schon den Durchbruch geschaffen, indem es Menschen aus allen Völkern in die Gottesbeziehung des „Königtums von Priestern" (vgl. Ex 19, 6; 1 Petr 2, 5.9) gestellt hat, die im herrscherlichen Glanz des neuen Jerusalem vollendet werden soll (vgl. 5, 10 mit 21, 3—5).

Die Tatsache, daß es diese Apokalypse im NT gibt, zeigt, daß der alttestamentliche Gottesbegriff im NT festgehalten werden soll und daß auch die „typisch alttestamentlichen" Züge dieses Gottesbegriffes in den neutestamentlichen Gottesbegriff integriert werden können und müssen. Dieser Sachverhalt ist — hier in der Johannesapokalypse deutlicher als in manchen anderen neutestamentlichen Schriften — ein Hinweis darauf, daß zum Verständnis des NT das Studium des AT notwendig ist, und vor allem ist er ein Hinweis darauf, daß wir Christen als Menschen des Neuen Bundes unseren Gottesbegriff nur auf dem Fundament des alttestamentlichen Gottesbildes gewinnen können; wir sollen ja nicht ärmer sein in der „Erkenntnis Gottes" als die Menschen des Alten Bundes. „Reicher" als sie können wir aber nur sein, wenn uns die Grundlage nicht fehlt, die sie hatten!

Ich weiß nicht, ob ich die Funktion des AT für uns Christen umfassend genug ausdrücke, wenn ich die Ansicht äußere, diese Funktion sei es, die Grundlage für die G o t t e s verkündigung des NT zu schaffen. Aber ist darin nicht vielleicht doch alles, was darüber hinaus noch genannt werden könnte, enthalten?

### III.

1. **Kann das Gottesbild der Apokalypse auch heute eine Hilfe sein** angesichts der Tatsache, daß das Gottesbild und die Gottesbeziehung vieler heutiger Menschen so sehr ins Unpersönliche abgleitet, „nebelhaft" wird, daß den heutigen Menschen alles zu konkrete Reden von Gott verdächtig erscheint?

Eine erste Gegenfrage, die zu einer Antwort hinführen kann, müßte lauten: Ist das Gottesbild der Apokalypse nicht vielleicht schon dadurch eine Hilfe, daß es sich so stark vom Klischee unserer gängigen Gottesvorstellungen unterscheidet — wenn wir es nur tief genug erfassen?

Darüber hinaus kann und muß aber noch gesagt werden: Wenn die „theologische Mitte" der Apokalypse der Gott ist, der seine Herrschaft übernimmt, der sich vor aller Welt offenbart, dann schließt das die Erkenntnis ein, daß er j e t z t d e r v e r b o r g e n e G o t t i s t ! Das Thema der Apokalypse ist das Offenbarwerden der Herrlichkeit Gottes in Gericht und Neuschöpfung — aber einschlußweise ist es auch die jetzige „Verborgenheit" Gottes; der Gott der Apokalypse ist der Gott, der sich verbirgt und offenbart.

Und ist nicht gerade der zugleich alttestamentliche und christlich durchformte Gottesbegriff der Apokalypse „der da ist und der da war und der da sein wird" d i e Botschaft, die uns anvertraut ist, damit sie in die offenkundige oder uneingestandene Not der Verborgenheit Gottes hineingesprochen werde? Die mythischen Chiffren, die uns in den scheinbar so ab-

strusen Visionen begegnen[27], h a b e n eine Mitte: sie dienen alle der Verkündigung des Gottes, der nicht nur „da ist" in der Verborgenheit, sondern der in der Offenheit und Offenbarkeit sowohl des endgültigen Sieges
als auch der Neuen Schöpfung „da sein wird".

Wenn wir die Botschaft der Apokalypse von dem Gott, der im Gericht
seine Herrschaft antritt, aus unserem Bewußtsein verdrängen, sind wir
noch nicht einmal in der Lage, das Vaterunser ehrlich und redlich zu beten.
Denn die zweite Bitte „Dein Reich komme" ist die Bitte um die Neue
Schöpfung — und diese Bitte schließt den Wunsch ein, den ein urchrist-
liches Gebet formuliert: Es vergehe diese Welt, und es komme die
Gnade[28]!

Ja, noch nicht einmal die erste Vaterunser-Bitte könnten wir redlichen
Herzens beten. Denn „das Ende muß kommen, damit die Heiligkeit Gottes
offenbar werde. Wo Gott als Gott sichtbar wird, wird die Welt nicht nur
bejaht, sondern in Frage gestellt. Das völlige Ernstnehmen Gottes ruft
eine Eschatologie, die Untergang und Neuschöpfung bedeutet"[29].

Das Bewußtsein, daß Gott der Heilige und der „Deus semper maior"
ist, tut uns not wie kaum jemals einer Zeit. Wir brauchen die Erneuerung
des „Sinnes für Gott"[30], für die Anbetung Gottes. Aber diese „Anbetung"
(fassen wir sie jetzt, da wir uns bemühen, in der Welt der Apokalypse zu
denken, doch einmal als ein Mitsprechen der Doxologien der Apokalypse
auf!) ist nicht einfachhin ein Sich-Neigen vor der zeitlosen Majestät des
höchsten Wesens, sondern Anerkennung dessen, „der d a ist und im Kommen ist", und Einverständnis sowohl mit der Tatsache als auch mit der Art
und Weise seiner Herrschaftsübernahme.

2. Nicht nur das Gottesbild, sondern **auch die Gerichtsvisionen** der Apokalypse haben einen Bezug auf unsere Gegenwart. Zwar wird sich bei uns
immer wieder das Bedenken melden: Rauben diese Visionen, wenn man
sie ernst nimmt, nicht allen Willen zur christlichen Weltgestaltung[31]? Sind
sie nicht zu sehr Trost für eine Martyrerkirche — und nicht für eine Kir-

---

[27] Vergleichen wir von den Chiffren für das Endgeschehen, die aus dem AT
übernommen sind, noch einmal die typologische Verwertung der ägyptischen
Plagen in der II. und III. Siebenerreihe, den Posaunen- und Schalenvisionen.
[28] Didache 10, 6. — Möglicherweise ist hier statt „es komme die Gnade" zu
lesen „es komme der Kyrios" (vgl. R. B u l t m a n n , Theologie des NT, ⁴1961,
129, Anm. 1).
[29] H. S c h ü r m a n n , Das Gebet des Herrn, Freiburg 1958, 36.
[30] Vgl. Titel und Anliegen eines Hirtenbriefes von E. C a r d . S u h a r d „Le
sens de Dieu", Paris 1948.
[31] Diese Frage stellt sich in anderer Weise, jedoch nicht weniger dringlich, bei
der Vision der Vollendung in Apk 21. Vgl. den Versuch einer Antwort in dem
folgenden Aufsatz „Die Vision des ‚neuen Jerusalem' (Apk 21, 1—22, 5) als Verheißung und Gottesverkündigung" (unten S. 17—34, bes. S. 30.32—34).

che, die wie die heutige den Auftrag zur Weltgestaltung hat? Aber wenn wir die sog. sieben „Sendschreiben" in Apk 2 und 3 nachlesen — die Anrede des erhöhten und bald zum Gericht kommenden Christus an die Gemeinden in Kleinasien —, dann spüren wir, daß auch wir durchaus mitgemeint sind[32]. Und zudem — es gibt ja auch in unseren Tagen Martyrerkirchen, ob wir es wahrhaben wollen oder nicht! Die dämonische Macht der gottfeindlichen Kräfte in der Welt[33] ist keineswegs gebrochen. Und wenn wir realistisch sein wollen, brauchen auch wir den Trost wegen der Katastrophen, die da kommen werden, genauso wie die Gemeinden zu Ende des 1. Jahrhunderts — auch wenn wir das Bewußtsein und die Angst vor diesen Katastrophen verdrängen möchten oder vielleicht verdrängt haben[34].

3. Ein Letztes muß noch gesagt werden: **Der Gott des Gerichtes ist auch der Gott der Verheißung.**

Er ist der Gott des Gerichtes, weil er der Gott der Verheißung ist. Der Jubel über seine Herrschaftsübernahme in der Apokalypse ist zwar von einer Anbetung getragen, die zuallererst nicht auf unsere Interessen, sondern auf die „Interessen" Gottes schaut; aber zugleich ist er getragen von der D a n k b a r k e i t , die sich persönlich dadurch beschenkt weiß. D e s -

---

[32] Der Kontrast zwischen der scharfen Kritik an den christlichen Gemeinden in Kap. 2 und 3 (vgl. 2, 4 f. 14—16, 20—23; 3, 1—3, 15—19) und der Darstellung der Kirche als der heiligen Gemeinschaft der Zeugen Jesu Christi im Hauptteil der Apk deutet keineswegs auf eine Uneinheitlichkeit der Apk hin, sondern ist durch den verschiedenen Aspekt bedingt, unter dem die Kirche jeweils betrachtet wird. Es war im Rahmen der Konzeption der Apk notwendig, daß beide Aspekte ausgedrückt wurden. — Vgl. hierzu auch H. H. R o w l e y a.a.O. 114.

[33] Es ist sehr die Frage, ob wir im Sinne der Apk die gottfeindliche Dämonie auf totalitäre Staaten beschränken dürfen, in denen die Christen verfolgt oder bedrückt werden. Die Schilderung der Gottlosigkeit und Verderbtheit „Babylons", die stark eine hemmungslose Ausnützung ökonomischer Machtmittel und ungezügelten Luxus herausarbeitet (Apk 18, 3—19; vgl. 13, 17) dürfte einen wichtigen Hinweis geben. Wie Paulus Juden und Heiden unter der Herrschaft der Sündenmacht zusammengeschlossen sah (vgl. Röm 3, 9 ff.; 11, 32), so würde der Apokalyptiker Johannes die Dämonie des „Tieres", seines Propheten und der „großen Hure" heute wohl nicht nur in einem abgrenzbaren Bereich der Erde erkennen.

[34] In der Apk ist zwar durchweg vom Weltende und den unmittelbar vorausgehenden Ereignissen die Rede, aber so, daß auch die innergeschichtlichen Katastrophen in ihrem inneren Bezug zum Weltende erkennbar sind. Ein an der Denkweise der Apk geschulter Blick, der zuerst auf das Weltende bzw. die Herrschaftsübernahme Gottes schaut, vermag auch die jetzt ablaufende Geschichte in ihrer Einheit mit den Endkatastrophen zu erfassen. — Vgl. vor allem H. S c h l i e r , Jesus Christus und die Geschichte nach der Offenbarung des Johannes, in: Besinnung auf das Neue Testament (Exegetische Aufsätze und Vorträge II), Freiburg 1964, 358—369.

h a l b wird das Dankgebet in Apk 11, 17 gesprochen: Wir danken dir, daß du deine gewaltige Macht ergriffen hast"[35].

Auch in diesem letzten Punkt entspricht die Apokalypse der Botschaft Jesu selbst, daß Gottes Herrschaft und Reich nahe herbeigekommen seien, und damit auch seiner Weltgerichtsbotschaft. So kann Lukas im Rahmen der „apokalyptischen Rede" das Herrenwort bringen (Lk 21, 28): „Wenn nun das alles eintritt, dann schauet auf und erhebet euer Haupt; denn es naht eure Erlösung!"

Daß der Gott des Gerichtes zugleich der Gott der Verheißung ist, können wir abschließend sehr deutlich in den beiden letzten Doxologien der Apokalypse erkennen, in Apk 19, 1 f. und 19, 6—8 (nach dem Gericht über „Babylon"). Sie beginnen beide — erstmalig in der Apokalypse! — mit dem Ruf „Alleluja", und sind so gestaltet, daß sie einander ergänzen und z u s a m m e n die ganze Botschaft der Apokalypse ergeben.

> Apk 19, 1 f.: „Alleluja! Das Heil und die Herrlichkeit und die Macht gehört unserem Gott; denn wahrhaftig und gerecht sind seine Gerichte. Er hat das Gericht an der großen Hure vollzogen, die die Erde mit ihrer Unzucht verdarb, und hat Rache genommen an ihr für das Blut seiner Knechte..."

> Apk 19, 6—8: „Alleluja! Denn seine Herrschaft angetreten hat der Kyrios, unser Gott, der Allherrscher! Laßt uns froh sein und jubeln und ihm die Ehre geben, denn gekommen ist die Hochzeit des Lammes, und seine Gemahlin hat sich bereit gemacht. Und es wurde ihr gegeben, sich in glänzende reine Leinwand zu kleiden..."

Die Herrschaftsübernahme Gottes, derentwegen das Alleluja ertönt, wird also d a s e i n e M a l („negativ") gesehen als Gericht über die Feinde; d a s a n d e r e M a l, beim zweiten Alleluja-Ruf, tritt die positive Kehrseite des Gerichts in den Blick: Die Machtergreifung Gottes vollzieht sich nicht nur in den Katastrophen des Gerichts, sondern eigentlich und endgültig in dem, worauf aller Kampf hingeordnet ist, in der „Hochzeit des Lammes". Der Gesalbte Gottes, das „Lamm", ist nicht nur derjenige, der das Gericht Gottes vollstreckt, der Sieger im blutgetränkten Mantel (Apk 19, 11—16), sondern zuletzt und zumeist der „Bräutigam" der vollendeten Kirche, der neugeschaffenen Menschheit.

So hat auch in der Apokalypse das Heil das Übergewicht über das Gericht, und auch die Botschaft des Gerichtsengels kann in 14, 6 zu Recht als ein „ewiges Evangelium" bezeichnet werden: als die gute Nachricht von dem Gott, der nur deshalb richtet, um seine Verheißung wahr machen zu können, und der die Herrlichkeit und Seligkeit der neuen Schöpfung eben dadurch heraufführt, daß er seine Herrschaft antritt.

---

[35] Daß Johannes eine solche Haltung nicht nur heroischen Martyrern nahelegt, sondern auch Christen, die von Schwachheit belastet sind und mitten in einem gar nicht immer heroischen Kampf stehen, zeigen wiederum die „sieben Sendschreiben" von Apk 2 und 3.

# 8. Die Vision des „Neuen Jerusalem" (Apk 21,1–22,5) als Verheißung und Gottesverkündigung

Die Johannesapokalypse entwirft in ihrem 21. Kapitel und in den ersten fünf Versen des 22. Kapitels ein weit ausgeführtes, farbenprächtiges Bild des Neuen Jerusalem, der von Gott her auf die neue Erde herabkommenden „heiligen Stadt", dem Mittelpunkt und Inbegriff der „kommenden Welt", der neuen Schöpfung. Apk 21, 1—22, 5 ist ein Text, der so ausführlich und eindringlich wie kaum ein anderer in der Heiligen Schrift die Vollendung zu beschreiben sucht, auf die die Offenbarung uns zu harren lehrt.

Innerhalb der Apokalypse bildet das große Gemälde des neuen Jerusalem, das der Seher vor uns entrollt, nicht nur die in der Reihenfolge letzte Vision und nicht nur die am ausführlichsten dargestellte, sondern den abschließenden Höhepunkt. Auf diese Fülle der Schönheit und Seligkeit strebte von Anfang an alles in diesem Buche hin[1]. Die früheren Visionen der Apokalypse sind (mit Ausnahme der wenigen, die schon auf diese letzte „vorgriffen"[2]) bewegt von der Unruhe und Spannung des Kampfes zwischen dem „Lamm" und dem „Drachen" und von den rasch aufeinanderfolgenden Schlägen des richtenden Gottes. In dieser letzten Vision nehmen wir dagegen — wenn wir einige wenige Verse, vor allem Apk 21, 24—27, einmal ausklammern — keine Bewegung wahr. Das Auge kann ausruhen in der Schau einer Herrlichkeit, die das Ziel allen Kampfes, die Frucht des Sieges ist.

Und wenn die Herrschaftsübernahme Gottes die „theologische Mitte" schon der Gerichtsvisionen ist[3], dann ist hier in Apk 21 die Vollendung dieser Herrschaft dargestellt. Auch hier steht nicht der Mensch, nicht einmal der verherrlichte Mensch, im Mittelpunkt, sondern Gott. Apk 21 ist Gottesverkündigung; recht betrachtet ist dieses Kapitel eine der ausdrucksvollsten Aussagen über Gott im Neuen Testament, und in der Apokalypse übertrifft es selbst die Thronvision von Kap. 4, die freilich als seine Voraussetzung immer mitzusehen ist.

Wenn es auch nicht die Absicht dieser Ausführungen sein kann, alles auszuschöpfen, was dieses reiche Kapitel bietet, so wird es doch gut sein, daß wir uns zunächst einen Überblick über den umfangreichen Text ver-

---

[1] Eine Reihe der Motive, die hier zusammenklingen, ist schon zu Beginn des Buches, in den sog. „Siegersprüchen" der sieben „Sendschreiben" im 2. und 3. Kapitel, angedeutet; vgl. Apk 2,7; 3,5.12 (zu 3,12 vgl. schon 2,17); auch 3,21.

[2] Innerhalb des Hauptteils Apk 6—20, der die Gerichtsvisionen enthält, vgl. Apk 7,9—17; 11,15—18; 15,2—4; 19,6—9. Vermutlich ist auch Apk 20,1—6 hierher zu rechnen.

[3] Vgl. den vorhergehenden Aufsatz, oben S. 1—16, bes. 6—9.

schaffen. Die folgende Übersetzung soll diesem Zweck dadurch dienen, daß alle, auch die kleinen Sinneinheiten durch gesonderte Überschriften kenntlich gemacht sind.

## I. DIE GRUNDLEGENDE VERKÜNDIGUNG DER NEUEN SCHÖPFUNG
(Apk 21, 1—8)

### 1. Der Inhalt der Vision (21, 1—2)

Und ich sah einen neuen Himmel und eine neue Erde; denn der erste Himmel und die erste Erde sind vergangen, und auch das Meer ist nicht mehr da. Und die heilige Stadt, das neue Jerusalem, sah ich vom Himmel herabsteigen von Gott her, bereitet wie eine Braut, die geschmückt ist für ihren Gemahl.

### 2. Die deutende Stimme „vom Throne her" (21, 3—4)

Und ich hörte eine gewaltige Stimme vom Throne her sprechen: Siehe, das Zelt Gottes unter den Menschen; er wird bei ihnen wohnen [„mit ihnen zelten"], und sie werden seine Völker sein, und er selbst, Gott, wird mit ihnen sein [„er selbst wird der ‚Gott mit ihnen' sein"]. Und er wird jede Träne aus ihren Augen abwischen, und der Tod wird nicht mehr sein; weder Trauer noch Klage noch Mühsal wird mehr sein. Denn das erste [die bisherige Welt] ist vergangen.

### 3. Die Worte Gottes selbst (21, 5—8)

Und der Thronende [„der, welcher auf dem Throne sitzt"] sprach: Siehe, ich mache alles neu. Und er sagt: Schreibe: diese Worte sind zuverlässig und wahrhaftig. Und er sagte zu mir: Es ist geschehen! Ich bin das Alpha und das Omega, der Ursprung und die Vollendung. Ich werde dem Dürstenden aus dem Quell des Lebenswassers umsonst geben. Der Sieger wird dies zum Erbe erhalten, und ich werde ihm Gott sein, und er wird mir Sohn sein.

Den Feiglingen aber und Abtrünnigen und mit Greueln Befleckten und Mördern und Unzüchtigen und Zauberern und Götzendienern und [überhaupt] allen Lügnern [allen, die Falschheit verüben] soll ihr Anteil werden in dem See, der von Feuer und Schwefel brennt; das ist der zweite Tod.

## II. DIE NÄHERE BESCHREIBUNG DES „NEUEN JERUSALEM"
(Apk 21, 9—22, 5)

### Einleitung (21, 9—10)

Und es kam einer von den sieben Engeln, welche die sieben Schalen hatten, die mit den sieben letzten Plagen gefüllt waren, und redete mit mir und sprach: Komm, ich will dir die Braut, die Gemahlin des Lammes, zeigen. Und er entrückte mich im Geiste auf einen großen und hohen Berg und zeigte mir die heilige Stadt Jerusalem, die aus dem Himmel von Gott her herabsteigt.

### 1. Das äußere Bild der Stadt, ihrer Mauer und ihrer Tore (21, 11—14)

Sie hat die Herrlichkeit Gottes. Ihr Lichtglanz ist gleich kostbarstem Edelstein, wie Jaspisstein, der kristallen leuchtet. Sie hat eine große und hohe Mauer mit zwölf Toren, und auf den Toren zwölf Engel, und Namen darauf geschrieben, das sind die Namen der zwölf Stämme Israels: im Osten drei Tore und im Norden drei Tore und im Süden drei Tore und im Westen drei Tore. Und die Mauer der Stadt hat zwölf Grundsteine und auf ihnen zwölf Namen — [die Namen] der zwölf Apostel des Lammes.

### 2. Die „Maße" der Stadt (21, 15—17)

Und der, welcher mit mir redete, hatte einen Meßstab, ein goldenes Rohr, um die Stadt und ihre Tore und ihre Mauer zu messen. Und die Stadt ist als

Viereck angelegt, und ihre Länge ist so groß wie die Breite. Und er maß die Stadt mit dem Rohr auf zwölftausend Stadien; ihre Länge und ihre Breite und ihre Höhe sind gleich. Und er maß ihre Mauer, einhundertvierundvierzig Ellen nach Menschenmaß, das heißt nach Engelsmaß.

### 3. Das „Baumaterial" der Stadt (21, 18—21)

Und der Baustoff ihrer Mauer [ist] Jaspis, und die Stadt [ist] reines Gold gleich reinem Glas. Die Grundsteine der Mauer sind mit jeglichem kostbaren Stein geschmückt: Der erste Grundstein ein Jaspis, der zweite ein Saphir, der dritte ein Chalzedon, der vierte ein Smaragd, der fünfte ein Sardonyx, der sechste ein Sardion, der siebte ein Chrysolith, der achte ein Beryll, der neunte ein Topas, der zehnte ein Chrysopras, der elfte ein Hyazinth, der zwölfte ein Amethyst. Und die zwölf Tore [sind] zwölf Perlen; jedes einzelne von den Toren besteht aus einer einzigen Perle. Und die Straße der Stadt [ist] reines Gold wie durchsichtiges Glas.

### 4. Gott und das Lamm als „Tempel" und Licht der Stadt (21, 22—23)

Und einen Tempel sah ich nicht in ihr; denn der Kyrios, Gott, der Allherrscher, ist ihr Tempel, und das Lamm. Und die Stadt braucht nicht die Sonne noch den Mond, daß sie ihr leuchten; denn die Herrlichkeit Gottes hat sie erleuchtet, und ihre Leuchte ist das Lamm.

### 5. Die „Herrlichkeit der Völker" wird in die Stadt hineingetragen (21, 24—27)

Und die Völker werden in ihrem Lichte wandeln, und die Könige der Erde tragen ihre Herrlichkeit in sie hinein. Und ihre Tore werden bei Tag niemals geschlossen werden; [und] Nacht wird es ja dort nicht geben. Und man wird die Herrlichkeit und die Kostbarkeit [oder: den Ruhm] der Völker in sie hineintragen. Und nichts Unreines wird in sie hineinkommen und keiner, der Greuel und Lüge tut, sondern nur diejenigen, die im Lebensbuch des Lammes geschrieben stehen.

### 6. Der Strom des Lebens und der Baum des Lebens (22, 1—2)

Und er zeigte mir den Strom des Lebenswassers, leuchtend wie Kristall, der hervorströmt aus dem Throne Gottes und des Lammes, und inmitten ihrer Straße und des Stromes von hier und von dort den Baum [„das Holz"] des Lebens, der zwölfmal Früchte trägt; jeden Monat trägt er seine Frucht, und die Blätter des Baumes dienen zur Heilung der Völker.

### 7. Abschluß: Gottesdienst, Gottesschau und Königsherrschaft der Bürger des neuen Jerusalem (22, 3—5)

Und nichts Verfluchtes wird es [dort] mehr geben. Und der Thron Gottes und des Lammes wird in ihr sein, und seine Knechte werden ihm dienen, und sie werden sein Antlitz schauen, und sein Name [steht] auf ihren Stirnen. Und es wird keine Nacht mehr geben, und sie bedürfen weder einer Leuchte noch des Lichtes der Sonne, denn der Kyrios, Gott, wird über ihnen leuchten, und sie werden herrschen in alle Ewigkeit.

---

## I. ÜBERBLICK ÜBER DEN TEXT

Wie es mehrfach in der Apokalypse geschieht, wird die Botschaft von der neuen Welt Gottes nicht nur in einem durchlaufenden Gedankengang, sondern in zwei gewissermaßen parallelen Abschnitten gegeben, die scheinbar nebeneinander stehen, in Wirklichkeit aber doch aufeinander hingeordnet sind: in der „grundlegenden Verkündigung" der neuen Schöpfung in 21, 1—8 und der eigentlichen ausgeführten Vision, der „näheren Beschreibung" in 21, 9—22, 5[4].

### a) Vorläufiger Überblick über Apk 21, 1—8. Zum Vorverständnis der Vision

Auf diesen ersten Abschnitt (I) und seine drei Teile werfen wir zunächst nur einen kurzen Blick, da seine Gedanken erst bei der theologischen Durcharbeitung der ganzen Vision ausgewertet werden sollen[5]. In 21, 1—8 ist vorweg zusammenfassend der Inhalt der Vision von Apk 21, 9—22, 5 (II) angegeben; was sie bedeutet, wird in der „Stimme vom Throne her" und in den Worten des thronenden Gottes selbst ausgesagt. Es ist das erste Mal, daß Gott selbst in der Apokalypse redend eingeführt wird. Schon daraus ergibt sich die Bedeutung dieses Abschnittes.

Die Worte der „Stimme vom Throne her" haben sich uns eingeprägt durch die Liturgie der Kirchweihe[6]; vielleicht ist es uns von daher allzu geläufig, diese Worte „Siehe, das Zelt Gottes bei den Menschen" auf unsere irdischen steinernen Gotteshäuser und die gegenwärtige Kirche zu beziehen. So ist es wohl notwendig, daß wir uns jetzt schon eindeutig klarmachen: Das „Zelt Gottes mit den Menschen", das die Apokalypse meint, ist eine im strengen Sinne zukünftige Realität. I m S i n n e d e r A p o k a l y p s e geht es hier n i c h t um etwas, was schon auf dieser Erde Wirklichkeit werden kann[7]. Die Urchristenheit zur Zeit der Apokalypse weiß: Das „heilige Zelt", der Tempel des Alten Bundes, ist zerstört, und das neue,

---

[4] Nur scheinbar besteht eine Spannung zwischen diesen beiden Teilen der Vision. Für die Meinung, Apk 21,9—22,5 beschreibe (im Gegensatz zu 21,1—8) „ein messianisches, irdisches Jerusalem, das den Heiden noch die Möglichkeit offenläßt, sich zu bekehren" (M.-E. Boismard, Die Apokalypse, in: Einleitung in die Heilige Schrift, hrsg. von A. Robert und A. Feuillet, Bd. II, Wien-Freiburg-Basel 1964, S. 645 f.), könnte man nur die Verse 21, 24—27 (und allenfalls 22, 2 — s. dazu unten S. 23, Anm. 13) anführen. Jedoch darf 21, 9—22, 5 nicht von diesen Versen aus gedeutet werden, sondern umgekehrt erhält das in 21, 24—27 enthaltene atl. Motiv der „Völkerwallfahrt zum Sion" vom Kontext der übrigen Vision her eine neue Funktion (vgl. unten S. 22 f., Anm. 12 und unten S. 33 f.). Falls dem Apokalyptiker für die beiden Teile der Vollendungsvision zwei ursprünglich selbständige literarische Vorlagen (und nicht nur eine Reihe von Einzelmotiven) vorgegeben gewesen sein sollten (was möglich, aber nicht zwingend ist), hätte er sie durch seine Gestaltung völlig aufeinander hingeordnet.

[5] S. unten S. 29 f.

[6] Apk 21, 2—5 bildet die Lesung der Messe des Kirchweihfestes.

[7] Damit ist an sich nichts gegen die Verwendung der Stelle in der Kirchweihliturgie gesagt — aber sie liegt auf einer anderen Ebene. In einer Predigt oder Katechese, die im Zusammenhang des Kirchweihfestes über diesen Text gehalten wird, müßte der analogische Charakter der Beziehung deutlich gemacht werden, der zwischen dem irdischen Gotteshaus und dem Sachverhalt besteht, den der Text unter dem Bilde des „neuen Jerusalem" beschreibt.

wahre „Zelt Gottes" ist noch nicht erschienen; die damaligen Christen wissen sich als eine Gemeinschaft, die ohne Tempel und Kult — im heidnischen und jüdischen Sinne — lebt (und erst recht ohne heilige Stadt!).

Ferner ist zu betonen: Die Vision vom neuen Jerusalem beschreibt nicht den „Himmel" im Sinne der jenseitigen Welt Gottes, die überzeitlich „über" uns ist, sondern etwas, was es jetzt, vor der Parusie Christi, auch im „Himmel" noch nicht gibt[8]. Die „heilige Stadt" von Apk 21 ist auch gegenüber der Vision des Thronsaals Gottes in Apk 4 etwas Neues, im eigentlichen Sinne Zukünftiges.

Beides müssen wir festhalten, wenn wir diese Vision annähernd so vernehmen wollen wie die ersten Leser!

### b) Zu den Einzelheiten der Vision Apk 21, 9—22, 5

Nach der Einleitung V. 9 und 10 (ein Engel zeigt dem Seher die heilige Stadt, die aus dem Himmel auf die neue Erde herabsteigt) bieten die Verse 11—23 eine Beschreibung dessen, was der Seher schaut. Wir können sie in drei kleinere Abschnitte gliedern:

1. Die Verse 11—14 sprechen von dem ä u ß e r e n B i l d d e r S t a d t und dabei vor allem von dem, ohne das eine antike Stadt nicht denkbar ist, ihren Mauern und ihren Toren. Die Herrlichkeit der Stadt ist hier ebenso angedeutet wie ihre Universalität — in jeder Himmelsrichtung öffnet sich eine Dreizahl von Toren; die Engel deuten die Macht Gottes an, unter der sie steht, und die Namen der zwölf Stämme Israels und der Apostel des Lammes die Einheit des atl. und ntl. Gottesvolkes.

2. Wenn die Vv. 15—17 sich mit den „M a ß e n" der Stadt beschäftigen, so geht es um eine für den antiken Menschen (und schon für den des AT, vgl. Ez 40—43) überaus symbolkräftige Aussageweise. Diese Maßangaben wollen zunächst sagen, daß alles in dieser Stadt dem göttlichen Plan entspricht. Wenn der Engel eine Seite der Stadt auf 12 000 Stadien mißt (= 2400 km — eine unüberschaubare Strecke), so soll damit angedeutet werden, daß sie größer ist, als ein irdischer Blick zu umfangen vermag.

---

[8] Der Hebräerbrief — als diejenige Schrift des NT, die neben der Apk die bedeutsamste Verwendung des Motivs vom himmlischen Jerusalem enthält — unterscheidet sich in diesem Punkte von der Apk nicht der Sache nach (im Hebr ist die Erwartung der „zukünftigen Stadt" ebenfalls betont; vgl. Hebr 13, 14, ferner 11, 10 und überhaupt das Grundmotiv des wandernden Gottesvolkes). Der Unterschied liegt (außer in der hier nicht darzustellenden anderen theologischen Denkweise) vor allem darin, daß die Apk das Motiv des himmlischen Jerusalem streng der eschatologischen Vollendung vorbehält, während der Hebr es auch für die jetzige transzendente Welt Gottes und die Beziehung des Christen zu ihr — d. h. für die Heilsgegenwart — verwendet (Hebr 12, 22—24; vgl. auch Gal 4, 26). In der Apk ist hier das Motiv des himmlischen Thronsaals vergleichbar (Apk 4—5; für die Beziehung der Christen auf Erden zu dieser himmlischen Wirklichkeit vgl. Apk 5, 8 und 14, 3; s. auch unten S. 30—32).

Die Angabe, daß die Höhe der (quadratisch angelegten) Stadt genau so
groß ist wie ihre Länge, sprengt erst recht unser Vorstellungsvermögen,
vor allem dann, wenn diese Angabe nicht auf eine Pyramide wie die
mesopotamischen Tempeltürme, sondern (was der Wortlaut und antike
kosmologische Vorstellungen ebenfalls als möglich erscheinen lassen) auf
einen Kubus deuten sollte[9]. Es ist eine „über alles menschliche Begreifen
hinausgehende Größe und Vollendung"[10], die hier ausgesagt werden soll.

3. Die Vv. 18—21 sagen, aus welchem „B a u m a t e r i a l" die Stadt
besteht — wenn wir einmal dieses nicht recht passende Wort in Ermangelung eines besseren gebrauchen dürfen; die Stadt wird ja nicht gebaut,
sondern geschaffen, und es entsteht nicht der erdhaft-schwere Eindruck
großer Bauwerke, sondern es überwiegt der durchsichtige Glanz.

D a s   G e f ü g e   d e r   M a u e r ist aus dem Edelstein Jaspis, wie schon
die ganze Stadt nach V. 11 wie ein kristallklarer kostbarer Jaspisstein
leuchtet. Die Stadt selbst (V. 18) und ihre Straßen (V. 21) sind aus „Gold,
wie reinem Glas". Die Fundamentsteine der Mauer (auf denen die Namen
der Apostel stehen) sind aus Edelsteinen, die Tore aus riesigen Perlen.

Gerade in diesem Abschnitt will der Seher uns eine Farbenpracht des
Leuchtens sondergleichen schauen lassen. Die atl. Vorbilder, von denen
er angeregt ist (Is 54, 11 f.; Tob 13, 16 f.; vgl. Ex 28, 17—21; auch Ez 28, 13),
werden überboten. Für den antiken Menschen verband sich mit den Bezeich-
nungen der Edelsteine jeweils eine Farbe, besser: ein farbig-klares Leuchten. Bei den Fundamentsteinen hört er etwa die Farben dunkelblau, meer-
grün, goldgelb, feuerrot, blaßgelb, grüngolden, rötlichviolett heraus[11]. Und
die Herrlichkeit der Edelsteine und Farben rahmt das strahlende Gold der
Stadt selbst ein, „reines Gold, durchsichtig wie Kristall" — auch dieses
Gold leuchtet von innen heraus!

4. Die nun folgenden, für das Ganze sehr bedeutsamen Verse 22 und 23
(Gott selbst ist der Tempel der Stadt), deren Gedanken in Abschnitt 7
(22, 3—5) noch einmal aufgenommen werden, und die Verse 24—27 (Abschnitt 5) unterbrechen die eigentliche Beschreibung[12].

---

[9] Vgl. E. Lohse, Die Offenbarung des Johannes (NTD 11), Göttingen 1960,
z. St. (S. 102); vgl. auch A. Wikenhauser, Die Offenbarung des Johannes (RNT 9),
Regensburg [3]1959, S. 158 f., der sich ebenfalls für eine symbolisch gemeinte
Kubusgestalt entscheidet.

[10] H. Lilje, Das letzte Buch der Bibel, Berlin 1941, z. St. (S. 225).

[11] Vgl. W. Bousset, Die Offenbarung Johannis, Göttingen 1906 z. St. (S. 449 f.);
E.-B. Allo, Saint Jean. L'Apocalypse (Études Bibliques), Paris [3]1933, z. St.
(S. 347 f.); J. Sickenberger, Erklärung der Johannesapokalypse, Bonn [2]1942, z. St.
(S. 193 f.).

[12] Die Verse 24—27 nehmen das im AT mehrmals vorkommende bedeutsame
Motiv der „Völkerwallfahrt zum Sion" auf; vgl. vor allem Is 2,2—4 (und die

Die beiden ersten Verse des 22. Kap. (Nr. 6) schließen die Beschreibung ab: In der Stadt fließt der Strom des Lebenswassers — auch er vom Licht durchflutet: „hell wie Kristall". Und dann ist der „Baum des Lebens" (wörtlich: „Holz des Lebens") zu sehen[13]. Das neue Jerusalem ist das wiedergekehrte Paradies — nein, es ist mehr; Gott stellt in ihm das erste Paradies nicht einfach wieder her, sondern überbietet es.

## II. DIE BEDEUTUNG DER VISION VOM NEUEN JERUSALEM

(Versuch einer theologischen Durcharbeitung)

Wir haben uns nun zu fragen, was dieser Text uns zu sagen hat. Manchem von uns wird diese Symbolsprache in ihrer Fremdheit vielleicht zunächst stumm bleiben. Oder es mag allenfalls unwillkürlich eine Art Freude aufkommen über die gold- und edelsteinglänzende Pracht, die da vor uns hingestellt wird. Aber sind wir wirklich in der Lage, die Vollendung, die wir selbst ersehnen, mit diesem Bild scheinbar schweigender, feierlich-glänzender Pracht zu identifizieren? Vielleicht haben wir auch noch ein wenig von dem so häufigen Vorurteil bei uns selbst nicht über-

---

Parallele Mich 4, 1—4); Is 45,14 f.; 49,22 f.; 60,1—18; Agg 2,6—8; Zach 14,10 f. 16; Tob 13,9; 14,6 f.

Nach Bousset (s. oben Anm. 11) paßt 21,24—27 nicht zu „der bis jetzt festgehaltenen Schilderung des h i m m l i s c h e n Jerusalems". Jedoch darf man von der Apk keine in unserem Sinne logisch einheitliche Vision erwarten; vielmehr transzendiert die Apk gerade durch die Kühnheit und Unvorstellbarkeit ihrer Motivkombination den Sinn der zugrunde liegenden atl. Stellen auf ihre eigene theologische Aussage hin. Im Rahmen von Apk 21,9—22,5 dürfte der Abschnitt V. 24—27 vor allem Ausdrucksmittel dafür sein, daß die Vollendung sich nicht auf das Gottesvolk bzw. die irdisch sichtbare Kirche beschränkt, sondern daß der Kreis der „im Lebensbuch des Lammes Aufgeschriebenen" (vgl. V. 27) umfassender ist (s. dazu auch unten S. 33 f.). Zugleich spiegelt sich hier vielleicht wider, daß es nach der Auffassung des Apokalyptikers auch in der neuen Schöpfung einen „Kern" der verherrlichten Menschheit geben wird. (Das neue Jerusalem ist wohl zugleich als Inbegriff der neuen Schöpfung u n d als Mittelpunkt der „neuen Erde" aufgefaßt.)

[13] Es ist nicht eindeutig auszumachen, ob wie in der Paradieserzählung e i n Baum des Lebens mitten zwischen Straße und Fluß gemeint ist oder wie in Ez 47,7.12 zwei Reihen von Bäumen zu beiden Seiten des Stromes, der dann inmitten der Straße fließt. Die Schwierigkeit kommt wohl daher, daß der Apokalyptiker b e i d e Motive vereinen will.

Das Motiv in A p k 22, 2, daß die Blätter des Lebensbaumes „zur Heilung der Völker" dienen (vgl. Ez 47,12), paßt nur für eine an der Oberfläche haftende Betrachtungsweise nicht zur Darstellung der Vollendung. Zusammen mit der Aussage, daß es „nichts Verfluchtes mehr geben wird" (Apk 22,3, vgl. Zach 14,11), ist es ein Darstellungsmittel für die völlige „Gesundheit" derer, die in der vollendeten Gottesgemeinschaft leben. (Zu vergleichen ist Apk 21,4: Gott wird jede Träne aus den Augen der Seinen abwischen, und der Tod wird nicht mehr sein, weder Leid noch Jammer noch Mühsal wird mehr sein . . .)

wunden (wenn schon intellektuell, dann noch nicht gefühlsmäßig), daß diese ganze Pracht und Herrlichkeit wie auch der ewige Gottesdienst der Vollendung im Grunde „langweilig" sei?

Wir müssen durchstoßen zu der Wirklichkeit, die hier gemeint ist — wir dürfen uns von den ungewohnten (oder allzu gewohnten) Bildern nicht blenden lassen, so daß wir abgelenkt würden, sondern müssen uns genau in die Richtung führen lassen, die der Text weist.

*Diesem Ziel soll die Beantwortung zweier Fragen dienen:*

1. Ist in diesem Text überhaupt etwas von personalem Leben zu spüren — und (was die Beziehung zu Gott angeht) tritt die lebendige, beglückende Liebe zu Gott, das p e r s o n a l e Gottesverhältnis, nicht doch zurück hinter der Pracht der zukünftigen Stadt?

2. Hat dieser Text eine Beziehung zu unserem jetzigen Leben, das wir als Christen in der Welt zu führen haben? Steht das Bild der neuen Schöpfung zusammenhanglos neben unserer Wirklichkeit der „ersten Erde" — gibt es da nur Diskontinuität (die alte Welt, unsere jetzige, wird ja dem völligen Verschwinden [„Vergehen", vgl. Apk 21, 1] preisgegeben, und alles soll restlos neu geschaffen werden) — oder gibt es auch Kontinuität? Es kommt bei unserer biblisch-theologischen Überlegung darauf an, nicht irgendwelche treffenden Gedanken (und deren gibt es ja viele!) in die Apokalypse hineinzutragen, sondern die Antwort aus der Apokalypse selbst zu gewinnen.

## 1. Personale Vollendung der Gottesbeziehung

Die Frage, mit der wir uns jetzt zu befassen haben, lautet: Sagt Apk 21 etwas über die personale Vollendung des Menschen und seiner Gottesbeziehung aus — oder (da wir ja von vornherein sehen können, daß der personale Bezug in den erklärenden Partien, in denen wir die Deutung des Bildes zu suchen haben — vor allem in 21, 3—7 — nicht fehlt): Wie intensiv ist dieses personale Moment in den B i l d e r n der Vision? Ist in ihnen etwas von der Fülle personalen Lebens zu spüren?

*a) Das Neue Jerusalem — Bild personaler Vollendung*

Wenn wir eine Antwort auf unsere Fragen finden wollen, müssen wir uns zunächst darüber klarwerden, was die Stadt im Sinne des Sehers Johannes eigentlich bedeutet. Ist sie nur die Wohnung, in der die verherrlichten Söhne und Töchter Gottes leben werden, oder ist sie auch das vollendete Gottesvolk selbst?

Die Frage hat ihre Bedeutung. Gerade von ihr hängt es ab, wie dicht der personale Bezug des Bildes ist, ob die ganze Schönheit der Perlen und des Goldes vielleicht eine Andeutung von letztlich personalen Wirklichkeiten ist.

Daß der Name Jerusalem (wie der Name Sion) Bezeichnung des Gottesvolkes selbst sein kann, wissen wir schon aus dem AT. Und im NT wird die Kirche (bzw. die einzelne Gemeinde) einige Male als „Tempel Gottes" bezeichnet (z. B. Eph 2, 20—22). Nimmt die Vision der zukünftigen Stadt vielleicht diesen Gedanken auf (trotz oder gerade im Zusammenhang mit der Aussage, daß kein Tempel in ihr ist)?

Es gibt Stellen in diesem Kapitel, nach denen die Stadt nur die Wohnung von verherrlichten Menschen zu sein scheint, vor allem die Vv. 24—27 (Abschnitt Nr. 5 unserer Übersetzung): Die Völker werden im Lichte des neuen Jerusalems wandeln, und jeder, der im Lebensbuch des Lammes aufgeschrieben ist, wird in die Stadt hineinkommen. Und in Abschnitt 7 (Apk 22, 3—5) entsteht erst recht dieser Eindruck.

Nach 21, 2 ist die heilige Stadt wie eine Braut g e s c h m ü c k t für ihren Gemahl. Ist die unermeßlich funkelnde Pracht, die Apk 21, 11 ff. uns schauen läßt, also der „Schmuck" der Braut (des verherrlichten Gottesvolkes) — ähnlich wie die einzelnen verherrlichten Christen, die „Sieger", angetan sind mit leuchtend weißen Gewändern? Oder ist die Beziehung von „Gottesvolk" und „Stadt" doch noch enger?

Es hilft uns zur Antwort, wenn wir einen Blick auf eine der früheren Visionen der Apokalypse werfen. Denn daß hier in Apk 21 das neue Jerusalem — eine Stadt — als Bild der seligen Vollendung beschrieben wird, kommt nicht unvermittelt; es ist vorbereitet durch das Gegenbild der gottfeindlichen Stadt „Babylon". Ein Engel — wohl derselbe, der dem Seher das neue Jerusalem zeigt — hat ihn nach dem 17. Kap. eine andere große Stadt schauen lassen, die stolze, aber zum Untergang verurteilte Hauptstadt der sich gegen Gott auflehnenden Welt. Aber was der Seher dort zunächst schaut, ist nicht das Bild einer Stadt, sondern eine Frau: „Und ich sah ein Weib auf einem scharlachroten Tiere sitzen, das ganz bedeckt war mit lästernden Namen . . ., und das Weib war bekleidet mit Purpur und Scharlach . . ." (Apk 17, 3 f.). Diese Weltmacht ist als die große Hure dargestellt, die mit den Königen der Erde buhlt, die in ihrer Hand einen goldenen Becher hält, der voll ist von den Greueln ihrer Unzucht; und sie ist überhaupt als Gegenbild des neuen Jerusalem überladen (nicht wirklich „geschmückt") mit Gold und Edelsteinen — bei ihr vergänglicher Pracht. Und wenn die Stadt „Babylon" als Hure dargestellt wird, dann sind selbstverständlich nicht ihre Straßen und Häuser gemeint, sondern gerade die Gott entgegengesetzte Welt, die Menschen, deren Symbol sie ist.

Genau vergleichbar — aber in der Reihenfolge der Bilder „Stadt" und „Frauengestalt" umgekehrt — ist es bei unserem Bilde des himmlischen Jerusalem. Der Engel, der den Seher auf den hohen Berg führt (21, 9 f.), sagt ihm nicht „Ich will dir die heilige Stadt zeigen", sondern: „Ich will dir die Braut zeigen, die Gemahlin des Lammes." Und dann erscheint nicht eine Frauengestalt, sondern die Stadt.

„Braut" ist also die Bezeichnung, die der Wirklichkeit am nächsten kommt; „Stadt" ist nur verdeutlichendes Bild, das die Größe und Herrlichkeit des Gottesvolkes der Vollendung zeigen will.

Die Vision von der neuen Stadt steht demnach von vornherein unter dem Vorzeichen, daß sie „Braut" ist, Gemeinschaft von Menschen, die sich in bräutlicher Liebe und Hingabe dem „Lamm" öffnen[14]. In der ganzen Vision durchdringen das Bild von der „Stadt" und die personale Wirklichkeit der „Braut" einander; und wir dürfen das so breit ausgeführte Bild der Stadt nicht betrachten, ohne ständig die Frage im Auge zu behalten, ob und wie die personale Realität des sich bräutlich dem Lamme vereinenden Gottesvolkes durchscheint.

„Braut" ist das neue Jerusalem im Gegensatz zu der „Hure" Babylon — ihr ist „Reinheit" zu eigen im Gegensatz zu der „Unzucht" der gottfeindlichen Stadt. Unzucht meint hier vor allem den Götzendienst, oder besser seinen Kern: die Untreue gegenüber dem wahren Gott. Dieser „Unzucht" liegt der zum Prinzip gemachte Egoismus zugrunde, der die eigene Lust, den eigenen Gewinn, die eigene Herrschaft sucht und die anderen als Mittel zu seiner Selbstbestätigung sieht und als Objekt der Unterdrückung; der selbst herrschen will und seine Macht (wie das damalige Rom im Kaiserkult) vergöttert; der die Herrschaft Gottes und seines Gesalbten verneint, dafür aber der Herrschaft des „Tieres" und des Satans verfällt. Im Gegensatz zu dieser „Unzucht" ist die Reinheit der Braut lautere Hinwendung zu Christus und durch ihn zu Gott.

Kommt also die auffallende Tatsache, daß in der so ausführlichen Beschreibung der Stadt gar nicht von den Menschen geredet wird, die sie bevölkern, vielleicht nicht nur daher, daß das später (in 22, 3—5) nachgetragen werden soll? Besagt es im Sinne der Apk etwa, daß das Gold und die Edelsteine, die da funkeln, in Wirklichkeit „l e b e n d i g e  S t e i n e" sind — die verherrlichten Menschen selbst ( wie es in 1 Petr 2, 5 von den Gliedern der jetzigen Kirche heißt)?

Die Apokalypse gibt uns in dem „Sendschreiben" an die Gemeinde in Philadelphia (3, 7—13) einen eindeutigen Hinweis. Da verheißt Christus dem „Sieger", daß er ihn zu einer „Säule im Tempel seines Gottes" machen will (3, 12). Daß ein Bau oder ein Bauglied verherrlichte M e n s c h e n bezeichnet, ist der Apokalypse also geläufig! Diese Deutung von Apk 21

---

[14] Dieser Sachverhalt scheint gegen die Akzentsetzung von M. Rissi (Was ist und was geschehen soll danach, Zürich 1965, S. 131—135) zu sprechen, nach dem „Johannes im 21. Kapitel seines Buches die theologische Lösung der Judenfrage . . . in der Perspektive der eschatologischen Vollendung" schaut (S. 134; vgl. S. 131: Das neue Jerusalem kann nur verstanden werden „als die Erfüllung der besonderen eschatologischen Hoffnung für das Volk Israel"). Sicherlich ist dieser Gesichtspunkt in Apk 21 impliziert; aber Apk 21 kann kaum in der Weise als Illustration von Röm 9—11 genommen werden, wie Rissi das tut. — Schon in Apk 7, 1—8 und 14, 1—5 ist in den „einhundertvierundvierzigtausend Versiegelten" nicht nur die Judenchristenheit (und erst recht nicht das alte Zwölfstämmevolk) dargestellt, sondern die Gesamtkirche als das neue und wahre Israel. (In diesem Sinne auch Rissi selbst a.a.O. 93 f.)

wird vollends sicher dadurch, daß Apk 3, 12 (der eben zitierte „Sieger-spruch") ausdrücklich die Beziehung zum „Neuen Jerusalem" herstellt: auf die „Säule", zu der der „Sieger" wird, schreibt Christus „den Namen Gottes und der Stadt Gottes, des Neuen Jerusalem, das aus dem Himmel von Gott herabsteigt"!

Und wenn auf den Fundamentsteinen der Mauer die Namen der zwölf Apostel stehen, dann ist damit nicht nur gesagt, daß die Steine die Apostel b e d e u t e n , sondern daß sie die Apostel s i n d — daß die verherrlichten Menschen, die Glieder des neuen Gottesvolkes, „auferbaut sind auf dem Grunde der Apostel" (vgl. Eph 2, 20).

Wir sehen: Das gewissermaßen in feierlichem Glanze ruhende Bild der ewigen Stadt ist nicht deswegen so gezeichnet, weil in ihr kein Leben herrschen würde. Im Gegenteil — die Stadt ist nicht leer, sie besteht ja in der unermeßlichen Schar seliger Menschen. Wir haben sie erfüllt zu denken von dem jubelnden Lobpreis, von dem wir an anderen Stellen der Apoka-lypse hören; erfüllt von Freude und Seligkeit. Das ist nicht nur im Symbol des Lichtes und der Kostbarkeit enthalten, sondern auch (mehr negativ) angedeutet durch das Wort der „Stimme vom Throne her" (21, 4), daß Gott jede Träne aus den Augen der Seinen wegwischen wird, daß Klage und Schmerz in der neuen Stadt nicht mehr sein werden. Und der Lebensstrom von 22, 1 ist in sich ein Sinnbild dieses flutenden und leuchtenden Lebens.

### b) Die Vollendung der Gottesbeziehung in der Neuen Schöpfung

Die feierliche Ruhe des Bildes von Apk 21 ist ein Darstellungsmittel, um den denkbar stärksten Kontrast zu der vorhergehenden rastlosen Be-wegung der Weltereignisse zu schaffen — und um ein viel intensiveres Leben anzudeuten, als es der irdische Kampf ist: ein so intensives Leben, daß die menschlichen Ausdrücke der Bewegung versagen und nur seine Kostbarkeit und Herrlichkeit und Seligkeit noch geahnt werden kann.

Diese Andeutung geschieht letztlich durch die große, aus Is 60, 19 f. übernommene Aussage von V. 23, daß G o t t s e l b s t d a s L i c h t d i e s e r S t a d t i s t . („Und die Stadt hat nicht das Licht der Sonne und des Mondes nötig, daß sie ihr scheinen; denn die Herrlichkeit Gottes erleuchtet sie, und ihre Leuchte ist das Lamm.") Das Licht, i n d e m und d u r c h d a s Gold, Edelsteine und Perlen und der kristallene Lebensstrom funkeln, i s t G o t t s e l b s t u n d d a s L a m m !

Zweimal, in stärkster Betonung (21, 23 und 22, 5) ist dieser Gedanke ausgesprochen, daß Gott selbst das Licht der Stadt ist; und wenn in der Beschreibung der Vision vom Licht, vom Leuchten der Stadt selbst gespro-chen wird, dann versteht der Seher es von vornherein als das durch die kristalline Klarheit dieser Pracht hindurchleuchtende Licht, das Gott und Christus selbst sind.

Es gibt kaum ein Motiv in Apk 21 (außer dem des Lammes), das nicht
schon im AT vorgegeben wäre: das neue Jerusalem, seine Kostbarkeit, die
„Völkerwallfahrt zum Sion", die Tempelvision des Ezechiel, Gott als
Gemahl seines Volkes, das Paradies, und schließlich Gott selbst als das
Licht.

Wenn man diese atl. Motive, die der Apokalyptiker aus den verschiedenen Schriften des AT, vor allem den Propheten, genommen hat, e i n z e l n
nimmt, wenn man also die jeweilige Fassung eines Motivs in der Apk
isoliert betrachtet, dann scheinen diese Motive kaum über die schönen und
kraftvollen Prophetentexte hinauszugehen (vielleicht sie in der dichte-
rischen Kraft nicht einmal immer zu erreichen). Aber dadurch, daß sie in
Apk 21 verbunden („kombiniert") erscheinen, entsteht doch ein Gesamtbild, das die atl. Aussagen überragt und der ntl. Botschaft gemäß ist; nicht
nur durch die (im AT sich erst langsam anbahnende) Aussage, daß die
Vollendung nicht auf dieser Erde, sondern in einer Neuschöpfung Gottes
kommt, vielmehr vor allem durch das, was wir eben erkannten: daß das
Motiv, daß Gott selbst das Licht der Stadt ist, i n d e r A p o k a l y p s e
die ganze Vision durchdringt.

So ist das Bild, das in dieser Vision gezeichnet wird, o f f e n für die
ntl. Botschaft der Vollendung, kann gleichsam ein aufnahmebereites Gefäß
sein, um die größten Aussagen des NT über die Vollendung in sich aufzunehmen.

Wenn Paulus etwa in 1 Kor 15, 28 die Vollendung des Welt- und Heilsgeschehens in die theologische Aussage faßt, daß Christus dem Vater das
Reich, die Herrschaft übergibt und daß dann Gott alles in allem sein wird[15],
dann sehen wir hier in der Schau der Apk diese selbe Vollendung im Bilde
des alles durchdringenden Lichtes. Und dieses Licht ist, wie uns der 1.
J o h a n n e s b r i e f belehrt, das Licht der Liebe, die Gott im Kreuzestod
seines Sohnes geoffenbart hat und durch das die „Kinder Gottes" in der
Vollendung umgestaltet werden, wenn sie Gott schauen, „wie er ist"[16].

Gott wird „alles in allem" sein durch die Mittlerschaft Christi, die auch
in der Vollendung alle Gnade zuweist — um wieder in der Sprache der
Apk zu reden: durch die Vermählung der „Braut" mit dem „Lamm", das
die Todeswunde trägt und doch lebt in unvergleichlicher Macht (d. h.
— ohne Bild — mit dem verherrlichten Gekreuzigten).

Die atl. Prophetensprüche, nach denen das Gottesvolk Israel das geliebte
und ungetreue Weib Jahwes ist, das er endlich in ewigem Erbarmen sich
doch ganz zu eigen macht[17], sind gerade durch die „Vermählung" des neuen

---

[15] Die wörtliche Übersetzung muß wahrscheinlich lauten „... damit Gott in
bezug auf alles in allen sei" (vgl. W. Thüsing, Per Christum in Deum, Münster
1965, 243—246).

[16] Vgl. 1 Jo 1, 5 mit 4, 8. 16; dazu 1 Jo 3, 2.

[17] Vgl. vor allem Os 1—3.

Gottesvolkes mit dem verherrlichten Christus in einer Dichte erfüllt, wie es vor der Menschwerdung des Logos nicht einmal geahnt werden konnte.

### c) *Apk 21 als Gottesverkündigung*

Gott durchdringt alles als das Licht seiner „Stadt" — das ist der vollkommenste Ausdruck seiner ewigen, unverhüllten Herrschaft. Bildete die Herrschaftsübernahme Gottes schon die „theologische Mitte" der Gerichtsvisionen[18], so zeichnet Apk 21 das vollendete Ziel dieser Ergreifung der Macht. Auch in dieser letzten Vision steht nicht der Mensch im Mittelpunkt, sondern Gott; auch hier geht es nicht primär um Anthrophologie, sondern um „Theo-logie"; um G o t t e s v e r k ü n d i g u n g.

So ist es jetzt an der Zeit, daß wir auf den das ganze Kapitel insgeheim beherrschenden Gottesspruch 21, 5—7 schauen. Hier spricht der thronende Gott. Wir müssen die ganze Majestät der Thronvision von Kap. 4 im Auge haben, um das Gewicht dieses Spruches zu erfassen: die Unendlichkeit des kristallenen Meeres, das vor dem Throne liegt, den gewaltigen smaragdenen Bogen, der ihn umschließt, die Blitze und Donner, die von ihm ausgehen. Und der Spruch dieses Thronenden lautet jetzt: „ S i e h e i c h   m a c h e   a l l e s   n e u" (21, 5). Das ist die treffendste, wichtigste Kennzeichnung des Gottes der kommenden Welt: daß er der unberechenbar, ungeahnt alles Neuschaffende ist.

Und das zweite, ebenfalls noch von der Stimme des Thronenden selbst gesprochene Wort gehört dazu: „Diese Worte sind zuverlässig und wahrhaftig" (V. 5). Der hier spricht, ist d e r   G o t t,   d e r   s e i n e   V e r h e i ßu n g e n   t r e u   i s t. Er ist der lebenspendende Gott, der dem Dürstenden umsonst vom Quell des Lebens zu trinken gibt (V. 6); er ist der Gott der unverdienten Gnade. Er ist der Gott, der die Liebe der Seinen zu ihm nicht nur bessert und verstärkt, sondern neuschafft und so vollendet zur eschatologischen Sohnschaft[19].

Das Wort „Siehe, ich mache alles neu" will uns spüren oder ahnen lassen, welche Faszinationskraft diese absolut schöpferische, aller alten Schuld absolut überlegene neuschaffende Liebe hat. Wir können daran

---

[18] Vgl. den vorhergehenden Aufsatz, vor allem S. 6—9.

[19] Das ist in dem letzten Vers des Verheißungsspruches, in 21, 7, enthalten. Wenn hier die atl. Bundesformel (in der Form des Davidsbundes, vgl. 2 Sm 7, 14) für das Gottesverhältnis des „Siegers" gebraucht wird, dann ist damit die Gottessohnwürde des theokratischen Königs transzendiert; das von Gott „umsonst" geschenkte neue Leben (vgl. V. 6) ist Teilnahme an der Sohnschaft und Herrschaft des Christus als desjenigen, der in der Apk (als einziger) Gott als seinen Vater anredet. Wir haben Apk 21, 7 gefüllt zu denken mit der Verheißung des letzten Siegerspruches der „Sendschreiben" (3, 21): „Dem Sieger werde ich geben, mit mir auf meinem Throne zu sitzen, wie auch ich gesiegt habe und mit meinem Vater auf seinem Throne sitze."

denken, welche Faszination es schon auf uns ausübt, wenn wir ein Neu-
werden innerhalb dieser irdischen Welt erleben: von der Faszination, die
die Entdeckung der Welt für das Kind und für den jungen Menschen bedeutet, über das Erlebnis einer Familie, die ein neues, schöneres Heim zu
eigen gewinnt, zu der Faszination, die es für den engagierten Betrachter
(etwa während des Konzils) bedeutete, wenn ein großer, starr geglaubter
Organismus wie die Kirche in Bewegung gerät auf eine neue Zukunft hin.

Die „neue Stadt" wird niemals alt, weil in ihr die Faszination des
Neuheitserlebnisses niemals aufhört — weil der Gott, der ihr Leben ist
und ihr Licht, niemals alt und durchschaubar wird. Kommt das Vorurteil,
die Vollendung sei langweilig, nicht im letzten daher, daß Gott nicht groß
genug gedacht wird, daß die Bilder, die wir uns von ihm notwendigerweise
machen, nicht immer wieder gesprengt werden?

Und diese beglückende Faszination der stets neuen Liebe kann auch als
„Herrschen" der Bürger des neuen Jerusalem ausgedrückt werden (vgl.
Apk 22, 5). Der verherrlichte Mensch verfügt souverän über alles, weil er
selbst vollendet an Gott hingegeben ist.

## 2. Diskontinuität und Kontinuität zwischen
## unserer Welt und dem „Neuen Jerusalem"

Die zweite Hauptfrage, die wir zu stellen haben, wird vom heutigen
Christen vielleicht als noch „existentieller" empfunden; es ist die Frage, ob
und wie sich d i e a p o k a l y p t i s c h - e s c h a t o l o g i s c h e B o t -
s c h a f t d e s N T u n d d i e W e l t a u f g a b e d e s h e u t i g e n
C h r i s t e n miteinander vereinen lassen. Gibt es einen Zusammenhang
zwischen dem, was wir jetzt, in dieser „ersten Schöpfung", für die Kirche
und für die Welt tun, mit der Herrlichkeit des neuen Jerusalem der Apk?
Oder zeigt das Verschwinden des Alten und die Neuschöpfung durch Gott
eine völlige Diskontinuität an?

Diese Frage haben wir, wie es uns immer naheliegt, von uns und
unserem Tun her, gewissermaßen von unten her, gestellt. Aber bevor wir
die „Kontinuität von unten her" aufzeigen, muß von einer „K o n t i n u i -
t ä t v o n o b e n h e r", v o n G o t t h e r, gesprochen werden — von
einem Zusammenhang unseres jetzigen Lebens mit der kommenden Welt,
den Gott schafft.

*a) Die „Kontinuität von oben her"*

Gehen wir dieser Frage nach, so machen wir in der Apk eine eigenartige Entdeckung. Während andere Schriften des NT auf das deutlichste
von der gegenwärtigen Gnade sprechen, davon, daß die Herrlichkeit der
kommenden Schöpfung schon geheimnisvoll unter uns ist (in der Gnade
des Heiligen Geistes, besonders deutlich in den Sakramenten), betont die
Apk nicht dieses „Jetzt schon", sondern das „Noch nicht". Sie spricht von

der jetzt schon gegebenen Herrlichkeit, wenn überhaupt, so verhalten, daß manche Exegeten selbst solche Andeutungen noch übersehen.

Sie sagt nicht oder nicht deutlich, daß in der Kirche schon der Strom des ewigen Lebens fließt, etwa in der Taufe; sie deutet allenfalls kaum spürbar an, daß die eucharistische Gemeinschaft mit Christus schon ein Vor-Kosten der ewigen Gemeinschaft ist (vgl. Apk 3, 20). Und in diesem so außerordentlich liturgisch empfundenen Buch vermissen wir die Aussage, daß die Liturgie der Kirche schon eine Teilnahme am himmlischen Gottesdienst sei und eine Vorwegnahme des Gottesdienstes der Vollendung. Wenn ich recht sehe, sagt sie vom Gottesdienst der Christen nur, daß sie jetzt auf Erden das neue Lied l e r n e n können, das vor dem Thron Gottes schon gesungen wird (14, 3) — singen werden sie es erst im neuen Jerusalem. Ist das nicht zugleich weniger und mehr, als wir sonst meist von der Liturgie sagen?

Ja: diese Verhaltenheit hat ihren Sinn. Wir brauchen gerade diese uns so ungewohnte Form der christlichen Verkündigung, damit die Kraft der Hoffnung in uns nicht ausgehöhlt wird. Paulus sagt im Römerbrief (8, 24), eine Hoffnung, deren Gegenstand man sehe, sei keine Hoffnung. So kann es unserer christlichen Hoffnung tatsächlich ergehen: Sie kann aufhören, echte, tragfähige Hoffnung zu sein, wenn wir das „Schon jetzt" zu stark betonen.

Aber alles, was wir zunächst scheinbar vermissen, sagt die Apk doch: indem sie uns zeigt, daß der Gott der kommenden Welt, der Gott, der „alles neu macht", u n s e r Gott ist, daß wir „versiegelt" sind und verborgen doch schon den Namen des Lammes und seines Vaters auf unseren Stirnen tragen (14, 1), der in der Vollendung offen leuchten wird (22, 4), und daß das „Lamm", der Menschensohn, in unserer Mitte ist und die Leitung der Kirche und ihrer Gemeinden fest in seiner Hand hält[20].

Der Gott, der von sich sagt „Siehe, ich mache alles neu", ist nicht nur der Kommende und der, der im Alten Bunde „da war", sondern der jetzt schon f ü r u n s d a i s t mit seiner Macht und seiner Verheißungstreue. Was wir schon jetzt haben, ist im Grunde diese eine — und darin ist alles andere enthalten!

Und daß dieser Gott der kommenden Welt, der für uns schon jetzt „da ist", uns durch das „Lamm" in seinen Dienst ruft, das bedeutet die Entscheidung, in der der Christ steht: ob er zu dem Gotteswort „Siehe, ich mache alles neu" sein Ja sagt, d. h. ob er d i e s e n unberechenbaren Gott, der sich so ganz anders verhält, als wir es wünschen, und der alle unsere

---

[20] Auch die Quelle, zu der der Dürstende schon jetzt kommen soll (Apk 22, 17b), ist im letzten Gott selbst, der die „Versiegelten" bereiten will für die „Hochzeit des Lammes" und damit auch für das Trinken aus dem Lebensquell der neuen Schöpfung (21, 6).

Begriffe und Wünsche sprengt, bejahen. Der Anstoß, den die „Apokalyptik" mit ihrer Botschaft vom Weltende und von der Neuschöpfung dem heutigen Menschen bietet, muß ausgehalten werden — um des Gottesglaubens selbst willen, um des prophetischen Glaubens willen, der die Vorstellungen, die wir uns von Gott machen, immer wieder zerbricht.

### b) Die „Kontinuität von unten her"

Wenn das Ja zu dem alles neu schaffenden Gott gesprochen wird, konkret, durch die Tat und das Leben, dann ist das gegeben, was von uns aus in die neue Schöpfung eingehen kann — die „Kontinuität von unten her".

Daß es sie gibt, zeigt deutlich ein Wort wie die Seligpreisung derer, die im Herrn sterben, in 14, 13: „Ihre Werke folgen ihnen nach" — bis in das neue Jerusalem. Und zweimal wird gesagt (7, 14; 22, 14), daß wir unsere Kleider — die Gewänder, die im himmlischen Jerusalem weiß leuchten werden (3, 5; 19, 8) — schon jetzt „waschen können" im Blute des Lammes. Die „reine Leinwand", die das bräutliche Gottesvolk sich bereitet, sind die „Rechttaten der Geheiligten" (19, 8).

Die „Werke" — die Rechttaten der Geheiligten (der Getauften) — er-läutert die Apk durch die Begriffe Liebe — Treue — Dienst — Ausharren in Mühe und Drangsal[21]. Diese „Werke" und „Rechttaten" sind die Einübung in die bräutliche Hingabe, die einmal in Herrlichkeit offenbar werden soll.

Wie steht die Apk dann aber zur Weltaufgabe des Christen? Wie Jesus selbst redet sie nicht ausdrücklich davon. Die Frage war den Christen des 1. Jahrhunderts ja noch gar nicht in unserem Sinne geläufig. Aber es gibt in der Botschaft Jesu wie in der der Apk den „Ort", wo die „Weltgestal-tung" verankert werden kann und von wo sie bis in die neue Schöpfung hineingeholt werden kann: und das ist der Dienst an den Brüdern und Schwestern[22].

### c) Der Akzent bleibt auf der Neuschöpfung durch Gott

Die „Werke" folgen denen, die in ihnen leben, in die neue Schöpfung nach — aber nun doch wieder nicht in einer ungebrochenen „Kontinuität von unten her". Denn obschon die „Sieger", die sich bewährenden und be-

---

[21] Vgl. Apk 2, 2: die Werke als Mühe und Ausharren; 2, 9: Bedrängnis und Armut als Reichtum; 2, 19: die Werke als Liebe, Treue, Dienst und Ausharren. Alles das steht unter dem Vorzeichen von 2, 4 f.: Die „ersten Werke" sind Aus-druck der „ersten Liebe". Wir dürfen mit den „Rechttaten der Heiligen" der Apk also durchaus einen zentralen Gedanken des 1. Johannesbriefes (vgl. z. B. 1 Jo 3, 16 f.) verbinden: Die „Rechttaten" bestehen in der tätigen Liebe.

[22] Vgl. den wichtigen Beitrag von H. Schürmann, Eschatologie und Liebes-dienst in der Verkündigung Jesu, zuerst veröffentlicht in: Kaufet die Zeit aus,

währten Christen, ihre Gewänder selbst haben waschen können (freilich „im Blute des Lammes"!), werden diese Gewänder ihnen doch bei der Neuschöpfung erst „gegeben" (19, 8; 3, 5) — als leuchtende Gewänder der Herrlichkeit. Die „Rechttaten der Heiligen" werden nicht automatisch zum Schmuck der „Braut" in der Vollendung, es besteht kein kontinuierlicher Übergang zwischen diesen Werken (der in der Tat bewährten Liebe) der Christen und ihrem Lohn in der neuen Schöpfung, sondern die Kontinuität wird durch den souveränen Akt der Neuschöpfung erst von Gott selbst hergestellt — der Lohn ist nicht ein von uns „verdienter" Lohn, sondern trotz aller Werke noch Gnadenlohn!

So ist auch die ganze neue Stadt nicht einfach die Fortsetzung und Vervollkommnung der jetzigen Kirche, sondern sie kommt „von Gott her" (21, 2.10) als Neuschöpfung — trotz der wesentlichen Identität mit dem Gottesvolk auf Erden!

*d) Die Vollendung der Menschheit als ganzer*

Es scheint auf der „neuen Erde" nach Apk 21 nicht nur die Vollendung d e r K i r c h e zu geben, sondern (selbst nach der Apk, diesem Buch der Martyrerkirche) eine Vollendung der Menschheit als ganzer. Vielleicht ist es von großer Bedeutung, daß Johannes aus den atl. Weissagungen der „Völkerwallfahrt zum Sion" die Vv. 24—27 eingefügt hat, daß also nach seiner Schau in das neue Jerusalem die „Herrlichkeit und Kostbarkeit d e r V ö l k e r" hineingetragen wird. Was ist damit gemeint? Selbstverständlich nicht wie auf früheren Stufen atl. Weissagung ihre materiellen Schätze, sondern das, was vor Gott ihren bleibenden Ruhm ausmacht. Es ist wohl genau das, was im Philipperbrief in 4, 8 steht: „Alles, was wahr ist, was anständig ist, was gerecht und lauter ist, was liebenswert, was erfreulich ist, was irgendwie Tüchtigkeit im Guten ist, was Lob verdient"[23]. Die Schätze der Heidenvölker, die in das neue Jerusalem hineingetragen werden können, sind also den „Rechttaten" der Geheiligten analog, sind ebenfalls das, was an tätiger Liebe und hingebendem Dienst vor Gott wertbeständig ist (und wonach der Richter des Jüngsten Tages nach Mt 25 urteilen wird!); sie sind das, was von dem alles neu schaffenden Gott in der Vollendung neu geschenkt werden kann als eben diese „Schätze" des Neuen Jerusalem. Letztlich sind es diese Menschen selbst aus allen Völkern; denn sie — diese „Heiden", die da (nach den Worten der atl.

---

Festschrift für Th. Kampmann (hrsg. von H. Kirchhoff), Paderborn 1959, 39—71; gekürzt nachgedruckt in: Theologisches Jahrbuch (hrsg. von A. Dänhardt), Leipzig 1962, 320—340; leicht überarbeiteter Nachdruck in: Vom Messias zum Christus (hrsg. von K. Schubert), Wien — Freiburg — Basel 1964, 203—232.

[23] Vgl. die Übersetzung von Phil 4, 8 durch J. Zink, Das Neue Testament, Stuttgart — Berlin 1965.

Prophetie) im Lichte der neuen Stadt wandeln, sind ja (ohne Bild[24]) ebenfalls Glieder des neuen, verherrlichten Gottesvolkes. Sie gehören zu denjenigen, die nach 21, 27 im Lebensbuch des Lammes geschrieben sind.

Die Herrlichkeit des Neuen Jerusalem ist durch die Kraft dessen, der
alles neu schafft, was zur Herrlichkeit umgeschaffen werden kann, wahrhaft universal!

\*

Was wir überschaut haben als Inhalt dieser so reichen letzten Vision
der Apk, ist nichts anderes als der Inhalt des Bekenntnisses, das wir an
jedem Sonntag sprechen: Credo in vitam venturi saeculi — ich glaube an
das Leben der kommenden Welt — dieses flutende Leben, das unser Gott,
der Gott der kommenden Welt, selbst sein wird.

Jedesmal, wenn wir dieses Bekenntnis sprechen, üben wir gleichsam
das selige Bekenntnis ein, das wir in der neuen Stadt zu diesem unserem
Gott und seinem Christus sprechen sollen, „lernen" wir das „neue Lied"
der Vollendung. Zu diesem „Lernen des neuen Liedes", das Gott einmal
zum „Singen" des neuen Liedes umgestalten wird, gehört aber nicht nur
dieses Bekenntnis und der Lobpreis wegen des Sieges des Lammes, sondern
auch die Bitte, die uns wie den Menschen der Urkirche gegeben ist, als die
eigentlich gemäße Antwort auf die Botschaft der Apk — und diese Antwort legt uns die Apk selbst in den Mund (22, 17): „Der Geist und die Braut
(die Kirche) sprechen: Komm! Und wer es hört (das sind wir!) soll sprechen: Komm!" Dieses „Lernen des neuen Liedes" kann nur in verhaltener,
aber echter Freude geschehen. Johannes will mit der Schilderung des
Neuen Jerusalem dasselbe erreichen wie Paulus im Philipperbrief (4, 4 ff.):
daß wir unser Ja in Freude sprechen. „Freuet euch; wiederum sage ich:
freuet euch!"

Trotz aller Nüchternheit und Härte im „Ausharren", zu der die
Gerichtsbotschaft der Apk und die Mahnungen Christi in den „Sendschreiben" von Apk 2 und 3 hinführen, dürfen und sollen wir uns also
freuen über das leuchtende und farbenprächtige Bild des neuen, zukünftigen Jerusalem, weil wir uns freuen dürfen und sollen über unseren Gott,
dessen Reichtum an Herrlichkeit dieses Bild verheißt — und über den
Kyrios Jesus Christus, der nahe ist.

---

[24] Bzw. genauer: wenn wir einmal von der Vorstellung abstrahieren, die durch
die Kombination des Motivs der „Völkerwallfahrt" mit der Schilderung des
neuen Jerusalem zustande gekommen ist.

# III.
## Antwort des Glaubens

## 9. Das Opfer der Christen nach dem Neuen Testament

Die Frage, was das Opfer der Christen sei, darf nicht vorschnell (wie es im katholischen Raum lange üblich war) durch einen Hinweis auf das Herrenmahl beantwortet werden. Stellen wir die Frage an das NT, so finden wir *diese* Antwort nicht, zumindest nicht auf den ersten Blick und vor allem dann nicht, wenn wir nur nach Stellen suchen, in denen von den Christen und nicht von Christus selbst ein Opfer bzw. eine Opfertätigkeit ausgesagt wird. Der Begriff ϑυσία erscheint als Bezeichnung des Opfers der Christen an einigen Stellen[1], die aber offenbar einen ganz anderen Sinn enthalten.

Nun hat das NT an sich viele sprachliche Möglichkeiten, ein Opfer der Christen auszusagen: Alle kultischen Termini, die es gebraucht, wie ἅγιος, ἁγιάζειν, λατρεύειν, λειτουργία, προσφέρειν usw. könnten dazu dienen. Darüber hinaus könnte der Sachverhalt eines Opfers der Christen auch da vorliegen, wo es um die Verbindung ihres Lebens mit dem Kreuz Christi geht und wo vom Herrenmahl gesprochen wird. Aber an diesen Stellen finden wir gerade den Begriff ϑυσία *nicht*. Zudem wird der Kreuzestod Christi längst nicht überall im NT formell als *Opfer* aufgefaßt. Außerhalb des Hebräerbriefes und des Epheser-|briefes gibt es nicht viele sichere Stellen dafür. Denn die Opfervorstellung ist nur da gegeben, wo man ausdrücklich im Tod Christi eine Darbringung seiner (Christi) selbst als einer Opfergabe an Gott sieht. Öfters scheint dieser Tod mehr als Stellvertretung oder Loskauf betrachtet zu werden. Da diese Fragen der theologischen Begrifflichkeit auf die inhaltliche Deutung einwirken können, haben wir sie sehr zu beachten. Daher müßte von Fall zu Fall geprüft werden, ob der Kreuzestod Christi als Opfer im eigentlichen Sinne des Wortes aufgefaßt wird und entsprechend unsere Verbindung mit ihm als ein Mitopfern.

Es ist keineswegs verwunderlich, daß das NT mit der Verwendung des Begriffs ϑυσία so zurückhaltend ist. Seine direkte Verwendung für einen äußeren gottesdienstlichen Vollzug wäre mißverständlich gewesen und hätte diesen an die Seite der jüdischen und heidnischen Opfer gerückt[2]. Um so größeres Interesse können die Aussagen beanspruchen, in denen der Begriff ϑυσία tatsächlich auf die Christen bezogen wird. Beschränken wir uns hier auf die drei wichtigsten von ihnen, die zudem für den ganzen Sachverhalt repräsentativ sind! Es sind Röm 12,1 f., 1 Petr 2,5 und Hebr. 13,15 f.

---

[1] Röm 12,1; Phil 2,17; 4,18; Hebr 13,15 f.; 1 Petr 2,5; vgl. Röm 15,16, wo προσφορά gebraucht wird.

[2] Zur Problematik von 1 Kor 10,14–21 vgl. *P. Neuenzeit*, Das Herrenmahl. Studien zur paulinischen Eucharistieauffassung (Studien zum AT und NT I), München 1960, bes. S. 54–66, 167–170.

In einem I. Teil soll versucht werden, diese Stellen kurz zu charakterisieren. Im
II. Teil, auf dem das Schwergewicht liegt, ist die Aussage dieser Stellen über das
Opfer der Christen im einzelnen zu erheben. Ein abschließender III. Teil stellt
die Frage, ob das, was die drei untersuchten Schriften des NT als Opfer der
Christen bezeichnen, in einer Verbindung mit dem Herrenmahl steht.

## I. Charakterisierung der drei Aussagen
### Röm 12,1; 1 Petr 2,5 und Hebr 13,15 f.

Im I. Teil suchen wir jetzt zunächst die drei Stellen in den Blick zu bekommen.
Wenn wir dabei jeweils besondere Merkmale herausstellen, dann handelt es sich
meist um Eigenheiten, die für die jeweilige Stelle charakteristisch sind, aber nicht
ihr ausschließlich angehören. Ein Zug ist allen drei Stellen gemeinsam und fällt,
wie schon angedeutet, am meisten in die Augen: Das „Opfer" ist nicht auf einen
gottesdienstlichen Vollzug eingeengt, sondern betrifft das ganze christliche Leben. Damit hängt zusammen, daß wir Ausdrücke vorfinden, die in der Umwelt
des NT gebräuchlich sind, um eine Spiritualisierung des ursprünglich an massive
blutige oder sonst materielle Opfer gebundenen Opferbegriffs zu erreichen. Sehr
deutlich ist das in Röm 12,1: *„Ich ermahne euch also, Brüder, durch die Erbar-*
*mungen Gottes, eure Leiber als ein lebendiges, heiliges, Gott wohlgefälliges*
*Opfer darzubringen, euren geistigen Gottesdienst."*
Das besondere Charakteristikum dieser Aussage ist ihre Stellung im Römerbrief. Sie folgt unmittelbar auf die scharfe Zäsur, die die zwei Teile des Briefes
voneinander trennt; nach Abschluß des lehrhaften, heilstheologischen Teils|
setzt gerade mit unseren Versen der paränetische Teil ein, mehr noch, unsere
Verse bilden gewissermaßen eine Überschrift, die die Paränese der folgenden
Kapitel schon in sich enthält. Dadurch ist das „Opfer der Leiber" als *die* Antwort
der Christen schlechthin auf die Heilstat gekennzeichnet, die Gott in Christus
gewirkt hat.
Die Opferstelle des 1 Petr (2,5) steht in dem schönen Abschnitt, nach dem die
Christengemeinde ein οἶκος πνευματικός, ein vom Geist Gottes durchwirktes
Tempelhaus ist, eine heilige, königliche Priesterschaft, ein von Gott zu eigen
erworbenes Volk. An den Begriff der Priesterschaft knüpft sich der des Opfers;
der 5. Vers, der ihn enthält, lautet: *„… laßt auch ihr euch wie lebendige Steine*
*aufbauen als geistliches Haus zu einer heiligen Priesterschaft, um geistliche, Gott*
*wohlgefällige Opfer darzubringen durch Jesus Christus."* Das Kennzeichnende
ist hier der ekklesiologische Charakter des Opfers. Die ganze Gemeinde bzw.
Kirche ist als die Priesterschaft verstanden, die das hier gemeinte Opfer darbringt. Auch in Röm 12,1 sind alle Christen der römischen Gemeinde angeredet;
aber hier im 1 Petr ist das Darbringen der geistlichen Opfer von der Gemeinde *als*
*solcher* ausgesagt.

Die dritte Stelle, Hebr 13,15 f., lautet: „*Durch ihn* (Christus) *laßt uns also Gott allezeit ein Lobopfer darbringen, das heißt die Frucht der Lippen, die seinen Namen bekennen. Wohltun aber und Mitteilen vergeßt nicht, denn an solchen Opfern hat Gott Wohlgefallen.*" Die beiden Verse enthalten zwei zunächst selbständige Aussagen; V. 15 bezeichnet den Lobpreis Gottes als Opfer. Aber sofort anschließend werden Äußerungen der Liebe als Opfer genannt, die Gott wohlgefällig sind. Es ist, als ob Vers 16 den Vers 15 korrigieren sollte, um ja nicht den Eindruck zu erwecken, ein kultischer Gebetsvollzug könne für sich allein ein Gott wohlgefälliges Opfer sein. Immerhin ist Hebr 13,15 die einzige unserer drei Stellen, an der das lobpreisende Gebet, also überhaupt ein im engeren Sinne gottesdienstliches Geschehen, mit dem Opferterminus bedacht wird. Zudem – und das ist das wichtigste Merkmal der Hebräerbrief-Aussage – steht sie in einem Kontext, der in einmaliger Weise durch Opfergedanken geprägt ist; ihr weiterer Kontext ist die Lehre des Hebräerbriefes vom hohepriesterlichen Opfer Christi, und im engeren Kontext, in V. 9 f., steht die rätselhafte Aussage „Wir haben einen Altar, von dem zu essen kein Recht haben die dem Zelte Dienenden". Möglicherweise hat diese Aussage eucharistische Bedeutung oder schließt sie wenigstens ein. Vielleicht kann uns die Hebräerbrief-Stelle also dazu verhelfen, eine Beziehung der Opferaussagen unserer drei Stellen zur Eucharistie zu erkennen.

## II. Inhaltliche Entfaltung:
## Opfer der Christen – Opfer der Kirche – Opfer Christi

Nun haben wir den bisher allzu kurz angedeuteten Inhalt der drei Stellen zu entfalten. Das soll in vier Schritten geschehen: 1. Das Opfer der Christen betrifft ihre ganze Existenz; 2. es ist gleichzeitig das Opfer der Kirche; 3. es ist Reak|tion auf das Heilshandeln Gottes in Christus; 4. es steht in Zusammenhang mit dem Opfer Christi. Daß diese Sätze jeweils aus allen drei Stellen erarbeitet werden, hat keineswegs den Sinn, die Aussagen, die in verschiedene Situationen hinein und aus verschiedenen theologischen Konzeptionen heraus geschrieben sind, in ein System zu zwängen; es geschieht vor allem aus dem Grund, um Wiederholungen möglichst zu vermeiden und eine bessere Übersicht zu gewährleisten. So kann wohl auch die allen Stellen gemeinsame ntl. Überzeugung eindrucksvoller hervortreten.

1. *Das Opfer der Christen ist nicht auf einen gottesdienstlichen Vollzug eingeengt, sondern besteht in der ganzen Gott dargebrachten christlichen Existenz.* Gut erkennen wir das in *Röm 12,1 f.* Hier fordert der Apostel die römischen Christen auf, ihre Leiber Gott darzubringen, d. h. keineswegs nur den Körper im Unterschied von der Seele; diese dem griechisch-abendländischen Denken geläufige Unterscheidung dürfen wir hier nicht eintragen. Vielmehr ist die Hingabe

des ganzen Menschen in seiner leibhaftigen Realität gemeint[3]. Nach V. 2 ist dieses Opfer gleichbedeutend mit einer „Umwandlung des Sinnes" von egoistischer Weltförmigkeit zum Erkennen und Tun des Willens Gottes; und aus den folgenden Kapiteln ist zu erkennen, daß Paulus das so gefaßte Lebensopfer der Christen in ihrer Bruderliebe konkret werden sieht.

Aus einigen weiteren Stellen der Paulusbriefe geht ebenfalls hervor, daß der Apostel das Opfer des christlichen Lebens meint: Nach *Röm 15,16* ist Paulus λειτουργός Christi Jesu für die Heiden, er verwaltet priesterlich das Evangelium Gottes, damit die Opfergabe der Heiden εὐπρόσδεκτος werde. προσφορὰ τῶν ἐθνῶν sind in diesem Zusammenhang die Heiden selbst, die der Apostel durch seine Verkündigung des Evangeliums als Opfergabe für Gott bereitet. Eine ganz ähnliche Vorstellung liegt in *Phil 2,17* vor: Paulus bereitet das Opfer des Glaubens dieser Gemeinde, d. h. ihrer glaubenden Hingabe an Gott, und dabei wird er selbst zum Opfer (hier als Trankopfer, das ausgegossen wird, gedacht – die Vorstellung vom Martyriumsopfer ist gegeben; vgl. 2 Tim 4,6). Zu vergleichen ist ferner Phil 4,18: Die materielle Gabe der Philipper für Paulus wird θυσία δεκτή genannt; Jak 1,27 „ein reiner und unbefleckter Gottesdienst ... ist es, Waisen und Witwen zu besuchen ..."

In *1 Petr 2,5* ist nicht von vornherein zu erkennen, worin die geistlichen Opfer der Christen bestehen. Daß sie wie im Röm das konkrete Leben betreffen, läßt sich aber aus anderen Mahnungen dieses Briefes erschließen, die sachlich gleichbedeutend sind. Nur eine sei genannt. In 1 Petr 1,15 werden die Christen aufgefordert: „Werdet gemäß dem Heiligen, der euch berufen hat, auch selbst heilig in jeglichem Wandel." „Heilig sein" hat hier noch viel von seiner Grundbedeutung „ausgesondert sein aus dem Profanen, auf die Seite Gottes gestellt sein" behalten. Mit dem Heiligwerden ist der Grundvorgang gemeint, der auch | jedem Opfer zugrunde liegt, dessen Darbringung ja die Herausnahme aus dem profanen Gebrauch und die Weihe an Gott bedeutet. Die Aufforderung, „heilig" zu werden, ist nahezu gleichbedeutend mit der (impliziten) Aufforderung von 2,5, geistliche Opfer darzubringen. Die Opferübereignung an Gott soll sich „in jeglichem Wandel" vollziehen; sie hat religiös-ethischen Charkater, und in 1,22 ist zu erkennen, daß sie in Gehorsam und Bruderliebe besteht. Und nach 1,2 sind die Christen als Menschen gesehen, die als solche, in ihrer ganzen Existenz εἰς ὑπακοήν d. h. für den Gehorsam bestimmt sind[4].

Auch hinter der konkreten Aussage von *Hebr 13,16*, wo die Opfer in „Wohltun und Mitteilen" gesehen werden, leuchtet die Auffassung durch, daß im Grunde das ganze christliche Leben ein solches Opfer ist.

## 2. *Das Opfer der Christen ist untrennbar von ihrer Gemeinschaft: es ist Opfer der Kirche;* und zwar ist es gleichzeitig (und mit dem Kerygma der Kirche

---

[3] Vgl. Röm 6,13, wo die Aufforderung, die „Glieder" Gott darzubringen, gleichbedeutend ist mit der parallelen Aufforderung, sich selbst darzubringen.

[4] Daß die Opfer der Christen in 1 Petr 2,5 noch einen anderen Aspekt bieten, wird in Abschnitt 2 zu zeigen sein.

zusammen) bekennender Lobpreis Gottes, mit dem die Kirche ihren Priester-
dienst für die Welt vollzieht.

Dieser Gedanke ist die wichtigste Ergänzung, die der 1. Petrusbrief zur ntl.
Theologie des Opfers der Christen beisteuert. Zwar ist diese Wahrheit auch sonst
zu erschließen; denn im Römer- wie im Hebräerbrief sind die Christen im Plural
angeredet, und dieser Plural will sie ohne Zweifel als Gemeinde erfassen. Zudem
spricht der Römerbrief fast unmittelbar nach unserer Opferstelle 12,1 f. davon,
daß die Christen „ein Leib in Christus" sind. Auch im Hebräerbrief spielt der
Gedanke des Gottesvolkes eine außerordentlich große Rolle, und seine Aussage
vom Opfer der Christen scheint in einem Zusammenhang zu stehen mit der
Gemeindeversammlung, die in 10,25 erwähnt wird. Aber nur im 1. Petrusbrief ist
die Beziehung zwischen dem Opfer der Christen und ihrer Gemeinschaft ausdrücklich hergestellt. Denn die Christen sind nach 1 Petr 2,5 *als* οἶκος πνευματικός und *als* ἱεράτευμα ἅγιον dazu bestimmt, die pneumatischen Opfer darzubringen. Die Gemeinschaft der Christen, die hier gemeint ist, besteht nicht nur in
der Ortsgemeinde, sondern – wenigstens in der theologischen Konsequenz – in
der Kirche als ganzer. Denn auch das zugrundeliegende atl. Wort von der
königlichen Priesterschaft bzw. vom „Königreich von Priestern" (Ex 19,6) gilt
vom ganzen atl. Bundesvolk. In der Kirche ist zur Entfaltung gekommen, wozu
schon Israel in einer vorläufigen Weise berufen wurde. Das Volk Israel sollte als
ganzes die Priesterschaft Jahwes inmitten der Heidenwelt sein. Wir können hier
dahingestellt sein lassen, ob Ex 19,6 schon eine priesterliche Stellvertretung
Israels für die anderen Völker, die Jahwe nicht kennen und verehren, meint.
Vielleicht ist der Gedanke einfach von der Tatsache abgelesen, daß Israel faktisch
inmitten der heidnischen Welt das einzige | Volk war, das Jahwe kultische Ehre
erwies, so daß der Erwählungsgedanke hier *ohne* den Gedanken des Priesterdienstes *für die Welt* vorläge. Aber es kann kaum bezweifelt werden, daß der
Gedanke mit innerer Konsequenz doch dazu drängen mußte. Schon die Erwählung Abrahams geschieht, damit in seiner Nachkommenschaft alle Völker der
Erde gesegnet seien. Und der Begriff des Priestertums ist kaum vom Begriff des
„für" ablösbar. Zudem wird im unmittelbaren Kontext ausdrücklich auf Jahwes
universales Herrscherrecht Bezug genommen: „Ihr sollt unter allen Völkern
mein besonderes Eigentum sein, denn mir gehört die ganze Erde."

Auch in 1 Petr 2 ist explicite nur der Gedanke der Erwählung und nicht der
Gedanke, daß diese Erwählung zum stellvertretenden Dienst „für die Welt"
erfolgt, ausgesprochen. Aber die innere Konsequenz, die schon für das AT galt,
ist hier noch mehr wirksam. Die Opfer, die der 1. Petrusbrief meint, gehören
zwar, wie wir sahen, dem ethischen Bereich an. Aber dieser wird nicht individua-
listisch verstanden. Die Opfer des Gehorsams, der Liebe und des Leidens haben
ihre Bedeutung für die ganze Welt, weil sie das Opfer der Kirche bilden, die jetzt
inmitten der gottfremden Welt die Priesterschaft des Gottes und Vaters Jesu
Christi ist.

Daß die Kirche priesterlich da ist *für die Welt*, ist aber auch im Kontext enthalten; und zwar haben wir die Parallele zu V. 5 zu beachten, die der V. 9 bildet. Hier wird die Kirche mit vier atl. Doppelbegriffen bezeichnet, und zwar als „auserwähltes Geschlecht, königliche Priesterschaft, heiliges Volk, zu eigen erworbenes Volk"[5]. Die Zielangabe lautet aber nicht wie in 2,5: „um geistliche Opfer darzubringen", sondern in z. T. wörtlichem Anschluß an ein Wort Deuterojesajas (43,20 f.): „damit ihr die Machttaten dessen verkündet, der euch aus der Finsternis in sein wunderbares Licht berufen hat"[6]. Das Verkünden der Großtaten Gottes gehört also zum priesterlichen Dienst der Kirche. Das Opfer der christlichen Existenz in Gehorsam und Liebe geht in dieses Verkünden ein; ja, dieses letztere ist nur dann wirklicher Lobpreis Gottes, wenn das Opfer des Lebens ihm konform geht. Auch die „geistlichen Opfer" von 2,5 geschehen also, insofern sie in die Verkündigung eingehen, vor der Welt; sie sind aber auch *für* die Welt, insofern die Verkündigung die Gewinnung der Hörenden zum Ziele hat. Daß hieran gedacht ist, deuten Stellen wie 1 Petr 2,15 an („so ist es der Wille Gottes, daß ihr durch Gutestun die Unkenntnis törichter Menschen zum Schweigen bringt"), ferner besonders 3,15 („seid immer bereit, jedem, der euch fragt, Rechenschaft zu geben über die Hoffnung, die in euch ist"). Schließlich haben wir zu beachten, daß der Berufungsgedanke von 2,5.9 an einer bedeutsamen Stelle wiederkehrt: Nach 2,21 sind die Christen dazu berufen, zu leiden, weil auch Christus gelitten hat – sein Leiden war aber stellvertretend, es | war „für uns". Wir erkennen, wie 1 Petr 2,5 einen Reichtum von Inhalten in sich birgt, der zwar an dieser Stelle noch nicht voll entfaltet ist, aber keimhaft auf diese Entfaltung hin angelegt ist.

3. *Das Opfer der Christen ist Antwort auf das Heilshandeln Gottes in Christus; es ist Konsequenz ihrer Taufe.* Mit diesem Satz (und mit dem folgenden Abschnitt 4) kommen wir zu der tieferen Begründung, weshalb die Christen zum priesterlichen Opfer innerhalb der Kirche berufen sind.

Wenden wir uns zunächst wieder Röm 12,1 f. zu! Inwiefern diese Stelle der Inbegriff der ganzen Paränese des Römerbriefes und die Konsequenz (ja sogar *die* Konsequenz schlechthin) aus dem vorhergehenden heilsdogmatischen Teil ist, sehen wir am besten aus einem früheren Abschnitt des Römerbriefes, und zwar aus Kap. 6. Von V. 12 f. an wird hier eine Mahnung an die Christen gerichtet, die der von Röm 12,1 f. genau gleichbedeutend ist: „... bringt euch selbst Gott dar ... und eure Glieder als Waffen der Gerechtigkeit für Gott." Aber hier wird deutlich, daß dieser Imperativ sich nicht schon aus der Heilstat Gottes an sich ergibt, sondern daraus, daß die Erwählten ganz persönlich von dieser Heilstat betroffen sind in ihrer Taufe. Von dieser redet 6,1–11 und bezeichnet sie

---

[5] Vgl. Ex 19,6; 23,22 LXX; Is 43,20 f.
[6] Vgl. die θυσία αἰνέσεως von Hebr 13,15.

als Begründung einer Gemeinschaft mit Christus, in der der Christ der Herrschaft der Sündenmacht völlig entronnen ist und in Christus für Gott lebt. In der
ständigen Ganzübereignung an Gott als dem Opfer der Christen wird die Konsequenz gezogen aus der Tatsache, daß sie in Christus sind und als solche schon
Gott gehören.

Daß die Opfer der Christen Konsequenz ihrer Taufe sind, geht auch aus 1 Petr
2 hervor, denn die Christen sollen zu Christus als dem lebendigen Stein hinzutreten (1 Petr 2,3 f.) und sich zu einem Tempel im Geist aufbauen lassen (2,5) als
ἀρτιγέννητα βρέφη (2,2), d. h. als Getaufte. Daß das der Sinn der Stelle ist bzw.
daß 2,1 f. tatsächlich in dieser Weise mit V. 4 f. zu verbinden ist, wird schon
dadurch wahrscheinlich, daß die Taufe im 1. Petrusbrief überhaupt eine große
Rolle spielt. 1 Petr 1,23 enthält einen ganz parallelen Gedanken: Die Christen
sollen „im Gehorsam gegen die Wahrheit" die Bruderliebe üben (V. 22), weil sie
„wiedergeboren" sind „aus unvergänglichem Samen durch das Wort des lebendigen und bleibenden Gottes", d. h. weil sie getauft sind[7].

4. *Das Opfer der Christen steht in engstem Zusammenhang mit Christus und
seinem Opfer.* Wir haben bisher eine knappe Wendung noch nicht berücksichtigt, die sich sowohl in 1 Petr 2,5 als auch in Hebr 13,15 findet: Die Christen
bringen ihre| Opfer „durch Christus" dar. Wenn man der Bedeutung dieser
Formel genauer nachgeht, entdeckt man zwar, daß die einzelnen ntl. Schriften sie
verschieden nuancieren; aber die Grundbedeutung der Mittlerschaft bleibt
gleich. Für Paulus, der das „durch Christus" nicht ausdrücklich mit dem Opfer
der Christen verbindet, sondern in vergleichbarer Weise mit ihrem Gotteslob,
bedeutet die Formel, daß der Kyrios die Christen *durch seinen Geist* in sein
eigenes Gotteslob einbezieht[8]. Dieses paulinische Verständnis des „durch Christus" scheint, in etwas abgewandelter Form, 1 Petr 2,5 beeinflußt zu haben;
darauf weist die Tatsache, daß die Opfer als pneumatische, „geistliche" Opfer
bezeichnet werden. Wie die Christen nur dadurch „Tempel" und „Priesterschaft" sein können, daß sie auf Christus als den Fundamentstein des Tempels
aufgebaut sind, so sind auch ihre ϑυσίαι nur dadurch möglich, daß die „grundlegende" Rolle Christi in diesen Opfern aktualisiert wird, eben dadurch, daß sie
„pneumatisch" sind, durch den ἁγιασμός des Geistes (1,2) ermöglicht und
gewirkt; denn auch nach dem 1. Petrusbrief ist der Geist das Pneuma Christi (vgl.
1,11).

In Hebr 13,15 haben wir freilich eine zwar sachlich gleichbedeutende und

---

[7] Auch im Hebr ist das Hinzutreten zum Opfer Christi Konsequenz des Hinzugetretenseins,
das in der Taufe gegeben ist, vgl. Hebr 10,22 mit 12,22; vgl. W. *Thüsing*, „Lasset uns hinzutreten
…" (Hebr 10,22). Zur Frage nach dem Sinn der Kulttheologie im Hebräerbrief, in: BZ N. F. 9
(1965) 1–17, bes. 9.

[8] Dem entspricht in Röm 15,16, daß das Opfer (hier προσφορά) der Heiden „geheiligt" ist
„in heiligem Geiste".

gleich umfassende, aber in der Vorstellungsweise verschiedene Aussage. Wenn das Opfer des Lobes hier „durch Christus" Gott dargebracht werden soll, dann ist hier die den Brief beherrschende Hohepriester-Vorstellung (ohne die paulinische Pneuma-Vorstellung) wirksam. Das Opfer der Christen kann nur dadurch zu Gott gelangen, daß sie zu ihrem himmlischen Hohenpriester und seinem Blut „hinzutreten" oder, wie es ganz gleichbedeutend im unmittelbaren Kontext in V. 13 heißt, zu ihm außerhalb des Lagers hinausgehen und seine Schmach tragen.

Der Zusammenhang des Opfers der Christen mit Christus wird in unseren Texten aber auch noch durch einen anderen Begriff dargestellt, und zwar dadurch, daß das Opfer der Christen als „lebendig" bezeichnet wird. Das ist ausdrücklich in Röm 12,1 der Fall („... eure Leiber als ein heiliges, lebendiges ... Opfer darzubringen ..."). Lebendig ist dieses Opfer ihrer ganzen leibhaften Existenz aber nur, insofern sie „in" dem auferstandenen „lebendigen" Christus sind und, wie es in Röm 6,11 heißt, „in Christus für Gott leben".

In 1 Petr 2 ist dieser Zusammenhang, wohl wiederum unter dem Einfluß paulinischer Gedanken, in ähnlicher Weise dargestellt: Die Steine für den οἶκος πνευματικός sind nur dadurch „lebendig", daß sie aufgebaut sind auf *den* lebendigen Stein, der Christus ist. Nur durch diese Lebendigkeit, die der Lebenszusammenhang mit Christus gibt, sind die vom Pneuma gewirkten Opfer möglich.

Wird hier im 1. Petrusbrief schon angedeutet, daß die Lebensfülle Christi selbst auf das Opfer der Seinen hinwirkt, so verbindet eine wichtige Aussage | des Hebräerbriefes den Gedanken des „Lebens" Christi vollends mit *seinem* Opfer. In Hebr 10,19 f. wird gesagt, daß unser „Hinzutreten" zum himmlischen Heiligtum sich auf einem „neuen" (vielleicht darf man wörtlich übersetzen: „frisch geschlachteten") und „lebendigen Wege" vollzieht, und dieser Weg ist das Fleisch Jesu (V. 20) und sein Blut (V. 19). Stellen wir die Frage noch zurück, ob hier auf die Eucharistie angespielt wird – sicher ist jedenfalls, daß das opfernde Hinzutreten der Christen zu Gott nur durch den Anschluß an das Opfer Christi möglich ist. Und dieses Opfer Christi ist für den Hebräerbrief wie auch sonst im NT das Kreuzesopfer von Golgotha. Aber es darf nicht übersehen werden, daß das auf Golgotha geopferte Blut nach der Vorstellungsweise des Hebräerbriefes jetzt verklärt und lebendig im Himmel ist, wie aus 12,24 eindeutig hervorgeht – der Hohepriester, der in den Tagen seines Erdenlebens sich zum Opfer am Kreuz hingegeben hat, steht jetzt in seiner verklärten *geopferten* Leiblichkeit und mit seinem lebendigen Opferblut vor Gott.

## III. Das Opfer der Christen und die Eucharistie

Es wurde immer deutlicher, daß der *Zusammenhang unserer Opfer* des Gotteslobes, der Bruderliebe, überhaupt unserer ganzen Existenz *mit Christus* letztlich ein Zusammenhang mit dem Opfer Christi ist, wie es im Hebräerbrief am klarsten hervortritt. Aber die Beobachtung bleibt bestehen, daß bei dieser Antwort auf das Opfer Christi oder bei diesem Eingehen in das Opfer Christi eben unser alltägliches christliches Leben in Gehorsam und Liebe und nicht das eucharistische Opfer gemeint ist. Stellen wir jetzt im abschließenden Teil noch die Frage, wie sich die Überzeugung vom Lebensopfer der Christen, die in so vielen Bezügen steht und so reich ausgestaltet ist, zum eucharistischen Opfer verhält[9]!

Im NT scheint der Hebräerbrief eine Lösung der Frage zu bieten, wenn auch für unser Empfinden nur andeutungsweise. Die Stelle, die uns hier hilft, steht im Kontext der Opferstelle 13,15 f., und zwar handelt es sich um V. 10: „Wir haben einen Altar, von dem die nicht essen dürfen, die dem Zelte dienen." Diese Stelle ist schon deswegen einschlägig, weil hier das von ϑυσία abgeleitete Wort ϑυσιαστήριον steht. Es ist in der Auslegung viel um den Sinn dieser | scheinbar so dunklen Stelle gestritten worden. Für die einen ist sie klarer Beweis für den Opfercharakter der Eucharistie[10], für andere, auch katholische Autoren wie O. Kuss, ist eine Beziehung auf das Herrenmahl nicht zu sichern[11].

Es ist in diesem Rahmen nicht möglich, die ganze exegetische Diskussion auszubreiten oder auch nur das Für und Wider ausführlich gegeneinander abzuwägen. Ich möchte kurz die Lösung aufzeigen, die mir am wahrscheinlichsten ist. Ihre Voraussetzung ist die vielfach zu wenig beachtete Tatsache, daß die ntl. Autoren und in besonderer Weise auch der Autor des Hebräerbriefes anders als der moderne Mensch in der Lage waren, verschiedene miteinander verbundene

---

[9] Wie ist es, historisch gesehen, dazu gekommen, daß die Christen das Herrenmahl als Opfer aufgefaßt und bezeichnet haben? Da diese Bezeichnung im NT noch nicht vorliegt, wird das Problem für uns erst greifbar in Schriften des 2. Jahrhunderts (vgl. *E. Kinder* Art. Opfer [V. Dogmengeschichtlich] in RGG IV 1651 f.). Immerhin können wir schon im NT Ansatzpunkte dafür finden (vgl. *E. Kinder* a.a.O.). Die einzelnen Elemente der Gemeindeversammlungen, in denen das Herrenmahl seinen Platz hat, werden schon im NT als „Opfer" bezeichnet, und zwar sowohl der Lobpreis als auch die ἀγάπη und die Kollekte. Dazu kommt, daß schon Paulus das Herrenmahl der heidnischen Opferspeise konfrontieren konnte (vgl. 1 Kor 10,14–21). – Aber diese Hinweise reichen nicht aus; wenn man *nur* sie hätte, könnte man auch dazu kommen, den Wesenszusammenhang von Herrenmahl und Opfer der Christen zu leugnen. – Vgl. zur Frage bes. *P. Neuenzeit*, a.a.O., S. 163–174.

[10] Von neueren Autoren vgl. *J. Betz*, Die Eucharistie in der Zeit der griechischen Väter, Band II/1: Die Realpräsenz des Leibes und Blutes Jesu im Abendmahl nach dem Neuen Testament, Freiburg 1961, 159.

[11] Vgl. *O. Kuss*, Der Brief an die Hebräer (RNT 8, Regensburg 1953) z. St.; ders., Der theologische Grundgedanke des Hebr: Münchener Theol. Zeitschrift 7 (1956) 233–271, bes. 265–271 (abgedr. in: ders., Auslegung und Verkündigung I, Regensburg 1963, 281–328, bes. 320–328).

Sachverhalte zusammenzuschauen, daß die Alternative „entweder ‚Essen' im Glauben an den Opfertod Jesu *oder* Essen = Empfang des Herrenmahles" gar nicht zwingend ist.

Eins bleibt freilich sicher: Mit dem Wort ϑυσιαστήϱιον meint der Verfasser *nicht* den Tisch des Herrenmahles, sondern das Kreuz von Golgotha bzw. wohl noch richtiger den Gekreuzigten selbst, der als der Geopferte ständig vor dem Vater steht; denn er, der himmlische Hohepriester, nimmt in Wirklichkeit auch die Stelle des Altares ein. Wenn die atl. Priester zum Altar bzw. der Hohepriester zum Allerheiligsten hinzutraten, um zu opfern, so tritt der Christ, der Lobpreis und Liebeswerke opfern will, zum wahren Zelt, d. h. sachlich gesehen zu Jesus und seinem Blut hinzu. Von diesem wahren, im Himmel befindlichen „Altar" essen die Christen – d. h. sie empfangen von ihm die „Gnade, durch die sie Gott wohlgefällig dienen" (vgl. 12,28 mit 13,9 „Es ist gut, mit Gnade das Herz zu stärken …"). Diese „Gnade" ist den unwirksamen Speisen derer, *die dem Zelte dienen*, entgegengesetzt. „Die dem Zelte dienen" sind entweder diejenigen, die in der atl. Ordnung verharren, oder wohl besser entsprechend der symbolhaften alexandrinischen Denkweise des Verfassers, dem der im AT beschriebene Kult transparent ist für die schattenhafte irdische Wirklichkeit überhaupt: diejenigen, „die sich noch – unmittelbar oder mittelbar – an die alte, schattenhafte, nunmehr völlig nutzlose Heilsordnung halten"[12]. Diese „dem Zelte Dienenden" können die neutestamentliche χάϱις nicht empfangen.

Was ist aber diese χάϱις? Besteht sie nur in der inneren Gnade, oder kann sie auch eine Bezeichnung der eucharistischen Speise sein? Hier hilft uns eine analoge Stelle, das 6. Kapitel des Johannes-Evangeliums, weiter. Wenn hier vom Essen des Lebensbrotes gesprochen wird, das Jesus selbst ist, dann hat das im ersten Teil der Rede (bis V. 51b) den Sinn, daß der Christ das wahre Lebensbrot ißt, indem er an Jesus glaubt und so, entsprechend der anderen Aussage|weise von Jo 7,37ff. (bzw. 19,34), die Ströme des lebendigen Wassers aus seinem durchbohrten Leibe empfängt, d. h. die Heilsgabe des Geistes.

Aber in Jo 6,52–58 hat dieses „Essen" eindeutig eucharistischen Sinn bekommen; diese Verse zeigen, daß das „Essen" der früheren Verse sich im Essen des Fleisches Jesu sakramental verdichtet. Die Verbindung zwischen beiden Gedanken bildet V. 51c[13], nach dem das Brot, das Jesus geben wird, sein Fleisch für das Leben der Welt ist. Hier wird auf den Opfertod Jesu angespielt. Daß das „Essen" des Lebensbrotes, das Jesus ist, sich in der Eucharistie konkretisiert, wird darin begründet, daß Jesus dieses Brot als der Geopferte ist und daß die Eucharistie die Speise und der Trank aus diesem Opfer ist. Dabei wollen auch diese Verse nicht sagen, daß das „Essen" des Lebensbrotes sich auf den kultischen Vollzug der Eucharistie beschränkt.

---

[12] *Kuss* z. St.
[13] Vgl. *H. Schürmann*, Joh 6,51c – ein Schlüssel zur großen johanneischen Brotrede, in: BZ N. F. 2 (1958) 244–262.

Könnte es in Hebr 13,10 nicht ähnlich sein – könnte nicht auch hier das „Essen" zunächst allgemein die Annahme der Gnade des geopferten Hohenpriesters Christus, dann aber auch, konkretisiert, das eucharistische Essen sein? Daß es sich tatsächlich so verhält, darauf deutet nicht nur die Parallele bei Johannes hin, sondern vor allem eine Reihe von anderen Bemerkungen des Hebräerbriefes, die sich wohl nur als Anspielungen auf die Eucharistie deuten lassen. Es sei vor allem an die schon erwähnte Verwendung der johanneischen Ausdrücke αἷμα und σάρξ in Hebr 10,19 f. erinnert. Ferner ist Hebr 10,29 im Zusammenhang von V. 25 von Bedeutung[14].

Für die Doppelbedeutung des φαγεῖν spricht also eine hohe Wahrscheinlichkeit. (Wir müssen dabei nüchtern genug sein, zuzugeben, daß sich eine wirkliche Sicherheit kaum oder nur schwer erreichen läßt). Aber selbst wenn wir die Doppelbedeutung von φαγεῖν einmal in unsere Überlegungen einsetzen – was ist damit für unsere Frage gewonnen? In der Parallele Hebr 10,13 – Jo 6 handelt es sich ja nicht um das Opfer der Christen und nicht um die Eucharistie als Opfer, sondern um die Eucharistie als Speise, so daß der Ertrag noch gar nicht sehr groß zu sein scheint. Aber es gibt doch einen Ertrag, den es festzuhalten lohnt, so formal er auch scheinen mag. Dieser Ertrag ist die Beobachtung, daß hier ein Entweder-Oder (entweder nur Essen durch den Glauben oder sakramentales Essen) nicht berechtigt ist, sondern das Sowohl-als-auch einer theologischen Zusammenschau gilt oder wenigstens gelten kann – bzw. genauer gesagt: daß das eucharistische Essen eine Funktion für das im Glauben bestehende „Essen" hat. Könnte das nicht auch in unserer Frage ähnlich sein?

Formulieren wir noch einmal den ntl. Befund und die Alternative, die die Eucharistie auszuschließen scheint. *Es gibt das Opfer Christi* – daß der Tod Christi ein Opfer ist und als solches in der Person des verherrlichten Herrn lebendig fortwirkt, ist eine Erkenntnis, die stufenweise innerhalb des NT zum Durchbruch kommt; *und es gibt als Antwort darauf das in der Hingabe ihrer selbst bestehende Opfer der Christen.* Von der Eucharistie als Opfer wird nicht gesprochen. Aber ist das wirklich eine Alternative? Ist es dadurch ausgeschlossen, daß diese Antwort sich in der Feier des Herrenmahls vollzieht? Nein; es gibt noch eine andere Möglichkeit: daß die Eucharistie nach dem Plan Gottes der Verbindung von beidem – der Verbindung des Lebensopfers der Christen mit dem Opfer Christi – dient. Denn wir haben ein wesentliches Moment des ntl. Befundes noch nicht genügend berücksichtigt: die Verbindung von beidem, das Opfer der Christen als Antwort auf das Opfer Christi, gibt es nicht als menschliche Leistung der Christen, sondern nur διὰ Χριστοῦ, durch Christus. Die Verbindung geht also nur über das Wirken des erhöhten Herrn, und dieses geschieht nach der besonders bei Paulus ausgebildeten Auffassung durch sein Pneuma. Wenn aber innerhalb des pneumatischen Wirkens Christi nach ntl.

---

14 Weiteres s. bei *J. Betz*, a. a. O., 154–161.

Auffassung das Sakrament als eine Form dieses Wirkens Platz hat, dann kann die später sich bildende Auffassung des Herrenmahls als des Opfers der Christen doch legitime Entfaltung eines ntl. Ansatzes sein – zumal ja sicher ist, daß das Herrenmahl nicht nur an den Tod Christi erinnern, sondern die Christen in Kommunikation mit diesem Tod bzw. mit dem gekreuzigten (und auferstandenen) Herrn setzt.

Daß das Sakrament tatsächlich seine Stellung innerhalb des Wirkens Christi hat, sehen wir eindeutig an der Taufe. Die grundlegende Applikation des Heilsgeschehens erfolgt nicht nur durch das Gläubigwerden, sondern auch durch die sakramentale Taufe. Ob auch bei der Antwort auf die Opferhingabe Christi ein Sakrament eine Rolle spielt, ist von daher keine Frage der strukturellen Möglichkeit – daß es so etwas gibt, zeigt ja analog die Taufe –, sondern nur eine Frage der Tatsächlichkeit, die Frage, ob sich das nachweisen läßt. Jedenfalls steht die Übergabe der ganzen Existenz der Christen an Gott in seinem „Opfer" in einem inneren Zusammenhang mit der Taufe[15]. Die Taufe ist das vom Pneuma gewirkte Siegel auf das grundlegende Eintreten in die Gemeinschaft mit Christus und seinem Tode und damit auf die grundlegende Hingabe an Gott – sollte das Herrenmahl nicht in Entsprechung dazu das vom Pneuma Christi gewirkte Siegel auf die jeweilige Aktualisierung dieser Verbundenheit sein, bzw., um das hier nicht adäquate Wort „Siegel" zu vermeiden, ein sakramentales Ermöglichen und Ergreifen dieser Aktualisierung?

Nun ist die Eucharistie im NT freilich nicht unmittelbar als Opfer, sondern als Opferspeise zu erkennen. Es ist bezeichnend, daß wir auf eine Parallele angewiesen waren, in der es um die Eucharistie als Speise geht. Aber recht betrachtet ist das kein Gegenargument, sondern fügt sich in die bisherige Sicht ein; denn diese Opferspeise vermittelt ja nicht irgendwie „Gnade", sondern diese Gnade | hat einen ganz bestimmten Charakter: Es ist die Gnade der Kommunikation mit dem geopferten und verklärten Christus, und gerade diese Kommunikation ermöglicht die Vereinigung des Lebensopfers der Christen mit dem Opfer Christi; sie ist nicht „Belohnung" für das Opfer der Christen (wenn sie auch als Unterpfand dieser Belohnung gesehen werden kann), sondern stärkt gerade die Kraft zu diesem Opfer, d. h. zur Vereinigung mit dem Opfer Christi[16].

Die ntl. Aussageweise vom Opfer der Christen bildet also nicht eine überholte Stufe der Glaubenserkenntnis, die man einfach vernachlässigen könnte. Es ist vielmehr hilfreich, sich den ntl. Befund vor Augen zu führen und sich von ihm beeindrucken zu lassen. So lernt man das eucharistische Opfer in dem Zusammenhang sehen, in den der Plan Gottes es gestellt hat.

Die Verbindung zwischen Opfer Christi, Ganzopfer der Christen und Eucha-

---

[15] Vgl. oben II,3.

[16] Für die Frage, inwiefern auch die kirchliche Überzeugung von der Gegenwärtigsetzung des Opfers Christi *vor* der heiligen Speisung (d.h. von seiner Gegenwärtigsetzung in der Konsekration) ihre Wurzeln im NT hat, vgl. *J. Betz*, Art. Meßopfer, in LThK VII 344 ff.

ristie ist gut erfaßt in einem Wort Augustins: „... Die gesamte erlöste Gemeinde
... wird als ein allumfassendes Opfer Gott dargebracht durch den Hohenpriester
... Das ist das Opfer der Christen: ‚die vielen ein Leib in Christus‘. Dieses Opfer
feiert die Kirche auch durch das den Gläubigen bekannte Sakrament des Altares,
worin ihr vor Augen gehalten wird, daß sie in dem, was sie darbringt, selbst
dargebracht wird."[17] – Das haben wir festzuhalten: Die Anteilnahme am Opfer
Christi im Herrenmahl ist uns deshalb geschenkt, damit wir selbst Ganzopfer für
Gott werden. Wie die Taufe eines Erwachsenen ihren Sinn verliert, wenn der
Täufling nicht bereit ist, sich in der Gemeinschaft mit Christus an Gott hinzugeben, so ist es auch bei der Eucharistie. Die „κοινωνία des Leibes Christi" (1 Kor
10,16) fordert das Opfer des eigenen Leibes (vgl. Röm 12,1), gibt aber auch die
Kraft dazu. Im NT liegt in diesem Sinne alles andere als eine Spiritualisierung des
Opferbegriffs vor!

Daß eine explizite Aussage über die Eucharistie als Opfer im NT fehlt, kommt
sicher zunächst und vordergründig daher, daß sie in der damaligen Umwelt gar
nicht ausgesprochen werden konnte, ohne falsche Vorstellungen hervorzurufen.
Dadurch, daß aus diesem Grunde etwas, was uns geläufig ist, nicht gesagt wird,
erhält das, was im NT gesagt wird und was jetzt für sich allein wirken kann und
soll, eine um so größere Kraft. Es setzt uns instand, über aller Größe und
Herrlichkeit dessen, was zu Recht über die Eucharistie gesagt wird, dasjenige im
rechten Maßstab zu sehen, dem die Eucharistiefeier dienen soll: das Opfer
Christi, das unser konkretes Leben ergreifen will.

Wir sind immer wieder in Gefahr, die Heilsordnung Christi in innerweltliche
Kategorien herabzuziehen und aus ihr eine vom Menschen aus gedachte Religion
und einen vom Menschen her vollzogenen Kult zu machen. Die Aussageweise
des NT ist demgegenüber Ausdruck der Tatsache, daß das Christentum | die
„Krisis aller Religion in Christus" ist[18], hier beim Opferbegriff ähnlich wie bei
dem des ἱερεύς, den das NT ebenfalls keinem menschlichen Kultdiener zuerkennen konnte. Daß der Kirche als kultische Feier gerade dieses Herrenmahl gegeben ist, das in keiner Weise in sich ruht und durch das sie sich in keiner Weise vom
eigenen Ganzopfer dispensieren kann, kommt daher, daß sie dem wahren Gott
gegenübergestellt ist, der alle innerweltlichen Vorstellungen, die ihn und sein
Handeln erfassen wollen, immer wieder sprengt. Und gerade dadurch, daß sie
selbst zum Opfer wird in Christus, kann die Kirche ihre Aufgabe für die Welt
erfüllen.

---

[17] De Civ. Dei X,6.
[18] *E. Wolf*, Art. Christentum (II. Geschichtliche Entwicklung) in RGG I 1705.

# 10. „Laßt uns hinzutreten …" (Hebr 10,22)

## Zur Frage nach dem Sinn der Kulttheologie im Hebräerbrief*

Der Hebräerbrief beschreibt in den Kapiteln 5–10 das Heilswerk und die Mittlerfunktion Christi in einer durch und durch kultischen Begrifflichkeit. Er spricht auf dem Hintergrund des atl Opferkultes von Christus als dem Hohenpriester des Neuen Bundes, von seinem Opfer, von seinem Einzug in das himmlische Heiligtum, von der Besprengung mit seinem Opferblut. Diese Verfahrensweise ist singulär im NT. Zwar finden wir auch in anderen ntl Schriften gelegentlich kultische Terminologie oder sogar Denkweise vor. Aber daß die kulttheologische Betrachtung Christi und seines Werkes im Hauptstück eines Briefes geradezu zum Thema gemacht wird, sehen wir sonst nicht. Wir haben allen Grund zu der Annahme, daß der Verfasser des Hebr, der sich als Seelsorger weiß[1], diese so ausführliche Kulttheologie in einer bestimmten Absicht ausbreitet, daß er bei der angeredeten Gemeinde ein ganz bestimmtes Ziel erreichen will. Aber was ist dieses Ziel? Will er etwa Judenchristen in Palästina, die durch den prächtigen Tempeldienst in Jerusalem in der Gefahr des Abfalls vom Glauben stehen, durch den Hinweis auf die überragende Größe des Hohenpriesters Christus vor diesem Abfall bewahren? Wenn diese traditionelle, früher vorherrschende Lösung des schwierigen Adressatenproblems[2] zuträfe, wäre unsere Frage scheinbar am leichtesten zu

---

\* Habilitationsvorlesung (Würzburg, 30. 1. 1964); für den Druck erweitert.

[1] Vgl. O. Kuss, Der Verfasser des Hebräerbriefes als Seelsorger: Trierer Theol. Zeitschr. 67 (1958) 1–12. 65–80; abgedr. in: ders., Auslegung und Verkündigung I, Regensburg 1963, 329–358.

[2] Vgl. B. Heigl, Verfasser und Adresse des Hebräerbriefes (Freiburg 1905) 231–234. In verschiedenen Modifizierungen (meist ohne spezielle Anspielung auf den Tempelkult in Jerusalem) wird die Hypothese judenchristlicher Adressaten noch öfters vertreten, vgl. H. Strathmann, Der Brief an die Hebräer (NTD 9, Göttingen [7]1954), 69; C. Spicq, L'Épître aux Hébreux I (Études Bibliques, Paris 1952) 220–252. Sie hat durch die Beobachtung von Parallelen zwischen dem Hebr und den Qumranschriften neuen Auftrieb erhalten; vgl. C. Spicq, L'Épître aux Hébreux, Apollos, Jean-Baptiste, les Hellénistes et Qumran: Revue de Qumran 1 (1958/59) 365ff und die bei W. G. Kümmel in Feine-Behm-Kümmel, Einleitung in das NT (Heidelberg [12]1963) 281. 286. 288 für und gegen qumranischen Einfluß angegebene Literatur. – Eine Beziehung zur qumranischen Theologie bzw. eine gewisse Berührung mit ihr dürfte zwar für den Verfasser

lösen. Aber auch dann bleibt das Problem, ob unser Verf. dem jüdischen Opferkult nur allgemein den Glauben an Christus als den wahren Hohenpriester entgegensetzt oder im besonderen einen christlichen Kult, mit dem er dann die Feier des Herrenmahls meinen könnte. Hier sind wir bei der eigentlichen Frage, auf die dieser Vortrag sich beschränken muß. Sie wird noch dringlicher, wenn – wie es wahrscheinlicher ist – keine speziell judenchristliche Gemeinde, sondern eine allgemeinchristliche, aus Juden- und Heidenchristen bestehende oder vielleicht sogar überwiegend heidenchristliche Gemeinde angeredet ist [3] – bzw. wenn mindestens nicht auf den konkreten Tempeldienst im Jerusalem der Zeit vor der Zerstörung angespielt wird, sondern rein schrifttheologisch auf die im Pentateuch enthaltenen Ausführungen über das heilige Zelt und den atl Opferkult. Wir fragen also: Verwendet der Verfasser nur gleichsam ein neues theologisches Bild für das Heilswerk Christi, oder haben seine Darlegungen als «Sitz im Leben» einen christlichen Kult?

Aus den zahlreichen Stellungnahmen zu unserem Problem seien drei charakteristische und bedeutsame neuere Lösungsversuche herausgegriffen, und zwar von J. Betz, O. Kuss und F. J. Schierse. Diese Auswahl dient dazu, die Fragestellung besser zu erfassen, soll also keine Auseinandersetzung im engeren Sinne einleiten. Übrigens sind wir so in der Lage, die wichtigsten Forschungsrichtungen anhand von Werken katholischer Autoren zu illustrieren. Die irrige Meinung, es handle sich um einen Gegensatz von katholischer und protestantischer Auffassung, braucht also gar nicht aufzukommen [4].

Der Dogmatiker J. *Betz* vertritt in seinem materialreichen Werk über die Realpräsenz des Leibes und Blutes Jesu im Abendmahl nach dem NT [5] eine eindeutig eucharistische Auffassung des Hebr [6]. Der Brief sei an Christen gerichtet, die in Gefahr standen, gerade an der Eucharistie Anstoß zu nehmen [7]. Demgegenüber gelte das Sakrament der Eucharistie dem Hebr-Vf. als die entscheidende Heilsgabe des NT [8]. Die theologischen Ausführungen über Christus

---

des Hebr wahrscheinlich oder wenigstens möglich sein (vgl. R. Schnackenburg, Die Kirche im NT, Quaestiones disputatae 14, Freiburg 1961, 84–86), ist aber für die angeredete Gemeinde kaum zu sichern. Vgl. auch F. F. Bruce, «To the Hebrews» or «to the Essenes»?: NTS 9 (1962/63) 217–232.

[3] Vgl. die Zusammenstellung der Argumente bei H. Windisch, Der Hebräerbrief (Handb. z. NT 14, Tübingen ²1931) 127f; W. Michaelis, Einl. in das NT (Bern ³1961) 267–270; O. Michel, Der Brief an die Hebräer (H. A. W. Meyers Komm., Göttingen ¹⁰1957) 11–16.

[4] Vgl. etwa die Deutung von Hebr 13, 10 auf das Herrenmahl bei O. Michel (z. St., S. 342f) mit der Stellungnahme von M. Dibelius, Der himmlische Kultus nach dem Hebr (in: ders., Botschaft und Geschichte II, Tübingen 1956, 160–176, zuerst veröffentlicht: Theol. Blätter 21, 1942, 1ff) S. 174: «Das Abendmahl spielt im Hebräerbrief keine Rolle ...»

[5] Johannes Betz, Die Eucharistie in der Zeit der griechischen Väter, Band II/1: Die Realpräsenz des Leibes und Blutes Jesu im Abendmahl nach dem Neuen Testament, Freiburg 1961.

[6] A. a. O. 144–166.

[7] A. a. O. 160f.

[8] A. a. O. 163.

und sein Opfer dienen also dazu, die «antieucharistischen» Adressaten [9] zum Sakrament des Herrenmahls zurückzuführen und ihnen zu einem vertieften Verständnis dieses Sakraments zu verhelfen [10]. Einen Gegenpol stellt die Auffassung des Münchener Neutestamentlers *O. Kuss* dar. Er hat sie niedergelegt in mehreren Schriften, von denen sein Hebr-Kommentar [11] und der Aufsatz «Der theologische Grundgedanke des Hebr» [12] hervorgehoben seien [13]. Nach Kuss ist der Hebr-Vf. vor allem mit rein grundsätzlichen theologischen Fragen beschäftigt [14] (wenn auch aus seelsorglichem Interesse [15]). Die grundsätzliche Frage, um die es dabei im besonderen geht, sei die Deutung des Todes Jesu [16]. Die Reflexion über den atl Kult und seine Überbietung durch den ntl Hohenpriester ist im Verständnis von Kuss bloßes Darstellungsmittel für die Heilsbedeutung des Todes Jesu [17]. Ein aktuelles Interesse des Vf. oder der angeredeten Gemeinde am Kult, sei es der zeitgenössische jüdische oder der christliche, sieht Kuss nicht; ja sogar die Möglichkeit, daß der Vf. bzw. seine Gemeinde das Herrenmahl kannte, will er bei der Auslegung nicht berücksichtigen, sondern nur offenhalten [18].

*F. J. Schierse*, mit dessen vielbeachteter Dissertation «Verheißung und Heilsvollendung» [19] Kuss sich in mehreren Arbeiten auseinandersetzt [20], steht der Sache nach zwischen Kuss und J. Betz. Er unterscheidet sich von J. Betz insofern, als er nicht vorwiegend von der Eucharistie spricht, sondern meist allgemeiner von «Gottesdienst» und «Liturgie». Für ihn ist der Hebr eine schriftlich niedergelegte Homilie, und zwar, wenn man es so nennen wolle, die «erste

---

[9] A. a. O. 163. J. Betz hält die Adressaten des Briefes für bekehrte Essener (a. a. O. 163–166). Auch die These, die Adressaten seien «antieucharistisch» eingestellt gewesen, sucht er durch Parallelen aus Qumran zu belegen; er stützt sich dabei vor allem auf die scharfe Ablehnung des Blutgenusses in Qumran (a. a. O. 163f. 166).

[10] Vgl. a. a. O. 162: Der Autor will «nicht nur Person und Werk Jesu, sondern zugleich auch den Wesensgehalt des Abendmahls ... ans Licht bringen». – J. Betz sieht den «eigentlichen und theologischen Grund, warum der Autor die Wirklichkeit des Neuen Bundes in kultischen Kategorien beschreibt», in der «grundsätzlichen Einheit von Bund und Kult» (153). «Die Argumentation vom Kultischen her ist daher einerseits dogmatische Aussage über Stifter, Gehalt und Wirklichkeit des Neuen *Bundes*; aber sie erschöpft sich nicht darin, sie will gleichzeitig auch Aussage über den neuen *Kult* [d. h. die Eucharistie] sein» (153). «In der Eucharistie sieht der Hebräerbrief das ganze Christentum beschlossen» (161).

[11] Der Brief an die Hebräer (Regensburger NT Bd. 8), Regensburg 1953.

[12] Der theologische Grundgedanke des Hebräerbriefes. Zur Deutung des Todes Jesu im Neuen Testament, in: Auslegung und Verkündigung I (Regensburg 1963, im folgenden abgek. A. u. V. I) 281–328; zuerst veröffentlicht: Münchener Theol. Zeitschr. (abgek. MüThZ) 7 (1956) 233–271.

[13] Außer dem oben in Anm. 1 genannten Aufsatz befassen sich ferner folgende Arbeiten von Kuss mit dem Hebr: Über einige neuere Beiträge zur Exegese des Hebräerbriefes: Theologie und Glaube 42 (1952) 186–204; Zur Deutung des Hebräerbriefes: Theol. Revue 53 (1957) 247–254.

[14] A. u. V. I 326 (= MüThZ 1956, 269).

[15] Vgl. oben Anm. 1.

[16] Kuss stellt den Hebr in die Reihe der nachpaulinischen Deutungen des Todes Jesu (A. u. V. I 305 = MüThZ 1956, 252). Dem entspricht schon der Untertitel seines Aufsatzes: «Zur Deutung des Todes Jesu im Neuen Testament». Die grundsätzliche Frage des Hebr nach der Heilsbedeutung des Todes Jesu sei veranlaßt vor allem durch das scandalum crucis (A. u. V. I 310. 312ff = MüThZ 1956, 256. 258ff).

[17] Vgl. A. u. V. I 320f (= MüThZ 1956, 265f).

[18] Vgl. A. u. V. I 326 (= MüThZ 1956, 269).

[19] Verheißung und Heilsvollendung. Zur theologischen Grundfrage des Hebräerbriefes (Münchener Theologische Studien, I. Historische Abt., 9. Bd), München 1955 (im folgenden nur mit dem Verfassernamen zitiert); vgl. ders., Art. Hebräerbrief im LThK² V 45–49.

[20] Vgl. oben Anm. 12 und 13.

1*

liturgische Predigt»[21]. Vor allem sucht er die kultischen Gedanken, die er im Hebr findet, in die gesamte Theologie des Briefes einzubauen, die einen weit größeren Rahmen als den Kult umspannt. So weist er den eschatologischen Gedankengängen des Hebr den ihnen gebührenden Platz an[22]. Aber sein Gegensatz zu Kuss ist doch noch größer als der zu J. Betz. Die eucharistische Deutung wird zwar von Betz sehr pointiert in den Mittelpunkt gestellt, ohne daß aber andere theologische Beziehungen völlig geleugnet werden, während Kuss nur die theologische Deutung des Todes Jesu und keinerlei aktuellen kultischen Bezug gelten läßt.

Angesichts dieser so weit auseinandergehenden Meinungen muß man fragen, ob sich nicht innerhalb des Hebr ein zuverlässiger Ansatzpunkt findet, durch den sich größere Klarheit erreichen läßt. Gerade der Exeget wird ja nach Anhaltspunkten im Text selbst suchen müssen. Als solcher «Schlüssel» sind verschiedentlich (und zwar grundsätzlich zu Recht) die paränetischen Abschnitte des Briefes bezeichnet worden[23]. Der Hebr läßt sich nicht wie manche Paulusbriefe in einen dogmatischen und einen paränetischen Hauptteil gliedern, vielmehr wechseln lehrhafte und paränetische Abschnitte miteinander ab. Diese Tatsache läßt vermuten, daß gerade aus den letzteren das Anliegen des Vf. hervorgeht.

Aber der Brief enthält in seinen paränetischen Abschnitten eine ganze Reihe von verschiedenen Einzelmahnungen, von der Mahnung zum «Festhalten am Bekenntnis», zur Zuversicht und zur Ausdauer bis zur gegenseitigen Liebe[24]. So werden wir diesen «Schlüssel» nur dann verwenden können, wenn wir die Einzelmahnungen nicht unterschiedslos nebeneinanderstellen, sondern ihren Schwerpunkt zu ermitteln suchen – anders gesagt, wenn wir diejenigen Mahnungen herausfinden, in denen der Autor vielleicht das Anliegen ausgesprochen hat, das ihn zu seinen langen kulttheologischen Darlegungen trieb. Wir haben also darauf zu achten, welche Mahnungen sich in kultischen Gedankengängen halten; wir haben auch zuzuschauen, welche Mahnungen in besonderer Weise mit dem kulttheologischen Hauptteil verbunden sind.

Wenn wir einmal dem letzteren Punkt nachgehen, so fällt der Blick auf *den* paränetischen Abschnitt, der den Darlegungen über

---

[21] Schierse 207.

[22] Diesen Schwerpunkt deutet schon der Haupttitel seines Buches an: «Verheißung und Heilsvollendung». Nach Schierse steht das eschatologische Hauptanliegen mit dem kultischen dadurch in engster Beziehung, daß der christliche Gottesdienst die «wesensbildliche Darstellung der himmlisch-zukünftigen Heilsgüter» ist (S. 206).

[23] Vgl. O. Michel a. a. O. 5; vor allem Schierse 196f.

[24] Vgl. die Zusammenstellung der Einzelmahnungen bei Kuss (A. u. V. I 306–308 = MüThZ 1956, 253–255), der sie verwertet, um Aufschluß über die Adressatengemeinde zu erhalten.

Jesu Hohepriestertum unmittelbar folgt, auf die Verse 10, 19ff. Sie werden durch ein οὖν an jene Darlegungen angeschlossen, ziehen demnach offenbar die Konsequenz daraus.

Die ersten drei Verse 10, 19. 20. 21 enthalten noch kein Hauptverbum, sondern eine Konstruktion, die von dem einleitenden Partizip ἔχοντες abhängig ist («da wir also, Brüder, Ermächtigung haben zum Eingang in das Heiligtum durch das Blut Jesu, [einen Eingang,] den er uns als einen neuen und lebendigen Weg eingeweiht hat durch den Vorhang, das ist durch sein Fleisch, und da wir einen großen Priester über das Haus Gottes haben»); diese Verse resümieren mithin gerade die vorhergehende Hohepriesterlehre und verstärken das Gewicht des οὖν von V. 19. Und was sind die Mahnungen, die dann folgen? Die erste, also vielleicht mit Absicht hervorgehobene, lautet: «Lasset uns mit wahrhaftigem Herzen in der Fülle des Glaubens *hinzutreten* (προσερχώμεθα)» – d. h. offenbar: lasset uns den Weg wirklich beschreiten, von dem in V. 19 die Rede war. Der Terminus προσέρχεσθαι kann kultische Bedeutung haben und für das Hinzutreten zum Opfer gebraucht werden [25]. Sollte hier schon der «Schlüssel» liegen? Wir werden diesem Gedanken zunächst nur mit Vorsicht folgen, da die folgenden Mahnungen nicht oder nicht notwendig kultisch zu verstehen sind. Aber er bietet sich um so mehr an, als die Mahnung zum «Hinzutreten» sich auch noch an einer anderen wichtigen Stelle des Hebr findet, in 4, 16 – also gerade in demjenigen paränetischen Abschnitt, der die Darlegung über das Hohepriestertum Jesu einleitet. Es heißt dort: «Lasset uns also mit Freimut hinzutreten zum Thron der Gnade.»

Die kulttheologischen Ausführungen des Hebr sind also eingeschlossen von diesen Mahnungen [26], sie sind in eine Klammer bzw. Inklusion gesetzt. Es handelt sich hierbei um ein auch sonst gebräuchliches Stilmittel zur Hervorhebung theologisch wichtiger Gedanken [27]. So verstärkt sich der Eindruck, daß wir hier, in der

---

[25] Vgl. J. Schneider in TWbNT II 680–682.

[26] Zur Zusammengehörigkeit der beiden Abschnitte 4, 14–16 und 10, 19ff vgl. Spicq zu 10, 19 und bes. W. Nauck, Zum Aufbau des Hebräerbriefes, in: Judentum – Urchristentum – Kirche (Festschrift für J. Jeremias, Beiheft zur ZNW 26, Berlin ²1964) 198–206, hier 203f.

[27] Vgl. A. Vanhoye, La structure littéraire de l'épître aux Hébreux (Studia Neotestamentica. Studia I). Paris-Bruges 1963, bes. p. 37 (dort auch n. 1). Vanhoye weist dieses Stilmittel an zahlreichen Stellen im Hebr nach (vgl. vor allem p. 53–58 und 222s). Jedoch erkennt er die Bedeutung von 4, 14–16 und 10, 22f zur Umgrenzung des großen kulttheologischen Hauptteils nicht. Der Grund dafür dürfte in folgendem liegen: Erstens spürt er nur bei kleineren Einheiten einer möglichen Inklusion nach; zweitens läßt er den kulttheologischen Teil (in seiner Gliederung die «troisième partie») infolge einer Überbewertung anderer Gliede-

Mahnung zum Hinzutreten, dem Sinn der Kulttheologie des Hebr näher kommen, zumal der Begriff προσέρχεσθαι noch an einigen weiteren Stellen verwendet ist, die seine Bedeutung für das Briefganze unterstreichen; es sind Hebr 7, 25; 10, 1; 11, 6; 12, 18–24.

Aber worin besteht das «Hinzutreten» nun eigentlich? Auf jeden Fall bedeutet es die Realisierung der Gottesbeziehung, es ist ja «Hinzutreten zum Thron der Gnade», d. h. zum Thron Gottes [28]. Doch in welcher Weise vollzieht es sich genauer? Sicherlich «durch Christus»; nach 7, 25 geschieht das Hinzutreten «durch ihn». Aber wieder stehen wir vor den zwei Möglichkeiten: Tritt der Christ im Sinne des Hebr-Vf. zu Gott hinzu durch seinen Glauben an die Heilskraft des Todes Jesu, oder meint Hebr mit dem «Hinzutreten» den konkreten Gottesdienst der Gemeinde bzw. sogar die Eucharistie als solche? Oder gibt es vielleicht noch eine andere Möglichkeit?

Für eine konkrete gottesdienstliche Beziehung könnte schon sprechen, daß der Hebr die speziell kultische Verwendung von προσέρχεσθαι kennt; in 10, 1 wird es für die Teilnahme am atl Opferkult gebraucht. Aber aus dieser Tatsache allein kann noch nichts geschlossen werden, wie Kuss zu Recht bemerkt [29]. Kultische Termini können auch für Sachverhalte verwendet werden, die mit einem äußeren Gottesdienst nichts zu tun haben. Alles bleibt also vorerst offen. Aber die allgemeine Frage nach dem Sinn bzw. dem Anliegen der Kulttheologie des Hebr scheint sich tatsächlich in der Frage nach der Bedeutung des προσέρχεσθαι zu konkretisieren.

Wir suchen diesem Problem im folgenden in drei Schritten näherzukommen und so die abschließende Antwort vorzubereiten. An 1. Stelle achten wir auf das Ziel bzw. den Beziehungspunkt des προσέρχεσθαι; 2. ist zu fragen, welche Inhalte es *außer* einer eventuellen Beziehung auf den Gemeindegottesdienst umfaßt; und 3. sind die möglichen oder tatsächlichen Anspielungen auf die Eucharistiefeier ins Auge zu fassen.

---

rungsmerkmale erst mit 5, 11 beginnen. Das hängt auch damit zusammen, daß er (drittens) den Vers 4, 14 schon als Teil einer die «section» 3, 1 – 4, 14 umspannenden Inklusion festgelegt sieht. Die scharfe Zäsur, die er zwischen 4, 14 und 15 legt, dürfte aber unhaltbar sein. Daß 4, 14–16 zusammen mit 10, 22f eine Inklusion für den kulttheologischen Hauptteil bildet, kann im übrigen auch dann aufrechterhalten werden, wenn die Beobachtungen von Vanhoye über die Funktion von 4, 14 für den vorhergehenden Abschnitt (als Entsprechung zu seinem Beginn in 3, 1) zu Recht bestehen.
[28] Hebr 4, 16. Vgl. auch Hebr 11, 6 («Wer zu Gott hinzutritt, muß glauben, daß er ist und denen, die ihn suchen, ein Vergelter wird»), wo «hinzutreten» entsprechend der Parallelität mit «suchen» die Gottesbeziehung im allgemeinen anzudeuten scheint.
[29] Hebr-Komm. zu 10, 22 (S. 90); vgl. A. u. V. I 327 (=MüThZ 1956, 270), Anm. 271.

Im 1. Punkt handelt es sich in etwa um eine Vorfrage. Wenn die
beiden Möglichkeiten «Hinzutreten durch den Glauben» und «Hinzutreten durch die Eucharistiefeier» zu prüfen sind, dann kann es
von erheblicher Bedeutung sein, ob der Blick des Hebr mehr auf
die Vergangenheit oder auf die Gegenwart gerichtet ist. D. h.: Tritt
der Christ «hinzu» (lassen wir das Wort wie in 10, 22 zunächst
ohne Angabe des Zieles stehen), indem er an die Heilsbedeutung
des Todes Jesu glaubt, indem er also in erster Linie, wenn auch
nicht ausschließlich, den Blick auf das grundlegende Heilsereignis
von Golgotha richtet, oder ist der Beziehungspunkt primär eine
gegenwärtige Wirklichkeit? Und wie verhält das προσέρχεσθαι sich
zum zukünftigen Verheißungsziel?

Wenn wir diese Fragen beantworten wollen, dürfen wir eine
Stelle nicht übersehen, die zwar den Begriff προσέρχεσθαι nicht enthält, aber für die Tendenz des Hebr sehr aufschlußreich ist und
an der der Vf. selbst angibt, worauf es ihm bei seinen Ausführungen über Christus als Hohenpriester am meisten ankommt. Es
ist *Hebr 8, 1:* «Die Hauptsache aber bei dem Gesagten ist: Wir
haben einen solchen Hohenpriester, der sich zur Rechten des
Thrones der Majestät gesetzt hat *als Liturge des Heiligtums* und
des wahren Zeltes, das der Herr und nicht ein Mensch aufge-
schlagen hat.» Die Hauptsache, das κεφάλαιον, ist für den Hebr also
nicht der Blick in die Vergangenheit (und auch von der Zukunft ist
in diesem Zusammenhang nicht – wenigstens nicht unmittelbar –
die Rede), sondern der Blick auf den *gegenwärtigen* Hohepriesterdienst Jesu im Himmel[30]. Daß das auch für das προσέρχεσθαι gilt,
ist am deutlichsten aus *Hebr 12, 22–24* zu erkennen. Es heißt da,
daß die Christen nicht wie einst die Israeliten am Sinai zu einem
irdischen, betastbaren Berg hinzugetreten sind, sondern zur «Stadt
des lebendigen Gottes», d. h. zu Gott und der himmlischen Wirklichkeit, die ihn umgibt. Und als Ziel des Hinzutretens wird hier
in 12, 24 mit Gott und seinen Scharen zusammen nicht nur Jesus
als der Mittler des Neuen Bundes genannt, sondern auch das «Blut
der Besprengung, das stärker redet als Abel». Es ist selbstverständlich das Opferblut Jesu; aber es ist wichtig, daß der Hebr es «im
Himmel» weiß – dieses Blut, von dem der Hebr an so vielen Stellen
spricht und das nach unserer wichtigsten προσέρχεσθαι-Stelle 10, 19ff
auf das engste mit dem «Weg» verbunden ist, auf dem wir zu Gott

---

[30] Von diesem Blick auf den gegenwärtig wirkenden Hohenpriester spricht
er auch an anderen Stellen: 3, 1; 12, 2; vgl. 2, 8f. Auch die Redeweise vom
«Haben» des Hohenpriesters (4, 14; 8, 1; 10, 21; vgl. 6, 19; 13, 10) ist auf den
gegenwärtig wirkenden Christus bezogen. Vgl. Schierse 159–161.

hinzutreten[31]. Der Hebr schaut überhaupt nicht so sehr auf das Blutvergießen im Augenblick des Opfers als auf die *jetzige* Besprengung mit diesem Blut, die Zuwendung des Heiles. Sein Blick ist auf den erhöhten Jesus gerichtet, der sein sühnendes Blut in das Heiligtum des Himmels hineingetragen hat und jetzt dieses verklärte Opferblut dem Vater entgegenhält.

Daß die Redeweise vom Blut Jesu sich auf die *vergangene* Heilstat bezieht, könnte durch Hebr 13, 12 nahegelegt werden (Jesus hat außerhalb des Lagers gelitten, um «durch sein eigenes Blut das Volk zu heiligen»), ferner vor allem durch *Hebr 9, 12,* daß Jesus διὰ τοῦ ἰδίου αἵματος ein für allemal in das Heiligtum eingegangen ist. Aber bedeutet die Wendung «durch sein eigenes Blut» wirklich «auf Grund des einst am Kreuze vergossenen Blutes»?

In der Denkweise des Hebr besteht eine genaue Entsprechung zwischen der schattenhaften, abbildlichen irdischen Ordnung und der himmlischen, urbildlichen Wirklichkeit[32]. So muß es uns zum Nachdenken veranlassen, daß der Einzug Jesu in das wahre, himmlische Heiligtum hier, in 9, 11f, dem Eintreten des atl Hohenpriesters in das irdische Heiligtum gegenübergestellt ist. Der atl Hohepriester ist aber δι᾽ αἵματος τράγων καὶ μόσχων in das Heiligtum eingetreten. Das heißt nicht nur, daß er auf Grund des vorher dargebrachten Opfers eintreten durfte, sondern daß er *mit diesem Blut* eintrat, das er an die Bundeslade zu sprengen hatte[33]. Und im ganzen Zusammenhang kommt es auf die *weitere* kultische Verwendung dieses Blutes zum sühnenden Besprengen an. Hebr 9, 25 gibt die Bestätigung, wenn hier gesagt wird, daß der atl Hohepriester ἐν αἵματι ἀλλοτρίῳ jährlich in das Heiligtum eintrat. Hier steht die Präposition ἐν und nicht διά; so wird deutlicher, daß nicht nur das vorhergehende Blutvergießen beim Opfer gemeint ist, sondern daß das Blut auch zum Eintreten selbst gehört – daß der atl wie der ntl Hohepriester es *in das Heiligtum selbst hineinträgt,* wie 13, 11 bezüglich des atl Hohenpriesters ausdrücklich sagt.

So hat der Hebr auch bei der Vorstellung vom Weg (10, 19f) nicht eigentlich das vergangene Blutvergießen von Golgotha vor Augen, das – es sei nochmals betont – selbstverständlich die Voraussetzung für seine Gedankengänge bildet. Das Blut Jesu, von dem er im Zusammenhang mit dem Weg spricht, ist für ihn zwar mit dem damals vergossenen Blut identisch. Aber es befindet sich für ihn jetzt im wahren Heiligtum des Himmels vor dem Angesicht Gottes, wohin Christus als der wahre Hohepriester es getragen hat[34].

Ebenso bedeutet die Redeweise des Hebr, daß wir oder unser Gewissen gereinigt werden durch die Besprengung mit dem Blute Christi (9, 14, vgl. 12, 24), eine Verbindung mit dem Opfer Christi, die aber nicht als Rückbeziehung auf das vergangene Kreuzesopfer, sondern als Beziehung zum vor Gott stehenden verklärten Hohenpriester vorgestellt wird. Ob man dieses lebendige Fortdauern des Opferblutes Jesu im Himmel vor dem Angesicht Gottes nun als «himmlisches Opfer» bezeichnen will oder nicht – der Ausdruck

---

[31] Der «Weg» ist im letzten wohl der verklärte Hohepriester selbst, vgl. Spicq zu Hebr 10, 20, der zu Recht Hebr 7, 25 vergleicht, und W. Hahn, Gottesdienst und Opfer Christi, Eine Untersuchung über das Heilsgeschehen im christlichen Gottesdienst (Göttingen 1951) 122. – Die Vorstellung scheint verwandt zu sein mit der von Joh 14, 6.

[32] Vgl. Schierse 43f.

[33] Vgl. Hebr 9, 7, wo unserem δι᾽ αἵματος ein οὐ χωρὶς αἵματος parallel ist (vgl. auch 9, 18). διά c. g. bezeichnet hier ein Mittel, dessen Anwendung der durch das Hauptverbum beschriebenen Handlung (hier εἰσῆλθεν 9, 12) nicht vorausgeht, sondern sie begleitet. Die Bedeutung des Mittels und die der Art und Weise bzw. des begleitenden Umstandes, die διά mit Genitiv der Sache haben kann (vgl. W. Bauer, Wörterbuch zum NT ⁵1958 Sp. 357f), verbinden sich hier.

[34] Vgl. auch E. Käsemann, Das wandernde Gottesvolk, (Göttingen ³1959) 144.

ist problematisch [35] –, jedenfalls ist es für den Hebr auf das engste mit dem Opfer Christi verbunden [36].

Wenn man die starke Betonung der *gegenwärtigen* himmlischen Realitäten ernst nimmt, die in diesen Stellen vorliegt, wird die Auskunft, der Hebr wolle hauptsächlich eine Deutung des Todes Jesu geben, unwahrscheinlich. Freilich stellt er sachlich *auch* – per consequentiam – eine solche Deutung des Todes Jesu dar. Der starke Akzent, den er an mehreren Stellen [37] auf die geschichtliche Einmaligkeit des Opfers Christi legt, hat sicherlich seine unersetzliche Funktion; aber *in unserer Frage* darf man sich dadurch nicht einseitig festlegen lassen. Wir können vielmehr sagen: Das προσέρχεσθαι bedeutet die Realisierung der Gottesbeziehung durch eine Verbindung mit dem *gegenwärtig* vor Gott befindlichen Blut Jesu, d. h. mit Jesus selbst, der mit seinem Blut vor dem Vater steht. προσέρχεσθαι bedeutet geradezu: auf dem Wege des Blutes und des Opfers Christi zu Gott hinzutreten bzw. sich an das Opfer Christi (genauer: an die gegenwärtige Hinwendung des Hohen-priesters Christus zu Gott) anschließen.

Wir haben noch die Tatsache zu beachten, daß das προσέρχεσθαι nicht nur im Kohortativ (4, 16 und 10, 22), sondern auch im *Perfekt* von den Christen ausgesagt werden kann: «Ihr seid hinzugetreten ... zum Blut der Besprengung» (12, 22). Dieses Hinzugetretensein ist erfolgt, als die Christen sich (grundlegend) vom Blute Christi besprengen ließen. Auch Hebr 10, 22 spricht von diesem vergangenen Besprengtwerden, verbindet es aber mit einem verdeutlichenden Zusatz: «... die Herzen besprengt [Partizip Perfekt] von bösem Gewissen und den Leib gewaschen mit reinem Wasser». Die grundlegende Besprengung mit dem Blute Christi meint also nichts anderes als die Taufe, und auch das Hinzu-getretensein von 12, 22–24 bezieht sich, wenigstens der Hauptbedeutung nach, ebenfalls auf dieses Sakrament.

Die beiden Verwirklichungsweisen des προσέρχεσθαι, die vergangene und die gegenwärtige, sind demnach gerade in Hebr 10, 22, unserer Hauptstelle für die Mahnung zum Hinzutreten, gegenübergestellt. Das Partizip ῥεραντισμένοι gibt die Vorbedingung für den Kohortativ προσερχώμεθα an; das vergangene Hinzu-getretensein in der Taufe ist also Grundlage und Vorbedingung für das gegen-wärtige Hinzutreten. So liegt es nahe, dieses als Aktualisierung dessen zu sehen, was in jenem grundlegenden «Hinzugetretensein» gegeben ist: Wenn der Christ die Mahnung zum Hinzutreten befolgt, läßt er sich immer von neuem ergreifen von der Gnade, die ihm erstmals in seiner Taufe geschenkt wurde.

2. Nach dem bisherigen Ergebnis bleibt durchaus die Möglich-keit, daß das «Hinzutreten» der Christen die Eucharistiefeier meint, zumal es sich als Konsequenz ihrer Taufe erkennen läßt. Aber entschieden ist die Frage noch keineswegs. Wenn wir jetzt zu-

---

[35] Vgl. J. Ungeheuer, Der Große Priester über dem Hause Gottes. Die Christo-logie des Hebr (Würzburg 1939) 141–148.

[36] Vgl. J. Schildenberger, Der Gedächtnischarakter des alt- und neutesta-mentlichen Pascha, in: B. Neunheuser (Hrsg.), Opfer Christi und Opfer der Kirche (Düsseldorf 1960) 75–97, bes. 90f; Spicq I 311–316. 318; F. X. Durrwell, La résurrection de Jésus mystère de salut (Le Puy-Lyon ⁷1963) 176–179, bes. 178s.

[37] Hebr 7, 27; 9, 12. 25–28; 10, 10. 12. 14.

sehen, welche Inhalte das προσέρχεσθαι umfaßt, stoßen wir auf die Tatsache, daß zumindest *nicht nur* die Eucharistiefeier dazugehört, sondern daß andere Sachverhalte den Blick auf sich ziehen, ja im Vordergrund zu stehen scheinen. Da ist zunächst tatsächlich der Glaube: 10,22 sagt «lasset uns hinzutreten ... in der Fülle des Glaubens». Entsprechend Hebr 11 ist der Glaube hier freilich vor allem als Glaube an den lebendigen Gott und das von ihm gesetzte Verheißungsziel aufgefaßt und – darin eingeschlossen – an den vor Gott stehenden Mittler des Neuen Bundes, Jesus[37a]. Auch der «Eifer in der Liebe und in guten Werken», der 10,24 genannt ist, gehört sicher zum «Hinzutreten». Und wenn προσέρχεσθαι ein Hinzutreten der Christen zum Opfer ist, so spricht Hebr 13,15f von Opfern ohne jeden eindeutigen eucharistischen Bezug: Diese «Opfer» sind Gotteslob, Wohltun und Mitteilen.

Besonders wichtig ist folgende Beobachtung: Hebr 13,13 enthält eine Mahnung, zu Christus «außerhalb des Lagers»[38] hinauszugehen (ἐξερχώμεθα) und seine Schmach zu tragen. Dieses ἐξέρχεσθαι muß mit unserem προσέρχεσθαι sachlich gleichbedeutend sein[39]. Ebenso ist es aber ohne Zweifel gleichbedeutend mit dem, was der folgende Vers 13,14 als Kennzeichen der Christen erwähnt: die «zukünftige Stadt» zu suchen – oder, wie 4,11 es ausdrückt, «sich zu mühen, in jene Ruhe einzugehen». Und dieses «Suchen» und «Sich mühen» fällt mit der Verhaltensweise zusammen, zu der 12,1 mahnt: in Geduld den vor uns liegenden Wettkampf zu laufen[40], d. h. sich durch das ganze christliche Leben mitsamt Bruderliebe und (vor allem) Leiden auf die Verheißung hin auszustrecken; und das Verheißungsgut, das hier gemeint ist, besteht schließlich in nichts anderem als im vollendeten Hinzutreten zum wahren Kult des himmlischen Heiligtums. Die primär an der Gegenwart orientierte Redeweise vom προσέρχεσθαι ist also mit Aussagen verknüpft, die vom Weg des Gottesvolkes in die Zukunft hinein reden.

Das «Hinzutreten» umgreift demnach als Konsequenz und Antwort auf die Taufgnade alle christlichen Lebensäußerungen, d. h.

---

37a Auch das προσεληλύθατε von 12,22 meint wohl nicht nur den Empfang der Taufe, sondern ebenso das mit ihr verbundene Gläubigwerden.

38 «Außerhalb des Lagers» bezeichnet «zunächst allgemein die Region der Schande», dann aber entsprechend 13,14 vor allem die Region, in der die Christen «von allem irdischen Wesen getrennt» sind, «im Besitz der wahren Wirklichkeit stehen» (Kuss zu 13,13f).

39 Vgl. Schierse 193: «Das Hinausgehen aus dem Lager ist nur die andere Seite des Hinzutretens zu den himmlischen Wirklichkeiten.»

40 Das «Laufen» von 12,1 erweist sich als parallel mit dem «Hinausgehen» von 13,13 durch seinen Kontext, in dem vorher vom «Ablegen jeder Last» und im folgenden Vers 12,2 von der «Schande des Kreuzes» die Rede ist.

sicherlich nicht nur die gottesdienstlichen Versammlungen. Und gleichzeitig ist es Ausschreiten auf die Vollendung. In ihm realisiert sich die Bereitschaft, dem endgültigen Ziel des Gottesvolkes zuzueilen. Der Hebr verliert weder die Gesamtheit des christlichen Lebens noch das eschatologische Ziel aus dem Blick.

3. Fast könnte es jetzt scheinen, als ob damit schon alles gesagt sei und als ob wir zum Verständnis des theologischen Anliegens unseres Vf. die Eucharistiefeier gar nicht zu berücksichtigen hätten. Aber wenden wir uns nun doch den Stellen zu, die eine Beziehung auf Gottesdienst und Eucharistie enthalten könnten.

Da stoßen wir auf die Mahnung, die Gemeindeversammlung nicht zu versäumen (10, 25). Zwar wird nicht eindeutig gesagt, daß es sich hier um eine Eucharistiefeier handelt, aber es ist kaum denkbar, daß nur eine nichteucharistische Versammlung gemeint sein sollte. Der zum Kontext von 10, 25 gehörige Vers 29 könnte andeuten, daß die Verachtung des Bundesblutes, von der hier warnend die Rede ist, gerade durch das Versäumen der Gemeindeversammlung geschieht, also ein Verachten des eucharistischen Blutes wäre. In 10, 19f werden Blut und Fleisch Jesu, die Abendmahlstermini in der johanneischen Fassung (Joh 6, 53–58), mit dem «Weg» ins Heiligtum in Verbindung gebracht bzw. sogar mit ihm gleichgesetzt. Die Reihe der möglichen Andeutungen ist damit noch nicht erschöpft[41]; von ihnen sei nur noch die von jeher kontroverse, aber für unsere Frage bedeutsame Stelle Hebr 13, 10 genannt. Nach dieser Aussage haben die Christen einen Altar, von dem die kein Recht haben zu essen, «die dem Zelte dienen»; die Christen *haben* also diese Vollmacht, zu «essen».

Keines von diesen Argumenten für ein eucharistisches Verständnis ist jedoch für sich allein wirklich zwingend. Sie reichen in keiner Weise aus, um entgegen dem im vorigen Punkt 2 festgestellten Sachverhalt etwa die einfache Gleichung «προσέρχεσθαι = Teilnahme an der Eucharistiefeier» aufzustellen. Aber zusammengenommen lassen sie sich auch nicht beiseite schieben, vor allem dann nicht, wenn wir noch beachten, daß sowohl *vor* dem kulttheologischen Hauptteil des Hebr wie *nach* ihm eine offenbar wichtige Mahnung mit der Mahnung zum Hinzutreten verbunden ist. Sie lautet «laßt uns die ὁμολογία festhalten (4, 14[42]; 10, 23: «laßt uns

---

[41] Vgl. J. Betz a. a. O. 145f. 154–161.

[42] In 4, 14 steht zuerst die Mahnung zum Festhalten des Bekenntnisses und dann in 4, 16 die zum Hinzutreten; in 10, 22f ist es umgekehrt. Es ist wohl nicht ausgeschlossen, daß dieser Chiasmus in den beiden weit voneinander getrennten, aber zusammengehörigen Abschnitten beabsichtigt ist. Vor allem ist er wohl durch den Inklusionscharakter der Abschnitte bedingt. (Die Mahnungen zum

die ὁμολογία der Hoffnung unbeugsam festhalten»). Diese ὁμολογία, wohl ein Christusbekenntnis auf der Grundlage des Taufbekenntnisses [43], läßt sich zwar kaum auf den Gemeindegottesdienst einschränken, aber auch nicht von ihm lösen. Die Mahnung zum Festhalten der ὁμολογία bezieht sich nicht nur allgemein auf das christliche Leben, sondern mindestens *auch* auf die gottesdienstliche Feier [44]; und dasselbe ist für die mit ihr verbundene Mahnung zum προσέρχεσθαι anzunehmen [45].

Der Sachverhalt läßt sich also folgendermaßen zusammenfassen: Das «Hinzutreten» meint keinesfalls *nur* die Teilnahme an der Eucharistiefeier. Und bezüglich der Eucharistie liegen zwar beachtliche Andeutungen vor, aber keine zwingende Aussage. Wie ist das zu erklären?

Wie wir sehen, ist unsere Hauptfrage noch immer nicht gelöst; aber wir sind der Antwort wohl doch schon recht nahe gekommen. Der Sachverhalt läßt nicht auf ein «Entweder-Oder», sondern auf ein «Sowohl-Als auch» schließen: sowohl Eucharistiefeier als auch das ganze christliche Leben mitsamt Glaube, Gebet, Gottesdienst und Leiden. Diese Verbindung geschieht zwar nicht in der Form, in der wir ein solches «Sowohl-Als auch» ausdrücken; wir würden das, wie wir zu sagen versucht sind, «klarer» tun. Aber auch der Hebr macht nicht den Eindruck, als ob er sich über seine Gedanken im unklaren wäre. Es muß also eine uns nicht von vornherein geläufige Denkweise vorliegen, die Fähigkeit zur Zusammenschau von Wirklichkeiten, die miteinander in Beziehung stehen.

Einen guten Beleg für eine solche Zusammenschau bietet eine Schrift des NT, zu deren Theologie der Hebr in mancher Hinsicht Beziehungen aufweist, das Johannesevangelium [46].

Um einen Zugang zu der dem Anschein nach deutlichsten eucharistischen Stelle des Hebr, 13, 10, zu finden, vergleichen wir Joh 6, 27–58, die sog. eucharistische Rede. Diese ist nun aber in ihrem ersten Teil (6, 27–51b) gar nicht

---

Hinzutreten stehen als die beiden inneren Glieder des «Chiasmus» dem kulttheologischen Hauptteil am nächsten.) – Wie 10, 19ff beginnt auch 4, 14 mit einem «ἔχοντες οὖν ...».
[43] G. Bornkamm (Das Bekenntnis im Hebräerbrief, in: ders., Studien zu Antike und Urchristentum, Ges. Aufs. II, München 1959, 188–203) faßt die ὁμολογία im Anschluß an A. Seeberg als das «inhaltlich fixierte kurze Taufbekenntnis der Gemeinde» (191). Schierse (200) sieht in ihr nicht ein Taufbekenntnis, sondern ein «feierliches, kultisch-liturgisches Christus-Bekenntnis»; vgl. E. Käsemann, Das wandernde Gottesvolk 105–110; O. Michel zu Hebr 10, 23 und TWbNT V 216.
[44] Das dürfte durch die Verbindung der ὁμολογία V. 23 mit der ἐπισυναγωγή V. 25 gesichert sein; der Partizipialsatz «μὴ ἐγκαταλείποντες ...» V. 25 bezieht sich nicht nur auf den unmittelbar vorhergehenden V. 24, sondern auch auf V. 23.
[45] Vgl. W. Hahn a. a. O. 112.
[46] Vgl. Spicq, L'Épître aux Hébreux I 109–138.

«eucharistisch», d. h. das «Brot des Lebens», von dem hier die Rede ist, bedeutet noch gar nicht das Sakrament der Eucharistie. Vielmehr zeigt uns dieser Abschnitt, daß es eine Betrachtungsweise gibt, in der nicht die einzelnen Gaben Jesu (Wort, Sakrament, Liebe) je für sich ins Auge gefaßt werden, sondern die Heilsgabe als ganze. Das Brot des Lebens, das Jesus selbst ist, schenkt er den Seinen nach seiner Erhöhung durch den Geist als seine umfassende Heilsgabe.

Die eucharistischen Verse 53–58 schließen jetzt nicht unmittelbar an den ersten Teil der Rede an, sondern es folgt erst noch ein wichtiger Gedanke, der den Übergang bildet. Er ist in 6,51c enthalten: «... und das Brot, das ich geben werde, ist mein Fleisch für das Leben der Welt»[47]. «Für das Leben der Welt» – das ist unverkennbare Anspielung auf die Einsetzungsworte des Herrenmahles «für euch und für viele»[48]. Aber obschon damit (und ganz deutlich in den folgenden Versen 53–58) das Sakrament der Eucharistie in das Blickfeld tritt, wird die umfassende Sicht der Heilsgabe, die der erste Teil der Brotrede bietet, nicht verlassen. Die Konkretisierung, die die Verse 53–58 darstellen, bildet keinen Gegensatz zu der alles umgreifenden Sicht von V. 27–51b; die Gleichung «Brot des Lebens = Eucharistie» schließt die erste, umfassendere Gleichung «Brot des Lebens = das Pneuma (bzw. = Jesus selbst)» nicht aus. Daß die beiden Gleichungen nebeneinander stehen können[49], ist durch den Kreuzestod Jesu ermöglicht; das «Blut» und das «Wasser», das nach Joh 19, 34 aus der Seite des Gekreuzigten fließt (vgl. 1 Joh 5, 6–8) sind ebenfalls sowohl die umfassende Heilsgabe des Geistes als auch die Sakramente der Taufe und der Eucharistie[50]. Die Eucharistie ist freilich in der Betrachtungsweise von Joh 6 mehr als nur ein Teil der großen, allgemeinen Heilsgabe; sie kann unter einem bestimmten Aspekt für diese Gabe als ganze stehen. Das «Brot des Lebens» ist Jesus einerseits durch die Gesamtheit seiner Offenbarung, durch alles, womit er die Seinen zum ewigen Leben nährt – durch das Wort wie auch die sakramentale Gnade und die Kraft zum Dienst der Liebe; andererseits ist das alles in der Eucharistie als *der* Heilsgabe aus dem Tode Jesu gleichsam verdichtet, wie Strahlen in einem Prisma zusammengefaßt werden.

Wenn wir diese Art der Zusammenschau mutatis mutandis auf den Hebr, und zwar zunächst auf Hebr 13, 10, übertragen, so ergibt sich ein befriedigendes Verständnis. Der «Altar», von dem die Christen nach diesem Vers ihre heilige Speise erhalten, meint im Sinne des Hebr sicher nicht den irdischen Abendmahlstisch, auch nicht eigentlich das Kreuz von Golgotha, sondern befindet sich wie das Fleisch und das Blut des Hohenpriesters im Himmel; letztlich ist dieser himmlische Altar der geopferte und verklärte Hohepriester selbst[51]. Und die «Gnade», die wir nach Hebr 13, 9f von diesem himmlischen Altar empfangen bzw. «essen», ist wie das «lebendige Brot» von Joh 6 zunächst alles Heil, das in Christus

---

[47] Diese Deutung von Joh 6, 51c schließt sich an H. Schürmann an: Joh 6, 51c – ein Schlüssel zur großen johanneischen Brotrede: BZ N. F. 2 (1958) 244-262.

[48] Vgl. Schürmann a. a. O. 246.

[49] Wir können hier die Frage dahingestellt sein lassen, ob die beiden Teile der Brotrede ursprünglich derselben Traditions- bzw. Entstehungsschicht des vierten Evangeliums angehören. In dem uns vorliegenden Evangelium sind sie durch V. 51c unlöslich miteinander verklammert, so daß V. 53–58 nicht als Interpolation erklärt werden können; vgl. Schürmann a. a. O. 262; ders., Die Eucharistie als Repräsentation und Applikation des Heilsgeschehens nach Joh 6, 53–58: TrTZ 68 (1959) 30–45. 108–118.

[50] Vgl. W. Thüsing, Die Erhöhung und Verherrlichung Jesu im Johannesevangelium (NtlAbh XXI, 1/2, Münster 1960) 171–173.

[51] Vgl. Spicq zu 13, 10 (L'Épître aux Hébreux II 425).

beschlossen ist; aber wie es sich nach den letzen Versen der Brotrede von Joh 6 in der Eucharistie gewissermaßen kristallisieren
kann, so auch im Hebr. Das φαγεῖν meint dann den Empfang der
Heilsgabe als ganzer, die aber in der Eucharistie einen Kristalli-
sationskern hat und *auch* (wenn auch nicht ausschließlich) von
ihr her betrachtet werden darf.

Von 13, 10 aus können wir jetzt auf unser προσέρχεσθαι schließen,
das denselben Sachverhalt unter einem anderen Blickwinkel sieht:
Es ist Hinzutreten zu Gott durch den geopferten Christus, damit
aber auch Empfang der Heilsgabe aus dem Opfer Christi. Dieses
Hinzutreten besteht im ganzen christlichen Leben, das aber in der
Teilnahme am eucharistischen Gemeindegottesdienst einen Mittelpunkt besitzt, von dem es seine Deutung erhält und Kraft empfängt [52].

Von hier aus läßt sich ein Ausgleich zwischen den Positionen
der drei eingangs genannten Autoren finden, vor allem zwischen
Schierse, der das Anliegen der eucharistischen Deutung in einem
weiter gespannten und gemäßeren Rahmen vertritt, und Kuss.
Fragen wir von unserem bis jetzt gewonnenen Verständnis aus nur,
ob oder inwiefern der Satz von Schierse, der Hebr sei eine «erste
liturgische Predigt» [53], der von Kuss bestritten wird [54], eine Berechtigung hat.

Die Voraussetzung der Formulierung von Schierse ist die These,
daß der Hebr eine schriftlich niedergelegte Homilie sei. Diese
These hat einen berechtigten Kern [55]. Wir werden sie jedoch besser
in vorsichtigerer Weise fassen bzw. abändern: Der Hebr faßt
Material zusammen, das der Vf. zu solchen Homilien zu verwerten
pflegt; der Vf. legt nicht eine einzelne Homilie schriftlich nieder,
sondern arbeitet die Hauptgedanken aus, die sein Predigen überhaupt bestimmen. Und dieses Predigen vollzog sich – daran ist
kein stichhaltiger Zweifel möglich – im eucharistischen Gemeindegottesdienst. Dadurch erhalten die Anspielungen auf die Eucharistie sofort anderes Licht.

Versuchen wir einmal, uns in die kerygmatische Lage des
Hebr-Vf. hineinzudenken, in seine Situation als Prediger. Er sieht
seine Aufgabe darin, nicht nur dem christlichen Leben, sondern
auch dem rechten Vollzug der Eucharistiefeier zu dienen. Es wäre

---

[52] Vgl. auch W. Hahn a. a. O. 112; Spicq I 317f.
[53] S. oben Anm. 21.
[54] A. u. V. 325f (= MüThZ 1956, 268f).
[55] Vgl. H. Windisch, Der Hebräerbrief 122–124; O. Michel, Der Brief an die
Hebräer 3f.

aber verfehlt zu meinen, er und die anderen urchristlichen Prediger
hätten dazu auf die äußere, irdisch-sichtbare Feier des Herrenmahles oder auf Riten, die dabei etwa vollzogen wurden, direkt
Bezug genommen. Er will einfach denjenigen verkünden, mit dem
die Eucharistie in Gemeinschaft bringt: den geopferten und verherrlichten Hohenpriester Christus. Ähnlich wie Paulus es in
1 Kor 11, 26 sagt, will er den Tod Christi verkünden, aber in der
Weise, daß er vor allem auf den jetzt wirkenden Hohenpriester
hinweist, der mit seinem Blut vor Gott steht. Der Blick auf die
«Hauptsache» (Hebr 8, 1), den Hohepriesterdienst Christi selbst, ist
so beherrschend, die Beziehungen zwischen Gottesdienst und
Leben sind so wenig intellektuell aufgegliedert und so sehr von der
Mitte her erfaßt, daß sich ganz organisch der Sachverhalt ergeben
mußte, der uns im Hebr vorliegt. Daß sich nur Anspielungen auf
die Eucharistie und keine expliziten Ausführungen über sie finden,
kommt daher, daß unser Vf. die Beziehungen zwischen dem
προσέρχεσθαι und der Eucharistie nicht thematisch behandelt, sondern aus der Wirklichkeit heraus lebt, die in der Eucharistie für
den Christen gnadenhaft Gestalt gewinnt.

Die Tatsache, daß der Hebr von vornherein auf das Ganze des
christlichen Lebens zielt und nicht auf eine isolierte Kultfeier,
spricht keineswegs dagegen, daß es sich um eine «liturgische
Predigt» im recht verstandenen (gegenüber Schierse modifizierten)
Sinne handelt. Für die Urchristenheit konnte eine «liturgische
Predigt» wohl gar nicht anders verfahren, sie mußte auf das Ganze
gehen; sie mußte sich ja von dem magischen Mißverständnis heid-
nischer Kultfeiern, etwa der Mysterienmähler, ebensosehr ab-
setzen wie von der Unvollkommenheit des durch Christus abge-
tanen atl Kultes [56]. Die Andeutungen der Eucharistie im Hebr sind
keineswegs zufällig so, daß sie nicht auf die Eucharistie eingeengt
werden können. Die Beziehung auf den Gottesdienst und das
Sakrament der Eucharistie ist nicht aus theoretisch-theologischem
Interesse hergestellt, sondern geht aus der Situation hervor. Der
Hebr-Vf. will gar nicht ex professo über Gottesdienst und Eucharistie reden; aber dadurch, daß er sich von dem inneren Gehalt von
Gottesdienst und Eucharistie bestimmen läßt, gibt er «eine tiefe
theologische Sinndeutung der liturgischen Vorgänge» [57].

---

[56] In der Situation des Hebr konnte weder mit dem Wort «Priester» ein Vorsteher der Gemeinde noch mit dem Wort «Altar» der Abendmahlstisch bezeichnet
werden.
[57] Schierse 207. Die mit dieser Formulierung verbundene These Schierses, die
Homilie, die der Hebr darstelle, schließe sich «ihrem Aufbau nach dem Gang der
liturgischen Feier an», dürfte jedoch in dieser Form kaum zutreffen.

Unsere eingangs gestellte Frage lautete, weshalb der Hebr eine so ausführliche Kulttheologie bietet. Die Mahnungen zum «Hinzutreten» führten uns zu einer Antwort (die freilich noch von manchem anderen Ansatzpunkt aus ergänzt werden könnte [58]). Wir dürfen sie abschließend in folgender Weise formulieren: Der Hebr treibt Kulttheologie, weil er in einer sehr konsequenten Weise theozentrisch denkt und es ihm auf die Herstellung der Relation zu Gott ankommt, auf das Gottesverhältnis des Christen – und weil ihm die Kulttheologie geeignet erscheint, das Werk bzw. die Funktion Christi als Ermöglichung des Zugangs zum heiligen Gott darzustellen [59]. So will er die Christen aufrufen, sich mit dem Opfer Christi zu vereinigen.

Alles zielt für ihn auf den Gottesdienst der Christen im weitesten Sinn ab. Das zeigt vor allem *Hebr 9, 14* – ebenfalls eine der Stellen, an denen sich das Anliegen des Vf. deutlich ausprägt –: Der Sinn der Besprengung mit dem Blute Christi besteht darin, daß die Christen *«dem lebendigen Gott dienen»*[60]. Aber das Lebensopfer als Hinzutreten zum Opfer Christi verdichtet sich für ihn in der Feier des Herrenmahles, bei der er seine Christen anzureden gewohnt ist. Diese Tatsache macht sich wie selbstverständlich öfters bemerkbar, wenn auch der Blick nicht vom Hohenpriester im Himmel abgewendet wird.

Die Sicht des Hebr, die jetzt deutlicher geworden ist, kann auch heute für den Vollzug des Gottesdienstes wie des christlichen Lebens von großer Bedeutung sein. Sie kann uns helfen, nicht (wie wir vielleicht oft versucht sind) bei dem stehenzubleiben, was an unserem Gottesdienst sichtbar ist, sondern das Auge dem, wie der

---

[58] Es sei hier nur noch auf den Begriff der «Vollendung» hingewiesen, der analog unserem προσέρχεσθαι für den Hebr die Gottesbeziehung des Christen kennzeichnet. Vgl. Schierse 156: Die «Vollendung» der christlichen Gemeinde bedeutet «die volle Verwirklichung der kultischen Gottesgemeinschaft im eschatologischen Sinne»; F. X. Durrwell a. a. O. 94s: «La consommation s'identifie avec l'accès à Dieu.»

[59] Die Funktion des erhöhten Christus, das Eintreten für seine Gemeinde bei Gott (vgl. Hebr 7, 25), ist wohl schon vor dem Hebr als priesterlicher Dienst verstanden worden; vgl. Ferdinand Hahn, Christologische Hoheitstitel, Ihre Geschichte im frühen Christentum (FRLANT 83, Göttingen 1963) 240. Der Hebr-Vf. könnte diese (hypothetische) Tradition weitergebildet und verdeutlicht haben. Die Auffassung der Funktion des erhöhten Christus als eines Priesterdienstes wäre dann eine der Komponenten, die zur Ausbildung seiner Kulttheologie beigetragen haben. Eine andere ist wohl die Auffassung des christlichen Lebens als des in der Gemeinschaft mit Christus dargebrachten wahren geistlichen Opfers, die wir ebenfalls schon vor dem Hebr finden, und zwar bei Paulus (vor allem in Röm 12, 1f; vgl. 1 Petr 2, 5).

[60] Zum kultischen Charakter des Terminus λατρεύειν vgl. Strathmann in TWbNT IV 58–66, bes. 63f.

Hebr sagt, wahren Heiligtum[61] zuzuwenden, in dem Christus seinen hohepriesterlichen Dienst verrichtet. Der Hebr richtet auch an den heutigen Christen die Mahnung, seine Antwort auf das ihm angebotene Heil zu geben, indem er durch Christus hinzutritt zu Gott, und zwar im Vollsinn des προσέρχεσθαι von 10, 22: in der Fülle des Glaubens an den lebendigen Gott und das von ihm verheißene Ziel und in der ganzen gnadenhaft geschenkten Weite des christlichen Lebens.

---

[61] Hebr 8, 2; 9, 24.

## 11. Die Botschaft des Neuen Testaments –
## Hemmnis oder Triebkraft der gesellschaftlichen Entwicklung?

Vom Standpunkt des Historikers aus spräche manches dafür, die im Thema genannte Frage überhaupt nicht oder anders zu stellen – diese Frage, ob die Botschaft des Neuen Testaments Hemmnis oder Triebkraft der gesellschaftlichen Entwicklung sei; denn dabei denken *wir* ja nicht nur an die Vergangenheit, sondern vor allem an unsere Gegenwart. Die Quellen aus dem 1. Jahrhundert, die wir vor uns haben, die Schriften des Neuen Testaments, stehen in einem kulturellen bzw. sozialen Raum, der von dem heutigen außerordentlich verschieden ist. Die Möglichkeit und gegebenenfalls die Pflicht, gesellschaftliche Strukturen zu verändern, ist im großen und ganzen erst seit der Aufklärung mehr und mehr erkannt worden. Der Mensch der Antike, auch der des Neuen Testaments, hatte noch nicht diese Kraft zur Emanzipation. Er war ganz anders als unsere Zeit mit Selbstverständlichkeit geneigt, die Verhältnisse hinzunehmen bzw. sie magisch oder theologisch zu sublimieren. Unsere Quellen können also unter diesem Aspekt nicht das hergeben, was wir suchen – in mancher Hinsicht übrigens noch weniger als die des Alten Testaments.
Trotzdem muß die Frage gestellt werden, und zwar aus zwei Gründen: *einmal*, weil vieles in der Botschaft des Neuen Testaments als »Hemmnis der gesellschaftlichen Entwicklung« empfunden wurde, heute noch so empfunden wird und faktisch auch so gewirkt hat, und *zweitens*, weil wir die Frage nach der Glaubwürdigkeit der christlichen Botschaft überhaupt zu beantworten haben, die auf die Kontinuität mit ihren Ursprüngen (also dem im Neuen Testament niedergelegten urapostolischen Zeugnis) angewiesen ist.
Zum ersten: Als Beispiele für die Hemmnis-Wirkung der (ungeschichtlich oder gesetzlich aufgefaßten) neutestamentlichen Botschaft seien nur drei Phänomene erwähnt: die Sklavenfrage, die Stellung der Frau, die Stellung des Christen zum Staat. Nach 1 Kor 7, 21 rät der Apostel Paulus den Sklaven, die die Chance haben, freigelassen zu werden, lieber Sklaven zu bleiben und sich ihren Stand im Dienste Christi (als »Freigelassene Christi«) nutzbar zu machen. Die geschichtlich bedingte Unterordnung der Frau unter den Mann, die für Paulus als Angehörigen des semitisch-jüdischen Kulturkreises eine Selbstverständlichkeit war, sucht er in 1 Kor 11, 1ff. mit theologischen Argumenten zu unterbauen, denen wir heute nur einen sehr begrenzten Wert und jedenfalls nicht die Beweiskraft, die Paulus ihnen zumutet, zuerkennen können. Wieviel die sogenannte Staats-

lehre von Röm 13 (»jede Gewalt ist von Gott«) zur Konservierung aller möglichen Regime beigetragen hat, ist bekannt. Selbst die dem römischen Imperium so außerordentlich kritisch gegenüberstehende Johannesapokalypse ruft keineswegs zur Revolution auf, sondern richtet den Blick über die Katastrophen der jetzigen Welt hinweg auf einen neuen Himmel und eine neue Erde.

Sicherlich kann und muß man schon rein historisch konstatieren, daß hier geschichtlich Bedingtes im Lauf der Jahrhunderte absolut gesetzt worden ist, daß die Texte im Gegensatz zu diesem unkritischen Verfahren aus ihrem geschichtlichen Rahmen heraus zu interpretieren sind; aber zunächst bleibt doch der Eindruck, daß diese Texte außerordentlich geeignet sind, bestehende gesellschaftliche Verhältnisse unter Berufung auf den Willen Gottes, das Beispiel Christi und unter Vertröstung auf die für die nahe Zukunft erwartete Gottesherrschaft zu zementieren.

Eine der schärfsten Versionen dieses Vorwurfs findet sich bei Joachim Kahl, der aus einem evangelischen Theologen zum militanten Gegner des Christentums geworden ist[1]: »Mit der christlichen Theologie« (bzw. in unserem Falle: mit dem Neuen Testament) »läßt sich bequem jeder Schmerz, jede Entbehrung, jedes Unrecht begründen, verherrlichen oder verharmlosen. Der Sinn für Humanität wird abgestumpft: Menschenverachtung als Menschenwürde präsentiert.«

Muß eine Theologie des gesellschaftlichen Engagements also am Neuen Testament vorübergehen? Ist es vielleicht besser, diese scheinbar antiquierte Sicht, die so viele Fehlformen christlichen Verhaltens begünstigt hat, links liegen zu lassen?

Anderseits darf und muß aber auch gefragt werden, ob mit diesen Vorwürfen wirklich das Neue Testament selbst getroffen wird, ob es aus seiner Mitte heraus verstanden ist. Aber was ist diese Mitte? Gibt es – so muß zur Präzisierung des Themas weiter gefragt werden – überhaupt »_die_ Botschaft des Neuen Testaments«? Wieso kann man die theologisch so divergenten Konzeptionen der neutestamentlichen Schriftsteller als Einheit fassen?

Ein im Jahre 1930 in der Sowjetunion entstandenes Plakat, das mir kürzlich zu Gesicht kam und das in seiner Tendenz dem von J. Kahl formulierten Text entspricht, weist von dieser Gegenposition her ziemlich genau auf die Antwort: Da ist auf der oberen Hälfte ein russischer Bauer zu sehen, der unter der Last eines großen Kreuzes, das ihm ein Pope und ein Kapitalist auflegen, zu Boden gedrückt wird und nicht mehr vorwärtskommt. Auf der unteren Hälfte ist der durch

---

[1] J. Kahl, _Das Elend des Christentums_, Reinbek bei Hamburg 1968, 27.

die Revolution befreite Bauer dargestellt: vom Kreuz und vom Nieder-
gebeugtsein keine Spur mehr, vielmehr steuert er souverän und selbst-
bewußt seinen Traktor.

Tatsächlich kann man auch in positiver Würdigung des Neuen Testaments, und nicht nur in solcher polemischer Verzerrung, die Botschaft
vom Kreuz als seine Mitte bezeichnen – bzw. richtiger: das Evangelium (die »gute Nachricht«) von dem durch Gott bestätigten Gekreuzigten und dem Heil, das der Gekreuzigte bringt. Diese bei Paulus
(aber nicht nur bei ihm) typisch ausgeprägte Kreuzesbotschaft beherrscht das Neue Testament. Ich muß das thesenhaft sagen und kann
nur andeuten, daß ich diese reichlich globale These *ihrer Struktur nach*
für alle, auch für die frühen Schichten des Neuen Testaments belegen
zu können meine. So muß jetzt gefragt werden: Kann die neutestamentliche Botschaft trotz (oder vielleicht sogar wegen) dieser Botschaft vom Kreuz der gesellschaftlichen Entwicklung dienen – bzw.
sagen wir es zunächst vorsichtiger: kann sie dem Engagement des
Christen innerhalb der Gesellschaft dienen?

Es ist hier nicht der Ort, kirchengeschichtlich zu fragen, ob diese Botschaft nicht auch in den vergangenen Jahrhunderten neben den Fehl-
erscheinungen ihre befreienden Auswirkungen gehabt hat. Sicherlich
ließe sich hier sehr viel Positives vorbringen – aber um den Preis, daß
das wirkliche Problem dann doch vielleicht nicht scharf genug gesehen
wird. Es geht vielmehr darum, ob die adäquat verstandene Verkündigung des Neuen Testaments *auch heute* »Triebkraft« zu einer hu-
maneren Gestaltung der Welt sein kann.

## I. Der Befund

Nachdem jetzt die Frage umrissen ist, sei der neutestamentliche Befund gerafft an zwei Hauptkomplexen dargestellt, an der Botschaft
und Wirksamkeit Jesu und an Paulus. Die Lösung unserer Frage kann
in dieser Übersicht noch nicht gegeben werden, obwohl sie schon hier
und da durchscheinen wird.

### 1. Zuerst zu *Jesus* selbst:

Gehen wir einmal von der Frage aus, ob und inwieweit Jesus in der
Linie der prophetischen Kritik an den Institutionen des alttestamentlichen Israel steht[2].

---

[2] Auch diese Kritik war stärker, als man oft meint, von den Interessen des Jahwe-

Die Antwort darauf fällt eigenartig ambivalent aus. Einerseits (a) finden wir bei ihm eine Kritik an Reichtum, Unbarmherzigkeit, Perversion des Gesetzes und in etwa eine Kultkritik, die durchaus auf der Linie der alttestamentlichen Propheten liegt. Darüber hinaus erkennen wir im Handeln und in der Botschaft Jesu, in seiner Öffnung für die Ausgestoßenen, seiner Tischgemeinschaft mit den Zöllnern und Sündern ein Aufbrechen der Strukturen des damaligen Judentums, das in der Konsequenz das ganze System ändern mußte. Wir hören nicht nur die Forderung der Feindesliebe, sondern sehen auch die gelebte Mitteilung des Erbarmens Gottes; wir erkennen nicht nur die Ankündigung der *kommenden* Gottesherrschaft, sondern auch schon ihre anfanghafte Realisierung.

Anderseits (b) haben wir bei Jesus ein selbstverständliches Hinnehmen und Voraussetzen der bestehenden Zustände zu konstatieren, ja sogar Verzicht auf praktisch-soziales Eingreifen. Typisch dafür ist Lk 12, 14. Jesus antwortet dem Mann, der ihn um die Schlichtung des Erbschaftsstreites bittet, in den er mit seinem Bruder geraten ist: »Mensch, wer hat mich zum Richter oder Erbteiler über euch gesetzt?« Diese harte rhetorische Frage antwortet auf eine Bitte, die nach damaligem Empfinden berechtigterweise an einen Rabbi gestellt werden konnte! Kann jemand, der sich für die Verbesserung gesellschaftlicher und damit auch rechtlicher Strukturen interessiert, dieses Feld so grundsätzlich aus seinem Aufgabenbereich ausschließen?

Die gesellschaftlichen Strukturen der damaligen Zeit werden in Jesu Sprüchen und Gleichnissen ganz selbstverständlich vorausgesetzt, etwa in Lk 17, 7–10 die Schilderung der despotischen Art, mit der ein Herr mit seinem Sklaven umging (im lk. Text vor dem bedeutsamen Wort von den »unnützen Knechten«)[3].

Den realistischen Blick Jesu für die Fragwürdigkeit der damaligen autoritären Strukturen zeigen freilich manche Stellen, z. B. Mk 10, 42 par: »Ihr wißt, daß diejenigen, die über die Völker zu regieren be-

---

glaubens (und nicht eigentlich von politisch-gesellschaftlichen Interessen im heutigen Sinn) bestimmt (vgl. J. Schreiner, *Prophetische Kritik an den Institutionen Israels*, oben S.XX), aber es ist doch unverkennbar, daß das prophetische Zurückrufen zu dem Sinn, den Israels Institutionen nach dem Willen Jahwes hatten, faktisch oft eine Veränderung der Verhältnisse, auch im politischen Raum, intendieren mußte. Vgl. z. B. unten S. XX zu Kg 9–10.

[3] Als Aufruf zur Institutionalisierung solcher despotischen Beziehungen wäre das Wort freilich völlig mißverstanden; aber auf der anderen Ebene gilt das, was in den damaligen Strukturen sichtbar wurde, Gott gegenüber tatsächlich: daß der von Jesus angerufene Mensch sich Gott gegenüber als Sklave weiß und den »letzten Platz« (vgl. Lk 14, 10) wählt. – Vgl. noch M. Hengel, *War Jesus Revolutionär?* Stuttgart 1970.

anspruchen, diese bedrücken und ihre Großen sie vergewaltigen[4].« Und in diesem Zusammenhang wird auch der unter a) dargelegte Aspekt des ambivalenten Sachverhalts wieder wirksam; es heißt weiter: »Unter euch soll es nicht so sein . . .« – Die Kritik an faktischen gesellschaftlichen Verhältnissen hat also nicht nur Auswirkungen auf die Jüngergemeinschaft, sondern zeigt eben darin auch schon ein Wesensmerkmal der bereits jetzt in die Welt vorstoßenden Gottesherrschaft.

Wozu Jesus sich wirklich gesendet weiß, darauf deutet seine bekannte Antwort in dem Streitgespräch über die Steuermünze hin (Mk 12, 17): »Gebt dem Kaiser, was des Kaisers ist, *und Gott, was Gottes ist.*« Vor der Forderung, Gott das zu geben, was ihm gehört – nämlich *alles* –, verblaßt alles andere, verblaßt das politische Problem, das für das jüdische Volk zur Zeit Jesu vordergründig das zentrale war. Jesus weiß sich dazu gesendet, die Theozentrik, die Heiligung des Namens Gottes, radikal durchzusetzen. Weder die direkte Theozentrik, die sich etwa im Gebet äußert, noch die Ankündigung der *erst kommenden*, von Gott selbst zu schaffenden Basileia läßt sich aus seiner Botschaft ausklammern.

Nach einer Formulierung von J. A. T. Robinson, der hier u. a. auf Bonhoeffer und Tillich zurückgeht[5], ist Jesus »der Mensch für andere«. Diese Formulierung ist ergänzungsbedürftig: Die eigenartige Ambivalenz seines Verhaltens erklärt sich nur dann, wenn er zuerst *der Mensch für Gott* ist.

Und schließlich ist der zweifellos bewußte Gang in die »Katastrophe« das Siegel darauf, daß Jesus sich offenbar ganz anders verhält als einer, der bloß innerweltliche Ziele verfolgt, anders auch als einer, für den »Gott« bloß eine Chiffre für Mitmenschlichkeit ist.

Für Jesu Verhalten den damaligen politischen Problemen seines Volkes gegenüber ist seine Stellung zu den Zeloten charakteristisch. Er weist zwar auch Zeloten nicht zurück, wenn sie ihm nachfolgen wollen; aber ganz offensichtlich unterstützt er diese Bewegung nicht. Die christlichen Gemeinden und Gruppen zur Zeit vor und während des jüdischen Krieges haben ihn zweifellos richtig verstanden, wenn sie für den Frieden und nicht für den Krieg eintraten[6].

---

[4] Vgl. R. Schnackenburg, *Die sittliche Botschaft des Neuen Testamentes*, 2. Aufl., München 1962, 87.

[5] Vgl. J. A. T. Robinson, *Gott ist anders (Honest to God)*, München 1964, 77–88.

[6] Vgl. M. Hengel, *Die Zeloten. Untersuchungen zur jüdischen Freiheitsbewegung in der Zeit von Herodes I. bis 70 n. Chr.*, Leiden – Köln 1961, z. B. 306 f.; P. Hoffmann, *Die Anfänge der Theologie in der Logienquelle*, in: J. Schreiner – G. Dautzenberg (Hrsg.), *Gestalt und Anspruch des Neuen Testaments*, Würzburg 1969, 134–152, bes. 149–152 (Lit.).

Ein Handeln wie das des Propheten Elischa, der durch einen seiner
Schüler den Obersten Jehu zum König des Nordreichs salben ließ und
so eine Revolution gegen die herrschende Dynastie verursachte (freilich völlig im Sinne des Jahwe-Kultes[7]), wäre bei Jesus nicht denkbar
– trotz seiner kritischen Einstellung gegen die damaligen autoritären
Strukturen (vgl. oben S. 261) und trotz seines kritischen Wortes gegen
seinen Landesherrn Herodes Antipas Lk 13, 31–33 (»sagt diesem
Fuchs . . .«). Es ist beachtenswert, daß entweder Jesus selbst oder mindestens die Gemeinde mit dem kritischen Jesuswort über den Tetrar-
chen ein Jesuswort verbunden hat, das auf das Leiden hinweist (vgl.
V. 33: Es ist Schicksal eines Propheten, nicht außerhalb von Jerusalem
zugrunde zu gehen).

## 2. *Paulus*

Hier stehen wir einem durchaus vergleichbaren Befund gegenüber.
*Einerseits* stellen wir ebenfalls ein Infragestellen und Öffnen der
Strukturen jüdischer Theologie fest – man denke an die paulinische
Rechtfertigungslehre, die mit ihrer Proklamation der Freiheit vom
Gesetz die Grundlage der rabbinischen Konzeption aufsprengte und –
weit darüber hinaus – mehr als eine nur partielle Befreiung des Menschen bringen mußte! Daß hier Liebe und *Freiheit* miteinander verbunden sind, zeigt etwa Gal 3, 27 f. (». . . da ist nicht mehr Jude noch
Hellene, da ist nicht mehr Sklave noch Freier, da ist nicht mehr Mann
und Frau; denn alle seid ihr einer in Christus Jesus«). Eine solche
Stelle ist Ausdruck derselben »Triebkraft«, die schon in der Gemeinschaft Jesu mit Zöllnern und Sündern deutlich wurde[8]. *Auf der anderen Seite* finden wir bei Paulus – unter anderem – die oben schon erwähnten Zeugnisse eines Denkens, das aus dieser fundamentalen Einsicht gar keine Konsequenzen zu ziehen scheint. Der Rat an die Sklaven, auch dann, wenn sie die Freilassung erreichen können, Sklaven
zu bleiben, zeigt, daß es dem Paulus auf etwas anderes ankommt –
offenbar auf die Kreuzesnachfolge im Zusammenhang der eschatologischen Botschaft.

---

[7] Vgl. 2 Kg 9–10.

[8] Im Vorgriff auf die in Teil II folgenden Überlegungen sei an dieser Stelle schon
vermerkt: Die primäre Intention ist beidemal – bei Jesus und bei Paulus – nicht,
die gesellschaftlichen Strukturen zu verändern; die Intention ist vielmehr darauf
gerichtet, das Trennende in der Menschheit aufzubrechen, und zwar von innen
heraus. Dieses »von innen her« ist dem Neuen Testament dermaßen wichtig, daß
die Konkretion der Geschichte überlassen werden kann. Es kommt dem NT also
auf etwas an, was faktisch Voraussetzung gesellschaftlicher Veränderung ist, auch
wenn es im NT selbst nicht als solche erkannt und gesehen wird.

Besonders aufschlußreich scheint mir in diesem Zusammenhang die Einstellung des Apostels bei den Differenzen zwischen den »Starken« und »Schwachen« in den Gemeinden von Korinth und Rom zu sein. In 1 Kor 8, 7–13 (und wohl auch in Röm 14 und 15) handelt es sich um den Gegensatz zwischen denen, die sich an traditionelle gesetzliche Speisevorschriften gebunden meinten, und denen, die schon frei davon geworden waren.

Warum entscheidet sich Paulus nicht einfach dafür, die »Schwachen« (zu denen er sich selbst ja in keiner Weise rechnet, vgl. 1 Kor 8, 1 ff.; Röm 15, 1 ff.) aus der Gemeinde zu eliminieren? Wäre das nicht der logische Weg zu einer Weiterentwicklung seiner Freiheitsbotschaft gewesen? Weshalb sagt Paulus im Blick auf die Gefahr, dem »schwachen« Bruder Anstoß zu geben: »In Ewigkeit will ich kein Fleisch mehr essen« (1 Kor 8, 13)?

Die Antwort gibt er selbst: Er handelt so um einer Agape willen, der das konkrete Heil des einzelnen Bruders über Prinzipienfragen geht und in der er überzeugt ist, seinem Kyrios konform zu sein (vgl. Röm 15, 3. 7) – also um der Gemeinschaft mit dem Gekreuzigten willen. Ist nicht vielleicht gerade in diesem Paradox, daß Jesus und analog Paulus sich ganz anders verhalten, als man es tun müßte, wenn man gesellschaftspolitisch Erfolg haben wollte, die Lösung des Rätsels, das die Ambivalenz aufgibt, enthalten?

Zu Paulus gehört es, daß er den Mut und die Freiheit hat, dem Kephas ins Angesicht zu widerstehen (Gal 2, 11 ff.); aber es gehört ebenfalls zu ihm, daß er bereit ist, auf alles Mögliche an äußeren Zeichen der Freiheit zu verzichten, um den Schwachen kein Ärgernis zu geben – das heißt um der Agape in der Gemeinde willen oder, wie wir ausweitend sagen könnten, um der Einheit der Kirche willen. Das eine läßt sich vom anderen nicht trennen.

## II. Durcharbeitung bzw. Deutung des Befundes

Wir würden uns vielleicht wünschen, aus der Botschaft Jesu und des Neuen Testaments einen eindeutigeren Auftrag zur Umgestaltung sozialer Strukturen herauslesen zu können. Darf man bei diesem scheinbar so zwiespältigen Befund, wie er sich uns aufgedrängt hat, wirklich davon reden, daß die Hemmnis-Wirkung, von der wir sprachen, nicht dem Neuen Testament selbst anzulasten ist, sondern daß es im Gegenteil die Funktion einer »Triebkraft« besitzt? Ist die Ambivalenz, die wir feststellten, nicht enttäuschend?

Ich bin überzeugt, daß sie das in keiner Weise ist, sondern daß es ohne sie die Hoffnung nicht geben könnte, die christlicher Glaube für die Welt bedeutet. Freilich ist diese Überzeugung nur durch ein »Vorverständnis« möglich: dadurch, daß man den Glauben des Neuen Testaments selbst bejaht.

So möchte ich meine These jetzt in folgender Weise formulieren: Die Botschaft des Neuen Testaments ist gerade durch die Ambivalenz, die im Befund zum Ausdruck kommt, zwar *nicht Programm* gesellschaftlicher Entwicklung – das kann und will sie nicht sein –, aber einerseits *Korrektiv* und andererseits, wenn sie im Glauben wirklich ergriffen wird, »*Triebkraft*« des Engagements, das zu dieser Entwicklung führt. Sie ist keineswegs Hemmnis und Triebkraft in einem, sondern *Triebkraft und Korrektiv in einem*! Dabei ist mitzudenken, daß ein echtes Korrektiv nicht hemmt, sondern verifiziert – und damit letztlich *das* ausschließt, was der Effizienz der »Triebkraft« schadet.

Zur Durcharbeitung bzw. Deutung des Befundes soll diese These jetzt in sieben Punkten verdeutlicht und entfaltet werden.

### 1. Zur Zukunftserwartung des Neuen Testaments

Hier handelt es sich um einen Punkt, der noch nicht genügend ins Blickfeld trat, der jedoch auf keinen Fall in unseren Überlegungen fehlen darf.

Die neutestamentliche Erwartung einer die jetzige Welt transzendierenden Vollendung läßt sich nicht weginterpretieren. Sie gehört zu der »Ambivalenz« des neutestamentlichen Befundes hinzu. Kein noch so großes Engagement kann die »Gottesherrschaft«, die Jesus meint und um die er in der zweiten Vaterunserbitte beten lehrt, *schaffen*. Das kann nur Gott selbst. Wohl aber kann unser Engagement beitragen zur *Bereitung* der Menschen für diese Basileia Gottes.

Aber diese Bereitung ist nichts Geringes. Sie ist von ihrem Wesen her eine so intensive Realität, daß sie die Welt verändern muß – wenn sie nur dem Willen Gottes entsprechend vollzogen wird, wenn die Christen sie nicht blockieren, sondern sich der Kraft, die sie herbeiführt (dem schöpfungsmächtigen Geist Gottes), glaubend öffnen.

Das, was als »Hemmnis« erscheint, ist zwar zum Teil faktisch im Zuge der sogenannten Naherwartung entstanden. Aber die sogenannten »apokalyptischen« Aussagen des Neuen Testaments sind ihrem Schwerpunkt nach theozentrische Aussagen der Macht Gottes, die dem Menschen und der Menschheit Zukunft, absolute Zukunft, eröffnet und diese Zukunft jetzt in Jesus schon wirksam werden läßt. Die scheinbar die Entwicklung hemmende Zukunftssicht des Neuen Testaments wird zur dynamisch vorwärtstreibenden Kraft, weil sie die jetzige Zeit zur Entscheidungszeit macht und Hoffnung ermöglicht.

2. »Veränderung unserer Welt« kann die Bereitung der Basileia Gottes
nur als die Agape, die dienende und hingebende Liebe sein, die Norm
und Kraft von der im Tode Jesu sich manifestierenden Liebe Gottes
selbst[9] und von der Zukunft, die diese Liebe eröffnet, empfängt und
dadurch in einer aus innerweltlichen Kräften nicht möglichen Weise
radikalisiert und intensiviert wird. Auch und gerade die eschatologische Botschaft des Neuen Testaments lenkt (wie H. Schürmann überzeugend nachgewiesen hat[10]) alles Interesse auf den Bruderdienst, auf
Versöhnung und Liebe.

3. Was jetzt zu sagen ist, muß in einem eigenen Punkt betont werden: *In der heutigen Situation der Menschheit* läßt sich die Agape
nicht ohne soziales Engagement, das heißt *nicht ohne den Willen zur
Veränderung inhumaner gesellschaftlicher Strukturen* konkretisieren.
Diese Erkenntnis ist eine Konsequenz aus der Radikalität der neutestamentlichen Agape-Forderung.

4. Wenn *das* mit der gebührenden Betonung gesagt ist, muß jetzt
aber die eigentliche Konsequenz aus dem, wie wir fanden, »ambivalenten« Befund des Neuen Testaments gezogen werden. Sie kann
m. E. nur darin bestehen, *daß der Christ sich zu einem scheinbaren
Paradox bekennt:* daß er die Botschaft und die Wirklichkeit des Kreuzes, die »Hemmnis« zu sein scheint, als die letztlich bewegende Kraft
anerkennt.

a) Voraussetzung dafür ist die Einsicht in den *Zusammenhang von*
»*Kreuz« (bzw. Kreuzesnachfolge) und »Agape«.*
Dieser Zusammenhang kann hier zwar nicht ausführlich dargestellt
werden; er scheint mir aber für unser Thema so entscheidend zu sein,
daß wenigstens ein Hinweis nicht fehlen darf. Vor allem ist hierzu
die johanneische Botschaft zu vergleichen, die aber m. E. nur eine abschließende Verdeutlichung dessen darstellt, was man als – explizite
oder implizite – Botschaft des gesamten Neuen Testaments ansprechen
darf. Das Liebesgebot in der johanneischen Fassung[11] stellt als Norm

---

[9] Vgl. unten Nr. 4.
[10] Vgl. H. Schürmann, *Eschatologie und Liebesdienst in der Verkündigung Jesu,*
zuerst in: *Kaufet die Zeit aus* (Fs. f. Th. Kampmann), Paderborn 1959, 39–71;
mit Veränderungen abgedruckt in: *Theol. Jahrbuch* (Hrsg. A. Dänhardt), Leipzig
1962, 320–340; ferner in: *Vom Messias zum Christus* (Hrsg. K. Schubert), Wien-
Freiburg-Basel 1964, 203–232; zuletzt in: H. Schürmann, *Ursprung und Gestalt.
Erörterungen und Besinnungen zum NT,* Düsseldorf 1970, 279–298.
[11] Jo 13, 34 f.; 15, 12 f.; vgl. die Worte der Fußwaschungsperikope Jo 13, 14 f.,
die eine Sachparallele bilden; 1 Jo 3, 16 f.

der Bruderliebe die Lebenshingabe Jesu hin. Am instruktivsten ist die Version des Liebesgebotes in 1 Jo 3, 16 f.: »Daran haben wir die Liebe erkannt, daß *er* [Jesus] für uns das Leben hingegeben hat und auch wir verpflichtet sind, für die Brüder das Leben hinzugeben. Wer das Vermögen der Welt besitzt und seinen Bruder Not leiden sieht und sein Herz vor ihm verschließt – wie soll die Liebe Gottes in ihm bleiben?«

Das Liebesgebot wird hier christologisch begründet. Der erste Johannesbrief spricht von der Liebestat Jesu, in der die Liebe Gottes – bzw. Gott selbst als Liebe (vgl. 1 Joh 4, 8.16) – manifest wird. Aber davon kann er nicht reden, ohne ihre Konsequenz für uns – eben das Gebot der Liebe – aufzuzeigen. Hier in 1 Jo 3, 16 ist nicht nur wie in Jo 15, 12 gesagt, daß die Bruderliebe sich an Jesu Lebenshingabe ausrichten müsse, sondern es ist unmittelbar gefordert, daß der Christ für seinen Bruder das Leben hingibt[12]. »Das Leben hingeben« ist ein Ausdruck für die christliche Bruderliebe schlechthin geworden. Und keineswegs ist nur von Bereitschaft zur Lebenshingabe die Rede, sondern von dieser Hingabe selbst.

Wie das gemeint ist, zeigt der Zusammenhang im unmittelbar anschließenden Vers 1 Jo 3, 17: Wer dem notleidenden Bruder die praktische Hilfe versagt, indem er *sein Herz vor ihm verschließt*, der hat sich der Forderung versagt, sein Leben hinzugeben und damit die ihm selbst geschenkte Liebe Gottes weiterströmen zu lassen. Umgekehrt können wir dann sagen: »Das Leben für die Brüder hingeben« meint »*das Herz für sie öffnen*«. Aber was für ein Öffnen des Herzens muß das sein[13]?

Die Bruderliebe des Christen ist also »Lebenshingabe«, insofern der vollkommene Verzicht Jesu auf sich selbst (vgl. Jo 5, 30) und seine Liebe zum Vater (Jo 14, 31) und zu den Seinen (Jo 13, 1) in ihr lebt. Alles, was Jesus tat, war Ausdruck seines Gehorsams gegen das Gebot des Vaters, sein Leben hinzugeben; und Jesus gibt seinen Jüngern als das eine große Gebot gerade das Gebot der Bruderliebe, damit sie in seinen Gehorsam gegenüber dem Vater eingehen. Bruderliebe, wie

---

[12] Der häufig erhobene Vorwurf, die Bruderliebe im johanneischen Verständnis bilde einen (esoterischen) Gegensatz zur (für alle, nicht nur die Gemeindemitglieder) offenen jesuanischen Feindesliebe, trifft m. E. nicht zu. Die Gemeinden des joh. Kreises wissen sich zwar von der Welt gehaßt, aber sie hassen die Welt nicht; die Konsequenz ihrer Auffassung der Agape ist vielmehr, daß die Menschen, die noch in der »Finsternis« sind, zu Brüdern geliebt werden (vgl. Jo 17, 20 ff.).

[13] Vgl. W. Thüsing, *Herrlichkeit und Einheit. Eine Auslegung des hohepriesterlichen Gebetes Jesu Jo 17* (Die Welt der Bibel 14), Düsseldorf 1962, 95 f.

Jesus sie will, ist ein Öffnen des Herzens, das ein Sterben des Eigen-
willens bedeutet. Sie ist nicht aus dem Eigenen des Menschen heraus
möglich, sondern setzt schon die Kraft des Kreuzes voraus.

b) Daß die Kraft freigesetzt wird, die offen macht für den Mitmenschen – diese Kraft, die Jesus in die Welt bringt und in der er das Erbarmen Gottes verkündet und mitteilt –, das gibt es nur dann, wenn
die Botschaft vom Kreuz und die Gemeinschaft mit dem Gekreuzigten
nicht als Hemmnis betrachtet und eliminiert wird, sondern wenn es
als die eigentliche Dynamik, in der Öffnung sich ereignet, akzeptiert
wird – als Chance, das egoistische Sichverkrampfen in der Weise, wie
die Welt es letztlich braucht, aufzubrechen zur Agape. Auch hier gilt
Jo 12, 24: Fruchtbringen gibt es nur durch das Sterben des Weizen-
korns hindurch.

Auch Freiheit gibt es nur so – die Freiheit, ohne die ein heutiger
Christ, gerade ein junger Christ in der heutigen Kirche, nicht atmen
kann. Daß Agape, Freiheit und Kreuz zusammengehören, läßt sich
gut in 1 Kor 3, 21–23 erkennen (». . . denn alles gehört euch, Paulus,
Apollos, Kephas, Welt, Leben und Tod, Gegenwärtiges und Zukünftiges, alles gehört euch, ihr aber gehört Christus, Christus aber gehört
Gott«). Die Christen sind souverän frei, *wenn* (und nur dann, wenn)
sie Christus gehören wollen, der selbst Gott gehört – bis in seinen
Todesgehorsam hinein. Das heißt: sie sind frei, wenn sie (entsprechend dem Kontext in 1 Kor 1–3, einem der klassischen Texte für die
Kreuzesbotschaft des Apostels) dem Gekreuzigten gehören wollen,
wenn sie bereit sind, ihm konform zu werden, und zwar gerade in der
Agape, die die Lasten des anderen trägt (vgl. Gal 6, 2). Und diese
Kreuzesbotschaft ist nicht nur Nachricht von etwas Vergangenem,
sondern von einer gegenwärtigen Kraft: von der Kraft des Pneumas
und damit des bei Gott lebenden Jesus selbst (vgl. 2 Kor 3, 17).

c) Nach einem Jesuswort (Mk 9, 49 f. par) sollen die Jünger »Salz«
in sich haben – offenbar die Kraft zur Entscheidung für Jesus, die
Entscheidung für sein Kreuz ist. (Und mindestens nach Mk ist diese
Mahnung mit der zum »Frieden« in der gegenseitigen Liebe, im
gegenseitigen Dienen verbunden[14].) Eine verfremdende, verstärkende
und dabei gute Verstehenshilfe scheint mir das Wort zu sein, das ich
vor einigen Jahren einmal von einem Mann hörte, der lange Jahrzehnte am Neuen Testament gearbeitet und es sehr tief erfaßt hat:
»Das Neue Testament ist Dynamit – die Menschen in der Kirche wissen es nur nicht.«

---

[14] Der volle Wortlaut in Mk 9, 50 b heißt: »Habt Salz in euch und schafft Frieden
untereinander.«

Diese Metaphern können uns helfen, unsere These klarer auszusagen: *Ohne die paradoxe Spannungseinheit von Weltauftrag und Kreuz verliert das »Salz« seine Kraft, das »Dynamit« seine Sprengkraft, verhärtete Strukturen aufzubrechen.* Um eine Katastrophe der Menschheit zu verhindern, braucht es heute eine »Mitmenschlichkeit«, die radikaler und kraftvoller ist als ein nur vom Menschen her gedachter Humanismus; es braucht die Feindesliebe der Bergpredigt[15] – und die gibt es nicht ohne das Kreuz.

5. Die Agape des Neuen Testaments ist – als zwischenmenschliches Phänomen – im wesentlichen auf das bezogen, was die Soziologie »Primärstrukturen« nennt: Ihre Forderung richtet sich auf die verzeihende, ertragende, schenkende, hingebende und dienende Liebe *von Mensch zu Mensch*, und sie ist meiner Überzeugung nach nicht möglich ohne die Kraft, *die aus der »personalen« Gemeinschaft des Christen mit Gott und Jesus kommt.*
Wenn das vom Neuen Testament her festgehalten wird und festgehalten werden muß, *so soll hier doch auf keinen Fall einer Privatisierung des Glaubensverständnisses das Wort geredet werden.* Aber man überwindet diese Gefahr der Privatisierung nicht durch das bloße Gegenteil – durch zu einseitige Bindung an die Gesellschaft, sondern dadurch, daß die *beiden* Komponenten (die individuelle und die soziale im Sinne der »Sekundärstrukturen«) in *die* Spannungseinheit hineinkommen (und in *der* Spannungseinheit gehalten werden), in die sie gehören, wenn das Christliche überhaupt noch seine Kraft für die Welt behalten soll.
*Die Agape ist unteilbar:* man kann nicht die Liebe als Umwandlung gesellschaftlicher Strukturen gegen die Liebe als Du-Sagen zum einzelnen mir begegnenden Menschen ausspielen – genausowenig wie man das Engagement des Christen »außerhalb der Mauern« (vgl. Hebr 13, 13), das sicherlich entscheidend ist, gegen die innerkirchliche Agape als »Brüderlichkeit der Christen nach innen«[16] ausspielen kann; diese innerkirchliche Bindung muß es geben, und zwar lebendig geben, wenn die Agape als Kraft des Geistes nach außen effizient werden soll.
Und braucht man das Neue Testament nicht mit seiner Betonung der Primärstrukturen, um die kommenden Technokraten davor zu bewahren, daß sie am Menschen vorbeiplanen und manipulieren, aber keine Gesichter mehr sehen?

---

[15] Vgl. Mt 5, 44–48; Lk 6, 27–36.

6. Die Spannungseinheit von Weltauftrag und Gemeinschaft mit dem Gekreuzigten, die sich aus der Ambivalenz des neutestamentlichen Befundes ergibt, zwingt m. E. zu einem Verhalten, das sich als *Gratwanderung*[17] *zwischen Abgründen, zwischen zwei den Christen gefährdenden Integralismen*, bezeichnen läßt.

Denn auch das Leben Jesu ist eine solche »Gratwanderung« gewesen. Vielleicht kann man die – sicherlich im letzten in seinem Sohn-Sein begründete – Einsamkeit Jesu auch und gerade unter diesem Aspekt sehen. Daß er einerseits den konservativen Integralismus der Pharisäer ablehnte, sich den Mitmenschen radikal öffnete und doch andererseits aus dieser Öffnung nicht einen neuen Integralismus machte[18], sondern seinem Vater zugewandt und gehorsam blieb – darin liegt die freimachende Tat seiner Liebe beschlossen, das ist sein Weg an das Kreuz.

Wie diese norm- und kraftgebende »Gratwanderung« Jesu sich im Leben seiner Jünger auswirkt, kann man sehr deutlich – innerhalb des Neuen Testaments vielleicht am deutlichsten – an der Stellung des Paulus innerhalb der kirchlichen Richtungen seiner Zeit sehen. Man erkennt heute immer mehr, daß Paulus einen »Zweifrontenkampf« geführt hat[19]: einerseits gegen den »konservativen« judenchristlichen Nomismus, der die von Jesus geschenkte Freiheit verleugnete, und andererseits gegen jeden »progressistischen« gnostisierenden Enthusiasmus, der durch sein selbstherrliches Freiheitsstreben (vgl. 1 Kor 4, 8) nicht nur das Ärgernis des Kreuzes auflöste und den gekreuzigten und jetzt bei Gott lebenden Kyrios zu einer bloßen Chiffre für sein Selbstverständnis machte, sondern damit in der Konsequenz auch die Agape verriet. (Letztlich ist diese »Gratwanderung« sowohl bei Jesus wie bei Paulus der Grund für die scheinbar so rätselhafte Ambivalenz, die wir feststellten!)

Es ist wohl nicht zuviel gesagt, daß der Kirche als der Jüngergemeinschaft Jesu gerade heute – in einer Krisensituation, die zu der der zweiten Häfte des 1. Jahrhunderts überraschende Parallelen aufweist – nichts so sehr not tut wie diese Bereitschaft – bzw. stärker: der *Mut* zur »Gratwanderung«. Daß ein konservativer Integralismus, der nur

---

[16] Vgl. W. Thüsing, *Aufgabe der Kirche und Dienst in der Kirche*: Bibel und Leben 10 (1969) 65–80, hier 72 f.

[17] Vgl. H. Urs von Balthasar, *Das Ganze im Fragment*, Einsiedeln 1963, bes. S. 11. – Wenn ich mich hier an Gedanken H. Urs von Balthasars anlehne, so mache ich mir seine Auffassungen jedoch nicht in *allen* Punkten zu eigen.

[18] Vgl. die Versuchungsgeschichte Mt 4, 1–11 par Lk 4, 1–13.

[19] Vgl. E. Käsemann, *Zum Thema der urchristlichen Apokalyptik*, in: Exegetische Versuche und Besinnungen II, [2] Göttingen 1965, 125 ff.

überkommene Strukturen zu bewahren sucht, der Kirche und der Welt
nicht zu helfen vermag, ist der jüngeren Generation heute selbstverständlich und wird auch der älteren (trotz allem) zunehmend klarer.
Die positive Sprengkraft, die im Neuen Testament liegt, wird für die
Menschheit sicher nicht nutzbar gemacht, wenn man das, was in der
Kirche an echter Aktualisierung des Anliegens Jesu in Bewegung gekommen ist, nur »bremsen« will – bzw. wenn man es nicht wagt, zu
»zünden«, oder nur eine zu gering bemessene Dosis zünden will –
oder wenn man das Rad gar zurückdrehen möchte. Dazu – nach einem
»Bremsen« einen allzu vorsichtigen Neubeginn zu versuchen – ist
heute wohl keine Zeit mehr; die Probleme sind zu drängend. (Kirchengeschichtliche Analogien werden kaum entscheidend weiterhelfen,
weil die Situation heute – etwa durch die technische Revolution, durch
die Möglichkeit der Manipulierbarkeit des Menschen, durch die Ver-
schärfung der Gegensätze innerhalb der Menschheit – grundlegend
anders geworden ist.)
Ob dann der andere Integralismus, der der rein weltimmanent ge-
sehenen Humanität, nicht doch die Lösung bringt? Dieser »Integralismus« kann menschlich gut sein, kann sehr gut sein – und kann doch
die Lösung der eigentlichen Probleme verfehlen. Und er kann, wenn
Christen ihm verfallen – und nicht wenige sind ihm bereits verfallen –,
das Dynamit von der entgegengesetzten Seite her entschärfen und das
Salz salzlos machen.
Hier ist meiner Überzeugung nach genauso wie angesichts der Jesusworte des Neuen Testaments *eine Entscheidung notwendig*: für oder
gegen den quasi-mystischen Glauben, daß die Hilfe für die Welt aus
rein innerweltlichen Kräften kommen könne – bzw. umgekehrt: eine
Entscheidung für oder gegen den Glauben, daß die Hilfe nur durch
das Kreuz Christi und seine Kraft kommen kann.
Ich meine, man müsse sich als Christ mit aller Entschiedenheit und
Intensität gegen die Meinung wehren, als ob der Weg der Agape als
»Gratwanderung zwischen den Integralismen« weniger effizient sei
oder sein müsse als der eine oder andere dieser Integralismen. Im
Gegenteil – ich möchte die Überzeugung äußern, daß alle wirkliche
Wendung und Wandlung in der Geschichte der Kirche *für die Welt*
gerade von denen gekommen ist, die das Risiko und die scheinbar
(und vordergründig oft wirklich) geringeren Erfolgschancen einer
solchen Gratwanderung auf sich genommen haben.

7. Zusammenfassend sei noch einmal zur Formulierung des Themas
zurückgelenkt: »Hemmnis« gesellschaftlichen Engagements und gesellschaftlicher Entwicklung ist die Botschaft des Neuen Testaments nur

gewesen und kann sie nur sein, wenn sie »gesetzlich« mißverstanden wird (wie Paulus sagen würde: dem »Buchstaben« gemäß[20]).

*Triebkraft* und dieser vorwärtstreibenden Kraft dienendes *Korrektiv* des Engagements in der Welt ist sie dagegen, wenn sie »dem Pneuma gemäß«, das heißt aus ihrem Ureigensten heraus verstanden wird als Botschaft von dem durch Gott bestätigten Gekreuzigten und der durch das Kreuz entbundenen schöpferischen, die Grenzen jeder Feindschaft und Abkapselung sprengenden Kraft des Geistes Gottes und der Freiheit und Hoffnung, die er schenkt.

---

[20] Vgl. z. B. 2 Kor 3, 6; auch das Gegensatzpaar κατὰ σάρκα — κατὰ πνεῦμα Röm 8, 4 ff. im Zusammenhang mit dem Gegensatz »Gesetz des Geistes des Lebens« — »Gesetz der Sünde und des Todes« Röm 8, 2.

# 12. Glaube an die Liebe

## Die Johannesbriefe

Die drei »Johannesbriefe« enthalten zwar wie das JoEv den Namen »Johannes« nicht, heben sich aber durch ihre unverkennbare stilistische und theologische Verwandtschaft mit dem vierten Evangelium von allen anderen neutestamentlichen Schriften ab. Der relativ umfangreiche 1 Jo führt weder Absender- noch Adressatenangabe, während 2 und 3 Jo auch formal Briefcharakter tragen. Der 2 Jo nennt keine Namen, sondern als Absender ist hier »der Presbyter« [beziehungsweise »der Alte«] angegeben, als Adressatin wird »die auserwählte Herrin« – eine christliche Gemeinde – genannt; der 3 Jo nennt als Adressaten einen sonst unbekannten Gajus. Trotz dieses Befundes sollte man dem 1 Jo jedoch den Briefcharakter nicht absprechen; daß auch der 2 und 3 Jo in der Absender- und Adressatenangabe verhaltener, »abstrakter« sind als andere neutestamentliche Briefe, ist ein Hinweis darauf, daß auch ein Schreiben wie der 1 Jo – d m Stil der Kommunikation entsprechend, der in diesen christlichen Gemeinden üblich gewesen sein muß [beziehungsweise wie er wohl vom Verfasser dieser Schreiben geprägt worden ist] – noch durchaus als echter Brief, vermutlich an eine Reihe von Gemeinden, gelten kann.

Theologisch weitaus am bedeutsamsten ist der 1 Jo. Er muß also unser Hauptinteresse beanspruchen. Die beiden kleineren Briefe, die jeweils nur ungefähr ein Achtel der Länge des 1 Jo umfassen, bieten theologisch kaum etwas Neues, das nicht auch im 1 Jo enthalten wäre[1].

Wir können das Thema »Johannesbriefe« also präzisieren: Es geht um die theologische Eigenart und Bedeutung des 1 Jo, zu deren Erhebung auch der 2 und 3 Jo heranzuziehen sind. Der 1 Jo bildet einen der Höhepunkte neutestamentlicher Theologie; er bietet eine Konzeption der christlichen Botschaft, die so im Neuen Testament sonst nicht zu finden ist und die für Theologie und christliches Leben nicht vernachlässigt werden sollte. Aber hat der 1 Jo wirklich eine solche Bedeutung *über das JoEv hinaus*? Diese Frage darf nicht umgangen werden, wenn wir die eben aufgestellte Behauptung verifizieren wollen.

---

[1] Das wird charakteristisch beleuchtet durch die Tatsache, daß die Zugehörigkeit der beiden kleinen Briefe zum Kanon der neutestamentlichen Schriften längere Zeit unsicher gewesen ist – offenbar nicht nur wegen ihres geringen Umfangs, sondern auch wegen ihrer scheinbaren Eigenart als Privatbriefe.

## I. *Zur Entstehung und Zielsetzung der Johannesbriefe,*
## *vor allem des 1 Jo*

Bei dem Versuch, Verfasser und Adressaten des recht unpersönlich erscheinenden 1 Jo in den Blick zu bekommen, bieten sich der 2 und 3 Jo als Hilfe an; sie lassen wenigstens einiges von der Individualität des Verfassers erkennen, und aus dem 3 Jo ist sogar eine recht konkrete Situation zu entnehmen. Die Person des Verfassers wird zwar die Rätselhaftigkeit, mit der sie umgeben ist, auch dadurch nicht ganz verlieren, kommt uns aber wie die Empfänger der Briefe immerhin näher. Das Verfahren, 2 und 3 Jo zur Erklärung des 1 Jo heranzuziehen, ist berechtigt, da sich kaum mit durchschlagenden Gründen bestreiten läßt, daß die drei Briefe von einem und demselben Verfasser geschrieben sind [2].

1. *Der 3. Johannesbrief* · Wir beginnen mit dem persönlichsten Schreiben, dem 3 Jo. Der Verfasser bezeichnet sich hier wie im 2 Jo als den »Presbyter«, den »Alten«. Das ist kaum die sich schon in der Zeit des Neuen Testaments herausbildende Bezeichnung für ein Leitungsamt [»Ältester«] – soviel wir erkennen können, sind die Presbyter der damaligen urchristlichen Zeit Mitglieder eines Kollegiums von »Ältesten«, während unser Verfasser offenbar eine herausragende Persönlichkeit darstellt, die sich im Besitz einer außergewöhnlichen Vollmacht weiß. Der unbekannte Christ Gajus, an den der Brief gerichtet ist, gehört einer Gemeinde an, in der ein führender Mann mit Namen Diotrephes, vielleicht der Gemeindeleiter selbst, in Konflikt mit dem »Alten« steht. Der »Alte« weiß sich ihm übergeordnet; er will ihn zur Rechenschaft ziehen [3 Jo 10a]. Man hat gemeint, Diotrephes sei ein legitimer kirchlicher Oberer, der den »Presbyter« für einen Irrlehrer halte und ihm und seinen Anhängern gegenüber die Methoden der Ketzerbekämpfung anwende [3]. Aber diese Meinung »scheitert an dem Gesamtbild der johanneischen Schriften« [4].
Der ganze 3 Jo dürfte [auch da, wo das nicht ausdrücklich gesagt ist]

---

[2] Der 2 Jo muß von demselben Verfasser stammen wie 3 Jo, und auch das Verhältnis von 2 Jo und 1 Jo läßt sich am besten erklären, wenn der Verfasser identisch ist. Vgl. R. Schnackenburg, *Die Johannesbriefe* [HThK XIII/3] Freiburg [2]1963, 297.

[3] Vgl. E. Käsemann, *Ketzer und Zeuge. Zum johanneischen Verfasserproblem*, in: *Exegetische Versuche und Besinnungen I*, Göttingen 1960, 168–187.

[4] Schnackenburg, a.a.O. 299f; siehe die dort zusammengestellten Argumente, vor allem das letzte: 2 Jo läßt sich »aus der Erörterung nicht ausschließen...«.

um die Aufnahme oder Nichtaufnahme der fremden »Brüder« kreisen –
gemeint sind Wandermissionare, die offenbar vom »Alten« ausgesandt
wurden und an deren Wirksamkeit und Wirkungsmöglichkeit ihm
sehr liegt. In 3 Jo 2–8 wird Gajus sowohl gelobt für seine Haltung diesen
Missionaren gegenüber als auch gebeten, sie für ihre weitere Wirksamkeit auszurüsten; in 3 Jo 9–10 bildet die Tätigkeit dieser Missionare
den eigentlichen Konfliktstoff zwischen dem »Alten« und Diotrephes;
und der in 3 Jo 11–12 empfohlene Demetrius ist aller Wahrscheinlichkeit nach einer der Wanderprediger, vielleicht ihr Leiter.
Auch in diesem so stark von der Situation bestimmten Brief klingen
schon wichtige theologische Themen der johanneischen Botschaft an:
Der Christ wandelt in der »Wahrheit« [Aletheia]; zwischen dem Werk
der Offenbarung und dem »Wandel« [dem ethischen Leben] besteht ein
Zusammenhang. Gutestun ist konstitutiv für die Gottesbeziehung
[Vers 11]. Die Aletheia wirkt, das heißt drängt auf Ausbreitung [»Mission«], so daß die Christen ihre »Mitarbeiter« werden können [Vers 8].
Dieses Thema der Mitarbeit an der Aletheia als der sich offenbarenden
göttlichen Wirklichkeit dürfte das theologische Hauptmotiv des Briefes
sein und einen Zug des johanneischen Aletheia-Begriffes verdeutlichen,
der auch im 1 Jo nicht übersehen werden darf [vgl. 1 Jo 1,3].

2. *Der 2. Johannesbrief* · Dieser Brief, der an eine Einzelgemeinde gerichtet ist und deren Würde mit der Anrede »Herrin« hervorhebt, läßt die
theologische Thematik der Johannesbriefe schon deutlicher hervortreten. Das eigentliche Anliegen ist in Vers 8 ff [am schärfsten in Vers 10f]
ausgesprochen. Wahrscheinlich war zu befürchten, daß Irrlehrer von
der vorher [Vers 7] beschriebenen Art [Leugner des »im Fleische
kommenden« Jesus Christus] in die Gemeinde eindringen könnten, und
zwar noch vor der Ankunft des Presbyters selbst. Dem will der Presbyter
durch dieses Schreiben vorbeugen. Er verlangt von den Christen eine
radikale Ablehnung der Irrlehrer. Die vorhergehenden Verse führen
zielstrebig auf diese Mahnung beziehungsweise Warnung hin. Zuerst
schärft er das Liebesgebot ein: vielleicht deshalb, weil die Einheit und
Geschlossenheit der Gemeinde unbedingt notwendige Voraussetzung
ist, wenn die Irrlehrer abgewehrt werden sollen. Dann erst spricht er
von der christologischen Irrlehre. Die gegenseitige Zuordnung von
christologischem Bekenntnis [in Abwehr einer Irrlehre] und Mahnung
zur Bruderliebe, wie sie im 1 Jo unüberbietbar entfaltet ist, ist hier
schon in aller Knappheit vorgegeben. [In dieser Zuordnung dürfte
auch die Lösung der Frage zu suchen sein, wieso die Verurteilung der
Gegner in einer für uns so anstoßerregenden Härte ausgesprochen
wird.] Der Begriff Aletheia ist in der Grußzuschrift des 2 Jo schon

weiter entfaltet; er bildet hier geradezu den »Führungsbegriff«[5]. Die Aletheia bleibt »in uns« und wird mit uns sein in Ewigkeit; sie kann erkannt werden; vor allem ist sie bereits in Vers 3 mit der Liebe zusammengestellt [»in ›Wahrheit‹ und ›Liebe‹«]; die zwei Pole, um die das Denken des 1 Jo kreist, sind also auch im 2 Jo miteinander verbunden. Ebenso ist schon hier die Agape als »Wandeln« nach den Geboten Christi gekennzeichnet.

3. *Der Verfasser der drei Briefe im Lichte von 2 und 3 Jo* · Klar tritt das starke Sendungsbewußtsein des Verfassers hervor: Er ist durchdrungen davon, daß sein Zeugnis wahr ist [3 Jo 12]. So ist er fähig zu einer klaren, kompromißlosen Stellungnahme. Er hat »Kinder«, Freunde, aber auch Gegner. Offensichtlich hat er eine klare theologische Konzeption, und wir spüren, welche persönlichen Konsequenzen für ihn die Kühnheit seines theologischen Denkens gehabt hat; er sagte das, was die Kirche nach seiner Meinung zu seiner Zeit brauchte, erntete aber, wie 3 Jo 9–10 zeigt, Feindschaft.

2 Jo 4 und 3 Jo 4 verraten – selbst noch in der Formelhaftigkeit der Wendungen –, daß er fähig zu jener »erfüllten Freude« ist, zu der er auch andere führen will [vgl. auch 1 Jo 1,4]. Er legt Wert auf das Gespräch von Mund zu Mund, das Schreiben mit Papier und Tinte scheint ihm nur ein Notbehelf zu sein. – Insgesamt zeigt sich schon in diesen beiden kleinen Briefen seine außerordentliche Kraft zur Zusammenfassung und Vereinfachung.

4. *Die bekämpfte Irrlehre* · Es handelt sich anscheinend nicht um mehrere, sondern um eine einzige Form der Irrlehre[6]. Man kann die Charakteristika dieser Irrlehre aus den positiven Glaubensaussagen zu erschließen suchen, die der Verfasser ihr entgegensetzt[7], aber auch aus einer Reihe von offensichtlichen Anspielungen auf diese in den Gemeinden schon grassierende Häresie. Die beste Möglichkeit, die beiden Aspekte zu erfassen, unter denen der Verfasser diese »Irrlehre« sieht, dürfte es sein, auf den Begriff »Lüge« [beziehungsweise »Lügner«, »lügen«] zu achten. Es handelt sich nicht um Lüge in unserem Sinne, sondern um den Gegensatz gegen die »Wahrheit« [Aletheia] als die sich offenbarende göttliche Wirklichkeit. Nach 1 Jo 2,21f ist »Lüge« die christologische Falschlehre, die zu Jesus als dem »Christus« [»Messias«] und »Sohn«

---

[5] Vgl. SCHNACKENBURG, a.a.O. 304.

[6] Vgl. SCHNACKENBURG, a.a.O. 16: »Der Verfasser kämpft gegen eine einzige Front«.

[7] Vgl. 1 Jo 1,1f.7; 2,2.12–14.22–24; 3,8; 4,2.9f.14; 5,6.12.20.

nein sagt; weil ihre Vertreter die »Wahrheit« Gottes bekämpfen, werden sie in 1 Jo 4,1 »Lügen«-Propheten genannt. In 1 Jo 1,6ff wird das Wort »Lüge« in anderem Sinne gebraucht: Dort ist es Widerspruch gegen die Aletheia durch den »Wandel«, das heißt das ethische Verhalten. Zum ersten Mal im 1 Jo finden wir in 1,6 eine stolze Behauptung der Irrlehrer angedeutet [wie es noch öfters im Brief geschieht]: Sie behaupten offenbar von sich, daß sie Gemeinschaft mit Gott haben. Aber ihr Verhalten straft sie Lügen; sie »wandeln in der Finsternis«. Anscheinend sieht der Verfasser zwischen diesen beiden Formen der »Lüge« innere Beziehungen.

Die christologische Falschlehre, Jesus sei nicht der Christus, wird in 4,2 verdeutlicht. Nach dieser Stelle wird als Meinung der Irrlehrer vorausgesetzt, Jesus sei »nicht im Fleische gekommen«; vgl. 5,6: er sei nicht »mittels Blut« gekommen. Die Irrlehre des 1 Jo ist also mindestens Vorstufe zu einem gnostischen Erlösermythos, in dem der pneumatische Christus vom Menschen Jesus und seinem Todesgeschick getrennt wird.

Die ethische Falschlehre: Die Häretiker streiten anscheinend ihre Sünden und ihre Sündigkeit ab; deshalb meinen sie, das sühnende Blut Jesu nicht nötig zu haben. Predigen sie darüber hinaus Mißachtung der Gebote und speziell des Liebesgebotes [vgl. 1 Jo 2,9ff]? Daß sie faktisch Mangel an Liebe zeigen und die Gebote Gottes geringschätzen, ist möglich oder sogar wahrscheinlich; jedoch dürfte dieser Vorwurf des Verfassers seiner Überzeugung entspringen, daß der Glaube an die Liebe auch die Kraft der Liebe ist und daß derjenige, der den Glauben an die Liebe zerstört [an die Liebe Gottes, die sich im sühnenden Tode seines Sohnes offenbart], auch die Liebe selbst ihrer Grundlage beraubt, also dem Haß und der Lieblosigkeit den Weg bereitet. Es kommt demnach weniger auf die Frage der Faktizität an [ob die »gnostischen« Irrlehrer tatsächlich lieblos gehandelt haben oder nicht], sondern darauf, ob ihre Lehre der sich der Welt erschließenden Liebe Gottes, die in den Christen weiterwirken will, entgegentritt oder nicht. Diese Überlegung weist schon darauf hin, daß die Intention des Verfassers sich nicht in Irrlehrerbekämpfung erschöpft, sondern daß die positive theologische Aussage bei ihm das primäre Anliegen ist [vgl. unten II].

*5. Zum religionsgeschichtlichen Hintergrund* · Ohne Zweifel antwortet der Verfasser der gnostischen Irrlehre in Begriffen, die die Sprache und Denkweise dieser Zeitströmung aufgreifen und ihr deshalb wirksam begegnen können. Freilich tut er das stets so, daß der genuin christliche Inhalt seiner Botschaft gewahrt bleibt.

Beziehungen zum Judentum sind festzustellen; vor allem bieten die Qumranschriften instruktive Parallelen [hier wie in den johanneischen

Schriften handelt es sich bei den Gegensatzpaaren wie »Licht–Finsternis« um einen »ethischen Dualismus«][8].

6. *Zur Bedeutung des 1 Jo für die Kirche gegen Ende des 1. Jahrhunderts* · Der Abwehrkampf der Kirche gegen häretisch-gnostische Strömungen muß gerade gegen Ende des 1. Jahrhunderts einen Höhepunkt erreicht haben. Der 1 Jo spielt in diesem Kampf eine bedeutsame Rolle: Er zieht die Grenzlinie gegenüber der Gnosis neu in einer Form, die für die damaligen Christen außerordentlich einprägsam gewesen sein muß. Wenn der 1 Jo in aller Schärfe betont, daß Jesus Christus »im Fleische« gekommen ist [4,2] – gegenüber den Tendenzen, die Inkarnation zu leugnen –, so könnte man dagegen sagen: Dasselbe tut der Prolog des JoEv – was hat der Brief Besonderes? Von diesem Besonderen erkennen wir jedoch schon etwas, wenn wir auf Formulierungen wie 1 Jo 5,4 achten [»Das ist der Sieg, der die Welt überwindet, unser Glaube«] – hier leuchtet etwas von der Stoßkraft dieser Neuformulierung christlicher Wahrheiten durch. »Der Brief hat der Kirche geholfen, ihrem Wesen und Geist treu zu bleiben«[9].

7. *Zur Verfasserfrage* · Die Frage hängt eng mit dem Problem zusammen, wer die »Zeugen« sind, die in 1 Jo 1,1–4 in der Mehrzahl reden. Es würde gar kein Problem bestehen, wenn wir hier den Apostel Johannes selbst [und nur ihn allein] reden hören könnten. Aber gegen diese allzu glatte, lange Zeit herrschende Deutung gibt es gewichtige Bedenken. Wieso ist dann die Mehrzahl gebraucht? Spricht der Apostel hier etwa im »pluralis majestatis«? Das ist nicht wahrscheinlich. Vor allem wegen des Gegensatzes »wir–ihr« muß man wohl eine wirkliche Gruppe von Zeugen annehmen, zu deren Sprecher der Verfasser des Briefes sich macht[10]. Aber ist es wahrscheinlich, daß gegen Ende des 1. Jahrhunderts noch mit dem Zebedäiden Johannes zusammen eine ganze Gruppe von Augenzeugen am Leben war? Andererseits kann man die Begriffe von 1 Jo 1,1–4 unmöglich spiritualisieren. Dieses »Sehen« ist nicht nur eine Glaubensschau, sondern es muß das körperliche Sehen durch Augenzeugen mindestens als seine Grundlage *einschließen*. Die

---

[8] Vgl. O. Böcher, *Der johanneische Dualismus im Zusammenhang des nachbiblischen Judentums*, Gütersloh 1965, 92–95. 132f. 155–157; J. Becker, *Das Heil Gottes. Heils- und Sündenbegriffe in den Qumrantexten und im Neuen Testament*, Göttingen 1964, 217–237.

[9] K. H. Schelkle, *Das Neue Testament. Seine literarische und theologische Geschichte*, Kevelaer 1963, 201.

[10] Vgl. Schnackenburg, a.a.O. 52. Hier liegt »das besondere Zeugen-›Wir‹« vor.

Frage ist also, ob die Menschen, die hier zu Wort kommen, als wirkliche Augenzeugen des irdischen Lebens Jesu angesehen werden wollen, oder ob sich »die massiven Wendungen… auch auf eine andere Weise verstehen« lassen[11].

Die Lösung des scheinbaren Dilemmas dürfte in folgendem liegen[12]: Die realistischen Termini des Wahrnehmens sind weitgehend aus dem Gegensatz zur gnostischen Irrlehre heraus zu erklären, die der Brief bekämpft. Der Heilsweg, den die Irrlehre zu bieten vorgibt, ist die unmittelbare Vereinigung mit dem Göttlichen durch die »Gnosis«. Der Gnostiker will gewissermaßen unmittelbar nach Gott greifen mit der mystischen Kraft seiner Gnosis. Er leugnet das Fleisch des Logos als Heilsweg, insofern er die »Fleischwerdung« überhaupt leugnet. Der ganze Brief setzt der christologischen »Lüge« der Irrlehrer, das heißt ihrer trügerischen Heilsbotschaft von der unmittelbaren Vereinigung mit dem Göttlichen, die eindeutige christliche Wahrheit entgegen: Die Gemeinschaft mit Gott gibt es nur durch den Glauben an den inkarnierten Logos, an das Kommen Jesu im Fleische.

Die ersten Verse des 1 Jo sind eine Verkündigung des »Greifbarwerdens« des Ewig-Göttlichen im Fleische Christi. Die Christuserfahrung ist in dieser Weise formuliert, um der Gnosis den wahren christlichen Heilsweg entgegenzusetzen. Und weil die Inkarnation ein realer geschichtlicher Vorgang ist, fällt den Augenzeugen des Lebens Jesu für alle Zeiten der kirchlichen Glaubensverkündigung eine besondere Aufgabe zu. Die Inkarnation kann man in späteren Generationen nur bezeugen, indem man sich mit den Augenzeugen zusammenschließt. Im Falle unseres Briefes war das in besonderer Weise möglich. Die Gruppe, zu deren Sprecher sich der Verfasser des Briefes macht, trägt die Verkündigung eines hervorragenden Augenzeugen – nach kirchlicher Tradition ist es der Zebedäussohn Johannes – weiter. Sie ist ein Kreis von Mitarbeitern oder Schülern, die Auftrag und Recht haben, sich in ihrer Verkündigung mit ihm zusammenzuschließen. Wer diesen Brief liest, wird nicht nur von der Verkündigung der zweiten Zeugen-Generation getroffen, sondern erhält Kontakt mit den wirklichen Augenzeugen.

---

[11] Schnackenburg, a.a.O. 53.

[12] Sie wird zum Teil im Anschluß an Schnackenburg geboten, der das Problem klarer sieht als die meisten anderen Autoren und es meines Erachtens in der am besten begründeten Weise aufarbeitet.

## II. *Die theologische Eigenart und Bedeutung des 1 Jo*

1. *Theologische Weise der Meditation: Gedankenbewegung, Terminologie* · Die Gedankenbewegung ist im 1 Jo [wie in den Jesusreden des 4. Ev] eigenartig »kreisend«. Wir haben nicht eine dialogische Gedankenführung wie in den Paulusbriefen vor uns; vielmehr ist die johanneische Gedankenbewegung mehr der meditativen Schau zugeordnet. Das Zentrum der Glaubenswirklichkeit – die in Jesus sich offenbarende Liebe Gottes, die zur Weitergabe drängt – wird »angeschaut«, die Gedanken kreisen um dieses Zentrum. So liegt auch nicht ein »Gedankenfortschritt« oder ein Wechsel der Thematik in unserem Sinne vor, sondern von Anfang an wird ein und dasselbe anvisiert. Zum Beispiel ist der Sache nach schon in der Gottesaussage von 1 Jo 1,5 »Gott ist Licht« die von 1 Jo 4,8.16 »Gott ist Liebe« gegeben, und schon in den Wendungen vom »Wandeln im Licht« [1 Jo 1,7], vom »Halten der Gebote« [2,3f] und vom »Tun der Wahrheit« [1,6] die Mahnung zur konkreten Übung der Bruderliebe [2,10; 3,16f]. Der Verfasser kommt mit relativ wenigen Begriffen aus, die ständig wiederkehren: Aletheia [»Wahrheit« = sich offenbarende göttliche Wirklichkeit], Agape; die »dualistischen« Kontrastbegriffe Licht–Finsternis, Wahrheit–Lüge, Hassen–Lieben[13].

2. *Themenfolge* [*»Aufbau«*] · Die Eigenart der johanneischen Gedankenbewegung zeigt sich auch darin, daß es schwierig ist, eine befriedigende Gliederung des Briefes zu finden. Zwar ist durchaus ersichtlich, daß der Brief einen Aufbau besitzt, der sich mit innerer Logik von dem spezifisch johanneischen Ansatz her ergibt. Und zwei Zäsuren sind eindeutig festzustellen [vor 2,18 und vor 4,1], durch die man ein gewisses Recht hat, den Brief in drei Hauptteile zu gliedern. Aber da in den einzelnen Abschnitten doch dieselben oder gleichartige Motive wiederkehren und die Überschriften innerhalb der »Hauptteile« doch weitgehend die gleichen sein könnten, ist die Schwierigkeit erneut gegeben – solange man nicht konsequent von der Erkenntnis ausgeht, daß es eben um die »meditativ kreisende« Verwertung von wenigen Grundmotiven geht. So erkennt man den »Aufbau« des Briefes am besten, wenn man die Hauptthemen aufspürt und ihre Abfolge zu erkennen sucht. Es sind zwei beziehungsweise drei: das Thema des Christusglaubens [meist in

---

[13] Vgl. oben Anm. 8 – Zur Eigenart der johanneischen Denkstruktur vgl. vor allem F. Mussner, *Die johanneische Sehweise und die Frage nach dem historischen Jesus* [Quaestiones disputatae 28] Freiburg 1965.

Antithese gegen eine christologische, gnostische Irrlehre,] das Thema
der »Liebe« [Agape], das auch unter dem Stichwort »Gebot« beziehungsweise »Gebote« erscheint, und das Thema »Christ und Sünde«, das sich
bei näherem Zusehen als der negative Aspekt des Themas »Liebe«
darstellt. In der folgenden Gliederung sind zwar die sich aus den beiden
Zäsuren ergebenden drei »Hauptteile« kenntlich gemacht; jedoch ist
vor allem Wert darauf gelegt, die Hauptthemen in ihrem Wechsel
hervorzuheben.

| | | |
|---|---|---|
| *I. Teil:* | Vorwort [1,1–4] und »Botschaft« [1,5] des Verfassers. | |
| | [1,1–4 + 5 = »Christusglaube« I] | |
| | »Christ und Sünde« I: | 1,6–2,2 |
| | »Liebesgebot« I: | 2,3–11 |
| | | 2,12–14: Die dreifache Anrede |
| | | 2,15–17: »Liebet nicht die Welt« |
| *II. Teil:* | »Christusglaube« II: | 2,18–27 |
| | | 2,28–3,3: Die Heilser-wartung der Christen |
| | »Christ und Sünde« II: | 3,4–10 |
| | »Liebesgebot« II: | 3,11–17 |
| | | 3,18–24: *Liebe + Glaube* |
| *III. Teil:* | »Christusglaube« III: | 4,1–6 |
| | »Liebesgebot« III [»Gott ist Liebe«]: | 4,7–5,3 |
| | | 4,13–16; 5,1: *Liebe + Glaube* |
| | »Christusglaube« IV: | 5,4–12 |
| | Abschluß [5,13–21] | |
| | [»Christ und Sünde« III: 5,16–18] | |

3. »*Konzentration der christlichen Botschaft auf das Wesentliche*« · Die Bedeutung des 1 Jo für die jetzige Kirche beziehungsweise für den heutigen
Christen läßt sich mit diesem Stichwort »Konzentration auf das Wesentliche« andeuten. Denn ein Christ kann heute noch viel weniger als
irgendwann früher vom Weitersagen alter Formeln leben. Als Christ
leben kann man nur, wenn einem das Ganze der vom Glauben angebote-
nen Wirklichkeit in seiner Einheit und Einfachheit so aufgegangen ist,
daß man sich auf diesen einen zentralen Punkt in allen Krisen »zurückziehen« kann.[14]

---

[14] Vergleichsmöglichkeiten im übrigen Neuen Testament: Da nach Formeln gefragt

Im 1 Jo ist diese Verdichtung der Botschaft zu entdecken, wenn wir von dem positiven Gegensatzpaar zu der doppelten »Lüge« der Gegner [vgl. oben S. 285 f.] ausgehen. Ihr entspricht die doppelte »Verkündigung« beziehungsweise »Botschaft« [1 Jo 1, 5 und 3, 11], die als Verkündigung *einer* Wahrheit in zwei Aspekten [Soteriologie – Wandel in der Liebe] gesehen wird. Die dichteste Konzentration dieser beiden Aspekte findet sich m. E. in 1 Jo 4, 16 a [vgl. unten S. 294].

*4. Die Hauptthemen: Das »Anliegen« des Verfassers* · Wir gehen aus von 5, 13, dem ersten Vers im Schlußabschnitt des ganzen Briefes. Hier sagt der Verfasser ausdrücklich, was er mit seinem Schreiben erreichen will: »Das habe ich euch geschrieben, damit ihr wißt, daß ihr ewiges Leben habt«. Er will seinen Lesern also die Zuversicht verschaffen, im Heil beziehungsweise im »Leben«, das heißt in der Gottesgemeinschaft zu stehen. Typisch für dieses Anliegen ist auch ein kurzer Abschnitt zum Schluß des I. Teiles des Briefes, 1 Jo 2, 12–14, die sogenannte »große Anrede«. Hier sagt der Verfasser den Christen, daß sie »Kinder«, »Väter« und »junge Männer« seien; alle drei Anreden sind auf die Gemeinde als ganze beziehungsweise auf jeden Christen bezogen. Die Christen sollen wissen, daß sie »Kinder« sind als von Gott Gezeugte: als Getaufte, als Menschen, die durch Glauben und Taufe die Gemeinschaft mit Gott haben. Die Christen sollen sich ferner als »Väter« wissen: weil sie durch ihren Christusglauben und die Gemeinschaft mit Christus und dem Vater, die er bewirkt, in die Reihe der *Zeugen* eingetreten sind. Der Verfasser weiß diejenigen, die er als »Kinder« anredet, denen *er* die Gottesgemeinschaft vermitteln konnte, zugleich als »Väter«, die in *seine* Zeugenschaft eingetreten sind. In der dritten Anrede »ich schreibe euch, ihr jungen Männer« holt der Verfasser die kräftigste Steigerung heraus. Er will seinen Christen klar machen, daß sie Sieger sind; vgl. 5, 4 »alles, was aus Gott gezeugt ist, besiegt die Welt«. Der ganze 1 Jo trägt das Merkmal des Kampfes mit dem Bösen; und es ist kein Zufall, daß auf diese stärkste Zusage der christlichen Kraft die Mahnung von 2, 15–17 folgt.
Der Verfasser sagt seinen Christen, daß sie dem Bösen gegenüber die Kampfes- und Siegeskraft junger Männer haben, daß sie von Gott her die Kraft haben werden und schon haben, im Lichte zu wandeln – denn »im Lichte wandeln« ist grundsätzlich schon Sieg über die Finster-

---

werden muß, die nicht rein soteriologisch sind wie etwa Phil 2, 6–11 oder 1 Kor 15, 3 ff, sondern auch und gerade die Konsequenz der soteriologischen Wahrheit für das Leben des Christen mit aussagen, kommen aus den Paulusbriefen etwa folgende Stellen in Frage: Röm 4, 25; 10, 9; Gal 2, 19 f; Röm 6, 10 f. – Zur synoptischen Tradition vgl. unten 5, zum JoEv siehe unten 6.

nis[15]. Dieses »Aus-Gott-gezeugt-Sein«, »Gott-Erkennen« und »Den-Bösen-Besiegen« konkretisiert sich in dem Sachverhalt, auf den sich die Hauptintention des Briefes richtet: in der Liebe.

*Die Dringlichkeit der Liebesforderung* · Die »Bruderliebe« ist für den 1 Jo nicht nur Konsequenz aus dem Glauben, sondern die Verbindung ist hier viel enger. Wir sehen das zum Beispiel an 1 Jo 3,14 »wir wissen, daß wir aus dem Tode in das Leben hinübergeschritten sind, weil wir die Brüder lieben«. Den Sinn dieses Satzes erkennen wir besser, wenn wir die Satzteile umstellen: »Weil wir die Brüder lieben, wissen wir, daß wir aus dem Tode [aus dem Bereich des Todes] in das Leben [in den Bereich des Lebens] hinübergeschritten sind.«
Diese Aussage steht nicht vereinzelt im 1 Jo. Auch sonst [16] wird gesagt, daß die Gottesgemeinschaft an der Bruderliebe erkannt wird. Der Satz sagt freilich nicht etwas über Bruderliebe als eigene Leistung des Menschen aus, sondern – entgegen dem Augenschein – über Gott und sein Wirken. Wir verfehlen seinen Sinn, wenn wir ihn nicht aus anderen Stellen des 1 Jo so ergänzen, daß er als Aussage über Gott erkennbar wird: Wir wissen, daß Gott uns vom Tode zum Leben hinübergeführt hat, weil er uns durch seinen »Samen« [den Heiligen Geist] zu Kindern der Liebe gemacht und die Bruderliebe in uns erweckt hat – und weil wir jetzt in der Liebe stehen.
Der schwierige Abschnitt 1 Jo 3,4–10, in dem den Christen gesagt wird, daß sie nicht sündigen, ja, daß sie als aus Gott Gezeugte nicht sündigen können, ist ebenfalls nur verständlich vor dem Hintergrund dieser Überzeugung, die uns in 3,14 entgegentritt. 1 Jo 3,9 bedeutet: Wer aus der »Liebe« [die Gott selbst ist, vgl. 4,8.16] gezeugt ist, sündigt nicht, das heißt er kämpft nicht gegen diese Liebe, weil der Geist Gottes als der Same der Liebe, der ihn zum Kind der Liebe gemacht hat, in ihm bleibt. Ja, er kann nicht sündigen [mit der diabolischen Sünde des Hasses, des Neinsagens zur Liebe], eben weil er aus der göttlichen Liebe »gezeugt« ist. Die »Sünde«, von der hier gesprochen wird, wird durch diese Verdeutlichung von selbst als Widerspruch zur göttlichen Liebe erkennbar. Sie ist also nicht abstrakt-formal das Handeln gegen irgendein göttliches Gebot, sondern der Widerspruch gegen das sich offenbarende Wesen Gottes selbst. Das Gegenteil der »Sünde« ist nicht schlechthin die »Gerechtigkeit«, sondern die *Liebe*, die aus Gott ist.
Auch die zunächst so befremdlichen Aussagen 3,6.9 sind also dem Anliegen des 1 Jo dienstbar, den Christen das frohe Bewußtsein ihres

---

[15] Vgl. auch 1 Jo 2,19ff »ihr seid alle Wissende«.
[16] Vgl. 1 Jo 2,3.5; 3,18f; 4,12f [vgl. 5,2f].

Heiles, ihrer Zugehörigkeit zu Gott, zu vermitteln. Es kommt dem Verfasser bei diesen Formulierungen darauf an zu zeigen, daß der Christ auf der Seite Gottes und nicht auf der des Satans steht, und zwar von der Berufung und Begnadigung durch Gott her »endgültig«.

Zwei der Hauptthemen des 1 Jo erkennen wir jetzt in ihrer Zusammengehörigkeit, ja Einheit: Das Thema »Christ und Sünde« ist nur die negative Seite des Themas »Liebesgebot«.

*Das Thema des Bezeugens und Verkündens: Die christologische Botschaft*[17] · Wie wir schon sahen, besteht der Unterschied schlechthin zwischen den christlichen Verkündern und den gnostischen Pseudopropheten in der Alternative: Bekenntnis zur Inkarnation Jesu oder nicht. Es geht darum, ob die Liebe Gottes sich real bis zur Hingabe des Sohnes in den Tod [zur Sühne für die Sünden der Welt] geoffenbart hat oder nicht, ob also diese äußerste Hingabe des Lebens den Christen durch den Heiligen Geist geschenkt ist – und ob von hier aus der Imperativ zur radikalen Agape abgeleitet werden kann oder nicht.

*Einheit von Glaube und Liebe* · In 1 Jo 3,11 heißt es: »...denn das ist die Botschaft..., daß wir einander lieben sollen«. Offenbar versteht der Verfasser den Inhalt von 3,11 ebenso als sieghaft frohe Botschaft wie den von 1,5: »Gott ist Licht« [= das Licht der Liebe, vgl. 4,8.16]. Und tatsächlich handelt es sich um die eine und gleiche Botschaft. Der Verfasser hätte in 3,11 auch 1,5 wiederholen können – und er wiederholt diesen Vers in seinem Sinn tatsächlich, indem er seine Konsequenz verdeutlicht. Die »Botschaft«, daß wir einander lieben sollen, ist dieselbe wie die »Botschaft«, daß Gott Licht ist; denn auch diese letztere Fassung enthält den Imperativ in sich, im Licht zu wandeln [1,6ff], das heißt die Brüder zu lieben [2,9–11]. Genauso setzt die Fassung von 3,11 [Imperativ] den Indikativ [beziehungsweise Glaubensinhalt] »Gott ist Licht = Liebe« voraus, ja sie schließt ihn für den 1 Jo schon mit ein. Die »moralische« und die »dogmatische« Botschaft fallen zusammen, sind nur zwei verschiedene Aspekte der einen und selben Verkündigung.

In 1 Jo 3,23 ist die Verpflichtung zum Christusglauben mit dem Auftrag zur Bruderliebe zusammen das *eine* Gebot Gottes. Hier sind also nicht nur die beiden wichtigsten Gebote formal zusammengefaßt [etwa damit man sieht, daß keins von beiden entbehrlich ist]. Vielmehr müssen wir die Ausdrucksweise von *dem* Gebot Gottes wörtlich nehmen[18].

---

[17] Für dieses Thema kommen vor allem die Abschnitte 1,1–4[5]; 2,18–27; 4,1–6; 5,1ff in Frage. Hinzuzuziehen sind auch 4,9f und 5,6–8.

[18] Daß nur das wörtliche Verständnis in Frage kommt, geht aus dem Verhältnis

Wie der Glaube an das sich offenbarende Licht der Liebe Gottes und
das Gebot der Bruderliebe nur zwei Aspekte der einen Verkündigung
sind [vgl. 3,11], so sind die Forderung des Glaubens und die der Liebe
auch nur zwei Seiten des einen Gebotes. Für die Denkweise des 1 Jo
kann das Bekenntnis zur sich offenbarenden Liebe Gottes nicht ohne seine
Konsequenz, die Bruderliebe, gesehen werden; und umgekehrt ist in der
Aufforderung zur Bruderliebe immer ihre Voraussetzung, die in der Hingabe des Sohnes kundwerdende Liebe des Vaters, mitgedacht.
Die dichteste und konzentrierteste Verbindung von Glaube und Liebe
findet sich m. E. in *1 Jo 4,16a* [»...wir sind zur Erkenntnis und zum
Glauben gelangt an die Liebe, die Gott ›in uns‹ hat«]. 1 Jo 4,16a dürfte
*der* geheime Höhe- und Mittelpunkt des Briefes sein. Der Satz spricht
vom Glauben an die Liebe im johanneischen Vollsinn. Die Liebe als
Objekt unseres Glaubens hat einen dreifachen Inhalt: Sie ist die Liebe,
die Gott ist und die er im Sühnetod Jesu offenbart, sie ist die Liebe,
die Gott als Gabe des Geistes [als »Leben«] in uns einsenkt, und sie ist
die Liebe, die durch uns wirksam ist in der Bruderliebe. So ist in dieser
knappen Formulierung vom Glauben an die »Liebe, die Gott in uns
hat« die gesamte Wirklichkeit der Offenbarung und der Antwort des
Christen an den sich offenbarenden Gott, die gesamte Fülle christlichen
Glaubens und Lebens eingefangen: die Verkündigung von Gott, von
Christus, vom Heiligen Geist, vom Heilswerk, von der Gnade, von der
Kirche als der Gemeinschaft der »aus Gott Gezeugten«, vom christlichen Leben in der Kraft der göttlichen Liebe[19].
Der johanneische »Glaube an die Liebe« enthält alles, was die christliche
Botschaft auch sonst enthält, aber – im Unterschied von den verschiedenen Auffächerungen in den übrigen Schriften des Neuen Testaments
und vor allem im Unterschied von unserem differenzierenden abend-
ländischen Denken – in einer Weise, daß das Geheimnis nicht bloß
konstatiert wird, sondern als »göttliche Wirklichkeit« [»Wahrheit«,
Aletheia] in den Blick kommt und damit der Zusammenhang alles
dessen, was die Zeugen Christi verkünden. Der Christ, der das »ich
glaube an die Liebe« sagt, weiß unmittelbar, daß dieser Glaube und er
allein der Welt und dem Leben einen Sinn geben kann.

---

von Glaube und Liebe, wie Kap. 4 es zeichnet, noch deutlicher hervor [vgl. unten
S 293f.]. In Kap. 4 und in 5,1ff geht es wesentlich um die Verknüpfung der beiden
Hauptthemen des Briefes.
[19] In den paulinischen Briefen ist Röm 5,5 eine instruktive, fast genaue Parallele:
»...die Liebe Gottes [die er im Tode seines Sohnes für die Sünder bewiesen hat,
vgl. Röm 5,8] ist in unseren Herzen ausgegossen durch den Heiligen Geist, der uns
geschenkt worden ist.«

*Die Größe Gottes* · Daß Glaube und Liebe im johanneischen Denken eine Einheit bilden können, ist letztlich grundgelegt im johanneischen Gottesbegriff. Im 1 Jo ist dieser Gottesbegriff vor allem in den drei großen Gottesaussagen enthalten: 1,5 »Gott ist Licht«; 3,19f »Gott ist größer als unser Herz« [vgl. 4,4 »der ›in euch‹ ist größer als der in der Welt«]; 4,8.16 »Gott ist Liebe«. Zentral ist die Aussage »Gott ist Liebe«. Die Liebe Gottes ist in der Sendung seines eingeborenen Sohnes erschienen [Vers 9], das heißt darin, daß Gott seinen Sohn für uns in den Tod gegeben hat. Die Aussage »Gott ist Liebe« bezieht sich also nicht auf irgendwelche Liebeserweise Gottes, sondern konkret auf diese größte und unbegreiflichste Liebestat. Am unmißverständlichsten wird sie in den Aussagen von 4,19 und 4,10, daß Gott uns *zuerst* geliebt hat: Gott ist Liebe als Hingabe.

Wie diese zentrale Gottesaussage 4,8.16 dem großen Anliegen des Verfassers, der Erkenntnis der Gottesgemeinschaft, dienstbar gemacht wird, ist vielleicht am schönsten in 3,19f zu sehen: »Alles, wessen uns unser Herz etwa anklagt« sind ohne Zweifel die Sünden, die wir selbst nach 1,9 bekennen müssen. 3,19f ist also im Grunde ein weiterer Beitrag zu dem Thema »Christ und Sünde« und hat wie schon die erste und zweite Ausführung zu diesem Thema das Anliegen, die frohe Heilszuversicht der Christen zu stärken. Ja, was in den zunächst rätselhaften Sätzen von 3,4–10 gemeint ist [vgl. oben S. 292f.], kommt erst hier recht heraus, indem es in seiner letzten Tiefe, im Gottesgedanken selbst, begründet wird. Wir können unser Herz vor Gott zur Ruhe bringen, weil Gott »größer ist als unser Herz und alles erkennt«. Damit ist nicht gemeint, daß Gott in seiner Überlegenheit Verständnis für unsere Sünden hat und sie nicht so wichtig nimmt; vielmehr ist der johanneische Gedanke ganz anders: Gott ist größer als unser Herz, weil er *die Liebe ist*. Er erkennt »alles« – nicht nur die Schwachheit unseres engen und kleinmütigen Herzens, sondern auch die Taten der Liebe, die wir tun – aber wir müssen das anders sagen: Er weiß nicht nur um unsere Schwachheit, unsere Sünden, sondern auch darum, daß sein Geist in uns »bleibt« – er weiß um sein heiligendes und bewahrendes Wirken in uns. Gott ist größer als unser Herz – das meint hier, daß unsere Liebe nicht auf ihre eigene Kraft angewiesen ist, sondern daß die Kraft der Liebe Gottes unser Herz erfüllt und weitet. *Deshalb* ist nicht die »Erkenntnis« und »Anklage« unseres Herzens letztlich maßgebend, sondern daß Gott »alles« erkennt, indem er auch uns »erkennt«, das heißt liebt [vgl. Jo 10,14f.27].

Die Aussage »Gott ist größer als unser Herz« liegt auf der Linie, die von der Gottesaussage 1,5 »Gott ist Licht« zu der von 4,8.16 »Gott ist Liebe« führt [vgl. auch 4,4]. Gott ist »größer«, insofern er die unbegreifliche Liebe ist, die den Sohn zur Rettung der Welt in den Tod gab [4, 9 f. 14]. So schließt der Satz »Gott ist größer...« auch die Wahrheit von 1, 7. 9; 2, 1 f ein [die dort den seine Sünden bekennenden Christen trösten soll], daß Christus »Sühnung« ist für unsere Sünden. Diese Wahrheit ist ja auch in 3, 5. 8 – also im weiteren Zusammenhang unseres Verses – wiederholt. Als der Gott, der Licht und Liebe ist und seine Liebe in der Hingabe des Sohnes offenbart, begegnet er nach 3, 19 f dem Christen, erkennt »alles« – uns selbst und unsere Schwachheit, die er heilen will, und seine Gnadenkraft der Liebe, die in uns wirkt.

*5. Zum traditionsgeschichtlichen Hintergrund der »Konzentration der Botschaft auf das Wesentliche«* · Dieser wird – was die synoptische Tradition angeht – gerade und vor allem durch die Vaterbotschaft Jesu gebildet. Die Konzentration auf die sich schenkende und zum Weiterschenken auffordernde Liebe Gottes und das Verständnis des Christusglaubens als des »Glaubens an die Liebe«, wie der 1 Jo sie bietet, stellt eine legitime Neuinterpretation der Botschaft Jesu und des nachösterlichen Kerygmas dar. Wenn Jesus nach der synoptischen Überlieferung, auch in ihren ältesten Schichten, das Erbarmen Gottes für die Armen, für die Zöllner und Sünder verkündigt und lebt und wenn er den Kampf gegen die um des mißverstandenen Gottesgesetzes willen verhärtete Lieblosigkeit führt und die Liebe bis zur Feindesliebe verlangt, dann ist der Sache nach dasselbe gegeben wie im 1 Jo. Der Vorwurf, die Bruderliebe im johanneischen Verständnis bilde einen Gegensatz zur jesuanischen Feindesliebe, trifft nicht zu. Die Gemeinden des 1 Jo wissen sich zwar von der Welt gehaßt, aber sie hassen die Welt nicht; die Konsequenz des Briefes ist vielmehr, daß die Menschen, die noch in der Finsternis sind, zu Brüdern geliebt werden.
Der harte Klang vieler Jesusworte in der Logienquelle und die Forderung zur Entscheidung für oder gegen Jesus reflektiert sich in der nicht weniger harten Forderung zur Entscheidung für oder gegen die Liebe im 1 Jo. Kaum etwas kann das Mißverständnis des 1 Jo als eines sanften Briefes voll kraftloser Güte so zuverlässig verhindern wie die Zusammenschau mit den harten Worten Jesu selbst, und andererseits kann der 1 Jo auch dem Leser der Logienquelle und des ganzen übrigen Neuen Testamentes den Dienst tun, in allem, was durch oder an Jesus geschieht, doch die völlig unsentimentale, gewaltige und fordernde Liebe des alleinigen wahren Gottes zu sehen – oder im nichtsehenden Glauben [vgl. Jo 20, 29] zu bejahen.

*6. Das Verhältnis des 1 Jo zum JoEv hinsichtlich der theologischen Bedeutung* · Es besteht kein schwerwiegender Grund, die Identität des Verfassers anzuzweifeln; freilich läßt sich auch umgekehrt keine restlose Sicherheit erreichen[20]. In jedem Falle bleibt der 1 Jo für das Verständnis des JoEv bedeutsam. Um diese Bedeutung zu erfassen, können wir von einem Vergleich zwischen Jo 13,1–17 [Gebot der »Fußwaschung«]; 15,12f [Gebot der Liebe]; 3,16 [»So sehr hat Gott die Welt geliebt, daß er seinen eingeborenen Sohn hingab...«] einerseits und 1 Jo 4, 8ff. 16 andererseits [vgl. oben S. 295f] ausgehen. Was in Jo 3,16 und in den Aussagen des Liebesgebotes im 4. Ev noch scheinbar unverbunden vorliegt, wird im 1 Jo zusammengefügt[21]. Man kann vielleicht sagen, daß Soteriologie und Paränese im 1 Jo von einem bestimmten Gesichtspunkt aus – nämlich vom Gottesbegriff aus, wie er in 4,8.16 [»Gott ist Liebe«] zum Ausdruck kommt – noch enger [man möchte sagen:] noch »kompakter«] zusammengeschaut sind als im JoEv. Der Verfasser des 1 Jo hätte dann begriffen, daß das, was im JoEv steht und der Sache nach die Konzentration der Botschaft auf das Wesentliche schon bietet, doch unter diesem bestimmten theozentrischen Aspekt der Liebe, die Gott selbst ist, noch komprimierter gefaßt werden kann. Obschon die früher gelegentlich vertretene Meinung, der 1 Jo sei ein Begleitschreiben zum JoEv, in dieser Form jeder Grundlage entbehrt, kann man also doch wohl zu Recht sagen, daß der 1 Jo eine wichtige Hilfe zum Verständnis der theologischen Gesamtkonzeption des 4. Ev zu bieten imstande ist.

*Zusammenfassung · Der 1 Jo [und mit ihm die beiden kleineren Briefe] hatte seine Bedeutung für die Kirche gegen Ende des 1. Jahrhunderts darin, daß die christliche Wahrheit im Kampf gegen frühgnostische Häretiker neu*

---

[20] Die Möglichkeit, daß nicht der Verfasser des JoEv selbst, sondern ein ihm kongenialer Theologe der gleichen »Schule« den 1 Jo geschrieben hat, ist nicht völlig auszuschließen. Wenn der 1 Jo als »johanneischer Pastoralbrief« bezeichnet wird [W. Marxsen, *Einleitung in das Neue Testament*, Gütersloh 1963, S. 221], so ist damit jedoch das Verhältnis zwischen dem vierten Evangelium und dem 1 Jo nicht sachgerecht charakterisiert. Denn der Unterschied zwischen 1 Jo und JoEv ist – verglichen mit dem, was die echten Paulusbriefe von den Pastoralbriefen trennt – recht gering. Schnackenburg, a.a.O. 36–38, weist nach, daß der 1 Jo sich auch in den Punkten, in denen er der allgemeinchristlichen »Gemeindetheologie« näher zu stehen scheint als das JoEv [Betonung der futurischen Eschatologie 1 Jo 2,28–3,3; Sühnecharakter des Todes Jesu; Vorstellung vom Heiligen Geist] eng mit dem Ev berührt. Die Liste der theologischen Übereinstimmungen ist in jedem Falle eindrucksvoller als die – nicht einmal eindeutigen – Verschiedenheiten.
[21] Freilich ist diese Verbindung im Grunde schon in Jo 17,17–19 geschehen, jedoch nicht in der deutlichen Form des 1 Jo.

*formuliert wurde in einer Weise, daß der Gefährdung vom Zentrum der Botschaft her begegnet werden konnte. Mit der Art dieser Neuformulierung – daß nämlich die beiden großen Themen des Neuen Testamentes und des christlichen Glaubens überhaupt [Christusglaube und Liebe] in einer singulären Weise miteinander verbunden sind – ist auch seine bleibende Bedeutung für uns gegeben. Der 1 Jo kann uns helfen, den für christliches Leben notwendigen zentralen Blick auf die Glaubenswirklichkeit nicht nur zu gewinnen, sondern auch in unserer eigenen Sprache so auszusagen, daß die »Kurzformel«*[22] *des »Glaubens an die Liebe« wirklich zu tragen vermag.*

*Nachtrag · Aufgrund der inzwischen weitergegangenen Forschung habe ich meine Meinung zu den folgenden Punkten geändert bzw. modifiziert. Was das theologische Verhältnis des 1 Jo zum Jo Ev angeht, ist mit der Möglichkeit zu rechnen, daß größere Textgruppen im JoEv nicht vom Evangelisten selbst, sondern von einem – freilich theologisch eng mit ihm verbundenen – Redaktor [bzw. von Redaktoren] stammen [vor allem Jo 13, 12–17. 34f; Jo 15–16]. Vgl. R. SCHNACKENBURG, Das Johannesevangelium, 3. Teil [1975], S. 7 bis 15. 102f]. Diese Texte stehen theologisch in größerer Nähe zum 1 Jo [der ebenfalls kaum vom Evangelisten selbst geschrieben ist] als die eindeutig dem Evangelisten zuzuweisenden Texte [bes. Jo 1–12. 14]. Die Frage nach dem theologischen Verhältnis von 1 Jo und JoEv ist am schärfsten gestellt, wenn man nach dem Verhältnis des 1 Jo zu Jo 1–12. 14 fragt – zu Texten, die das für den 1 Jo bezeichnende Liebesgebot nicht enthalten. Jedoch steht die Agape-Theologie des 1 Jo m. E. keineswegs im Gegensatz zur Theologie des Evangelisten, sondern stellt eine Explizierung und Verdeutlichung von Ansätzen dar, die schon beim Evangelisten gegeben sind. Trotz dieser grundsätzlichen Konvergenz sind unterschiedliche theologische Akzentsetzungen freilich nicht auszuschließen. – Entgegen S. 282, Z. 11–18 sollte besser nicht ungeschützt von einem »Briefcharakter« des 1 Jo gesprochen werden [trotz des durchgängigen Anredestils und Stellen wie 1 Jo 2, 12–14]. Jedoch ist nicht auszuschließen, daß der theologisch-paränetische Traktat, den der 1 Jo darstellt, auch – entsprechend dem offenbar spezifischen Kommunikationsstil der joh Gemeinden – als Zirkularschreiben verwendet werden konnte.*

---

[22] Vgl. K. RAHNER, *Die Forderung nach einer »Kurzformel« des christlichen Glaubens,* in: *Schriften zur Theologie VIII,* Einsiedeln 1967, 153–164.

# IV.
## Diakonia der Kirche

## 13. Aufgabe der Kirche und Dienst in der Kirche*

Die vielfältige Problematik heutigen Dienstes innerhalb der Kirche bietet Anlaß genug, sie auch vom Neuen Testament her zu überdenken. Für die in der Seelsorge stehenden Priester führt etwa die Frage zu bedrängender Sorge, wie in der Vielzahl der Aufgaben eine Mitte und eine Rangfolge zu finden sei. Für Laientheologen wird – unter anderem – die Frage akut sein, welchen Sinn Religionsunterricht als Dienst in der Kirche hat.

Im folgenden wird freilich vieles, auch Wichtiges, ungesagt bleiben müssen, was an sich zu diesem Thema „Aufgabe der Kirche und Dienst in der Kirche" gehört, und es wird auch (außer einigen Hinweisen zum Schluß) keine *unmittelbare* Lösung der eben genannten Fragen geboten werden können. Ich muß mich darauf beschränken, vom Neuen Testament her einige wenige Grundlinien zu skizzieren. Aber auch wenn diese unvollständig bleiben, können sie vielleicht dazu helfen, eigene Folgerungen für den konkreten Dienst zu ziehen.

Der Ansatzpunkt, der den vorliegenden Beitrag vielleicht von manchen anderen unterscheidet, ist durch eine *Grundüberzeugung* bedingt, die sich auch in der Zweiteiligkeit des Themas (Aufgabe der Kirche – Dienst in der Kirche) niedergeschlagen hat: Man kann die Frage nach dem Dienst innerhalb der Kirche erst dann in der rechten Perspektive sehen und beantworten, wenn zugleich und zuerst gesehen und bedacht wird, welche Aufgabe die *Kirche* für die Welt hat. Denn wer am Dienst der Verkündigung teilhat, steht ja nicht allen anderen Menschen eines Territoriums oder Milieus ohne Unterschied gegenüber, wie man es sich bis zum Heraufkommen der heutigen Diasporasituation vielleicht

---

* Antrittsvorlesung an der Katholisch-Theologischen Fakultät der Universität Münster, 26. November 1968.

vorstellen konnte. Überlegungen zum „Dienst der Verkündigung" könnten allzu leicht in eine Engführung geraten, wenn nicht beachtet wird, daß der Dienst innerhalb einer Gemeinschaft getan wird, die selbst γένος ἐκλεκτόν („auserwähltes Geschlecht", 1 Petr 2,9) und ἐκκλησία[1] als Gemeinschaft von aus den Völkern Erwählten ist – und wenn der Dienst der Verkündigung nicht von vornherein zu dieser ἐκκλησία und *ihrer* Aufgabe in Beziehung gesetzt wird.

## I. Die Aufgabe der Kirche

Es gibt im Neuen Testament geradezu eine Vielzahl von Möglichkeiten, die Kirche zu sehen: als Volk Gottes, Leib Christi, Bau im Heiligen Geist, Weinstock, Jüngerschaft (um nur einige zu nennen).[2] Der Eindruck der Vielfalt kann so stark sein, daß eine bloße Zusammenstellung der verschiedenen Auffassungen und Sehweisen jede nur denkbare Sicht der Kirche bestätigen könnte und kaum mehr eine kritische Funktion auszuüben vermöchte. Welche Aspekte der Kirche sind nun aber wirklich relevant, wenn Erkenntnisse über den Dienst in der Kirche gewonnen werden sollen?

Es sei hier gleich eine thesenhafte Behauptung gewagt: Es sind diejenigen, in denen die Gemeinschaft der an Jesus glaubenden Menschen als Werkzeug des dynamisch in die Welt hinein vorstoßenden Werkes Gottes selbst erscheint – diejenigen Aspekte, die die Kirche in ihrer Funktion für die Welt (in Sendung oder Stellvertretung) zeigen.

Aber wie kann eine solche Behauptung begründet werden, da doch eine ganze Reihe von neutestamentlichen Stellen die Kirche in sich selbst und ihrem Eigenleben zu betrachten scheinen? Die Antwort: Den Aussagen, die die Kirche in ihrer Aufgabe und ihrem Gegenüber zur Welt zeigen, kommt die Führung zu, weil das Erwähltsein und damit das Gegenüber zur Welt der Jüngerschaft schon von Jesus her mitgegeben sind. Vom Absolutheitsanspruch Jesu her, der ihn selbst in das wesenhafte Gegenüber zur Welt und damit in die im Wirken und Leiden erfüllte Aufgabe für die Welt stellt, muß das wesentlicher Aspekt der Kirche sein. Will man erkennen, was die Aufgabe der Kirche ist, so gehört dazu zuallererst, daß man erkennt, was der Herr der Kirche mit ihr beabsichtigt. So muß die These, die über diesem ganzen Abschnitt steht, lauten: *Die Kirche hat der „Aufgabe" und der Intention Jesu selbst zu dienen, d. h. sie ist seine Kirche, insofern er – Jesus – mit seiner Intention, mit dem wesentlichen Ziel seines Lebens in ihr präsent ist.*

Und was ist die Intention Jesu? Wir können sie etwa – in einer vorläufigen

---

[1] Wenngleich die Etymologie des Wortes ἐκκλησία für seine neutestamentliche Verwendung kaum eine Rolle spielen dürfte, ist die Kirche doch der Sache nach das, was das griechische Wort etymologisch zunächst bedeutet: Gemeinschaft von Herausgerufenen. Vgl. *K.L. Schmidt* in: ThWb III, S. 533f.

[2] Vgl. *R. Schnackenburg*, Die Kirche im NT, Freiburg 1961.

Weise – so zusammenfassen: Seine Intention oder, wenn wir so wollen, sein „Anliegen" (wie es vor allem in seinem Gegensatz zum Pharisäismus zutage tritt) besteht darin, „offen" zu sein „für den nahen Gott und den nahen Mitmenschen"[3], und zwar offen zu sein zuerst für Gott und *von daher* für den Mitmenschen – und die, die sich für ihn entscheiden, in diese doppelte Offenheit hineinzustellen. Jesus lebt und verkündet diese Intention in einer so radikalen Weise, daß das menschlich gesprochen nur in die Katastrophe, d. h. an das Kreuz, führen konnte und daß es für die Seinen den Ruf in die Kreuzesnachfolge bedingt. Das so gesehene „Anliegen" des irdischen Jesus ist auch für die nachösterliche Gemeinde relevant; es trifft nach dem Zeugnis des Neuen Testaments auch auf die Intention des erhöhten Herrn der Kirche zu.

Nur wenn wir den dynamischen Charakter der Kirche, der sich von hier aus ergibt, erfassen und ernst nehmen, werden wir zu sachgerechten Konsequenzen für den Dienst in der Kirche kommen.

Im folgenden gehen wir zur Verdeutlichung des Satzes, daß die Kirche der Intention Jesu zu dienen habe, von einem Text aus dem Matthäusevangelium aus, der in der Linie der synoptischen Tradition steht und – noch in der Aktualisierung durch den ersten Evangelisten – die Beziehung der Kirche zur Jüngergemeinschaft des irdischen Jesus erkennen läßt: vom Missionsbefehl des auferstandenen Jesus Mt 28,18–20. Dort heißt es: „Mir ist alle Vollmacht gegeben im Himmel und auf Erden. Wenn ihr nun hingeht [im Vollzug eurer Sendung], machet alle Völker zu Jüngern, indem ihr sie tauft und alle meine Weisungen an euch halten lehrt."

Beherrschend im Mittelpunkt dieser Weisung steht – schon von der grammatischen Struktur des Satzes her – der Imperativ μαθητεύσατε πάντα τὰ ἔθνη (= machet alle Völker zu Jüngern). In der deutlich wahrnehmbaren Spannung zwischen den Begriffen μαθητεύειν (= zu Jüngern machen) und „alle Völker" spiegelt sich zwar die Offenheit und Universalität des matthäischen Kirchenbegriffs wider,[4] gleichzeitig aber die Überzeugung, daß auch die nachösterliche Kirche eine Gemeinschaft von erwählten Jüngern ist. Matthäus hält die Wahrheit durch, daß die Kirche nicht mit der Welt zur Deckung kommt und *„für"* die Welt *da ist und bleibt* – als „Licht der Welt" und „Stadt auf dem Berge" (Mt 5,14–16).[5] So darf die Spannung nicht dadurch aufgelöst werden, daß das μαθητεύσατε wie in der früher gängigen deutschen Übersetzung abgeschwächt wird zu einem „lehret alle Völker". Es ist nicht einfach intellektuelle Belehrung intendiert; vielmehr sollen die Menschen aus allen Völkern „Jünger"

---

[3] *E. Käsemann*, Zum Thema der urchristlichen Apokalyptik, in: Exegetische Versuche und Besinnungen II, Göttingen 1964, S. 119.

[4] Vgl. *W. Trilling*, Das wahre Israel. Studien zur Theologie des Matthäusevangeliums, München 1964, S. 31f. 124–163.

[5] Vgl. *R. Schnackenburg*, Die Kirche in der Welt. Aspekte aus dem Neuen Testament, in: BZ NF 11 (1967) 2–9.

werden, die das Anliegen Jesu nicht nur hören, sondern es zu ihrem eigenen machen und weitertragen. Der offenbar dem Matthäusevangelium eigene Begriff μαθητεύειν[6] dient dazu, die Zeugnisse der synoptischen Tradition über das Verhältnis der Jünger zum irdischen Jesus (mitsamt ihrem Botendienst für die Gottesherrschaft, ihrem Propheten- und Leidensgeschick) für die nachösterliche Kirche des Matthäusevangeliums zu aktualisieren und auf alle Glieder der Kirche anzuwenden. Das Matthäusevangelium versteht die Kirche nicht nur als Gemeinschaft von Brüdern, sondern vor allem als Gemeinschaft von Jüngern.[7] (Daß die *ganze* Kirche „Jüngerschaft" ist, zeigt sich schon darin, daß „alle Völker" zu Jüngern gemacht werden sollen.) Der Christ ist „Jünger", oder er ist im Sinne dieses Textes kein Christ. Der Missionsbefehl des Auferstandenen geht trotz aller matthäischen Offenheit für „alle Völker" nicht einfach dahin, daß die Kirche numerisch vergrößert wird durch passive Mitglieder, sondern daß sie als „Jüngerschaft" wachsen soll – eben dadurch, daß die Zahl der wirklichen „Jünger" wächst, d. h. derer, die sich für Jesus und seine Sache, nämlich den Willen (den Heilswillen) des Vaters, engagieren.

Mt 28,19–20a muß im Zusammenhang gesehen werden mit dem abschließenden Verheißungswort (V. 20b) „und siehe, ich bin mit euch alle Tage bis zur Vollendung der Weltzeit". Der erhöhte Jesus ist durch seine Präsenz in dieser nachösterlichen Jüngerschaft (wie damals inmitten seines Jüngerkreises in Galiläa) derjenige, der das Gegenüber zur Welt und damit die Aufgabe konstituiert. Er selbst ist Mitte und Kraftzentrum der Kirche, durch die er seine Intention, sein „Anliegen", durchführen will.

An dieser Stelle müssen wir die Intention des „Offenseins für Gott und von daher für die Menschen", von der wir sprachen, verbinden mit der Botschaft Jesu von der Gottesherrschaft und dem Anliegen, daß diese Herrschaft komme. Wenn man erkennen will, was ein Jünger Jesu zu tun hat, ist das, was jetzt gesagt werden muß, fundamental: Die Jünger haben nicht das Reich Gottes zu „bauen" oder „auszubreiten" (wie es das unbiblische, anthropozentrische Mißverständnis des Auftrages Jesu will).[8] Denn nur Gott selbst kann seine eschatologisch-zukünftige Herrschaft, seine „Basileia", schaffen; und auch die Bereitung der Menschen für diese Basileia in der jetzigen Weltzeit ist *sein* Werk. *Die Jünger haben sich einzufügen in dieses Werk,* haben gewissermaßen „mitzumachen" bei diesem Werk Gottes selbst, in dem er die Kräfte der wesentlich zukünftigen Gottesherrschaft schon in diese Weltzeit hineinwirken läßt.

Wie dieses Werk Gottes und das „Sich-Einfügen", das Hineingenommen-

---

[6] Vgl. *F. Hahn,* Das Verständnis der Mission im NT, Neukirchen 1963, S. 56 und S. 105, Anm. 2.

[7] Vgl. *W. Trilling,* a. a. O., S. 213.

[8] Vgl. *R. Schnackenburg,* Gottes Herrschaft und Reich, Freiburg ²1965, bes. S. 247f.

werden des Jüngers in dieses Werk *nachösterlich* zu verstehen ist, kann man außer in Mt 28 und vielleicht noch eindringlicher als dort in einer bestimmten Auffassung des „*Evangeliums*" bei Paulus erkennen. (Wir wechseln jetzt in einen Bereich des Neuen Testamentes über, der gerade für die Frage nach der Aufgabe der Kirche und dem Dienst in der Kirche besonders ergiebig ist.)

In zentralen paulinischen Aussagen ist das εὐαγγέλιον nicht eine Summe von Wahrheiten, sondern ein dynamischer Vorgang, der die Welt ergreifen will: das „Werk" Gottes selbst zur Rettung der Welt. Das geht aus der programmatischen Aussage Röm 1,16 hervor: Das εὐαγγέλιον ist „Kraft Gottes zur Rettung" oder, da wir das griechische Wort δύναμις wohl treffender mit unserem davon abgeleiteten Fremdwort wiedergeben: es ist „Dynamik Gottes" (bzw., wie wir aus anderen Stellen[9] entnehmen können, Dynamik des Geistes Gottes). So sehr ist das εὐαγγέλιον als das kraftvoll auf die Menschen hin andrängende Wirken Gottes gesehen, daß ihm nach Röm 10,16 Gehorsam geleistet werden muß. Und auch der Gebetswunsch von 2 Thess 3,1 spiegelt – gleich, ob er unmittelbar von Paulus geschrieben worden ist oder nicht – diese dynamische Auffassung des Evangeliums wider: „Betet für uns..., daß das Wort des Kyrios seinen Lauf nehme und verherrlicht werde" – d. h. daß es machtvoll seinen Lauf durch die Menschheit und ihre Geschichte nehme und daß die Herrlichkeit des Kyrios selbst in ihm anerkannt werde und ihre Macht entfalte.

Der Apostel und jeder Christ ist gerufen, bei diesem Werk Gottes, das in die Welt hinein vorstoßen will, mitzuwirken. Nach 1 Kor 9,23 will Paulus selbst συγκοινωνός („Mitgenosse", „Teilhaber") des εὐαγγέλιον sein, will Anteil haben am „Evangelium". Das heißt: Er will nicht nur einer sein, der Anteil am Lohn der Evangeliumsverkündigung bekommt, sondern einer, der sein Wirken einfügen darf in dieses Werk Gottes. Und nach Phil 1,7 sind die Christen der Gemeinde von Philippi συγκοινωνοί der Gnade des Apostels, d. h. nicht nur Mitgenossen seiner Begnadung zum Leiden für Christus, sondern eben darin und darüber hinaus in der Hilfe für die Evangeliumsverkündigung Mitgenossen der Gnade, „mitmachen" zu dürfen beim Werk Gottes selbst.[10]

Nun hat Paulus bekanntlich eine eigene Konzeption der Kirche (in ihrer Konkretion in der Einzelgemeinde) entwickelt, die des „*Leibes in Christus*" (Röm 12,5). Wir finden sie in 1 Kor 12,12–27 und Röm 12,3–13. Die Christen der Gemeinde in Korinth oder in Rom sind durch das πνεῦμα in eine so enge Gemeinschaft mit Christus hineingeholt, daß die jeweilige Gemeinde der Raum seines Wirkens ist und daß Einheit und Fruchtbarkeit der Gemeinde durch die Charismen und Dienste gewährleistet werden, die der Geist des

---

[9] Vgl. Röm 15,13.19 mit der Behandlung des Themas „Pneuma und Verkündigung" in 2 Kor 3 und 4 (bes. 2 Kor 3,6.8.17f.; 4,13); vgl. auch 1 Kor 2,4.10f.13f.

[10] Vgl. ferner Röm 14,20; 1 Kor 15,58; 16,10; Phil 1,6; 2,30.

Kyrios in ihr erweckt. Aber – so könnte jetzt eingewendet werden – Paulus stellt im 1 Kor und Röm doch scheinbar gar keine Verbindung zwischen der so verstandenen Gemeinde und dem εὐαγγέλιον, dem Werk Gottes zur Rettung der Welt, her. Meint er vielleicht, nur er selbst, der Apostel, übe den Dienst am Evangelium aus?

Wenn wir aufmerksam genug auf den Gedankengang des Römerbriefs achten, werden wir jedoch erkennen, daß das keineswegs der Fall ist. Der Abschnitt Röm 12,3–13 mit seinen Ausführungen über den in der Vielfalt der Charismen lebendigen „Leib" steht durchaus in der Linie, die von der Themaangabe des Römerbriefs in 1,16 („Das Evangelium ist Dynamik Gottes") bis zum Schluß in Kap. 15[11] hinführt. Die Verbindung von „Werk Gottes" und „Gemeinde" ist zudem von innen heraus gegeben: Christus ist für Paulus derjenige, der selbst im Wort der Verkündigung wirkt („in Wort und Werk – in der δύναμις des Geistes" [Röm 15,18–19]). Und wenn die Gemeinde „Leib in Christus" (Röm 12,5) ist, durch den Geist mit ihm verbunden, dann ist sie notwendig eingespannt in dieses Werk Christi selbst, in den Heilsvorgang „εὐαγγέλιον als Dynamik Gottes zur Rettung von Juden und Heiden".

Hier bei Paulus ist der – freilich aus verschiedenen Gründen nicht voll ausgewertete[12] – Ansatz gegeben, der in späteren von paulinischem Geist geprägten Briefen dazu geführt hat, die Kirche unmittelbar und ausdrücklich mit dem Heilswerk der Evangeliumsverkündigung zu verbinden. Der Kolosser- und vor allem der Epheserbrief sprechen von der Gesamtkirche als dem „Leib Christi"[13], als „wachsendem" Leib Christi[14]. Und wenn die Kirche im 1. Petrusbrief als „Tempelhaus aus lebendigen Steinen" bezeichnet wird, als „heilige Priesterschar"[15], dann ist damit der Sache nach dasselbe ausgesagt wie in dem paulinischen Begriff „Leib in Christus"[16].

---

[11] Der Abschluß des paränetischen Teils in Röm 15,7–13 setzt noch einmal einen starken Akzent auf das Heil der Heiden; der darauf noch folgende, den ursprünglichen Brief abschließende Abschnitt über die weiteren Pläne des Apostels(15,14–33) zeigt in 15,16 als Ziel der Evangeliumsverkündigung, daß die „Opfergabe der Heiden" (d. h. die Opfergabe, zu der die Glaubenden aus den Heidenvölkern selbst werden sollen) wohlgefällig sei, geheiligt in Heiligem Geiste. – Röm 12 steht zudem keineswegs beziehungslos hinter Röm 9–11, wo es um die Verwirklichung des Heilsplans Gottes an Juden und Heiden eben durch die Verkündigung des Evangeliums geht. Vgl. auch die Wiederaufnahme von Gedanken aus Röm 9–11 in Röm 15,7–13.

[12] Paulus spricht in Röm 12 und 1 Kor 12 von der jeweiligen Einzelgemeinde als dem „Leib in Christus"; und deren missionarische Funktion ist weithin (nicht völlig!) überdeckt von der singulären und überragenden missionarischen Berufung und Persönlichkeit des Apostels selbst.

[13] Kol 1,18.24; 2,19; 3,15; Eph 1,23; 2,16; 4,4.12.16; 5,23.30.

[14] Kol 2,19; Eph 2,19–22; 4,16.

[15] ἱεράτευμα bedeutet „Priesterkorporation", die an einem Tempel Dienst tut, „Priesterschar". In 1 Petr 2,5 fallen „Tempelhaus" und „Priesterkorporation" zusammen. – Vgl. G. *Schrenk* in ThWb III, S. 250f.

[16] Vgl. E. *Schweizer*, Gemeinde und Gemeindeordnung im NT, Zürich 1959, 9a (S. 99); G. *Schrenk*, a.a.O.

An dieser Stelle sei eine Zwischenbemerkung gestattet. Wenn wir eine solche Aussage wie 1 Petr 2,5 in unserem Zusammenhang verwenden wollen, dann kommt alles darauf an, ob es möglich ist, in dem „Opferdarbringen" der „heiligen Priesterschar" von 1 Petr 2 noch die Intention Jesu zu entdecken und das, was (über die singuläre Situation des Erdenwirkens Jesu hinaus) von der Radikalität der Jüngerberufungen und Weisungen Jesu noch immer gültig ist und vom Geist Jesu schöpferisch auf die neue, nachösterliche Ebene gehoben wird. Anders ausgedrückt: In einem Überblick wie dem, der hier versucht wird,[17] stellt sich die Frage nach der *Kontinuität* zwischen Jesus selbst und dem, was in der zweiten Hälfte des 1. Jahrhunderts und heute „Kirche" heißt. Die wissenschaftlich notwendige Begründung der Kontinuität, wie ich sie sehe, kann in dieser Vorlesung nicht gegeben, sondern allenfalls hier und da angedeutet werden. Ich bin mir auch bewußt, daß die Problematik als solche größer ist, als sie jetzt in Erscheinung treten kann. Aber dieser Sachverhalt mag Veranlassung sein, eine Aufgabe zu nennen. Wenn eine Antrittsvorlesung *auch* erkennbar machen soll, wo der Dozent Aufgaben sieht, an denen er mitarbeiten möchte, dann ist eine der wichtigsten und dringlichsten, wenn nicht die wichtigste, durch diese Frage nach der Kontinuität gegeben, der Kontinuität zwischen Jesus und der urkirchlichen Entwicklung in aller Divergenz der neutestamentlichen theologischen Konzeptionen.[18] Als *eine* notwendige Vorarbeit zu diesem Ziel erscheint es mir, die Gesamtkonzeptionen der neutestamentlichen Schriftsteller zu erfassen und miteinander zu vergleichen. Insgesamt handelt es sich um eine Problematik, die wohl noch nicht entfernt aufgearbeitet ist.

Nach dieser Bemerkung kann der Faden der Überlegungen zu unserem Thema wieder aufgenommen werden.

Gerade die Aussagen über die „heilige" bzw. „königliche Priesterschar" in 1 Petr 2,5.9 scheinen mir auf der Linie zu liegen, die wir verfolgen. Das Gegenüber der Kirche zur Welt[19] und die Aufgabe für die Welt werden durch den Begriff „Priesterschar" sehr deutlich. Das Moment des „Für" (für andere stellvertretend und helfend dasein) dürfte diesem Begriff schon von der alttestamentlichen Grundlage her mitgegeben sein.[20] Und die doppelte Funktion

---

[17] Eine Eingrenzung des Themas auf bestimmte neutestamentliche Schriften oder Schriftengruppen wurde – trotz der Vorteile, die sie geboten hätte – bewußt vermieden. Eine Einschränkung etwa auf Paulus wurde deswegen nicht vorgenommen, weil die Intention Jesu (schon des irdischen Jesus), wie sie sich in der synoptischen Tradition widerspiegelt, m. E. unbedingt zur Sprache kommen sollte; andererseits hätte eine Beschränkung auf synoptische Texte die Dynamik des Pneuma und der Charismen nicht so erkennen lassen, wie sie sich bei Paulus und im (in paulinischer Tradition stehenden) Epheserbrief findet. Paulus nimmt auch für unser Thema eine Art Zentralstellung im Neuen Testament ein. Außerdem sollte der Beitrag des 1. Petrusbriefes und der johanneischen Schriften zum Thema wenigstens angedeutet werden.

[18] Vgl. den Versuch des Verfassers, zu diesem Problem der Kontinuität einen Beitrag zu leisten, in dem Aufsatz „Erhöhungsvorstellung und Parusieerwartung in der ältesten nachösterlichen Christologie", in: BZ NF 11 (1967) 95–108. 205–222; 12 (1968) 54–80. 223–240, bes. 235–240.

[19] Schon wegen der engen Bindung der „lebendigen Steine" an Christus als „lebendigen Stein" in 1 Petr 2,4f. ist dieses Gegenüber mitzudenken.

[20] Vgl. *H. Junker,* Das allgemeine Priestertum des Volkes Israel nach Ex 19,6, in: Trierer Theol. Zeitschrift 56 (1947) 10–15 (bes. 14f.); *M. Noth,* Das zweite Buch Mose (ATD 5), Göttingen ³1965, z. St. (S. 126).
Die enge Bindung der „Priesterschar" an Christus in 1 Petr 2,3–5 dürfte übrigens ein Hinweis

dieses von allen Getauften gebildeten ἱεράτευμα, die in 1 Petr 2,5.9 genannt ist, scheint ganz dem zu entsprechen, was wir bisher als „Sich-Hineingeben in das Werk Gottes" erkannten: Diese doppelte Funktion ist (erstens) das Ver- künden der Großtaten Gottes im Gemeindegottesdienst und im werbenden Wort (V. 9), und zwar in unzertrennlicher Einheit mit (zweitens) der Opfer- übereignung des eigenen Lebens durch Gehorsam gegen den Willen Gottes in Leiden und Bruderdienst (V. 5).[21]

Wir müssen hier noch zu einer Frage Stellung nehmen, die sich vielleicht schon längst aufgedrängt hat: Einerseits soll die Kirche doch offen sein für alle – der pharisäische Gedanke des „heiligen Restes", der „reinen Gemeinde", die die Unreinen ausstößt, wird von Jesus abgelehnt[22] –, andererseits ist sie dann doch Priesterschar, Jüngerschaft, die nicht alle umfassen kann. Wieso kann sie also trotz des Anliegens der Offenheit eine umgrenzte Gemeinschaft von Brüdern sein?

Die Antwort kann hier wieder nur thesenhaft gegeben werden: Obschon reli- giöse Absonderung dem Wesen der Kirche widerspricht, gibt es christliche Brüderlichkeit nicht nur nach außen, sondern auch in spezifischer Weise (anders als nach außen) nach innen. Der Christ muß in einer doppelten Brüderlichkeit stehen: sowohl nach innen als auch nach außen; beide sind unaufgebbar. Wenn der Christ die Brüderlichkeit nach außen aufgibt, wird er zum Sektierer; er verleugnet die Intention Jesu. Er will nicht wie Jesus mit Zöllnern und Sündern Gemeinschaft haben – und deshalb hat er keine Gemein- schaft mit Jesus. Wenn der Christ aber dem entgegengesetzten Extrem ver- fällt und die Brüderlichkeit nach innen aufgibt, verliert er die Kraft, nach außen wirken zu können. Ja man kann sagen, er verliert Jesus selbst, weil er die lebendige Gliedschaft an dem „Leib in Christus" verliert. Er hat keine Gemeinschaft mit Jesus, weil er nicht in der Gemeinschaft der Jünger Jesu stehen will.

In Jo 17,21.23 wird als dringlichstes Gebetsanliegen Jesu (des ins Leiden gehen- den *und* des erhöhten Jesus) ausgesagt: „... daß sie eins seien ... auf daß die Welt zum Glauben gelange..." Diese „Einheit" ist das, was mit dem eben

---

darauf sein, daß das „Für", das der 1. Petrusbrief von Christus aussagt (2,21; 3,18), mit dem Begriff ἱεράτευμα verbunden werden darf. Wenn der Begriff ἱερεύς hier auch nicht wie im Hebräerbrief für Christus verwendet wird, so kann die Gemeinde in 1 Petr 2 doch nur durch die Verbindung mit Christus und „durch Jesus Christus" (1 Petr 2,5) priesterlich sein. Vgl. G. *Schrenk* in ThWb III, S. 250f.: ἱεράτευμα darf nicht auf die innerchristliche Gemeinschaft beschränkt werden.

[21] **Vgl.** die genaueren Belege bei W. *Thüsing,* Das Opfer der Christen nach dem NT, in: Bibel und Leben 6 (1965), 37–50, bes. 39–45.

[22] Vgl. A. *Vögtle,* Das öffentliche Wirken Jesu auf dem Hintergrund der Qumranbewegung, Freiburg 1958, S. 13.

gebrauchten Ausdruck „Brüderlichkeit nach innen" gemeint war.[23] Sie realisiert sich im Sinne des Johannesevangeliums in einer sehr konkreten, in das eigene Leben und Wollen eingreifenden Weise: in der als Kreuzesnachfolge verstandenen Bruderliebe[24], in dem, was Paulus „gegenseitiges Unterordnen" nennt.[25] Nur diese „Einheit" kann das εὐαγγέλιον kraftvoll in die Welt hineintragen.

Das Bild von der Kirche und ihrer Aufgabe, das uns aus solchen neutestamentlichen Stellen entgegentritt, ist dynamisch; es ist deshalb einem statischen Kirchenbild absolut entgegengesetzt, wie es in zweifacher Weise eine Gefahr ist: einmal in dem (der Vergangenheit angehörenden?) Mißverständnis, das eine ihren Besitzstand wahrende und ihre Gläubigen nur bewahrende Kirche darstellt – aber ebenso in jeder Sicht, in der die Kirche der Welt gegenüber keine eigene Dynamik mehr hat (d. h. in der die Dynamik Jesu selbst in ihr nicht mehr wirksam ist), sondern in der sie nur an der innerweltlichen Dynamik der gesellschaftlichen Entwicklung bestenfalls partizipiert. Auch das wäre, gemessen an der Dynamik des vom Neuen Testament bezeugten, im „Leib Christi" wirksamen Pneuma, eine statische und deshalb letztlich unfruchtbare Kirche.[26] Die Kirche, wie das Neue Testament sie sieht, hat eine absolut unvertretbare Aufgabe der Welt gegenüber. Das Neue Testament weckt die Überzeugung, daß die weltimmanenten Kräfte der Mitmenschlichkeit nicht ausreichen, nicht zum wirklichen innerweltlichen Frieden und erst recht nicht zu dem Ziel, für die Zukunft, die Gott der Menschheit eröffnen will. Neutestamentlicher Glaube weiß, daß es dafür der Kraft des Geistes Christi bedarf und damit auch der Kraft, die die Bruderliebe aus der Offenheit für Gott und auch aus der Offenheit für das Leiden, aus dem Ja zum Kreuz, erhält. Zu meinen, die Kirche könnte durch etwas anderes als durch *diese* Kraft die Intention Jesu für die Welt weitertragen, wäre Selbsttäuschung, ja vom Neuen Testament her Absurdität.

Aber es darf und muß jetzt auch noch hinzugesagt werden: Wenn die Kraft des Geistes in der Kirche lebendig ist, dann kann auch alle Öffnung auf die heutige Welt und die heutige Gesellschaft hin und alle Funktion für diese Gesellschaft, wie wir sie heute als Aufgabe sehen, von dieser δύναμις getragen werden und zu der Intensität gelangen, deren die Welt bedarf.

---

[23] Siehe oben, S. 69 f..

[24] Das auf die „Brüder" innerhalb der Gemeinde bezogene johanneische Liebesgebot steht trotz seiner charakteristischen Eigenart nicht im Gegensatz zu dem weit über die Gemeinde hinausgreifenden synoptischen Liebesgebot, sondern hat für den Heilsvorgang der Rettung des „Kosmos" seine entscheidende Funktion; vgl. W. *Thüsing*, Die Erhöhung und Verherrlichung Jesu im Johannesevangelium, Münster 1960, S. 136–141.

[25] Vgl. bes. Phil 2,3; auch 1 Kor 16,16.

[26] Vgl. den Spruch vom Salz Mt 5,13 (s. dazu R. *Schnackenburg*, a.a.O. [s. o. Anm. 5], 7).

## II. Dienst in der Kirche

Um von *diesem* jetzt dargelegten Kirchenbegriff eine Beziehung zum „Dienst in der Kirche" zu finden, haben wir wohl keine adäquatere Möglichkeit, als wieder vom paulinischen Pneumagedanken auszugehen. Dasselbe πνεῦμα, durch das der Kyrios sein Werk machtvoll durch die Menschheitsgeschichte „laufen und verherrlicht werden" läßt (2 Thess 3,1), wirkt auch innerhalb des „Leibes in Christus" selbst, den die Kirche und auch die Einzelgemeinde darstellt; und zwar wirkt es in der Vielfalt der Geistesgaben, der Charismen. *Jeder* Christ hat nach Paulus *sein* Charisma zum Aufbau des „Leibes in Christus"; in jedem ist das Pneuma lebendig. Es ist aufschlußreich, daß Paulus in seinen sogenannten Charismenkatalogen in 1 Kor 12 und Röm 12[27] die Geistesgaben in scheinbar bunter Reihenfolge nebeneinanderstellt: Alltägliche Dienste der Liebe, karitative Dienste stehen – als Gnadengaben, als Geistesgaben – vor und neben den Charismen der Leitung und der Glaubensverkündigung[28]. Es ist wichtig, zu sehen und anzuerkennen, daß das Charisma der διδασκαλία, der Lehre, und diejenigen der paulinischen Charismen, die im heutigen Presbyteramt der katholischen Kirche gebündelt erscheinen, *inmitten* derjenigen Gnadengaben zur „Erbauung" (zum Aufbau) des „Leibes" stehen, die den anderen getauften und glaubenden Mitchristen zuteil geworden sind. Ebenso muß gesehen werden, daß die Gabe der Leitung in der Einzelgemeinde, deren Mittelpunkt – im Neuen Testament noch verborgen – das Vorsteheramt bei der Herrenmahlfeier bildet, für Paulus gar nicht ohne weiteres über, sondern zunächst einmal neben der Geistesgabe desjenigen steht, der eine Gabe der Lehre ohne gleichzeitigen Presbyterdienst ausübt. Konkret: Paulus würde in der heutigen Kirche die Charismen von Laientheologen und Priestern beide nebeneinander und inmitten der Charismen aller anderen Christen aufzählen; Lehre und Verkündigung als „Dienst am Glauben" innerhalb der Gemeinde würde er nicht als Monopol des Presbyters ansehen, nicht einmal die Predigt im Gottesdienst.

Das kann vom Neuen Testament her betont werden, ohne daß das spezifische Charisma und Amt des Presbyters[29] und seine Notwendigkeit für die Kirche

---

[27] 1 Kor 12,4–11.28–30; Röm 12,6–8 (bzw. 12,6–13).

[28] Vgl. H. *Schürmann,* Die geistlichen Gnadengaben in den paulinischen Gemeinden (Die Botschaft Gottes, Ntl. Reihe, 18. Heft), Leipzig o. J. (1965), bes. S. 61–65.

[29] Mit „Presbyter" ist hier und im folgenden der durch den „ordo presbyteratus" Geweihte gemeint, also der Träger eines bei Paulus noch keineswegs eindeutig erkennbaren „Charismas" in der heutigen katholischen Kirche. Aus naheliegenden Gründen soll das in neutestamentlichem Kontext schwer erträgliche deutsche Wort „Priester" (das faktisch den Inhalt von ἱερεύς und sacerdos in sich aufgenommen hat) vermieden werden – nach dem Hebräerbrief gibt es ja nur *einen* „Priester", und in Gemeinschaft mit ihm sind alle Getauften „Priesterschar" (1 Petr 2,5.9).
Voraussetzung dafür, daß das *heutige* Presbyteramt der katholischen Kirche hier vom Neuen

auch nur irgendwie herabgemindert würde. Denn das paulinische Miteinander der Pneumagaben bedeutet keine Nivellierung.

E. Käsemann vermag zwar zu formulieren, daß „Amt und Ämter ... nie etwas außerhalb und oberhalb der allgemeinen Nachfolge sein" können, „sondern immer nur eine spezifische Konkretion ihrer Verwirklichung".[30] Das ist an sich nicht falsch, aber es ist nur die eine Seite. Es ist der Aspekt, der sich *vom Menschen her* ergibt. Wenn man von Gott bzw. Christus ausgeht, kann man die ergänzende (im Grunde primäre!) andere Seite ähnlich formulieren: Ämter können nie etwas außerhalb der allgemeinen *Gnadengabe* des Kyrios, des Pneuma, sein (die er jedem Christen zur Nachfolge gibt), sondern sind eine spezifische Konkretion ihrer Verwirklichung. Dabei ist der Kyrios aber souverän frei nicht nur in der Art und Weise des Dienstes, zu dem er ruft, sondern auch in der Intensität und dem Charakter der Pneumagabe, durch die er ein Glied des Leibes beansprucht. Die Frage, ob es innerhalb der Vielfalt der Charismen auch so etwas wie ein sakramental konstituiertes Presbyteramt geben kann, hängt wohl letztlich (vom Neuen Testament her gesehen) daran, wie ernst man den Pneumabegriff (und damit den Gottesbegriff!) nimmt – ob man das Pneuma wirklich als die absolut schöpferische Mächtigkeit des souveränen Gottes und seines Christus glaubt und diesem Geist Gottes zutraut, nicht nur die Menschen, die er will, sondern sie auch in der Art und Dichte, die er will, und durch Möglichkeiten, die die menschlichen Möglichkeiten übersteigen, in Besitz zu nehmen.[31]

Aber welche Funktion haben nun die Dienste, die uns hier vor allem interessieren,[32] innerhalb des Ganzen?

Hier sei wieder eine These voraufgeschickt: *Die Aufgabe derer, denen Lehre, „Verkündigung" und Presbyteramt anvertraut sind, besteht darin, daß sie der*

---

Testament her mitbedacht werden kann, ist die Überzeugung, daß es in seinem Wesenskern legitime Entfaltung eines im Neuen Testament zwar nicht leicht erkennbaren, aber vorhandenen Keims darstellt. Vgl. *H. Schürmann*, a.a.O. (Anm. 28), S. 73–75, bes. S. 73f., Anm. 164; ders., Das Testament des Paulus für die Kirche (Apg 20,18–35), in: Traditionsgeschichtliche Untersuchungen zu den synoptischen Evangelien, Düsseldorf 1968, S. 310–340, bes. S. 331, Anm. 120; S. 332, Anm. 123; S. 334, Anm. 129 und 130; S. 338, Anm. 157.

[30] Theologen und Laien, in: Exegetische Versuche und Besinnungen II, 1964, S. 294.

[31] Die Frage nach weiteren neutestamentlichen Ansatzpunkten für den Weihepresbyterat in der katholischen Kirche würde über den Rahmen dieses Vortrags hinausgehen. Unser Thema ist der „Dienst in der Kirche" in einem allgemeineren Sinne. Und da der Presbyter nicht der einzige ist, der „Dienst in der Kirche" ausübt, kann er in dieser Hinsicht durchaus mit Nichtgeweihten, die einen hervorgehobenen Dienst (bzw. einen Dienst, der seinen Träger ganz oder teilweise auch beruflich ausfüllt) zusammengesehen werden.

[32] Entsprechend dem Zuhörerkreis war bei der Vorlesung an dieser Stelle vor allem an Laientheologen und Presbyter gedacht. Mutatis mutandis läßt die folgende These sich jedoch auch auf alle anderen Dienste innerhalb der Kirche, etwa die karitativen (und überhaupt auf den Dienst, den jeder Christ durch sein Leben in der Liebe und sein direktes oder indirektes Zeugnis leistet) anwenden.

*Funktionsfähigkeit und dem Wachstum des der Welt gegenüber priesterlichen Gottesvolkes dienen.* (Mit der „Funktionsfähigkeit" der priesterlichen Gemeinde mußte in dieser These gleich ihr [inneres und äußeres] Wachstum verbunden werden; denn eine Kirche, die nicht mehr wachsen will [d. h. die nicht mehr in dem dynamischen Strom des Werkes Gottes steht], wäre auch in sich selbst nicht mehr funktionsfähig).

Die These entspricht nicht nur dem Tenor der bis jetzt herangezogenen Stellen, sondern auch der ausdrücklichen Aussage von Eph 4,11–12 (einer der in unserem Zusammenhang bedeutsamsten Stellen): Die Menschen, die der „zur Höhe hinaufgestiegene" Christus seiner Kirche als seine „Gaben" schenkt („Apostel, Propheten, Evangelisten, Hirten und Lehrer"), haben die Aufgabe, die „Heiligen" (d. h. alle Mitchristen) zuzurüsten zum „Werk des Dienstes", d. h. zu dem Dienst, mit dem Gott sie selbst – alle Glieder des „Leibes" – in sein eigenes Heilswirken hineinnehmen und sie daran teilhaben lassen will.[33]

Das „in" bei dem Begriff „Dienst in der Kirche" ist also zu betonen. Dienst in der Kirche ist vorwiegend dem zugeordnet, was wir eben[34] „Brüderlichkeit nach innen" nannten, der missionarisch wirksamen „Einheit" im Sinne von Jo 17,21.23. Das gilt, obschon der, der ihn leistet, sich selbst in seinem eigenen Leben und Wirken keineswegs von der „Brüderlichkeit nach außen" dispensieren darf – wie könnte er sonst glaubhaft den Mitchristen helfen, diese „Brüderlichkeit nach außen" (die Funktion der Kirche für die Welt) zu aktualisieren?

*Was bedeutet aber die in unserer These enthaltene Wendung „der Funktionsfähigkeit der Gemeinde (als der ‚heiligen Priesterschar') dienen" konkret,* bzw. kann man sie vom Neuen Testament her noch weiter konkretisieren?

Wir haben für die Dienste, um die es hier geht, schon die zusammenfassende Wendung „Dienst am Glauben" gebraucht. Dieser Dienst am Glauben ist im Neuen Testament meist mit einem der zahlreichen Verben des Verkündigens ausgedrückt. Oder er wird, wie in 2 Kor 3,6 ff., vertiefend als Dienst des Geistes, als Dienst im heiligen Geiste, bezeichnet; denn der Dienst besteht darin, das Pneuma und dadurch den Kyrios selbst wirken zu lassen in der Verkündigung des Evangeliums.

Aber damit ist unsere Frage noch keineswegs beantwortet. „Verkündigung" ist heute ein erheblich schillernderer Begriff als zur apostolischen Zeit des 1. Jahrhunderts. Vielleicht ist zur Abgrenzung ein Vergleich aus dem Bereich der heutigen Kommunikationsmittel erlaubt: Man könnte den neutestament-

---

[33] Vgl. M. *Zerwick,* Der Brief an die Epheser, Düsseldorf 1962, S. 123 f. und S. 196, Anm. 21; E. *Käsemann,* Epheser 4,11–16, in: Exegetische Versuche und Besinnungen I, Göttingen 1960, S. 289; anders H. *Schlier,* Der Brief an die Epheser, Düsseldorf 1957, S. 198 f.
[34] Siehe oben S. 72 f.

lichen Dienst der Verkündigung einseitig so verstehen (bzw. mißverstehen), daß derjenige, der ihn leistet, wie ein Rundfunk- oder Fernsehsender einfach die Worte der Botschaft überallhin streut. Sicherlich muß es Christen und auch Presbyter geben, die in solcher Weise ihren Dienst tun, die z. B. – im ganz wörtlichen Sinne – mit den Wellen, auf denen die Sendungen ausgestrahlt werden, auch die Botschaft überallhin streuen, ganz gleich, ob sie auf aufnahmebereite oder nicht aufnahmebereite Menschen trifft. (Übrigens könnte die monologische Predigt in großen Kirchen rein phänomenologisch auch schon so verstanden werden.) Solcher Dienst könnte sich durchaus auch auf neutestamentliche Sachverhalte berufen. Oder es muß – im Vorfeld des „Dienstes am Glauben" – einfach sachliche Information geboten werden. Aber solches „Überallhin-Streuen" (in welcher Form auch immer es geschieht) scheint nicht der Schwerpunkt und nicht das typische Modell der neutestamentlichen Offenbarungsvermittlung zu sein. *Vielmehr gibt der Träger des „Dienstes am Glauben"* – das ist wiederum eine These – *innerhalb der Kirche das* εὐαγγέλιον *so weiter, daß er* κοινωνία *(Gemeinschaft, Anteilhabe) schafft* – Gemeinschaft mit den Zeugen, Gemeinschaft mit dem Werk Gottes, Gemeinschaft mit Gott. Nur diese Auffassung vermag dem Charakter des εὐαγγέλιον als des Heilswirkens Gottes Rechnung zu tragen. Einer der bezeichnendsten Texte hierfür ist der Eingang des 1. Johannesbriefes.[35] In 1 Jo 1,3 heißt es: „Was wir gesehen und gehört haben, das verkünden wir auch euch, damit auch ihr Gemeinschaft habt – *mit uns.*" Man sollte erwarten, daß als Ziel der Verkündigung zuallererst die Gottesgemeinschaft genannt wäre; aber der 1. Johannesbrief nennt an erster Stelle die Gemeinschaft mit den Zeugen.[36] *Durch diese Gemeinschaft mit den Zeugen* erhält man die Gemeinschaft mit Gott und Jesus Christus: „… und unsere Gemeinschaft ist [eine Gemeinschaft] mit dem Vater und seinem Sohn Jesus Christus", heißt es weiter. Was solche Gemeinschaft bedeutet, geht etwa aus Stellen, die wir schon genannt haben, hervor, z. B. aus Phil 1,5–7: Diese Gemeinschaft mit den Zeugen hat zur Konsequenz, daß man an ihrem Werk – dem Werk Gottes – tätig oder leidend Anteil nimmt und in seinem ganzen Leben und dem Gebet als Lebensvollzug darauf ausgerichtet ist, daß das εὐαγγέλιον seine δύναμις entfalte, daß das Wort des

---

[35] Die Formulierungen dieses Textes dienen keineswegs nur der Abwehr von Irrlehrern, sondern nehmen die Frage nach der Übermittlung der Botschaft durchaus grundsätzlich-theologisch in den Blick. Unter anderem zeigt 3 Jo 8 („… Mitarbeiter für die ‚Wahrheit'" – d. h. für die sich offenbarende göttliche Wirklichkeit) die hier vorliegende „missionarische" Dimension; ferner ist Jo 17,20–26 zu vergleichen. 1 Jo 1,3 darf also – ohne daß die charakteristisch johanneische Eigenart dieses Satzes nivelliert wird – als spezifisch johanneische Verdeutlichung einer Linie aufgefaßt werden, die sich auch sonst im Neuen Testament findet.

[36] In 1 Jo 1,3 sprechen wohl nicht nur die unmittelbaren Augenzeugen, sondern auch die Zeugen der zweiten und dritten Generation, die das Zeugnis der Augenzeugen aufnehmen und sich mit ihnen zusammenschließen. Vgl. R. *Schnackenburg*, Die Johannesbriefe, Freiburg ²1963, S. 52–58; auch S. 63–65.

Kyrios, wie die Gebetsintention von 2 Thess 3,1 sagt, seinen Lauf nehme und
verherrlicht werde.

Auf Grund dieser und anderer Stellen wird erkennbar, daß die urchristliche
Verkündigung κοινωνία schaffen und so der „Einheit" des „Leibes", in dem
der Herr selbst sein Werk vorantreibt, dienen will. Ja man darf, wenn ich
recht sehe, geradezu formulieren: Die urchristliche „Verkündigung" hat die
Gewinnung, die Formung und Erhaltung von *Mitarbeitern* am Werk des
εὐαγγέλιον[37] zum Ziel.

Jedoch ist hier noch eine weitere Verdeutlichung des Zieles, das der „Dienst
am Glauben" anstrebt, notwendig. Sie ergibt sich aus dem öfters im Neuen
Testament hervortretenden Anliegen, daß die Christen in der Lage seien *zu prüfen, was der Wille Gottes ist*.

Den Ausführungen des Paulus über den „Leib in Christus" in Röm 12,3 ff.
geht etwa die Mahnung voraus (Röm 12,2), daß die Christen sich umgestalten
lassen in der Erneuerung ihres Sinnes, „auf daß ihr prüfen könnt, was der
Wille Gottes ist". Das ist ein Ausdruck für den Sachverhalt, den wir mit dem
Wort von der „Mündigkeit des Christen" bezeichnen. „Mündige Christen"
sind solche Menschen, die genau das können, was hier in Röm 12,2 steht:
„prüfen, beurteilen, was der Wille Gottes ist".

Aber auch dieses Wort vom Erkennen des Willens Gottes wird leicht in individualistischer Weise eingeengt. In Wirklichkeit ist „Wille Gottes" hier keineswegs nur Anruf für das sittliche Verhalten im Bereich des eigenen individuellen
Lebens, und das Erkennen dieses Willens ist schon gar nicht nur die Fähigkeit,
zwischen Erlaubtem und Unerlaubtem zu unterscheiden. „Wille Gottes" ist
primär Heilswille für die Welt, den der einzelne Christ aufzunehmen und tätig
zu bejahen hat, und „prüfen, was der Wille Gottes ist", bedeutet auch, daß
jeder fragt, welches Charisma und welcher Dienst für das Werk Gottes und
den „Leib in Christus" ihm gegeben ist.[38]

So kommen wir zu einer Verdeutlichung der letzten These: „Verkündigung"
bzw. „Dienst am Glauben" hat das Ziel, den Mitchristen zu helfen, daß sie zu
prüfen vermögen, was der Wille Gottes ist, und daß sie sich dann diesem
Willen unterstellen und so „Mitarbeiter", „Mitgenossen" am Werk Gottes
selbst werden.

Wenn wir von hier aus noch einmal zurücklenken zu unserem Ausgangspunkt
beim Jüngerbegriff des Matthäusevangeliums bzw. der synoptischen Tradition
überhaupt, können wir auch sagen: Zur Erkenntnis und zum Tun des Willens

---

[37] „Mitarbeitern" im weitesten Sinne des Wortes!

[38] Der Beleg für diese Behauptung dürfte schon durch den Kontext in Röm 12 gegeben sein;
denn die Ausführung über die verschiedenen Charismata in Röm 12,3 ff. ist Erläuterung der
Aufforderung von 12,2 zum „Prüfen, was der Wille Gottes ist".

Gottes zu helfen, das bedeutet: den Mit-Jüngern zu helfen, die Intention Jesu aufzunehmen – in der Offenheit für Gott, in der Jüngerschaft Jesu (bis hin zur Kreuzesnachfolge) zu stehen und *von daher* offen zu sein für den Bruder und Werkzeug für das Erbarmen Gottes zu werden, das in die Welt hinein vordringen will.

*

Wenn die in diesem Vortrag dargelegte Konzeption zutrifft, wenn vor allem die grundlegende Überzeugung ihr Gewicht behält, daß Dienst am Glauben auf die Aufgabe der Kirche selbst bezogen ist, der Intention Jesu zu dienen, dann ergeben sich eine Reihe von Konsequenzen.

Drei davon, die mir für die Träger des Dienstes in der Kirche hilfreich zu sein scheinen, seien zum Abschluß genannt.

1. Es gibt keinen Dienst in der Kirche, der sich isolieren dürfte von den anderen und der sich nicht von dem Geist treiben zu lassen brauchte, der κοινωνία schaffen will. Vermittlung von solidem Wissen ist gut, aber Verkündigung – etwa im Religionsunterricht – als *bloßes* Vermitteln von Wissensstoff, ohne daß die Hilfe von Mensch zu Mensch zum Erkennen des Willens Gottes, des Heilswillens Gottes, damit Hand in Hand ginge, wäre vom Neuen Testament her mehr als fragwürdig. Mag die Notwendigkeit, den eigenen Dienst in die Aufgabe der Gemeinde zu integrieren, auch zunächst belastend erscheinen – in Wirklichkeit ermöglicht sie erst den sachgerechten Vollzug des Dienstes und damit die Freude und die Erfüllung durch diesen Dienst.

Und was die Kommunikation zwischen den Dienstträgern (und Charismenträgern) angeht: der neutestamentliche Befund verlangt sie geradezu und damit das lebendige Stehen in der Gemeinde, auch das brüderliche Ertragen der anderen, die in ihr Dienst tun, das Geltenlassen ihrer Eigenart und der Gnadengaben, die ihnen geschenkt sind.

2. Von der aufgezeigten Linie aus braucht auch der Dienst des in der Seelsorgsarbeit stehenden *Presbyters* nicht als ein Konglomerat aus einer bedrückenden Vielfalt von divergierenden Pflichten zu erscheinen, sondern als etwas, was seinen eindeutigen Schwerpunkt hat und seine Einheit gewinnen kann. Hier scheint mir die vielleicht fruchtbarste und befreiendste Konsequenz für den heutigen Dienst des Presbyters vorzuliegen.

Wenn er seine Aufgabe als Dienst an der Funktionsfähigkeit der priesterlichen Gemeinde durch Schaffung von κοινωνία und durch Hinführen zur Erkenntnis des Willens Gottes sieht (und das heißt ja: Dienst am Glauben gerade derer, die bereit sind, mitzuarbeiten; es bedeutet vor allem „Einzelseelsorge" gerade an den „Mitarbeitern"), dann wird dieser Dienst zur Einheit; dann werden die Funktionen, in denen der Presbyter nicht vertreten werden kann, vor allem die Vorsteherfunktion bei der Eucharistiefeier,[39] nicht nur integriert in seinen Dienst am Heilswirken Gottes im εὐαγγέλιον, sondern sie werden dessen innersten Kern bilden. Dann wird der von seinem innersten Kern her verstandene Dienst dazu helfen, daß die Einheit der Christen mit dem Kyrios und untereinander – diese Einheit, die sich im Herrenmahl verdichtet – Kraftquelle für den, der ihn leistet, und für alle wird.

Und der so als Einheit erfaßte und gelebte Dienst kann in einer unter allen Schwierigkeiten durchhaltenden und tragenden Zuversicht und Hoffnung getan werden, kann und wird als der sinnvolle und für die Kirche notwendige Dienst erlebt werden, der er ist, als der Dienst, der den Einsatz einer Existenz lohnt.

3. Was hier an letzter Stelle zu sagen ist, darf auf keinen Fall ungesagt bleiben: Wer vielen den „Dienst am Glauben" leisten soll, muß Zeit haben und sich Zeit nehmen, selbst das Wort zu hören, sich mit dem Wort (und das heißt: mit Gott) einzulassen. Er muß für die eigene Glaubenskontemplation, für dieses Sich-Einlassen mit Gott, sehr viel mehr Zeit und inneres Engagement aufbringen, als es seinen in ihren Berufen aufgehenden Mitchristen möglich ist. Die Intention Jesu zur eigenen zu machen, das kommt nicht von selbst, sondern nur dann, wenn man dem Geist Raum gibt, in die Offenheit für Gott zu stellen; dann und nur dann kann der Wunsch von 2 Thess 3,1 zum „Anliegen" werden, das das eigene Leben bestimmt: „daß das Wort des Kyrios" – und sein im Wort, im εὐαγγέλιον machtvolles Heilswirken – „seinen Lauf nehme und verherrlicht werde".

---

[39] Die Formulierung, daß der Presbyter hier nicht vertreten werden kann, bezieht sich an dieser Stelle – innerhalb der „Konsequenzen" – zunächst auf die Glaubensüberzeugung in der katholischen Kirche. Wie oben (S. 74) schon angedeutet wurde, spricht das Neue Testament von dieser Funktion nicht ausdrücklich. Es besteht aber doch wohl Grund zu der Vermutung, daß die Träger des Charismas der „Leitung" (bzw. eines der Charismen, die bereits nach der Didache [15,1–2] mit der Leitungsfunktion verbunden sind: „Propheten" und „Lehrer"?) auch in neutestamentlicher Zeit schon die Vorsteherfunktion bei der Herrenmahlfeier ausübten.

## 14. Dienstfunktion und Vollmacht kirchlicher Ämter nach dem Neuen Testament

Die Tatsache, daß Diakonia, Dienst, Schlüsselbegriff ist für das Verständnis des kirchlichen Amts, ist für uns mindestens seit dem II. Vaticanum unüberhörbar deutlich geworden. Der Sinn meiner Ausführungen kann es nicht sein, alles Wichtige aus der seitdem geführten Diskussion aufzunehmen. Vielmehr sollen vom Neuen Testament her einige Akzente für das Verhältnis von Dienst und Vollmacht gesetzt werden.

Eine Vorbemerkung zur Formulierung des Themas: Das Wort „Vollmacht" ist als Korrelatbegriff zu „Dienst" gewählt worden, weil es im Neuen Testament selbst eine bedeutende Rolle spielt und weil die Worte „Macht" oder „Herrschaft" neutestamentlich für das kirchliche Amt nicht adäquat wären. Die Macht und die Herrschaft gehören Gott bzw. dem, den Gott in die absolute Stellung des Kyrios eingesetzt hat, Jesus Christus.

Exusia (Vollmacht) ist vom griechischen Sprachgebrauch her „die von einer höheren Instanz gegebene Möglichkeit und damit das Recht, etwas zu tun"; es ist nicht Ausdruck physischer Macht, sondern der Macht, die „zu sagen hat".[1] Von dieser sprachlichen Grundbestimmung aus ist das Wort geeignet, den durch die Sendung von Gott her legitimierten Anspruch Jesu auszudrücken und damit auch das Geltendmachen des Anspruchs Jesu durch seine nachösterlichen Jünger.

Mit dieser Vollmacht (Exusia) ist die Aufforderung zum Dienen unlöslich verbunden. Wir haben uns klarzumachen, wie sich beides zueinander verhält. Unsere erste Frage lautet daher: Wie ist diese „Exusia" näher zu verstehen, wenn sie „Diakonia" (Dienst) als Korrelatbegriff haben soll? Was unterscheidet sie von der Macht und der Herrschaft im außerchristlichen Bereich?

Die zweite Frage, die wir zu behandeln haben, ist umgekehrt gestellt, vom Begriff des Dienens her: Wie kann das Amt Diakonia sein, wenn es mit „Exusia" verbunden ist?

In diesen beiden Punkten stützen wir uns auf Texte aus der synoptischen Jesustradition. In einem dritten Punkt können uns Theologie und Verhalten des Apostels Paulus Hinweise geben für die Konkretisierung der Spannungseinheit von Exusia und Diakonia.[2]

### 1. Der Charakter der Exusia von Amtsträgern innerhalb der Jüngergemeinschaft Jesu

Vorweg eine These. Die Vollmacht der Amtsträger (bzw. neutestamentlich besser: der Boten Jesu) ist funktional bestimmt. Das Amt in der Kirche ist

---

[1] Vgl. *W. Foerster*, Art. ἐξουσία, in: ThWNT II, 559 f.
[2] Hier ist sowohl das Verständnis relevant, das der Apostel Paulus von seinem Dienst hat, als auch die Art und Weise, wie er es in seiner Arbeit durchzuführen sucht.

dazu da, den Vollmachtsanspruch Jesu, ohne den es den Dienst Jesu für die Seinen nicht gibt, zur Geltung zu bringen und Gemeinde und Welt mit diesem Anspruch Jesu zu konfrontieren.

Diese These ist im Anschluß an eine Schriftstelle formuliert, auf die sich oft ein sehr undifferenziert autoritäres Bewußtsein von Amtsträgern berufen hat, Lk 10,16. Hier heißt es: „Wer euch hört, hört mich, und wer euch verwirft, verwirft mich." Der Sinn ist: „Wer euren Anspruch anerkennt, erkennt meinen Anspruch an, und wer euch unwirksam macht, macht mich unwirksam." Der Spruch bildet in der Logienquelle den Abschluß der Aussendungsrede an die 70 bzw. 72 Jünger (Lk 10,1–12,16 par Mt). Es spricht alles dafür, daß Lk 10,16 bzw. ein auf die Boten Jesu bezogener Vollmachtsanspruch mit gleicher Aussageintention zum Urgestein der Aussendungsrede und der Jesusüberlieferung gehört hat. Denn der Spruch drückt der Sache nach das aus, was in der Tatsache der Botensendung durch Jesus und in der heilshaften oder unheilvollen Wirkung schon gegeben ist, die Annahme oder Ablehnung ihrer Botschaft hervorrufen.

Die nachösterliche Gemeinde, die diesen Spruch als Legitimation ihrer Verkündigung ansieht, kann sich mit ihrer Auffassung zu Recht auf Jesus berufen. Jesus gibt seinen Boten Anteil an seinem eschatologischen Vollmachtsanspruch.[3]

Aber wie ist es mit der Relevanz des Logions über die nachösterliche Gemeinde hinaus? Kann der Gedanke der Christusrepräsentation, der in der Folgezeit immer stärker und in zunehmend statischerem Verständnis aus diesem Text abgeleitet wurde[4], sich wirklich auf ihn berufen?

Wir haben konsequent festzuhalten: Lk 10,16 hat seinen ursprünglichen „Sitz im Leben" in einer missionarischen Situation — in einer Situation, in der Menschen mit dem Anspruch Jesu konfrontiert werden mußten. Und zwar gilt das sowohl für das Leben Jesu als auch für den Sitz im Leben der nachösterlichen missionierenden Gemeinde. Der Sinn des Logions wird ipso facto verzerrt oder sogar verfälscht, wenn man es grundsätzlich aus diesem

---

[3] Vgl. *A. P. Polag*, Die Christologie der Logienquelle (maschinenschriftl. Diss. Trier 1968), 65 f.; *P. Hoffmann*, Die Anfänge der Theologie der Logienquelle, in: J. Schreiner - G. Dautzenberg, Gestalt und Anspruch des Neuen Testaments, Würzburg 1969, 140 f. - Zum Ganzen vgl. *K. Kertelge*, Gemeinde und Amt im Neuen Testament, München 1972, bes. 156—162.

[4] Während man den für das katholische Kirchen- und Amtsverständnis grundlegenden Repräsentationsgedanken - der Amtsträger vergegenwärtigt Christus - im ersten Jahrtausend nur „symbolisch-sakramental-aktualistisch" begreift, kommt es im zweiten Jahrtausend zu einer mehr „juridisch-statischen" Auffassung: vgl. *W. Kasper*, Amt und Gemeinde, in: ders., Glaube und Geschichte, Mainz 1970, 395 f.; dazu 396, Anm. 24. Man kann zwar mit Recht von einer Christus-Repräsentation durch den Amtsträger sprechen, wenn man jenen Begriff vorwiegend funktional versteht; seiner Mißverständlichkeit wegen sollte man ihn jedoch besser vermeiden.

funktionalen Zusammenhang herausnimmt. Er wird falsch, wenn man den Spruch nicht mehr im Zusammenhang mit einer Bewegung der Mission, der Sendung, sieht, die die Menschen dem Anspruch Jesu selbst gegenüberzustellen hat. Als juridisches Prinzip für eine statisch aufgefaßte societas perfecta, eine staatlichen Organismen nachgebildete Gesellschaft, ist er nicht gedacht.[5]

In der Interpretation und Aktualisierung dieses Logions geht es um so etwas wie eine „Unterscheidung der Geister". Es geht nicht um eine Frontstellung gegen Institution und schon gar nicht gegen Paradosis, Überlieferung, wohl aber um die Sorge, ob der Hang zur Statik, der jeder Institution (auch einer notwendigen) innewohnt, die von Jesus und seinem Anliegen her primäre prophetisch-charismatische Dynamik blockiert. Es geht um die Frage, ob die Institution der kirchlichen Vorsteherschaft diese Dynamik fördert oder hindert. Denn Lk 10,16 ist primär dynamisch und nicht-gesetzlich zu verstehen.

Ein Mißverständnis im „statischen" Sinn läge vor, wenn man den Sinn etwa folgendermaßen wiedergeben wollte: „Alles, was der ,Stellvertreter Gottes' sagt, ist Gottes Wort", oder umgekehrt: „Wer irgend etwas von dem, was der Stellvertreter sagt, nicht glaubt, ist ungläubig." Vielmehr kommt es im Gegensatz zu solcher Verzerrung auf die Transparenz der Botschaft für Jesus selbst an, darauf, ob Jesus zur Geltung gebracht wird.[6]

Der Spruch „Wer *euch* verwirft, verwirft mich" (d. h. „wer eure *Effizienz* vereitelt, vereitelt die meine") bezieht sich nicht in erster Linie auf jedes Detail, das die Jünger in dieser oder jener Situation sagen, sondern auf sie selbst, auf ihre gesamte Existenz und Funktion als Boten Jesu. Daß Jesus abgelehnt wird, das tritt noch nicht dann ein, wenn ein Einzelpunkt der Aussagen dieser Boten kritisiert wird. Vielmehr ist die Ablehnung Jesu dann gegeben, wenn ihre Funktion als ganze bestritten wird, dann, wenn ihr Anspruch verworfen wird, Boten des *einen* letztgültigen Gesandten Gottes zu sein.[7]

---

[5] Mit anderen Worten: Die Kirche darf nicht in Verzerrung und Verkennung des biblischen Bildes von der Herde und dem Hirten so aufgefaßt werden, daß an die Stelle der Missionare die souveränen „Hirten" und an die Stelle von Menschen, die dem Anspruch Jesu begegnen, die von vornherein zum passiven Sich-weiden-Lassen designierten „Schafe" treten, die schon in dieses statische System vereinnahmt wären. Auch die Amtsträger in einer Gemeinde, die sich nicht in einer typisch missionarischen Situation befindet, dürfen wie diese Gemeinde selbst das der Kirche wesentliche missionarische Moment (die Sendung von Jesus her für die Welt) nicht aufgeben, und auch ihr Dienst ist von daher zu bestimmen. Damit ist nicht geleugnet, daß es auch innerhalb eines statischen ekklesiologischen Systems immer wieder „Hirten" geben kann und praktisch gegeben hat, die den echten, prophetisch-dynamischen Charakter des Logions zur Geltung gebracht haben und bringen, d. h. andere vor den wirklichen Anspruch Jesu stellten.

[6] Vgl. hier schon 1 Kor 7: Der Apostel Paulus unterscheidet in diesem Kapitel sorgsam, was der Kyrios sagt und was er selbst sagt.

[7] Das kann freilich *anläßlich* der Auseinandersetzung um eine Detailfrage der Fall sein.

Lk 10,16 — so können wir jetzt sagen — begründet nicht eine Hierarchie, sondern die Herrschaft Jesu.[8] Von hierher kann es freilich niemals sinngemäß sein, wenn der *verpflichtende* Charakter des Anspruchs der Boten Jesu relativiert und nivelliert wird. (Auch bei dieser funktionalen Betrachtungsweise, die den Boten nicht zum souverän handelnden „Stellvertreter" macht, bleibt es etwas kaum Faßbares, daß der Bote dem, der ihn sendet, konform sein darf und daß seine Botschaft wie die seines Herrn vor die letztgültige Entscheidung stellen kann und muß!) Und es ist einsichtig, daß diese Funktion der Boten Jesu auf die Dauer gesehen auch institutionalisiert werden mußte. Doch auch als institutionalisierte bleibt sie primär funktional auf die Herrschaft Jesu bezogen und deshalb der Gemeinde gegenüber auf Dienst.

## 2. Zum Verständnis der Jesusworte vom Dienen

Auch hier eine These: Wenn der Dienst der Boten und Jünger Jesu als andersartig gegenüber dem Verhalten weltlicher und jüdisch-theologischer Obrigkeiten ausgesagt wird, so darf diese durch den Dienstcharakter gegebene Andersartigkeit nicht auf eine bloß innere Haltung oder Gesinnung eingeengt werden. Sie darf noch nicht einmal auf ein von solcher Gesinnung der Agape getragenes persönliches Engagement des Amtsträgers für die Schwachen und Bedürftigen eingeengt werden, das ohne Änderung des autoritären Amtsverständnisses vollzogen würde. Vielmehr müssen auch die äußeren Amtsstrukturen kritisch in ihrer Eigenart und Funktionalität reflektiert werden gegenüber den Konkretionen von Ämtern im außerchristlichen Bereich.[9]

Aus den Sprüchen Jesu vom Dienen seiner Jünger, die für diese These vor allem relevant sind, greifen wir Lk 22,24–27 parr heraus.[10] Anläßlich eines Rangstreits der Jünger sagt Jesus: „Die Könige der Heidenvölker herrschen über sie, und ihre Machthaber lassen sich ‚Wohltäter' nennen (‚Wohltäter' — ein gebräuchlicher Herrschertitel in der hellenistischen Zeit). Ihr aber — nicht so! Sondern wer ein Größerer unter euch ist, soll werden wie der Jüngere, und der Vorgesetzte wie der Dienende. Denn wer ist größer, der zu Tisch

---

[8] „Herrschaft Jesu" besagt auf keinen Fall, daß man an den monarchischen Kategorien früherer Zeiten der Kirchengeschichte festhält – aber ebensowenig, daß man heutige demokratische Kategorien in einer Weise absolut setzt, daß Jesus selbst nicht mehr zu Wort kommt bzw., daß *seine* Herrschaft nicht mehr durchkommt. Negativ ausgedrückt: Das Volk darf sich nicht als „Souverän" an die Stelle Christi setzen.

[9] Das gilt vor allem (aber nicht ausschließlich) im Hinblick auf das Fortwirken früherer außerchristlicher Amtsstrukturen in der Kirche; vgl. oben Anm. 8.

[10] Daß die Exusia der Boten Jesu auf ihre Diakonia hingeordnet ist, zeigt sich schon in der Aussendungsrede Lk 10 selbst: Die Mahnung, in demselben Haus zu bleiben und zu essen und zu trinken, was ihnen vorgesetzt wird, kann nur in diesem Sinn verstanden werden; vor allem sind die Bindung an Jesus und seine Botschaft sowie die Radikalität der Nachfolgeforderung in diesem Sinn zu deuten.

liegt oder der bedient? Doch der zu Tisch liegt! Ich aber bin in eurer Mitte
als der Dienende."

Dieses „Ihr aber nicht so!" ist oft so interpretiert worden, daß der christliche
Vorsteher sein Amt zwar als Obrigkeitsamt im üblichen soziologischen Sinn
praktizieren müsse, aber dabei Gesinnung und Engagement des Dienens haben
solle. Bezieht sich das „Ihr aber nicht so!" also tatsächlich nur auf eine solche
Haltung?

Wenn man das Besondere des Exusia-Begriffs der Jesustradition berücksichtigt, muß man mit einem klaren Nein antworten. Die Boten von Lk 10 sind
von vornherein „anders" als die jüdischen und heidnischen Autoritäten.[11]

Eine Bestätigung hierfür bietet u. a. Mt 23,8–11. Dieser Text hebt das Amtsverständnis innerhalb der Jüngergemeinschaft Jesu ab von dem der pharisäischen Rabbinen. Die faktischen Vorsteher und Lehrer innerhalb der Jüngergemeinschaft sollen ein völlig anderes Verhältnis zu Würde und Rang haben
als jene. „Ihr aber, laßt euch nicht mit ‚Rabbi' anreden — denn für euch gibt
es nur *einen* Lehrer, untereinander seid ihr alle Brüder. Auch mit ‚Vater' redet
hier auf Erden niemanden an — nur *einer* ist euer Vater: der im Himmel. Auch
mit ‚Meister' laßt euch nicht anreden — denn euer Meister ist allein der Christus, der Messias. Wer unter euch größer ist (die Vorsteherschaft innehat),
soll Diener für euch sein."

Auch wenn Mt 23,8–11 in der vorliegenden Form mattäische Bildung sein
sollte, gehen diese Aussagen doch auf jesuanische Gedanken zurück. Es läßt
sich m. E. am Text nachweisen, daß Elemente der Sprüche vom Dienen die
Klammer bilden, die den Abschnitt zusammenhält.[12] Der erste Evangelist
macht mit diesem Text unübersehbar deutlich, daß das Jesuswort „Ihr aber nicht
so!" keineswegs spiritualisierend mißverstanden werden darf. Das gilt, obschon gerade Mattäus von dem Auftrag Jesu weiß, die Menschen zu Jüngern
zu machen, zu taufen, die Weisungen Jesu halten zu lehren. Trotz dieses Auf-
trags muß nicht nur ihre Gesinnung, sondern auch die äußere Konkretion
ihres Amts — das besagen gerade die „Übersteigerungen" dieses Textes —
„anders" sein als die zeitgenössischen politischen und religiösen Gebilde.

Daß sie vom Wesen her anders sein müssen, ist durch den Bezug des kirchlichen Amts auf Jesus selbst gegeben. Der Jünger muß als Vorsteher ein

---

[11] Auch Analogien in der Jesustradition machen das einsichtig. Das mattäische „arm im
Geist" (Mt 5,3) bedeutet zwar eine Akzentverschiebung und in gewisser Hinsicht sogar
eine andere Aussage gegenüber dem lukanischen „selig ihr Armen", aber doch auf keinen
Fall eine Ausklammerung des Moments der physisch spürbaren Armut.

[12] Der Eingang von Mt 23,8 ff. ist kaum anders zu erklären denn als Rückgriff auf die
Tradition von Lk 22,26, und der das Ganze (parenthetisch) abschließende V. 11 liest sich
wie eine Kombination des μείζων von Lk 22,26 f. und des ἔσται ὑμῶν διάκονος der
Parallele in Mk und Mt (Mk 10,43 par Mt 20,26).

„Dienender" sein, weil Jesus selbst es für die Seinen ist. Markus interpretiert diesen Dienst Jesu zu Recht als seine ganze Pro-Existenz, die in der Hingabe seines Lebens für die Vielen kulminiert. Wir werden hier zu einem m. E. entscheidend wichtigen Gedanken hingeführt: Das urchristliche Amtsverständnis ist nicht nur christologisch im engeren Sinn begründet, sondern soteriologisch bzw. kreuzestheologisch.[13]

### 3. Zur Konkretisierung der Spannungseinheit von Diakonia und Exusia (anhand von Theologie und Wirksamkeit des Paulus)

Die dritte These: Das Miteinander von Diakonia und Exusia zu leben, bedeutet für den Boten Jesu (und für die Adressaten seiner Botschaft) das Durchhalten einer außerordentlich starken Spannung.

Im Durchtragen dieser Spannung von Vollmacht und Dienst müssen konkrete Formen der Amtsausübung gefunden werden, bei denen die Bemühung um gemeinsames Verständnis der Intention Jesu das Primäre sein muß und bei denen Autoritätsgebrauch im engeren Sinn nur das letzte Mittel gegenüber denjenigen sein sollte, die eindeutig die Effizienz Jesu selbst verhindern.

Die Briefe des Apostels Paulus sind Beleg dafür, wie Paulus sich in seinem Amtsverständnis und seiner Amtsausübung durchgängig genau um das in Lk 22,26 angedeutete Prinzip „Ihr aber nicht so!" bemüht. Es ist identisch mit dem Prinzip, das nach seiner Theologie des Pneuma, der Charismen, der Freiheit und der Agape Gemeinde konstituiert. Denn er hat seine Gemeinden nicht auf das eigene Herrschen, sondern unter die Herrschaft Christi gestellt.

Man kann bei ihm beobachten, was für ein Ringen die Konsequenz ist, wenn ein Bote Jesu sich auf die Intention seines Kyrios einläßt. Nicht als ob jeder Einzelzug seines Verhaltens zu seinen Gemeinden idealisiert und als Norm verstanden werden müßte. Aber es kann doch gesagt werden, daß die Spannungseinheit von Exusia und Diakonia bei ihm in außergewöhnlicher und beispielgebender Weise durchgehalten wird.

Er weiß um seine Exusia. Er weiß, daß er etwas „zu sagen" hat, daß Christus durch ihn spricht und handelt. Er gibt nichts von dem Anspruch Jesu preis. Er setzt sich mit seiner ganzen Existenz dafür ein, daß Jesus und seine Herrschaft zur Geltung gebracht werden. Bei ihm wird noch deutlicher als in Lk 10,16, daß die Vollmacht nicht nur auf Verkündigung bezogen ist; denn

---

[13] In diesem Zusammenhang ist es interessant, daß die Sprüche vom Dienen sich bei Mk an zwei Stellen als Parallelen zur Kreuzesnachfolgeforderung darstellen: vgl. die auf die zweite und dritte Leidensansage folgenden Sprüche Mk 9,33 ff. und 10,35 ff. mit dem auf die erste Leidensansage folgenden Kreuzesnachfolgespruch Mk 8,34. Der Evangelist will offenbar ausdrücken, daß diese Forderung sich im Dienen der Jünger konkretisiert und daß solches Dienen Konformität mit dem Weg des Meisters bedeutet.

der Anspruch Christi will ja den ganzen Menschen ergreifen mitsamt den ethischen und soziologischen Bezügen, in denen er steht. Das ist sehr klar etwa in den Kapiteln 2 Kor 10–13 zu sehen. In 2 Kor 13,10 heißt es: „Deswegen schreibe ich dies aus der Ferne, um nicht, wenn ich bei euch bin, rücksichtslos von der Vollmacht Gebrauch machen zu müssen, die mir der Herr doch zum Aufbau gegeben hat und nicht zur Zerstörung." Der Apostel weiß sich also offenbar im Besitz einer Exusia, die nicht in seiner Verkündigungsfunktion aufgeht.[14] Er ist sich bewußt, daß er dann, wenn der Anspruch Christi eindeutig ist, nicht nachgeben darf und den Konflikt mit der Gemeinde riskieren muß.

---

[14] Aber der Aufbau der Gemeinde ist Zielvorstellung und damit Oberbegriff für das Amt; der Aufbau der Gemeinde geschieht zuerst und vor allem durch Verkündigung und Mahnrede. Die Wendung von der Exusia, die zum Aufbauen und nicht zur Zerstörung gegeben ist, dürfte zeigen, daß der Apostel sich zu dem Prinzip äußerster Vorsicht in der Anwendung der Exusia bekennt.

In diesem Zusammenhang ist die Frage von Interesse, wieweit an der einzigen paulinischen Stelle, die konkret von der Ausschließung eines bestimmten Gemeindemitglieds spricht, eine kirchenrechtlich verstandene Ausübung der apostolischen Exusia gemeint ist. Es handelt sich um *1 Kor 5,3–5*. Hier wird man zwar an synagogale Vorbilder von Gemeindezucht zu denken haben. Aber es ist deutlich, daß die theologische Vorstellungsweise, die hinter jenem Ausschließungsakt steht, recht zeitgebundene Elemente enthält. Es müßte also geklärt werden, ob Paulus hier einen zeitlos geltenden kirchenrechtlichen Grundsatz aufstellt oder ob 1 Kor 5,3–5 nicht vielleicht doch, was den zeitgebundenen Charakter angeht, in etwa mit der (mit so starkem Nachdruck und soviel Aufwand an theologischer Argumentation vorgetragenen) Forderung von 1 Kor 11,3–16 (Schleiertragen der Frauen) zu vergleichen ist. Und der Grundsatz von *1 Kor 5,11*, der die „Exkommunikations"-Stelle 5,3–5 bestimmt, ist nicht eigentlich im neueren Sinn kirchenrechtlich und läßt sich überhaupt nur innerhalb kleiner überschaubarer Gemeinden praktizieren. Was 1 Kor 5,3–5 angeht, so ist ferner zu beachten, daß der Apostel nicht allein handelt, sondern die Gemeinde zu bestimmen sucht, mit ihm zusammen in dem Sinn zu handeln, den er für richtig hält. Es kommt dem Apostel offenbar auf den Schutz der Gemeinde an; ebenso handelt es sich jedoch zugleich auch um eine Maßnahme, die letztlich die Rettung des Sünders zum Ziel hat (vgl. 1 Kor 5,5b).

Zu vergleichen ist außerdem auf jeden Fall die einzige Anathema-Formulierung des Paulus in *1 Kor 16,22*. Hier wird die Zugehörigkeit zur Gemeinde und speziell die Zulassung zum Herrenmahl von der Liebe zum Kyrios abhängig gemacht. Innerhalb des paulinischen Denkens kann die „Liebe zum Kyrios" aber nicht deckungsgleich sein mit einem kasuistisch faßbaren Sachverhalt; sie meint vielmehr die Bejahung Christi als des Kyrios, der Schicksalsgemeinschaft mit ihm und den Willen zur ekklesialen Agape bzw. zur Solidarität mit der christlichen Gemeinde als dem σῶμα ἐν Χριστῷ. Auf die heutige Situation übertragen, bedeutet das: Kriterium dafür, ob einer in der Kirche bleiben will oder nicht, ist die engagierte Bereitschaft zum Dialog. Vgl. *W. Breuning*, Persönlicher Glaube und kirchliches Lehramt, in: Wissenschaft und Weisheit 32 (1969) 185–197, hier 196: „Solange einer wirklich zum Dialog bereit ist, solange gehört er grundsätzlich noch zur Kirche." S. auch *W. Kasper*, a.a.O. (oben Anm. 4) 396: „Christliches Amtsverständnis kann höchstens im äußersten Extremfall sich auf rein formale Amtlichkeit zurückziehen ..." Man wird „neu durchzudenken haben, inwiefern es ein geistliches Recht mit Zwangsmaßnahmen überhaupt geben kann".

Er weiß aber ebenso um den Dienst-Charakter seines Amts.[15] Nach 2 Kor 1,24 will er nicht über den Glauben seiner Christen herrschen, sondern „Mitarbeiter sein für ihre Freude". Und als erster im Neuen Testament entwirft er geradezu eine Theologie der Diakonia.[16]

Die Ausübung seiner Exusia hat konsequenterweise das Gepräge des Dienstes. Um den Anspruch Christi durchzusetzen, diskutiert und argumentiert er, ringt er um die Gemeinden, die infolge des damaligen recht undurchsichtigen innerkirchlichen Pluralismus in Gefahr stehen, den wirklichen Jesus zu verlieren. Seinen Gegnern, die offenbar eine andere Vorstellung vom Amt gehabt haben,[17] setzt er seine Auffassung von der Diakonia entgegen, die die angesprochenen Christen nicht knechtet, sondern ihnen zur Freiheit Christi verhilft. Er verzichtet z. B. darauf, sich von den Gemeinden unterhalten zu lassen.

Aber das Durchtragen der Spannung von Vollmacht und Dienst hat für ihn noch tiefergreifende Konsequenzen. Die Abschnitte von den apostolischen Leiden in seinen Briefen (z. B. 1 Kor 4 und 2 Kor 4) gehören wohl auch in *diesen* Zusammenhang. Das Evangelium – der Anspruch und die Botschaft Christi, die der Apostel mit Exusia zu vertreten hat – ist für ihn ein Schatz, den er in „Tonkrügen", in der Zerbrechlichkeit einer Apostelexistenz trägt, die auf Macht verzichten muß: „... damit die übergroße Macht Gott gehöre und nicht aus uns komme" (2 Kor 4,7 ff.). „Immerdar werden wir Apostel, die wir doch leben, in den Tod hineingegeben um Jesu willen ..." (2 Kor 4,11). Aber daß das Durchhalten der Spannung von Exusia und Diakonia in dieser Weise auf das Mitsterben mit Christus hingeordnet ist, hat seinen Sinn wieder in der Proexistenz für die Gemeinde: Das Wirken der Todesmacht in den Aposteln ist auf das „Leben" der Christen hingeordnet, für die sie da sind (2 Kor 4,12). Der Dienst der Apostel kann sich gar nicht vollziehen, wenn die „Tötung Christi" nicht mitgetragen wird (2 Kor 4,10) – in der Aporie einer Apostelexistenz, die auf Macht im üblichen Sinn verzichten muß. Denn nur

---

[15] Das wird bereits an den Stellen deutlich, die von der Vollmacht reden—auch schon in der eben zitierten Stelle 2 Kor 13,10; sie zeigt ja deutlich, daß der Apostel die Exusia nur auf Diakonia hin gebrauchen will. Ferner zeigt das eine Stelle, die in etwa eine Parallele zu Lk 10,16 bildet; es ist 2 Kor 5,20: „So wirken wir als Gesandte an Christi Statt; Gott läßt durch uns seinen mahnenden Ruf ergehen. Wir bitten an Christi Statt: Laßt euch versöhnen mit Gott." Der Vollzug des Amtes geschieht anstelle Christi (des Christus, der durch den Apostel redet und wirkt, vgl. Röm 15,18); er ist Diakonia der Versöhnung, Diakonia des Pneuma, Diakonia des Neuen Bundes. Der „Dienst der Versöhnung" ist von der Sache her auf Dienen hingeordnet: Das zeigt sich in 2 Kor 5,20 darin, daß die Apostel an Christi Stelle *bitten*.

[16] Und zwar in dem apostolatstheologischen Brief, dessen Hauptteil uns in 2 Kor 2,14—6,13 (und 7,2–4) erhalten ist.

[17] In 2 Kor 11,20 wird deutlich, daß Paulus seine Gegner für Menschen hält, die die Gemeinde unter die Knechtschaft ihres Gesetzesverständnisses stellen wollen.

so kann das „Leben" Christi in der Gemeinde seine Wirksamkeit entfalten, kann die Diakonia „Dienst der Versöhnung" (2 Kor 5,18 ff.) im Auftrag und in der Kraft Christi sein.

In paradoxer Weise beschließt gerade die „Schwachheit" des Dienstes, seine Hinordnung auf eine Existenz, die als „Sterben" bezeichnet werden kann, die Macht des Gekreuzigten selbst in sich. Prägnantester Ausdruck dafür ist 2 Kor 12,10: „Denn wenn ich schwach bin, dann bin ich stark." Es handelt sich um die apostolatstheologische Konsequenz des christologischen Prinzips, das wir schon kennenlernten: Das Kreuz ist die Grundlage der Macht des erhöhten Christus.[18] Daß Dienen Mächtigkeit in sich birgt, zeigt sich hier in letztgültiger Weise.

Nur diese Bejahung der Spannung von Diakonia und Exusia als eines Mit-Leidens und Mit-Sterbens mit Christus kann verhindern, daß die in der Diakonia des Apostels und des Amtsträgers verborgene und notwendig enthaltene „Macht" – als Chance, Menschen zu bestimmen – nicht den Diakonia-Charakter sprengt. Das ist um so mehr nötig, als jene implizite Macht und Einflußmöglichkeit durch die Exusia, die ja Verpflichtung zum Durchhalten des herrscherlichen Anspruchs Christi ist, auf das äußerste gesteigert werden kann.

Dienen darf nicht Mittel zum Zweck, darf nicht verschleierte Machtausübung sein. Aber ein überzeugender personaler Einsatz strahlt doch „Macht" aus und macht das Widerstehen schwierig. Aus dem Dilemma, daß selbst Diakonia in Herrschen umschlagen kann, kommt man nur durch diese Weise des apostolischen Mit-Sterbens mit Christus heraus – falls man es wirklich in seinem auf radikale Diakonia gerichteten Sinn versteht. Ein mit der ganzen Existenz gegebenes Angebot der Liebe hat von seinem Wesen her immer Mächtigkeit. Die Frage ist jeweils, ob das Angebot der Liebe die Freiheit des anderen oder (in verborgener und selbst unbewußter Weise) seine Knechtschaft meint – ob eine selbstkritische Agape es wirklich zum Dienst an der Freude und der Freiheit der anderen werden läßt.

Paulus vermag diese Spannung von Exusia und Diakonia nur zu bewältigen, weil er von ihrer von Jesus her gegebenen Notwendigkeit überzeugt ist. Er weiß – im Unterschied vom Verfasser der Pastoralbriefe – um das Miteinander von radikaler Forderung und Freiheitsermöglichung, das sowohl in der Botschaft als auch im Sendungsauftrag gegeben ist. Sein Zweifrontenkampf gegen erstarrenden Legalismus und auflösenden Enthusiasmus ist durch seine Theologie des Kreuzes, der Rechtfertigung und der Freiheit ermöglicht, die seine

---

[18] Vgl. im außerpaulinischen Bereich des Neuen Testaments vor allem Joh 12,32 im Zusammenhang mit Joh 12,24 ff.: Der Erhöhte zieht alle an sein Kreuz, um sie in seine Doxa führen zu können.

theologische Ausdrucksform jenes Miteinanders von radikaler Hingabeforde-rung und Befreiung darstellt.[19]

Diese Erkenntnis ist fruchtbar für eine Frage, die wir in diesem Zusammen-hang auf keinen Fall übergehen dürfen, für die Frage nach der *Legitimation des kirchlichen Amts*. Auf der Grundlage des paulinischen (und in etwa auch des synoptischen) Befundes ist m. E. eine zweifache Legitimation der Exusia zu erkennen: eine *formale* und eine – theologisch wichtigere – *materiale*. Die for-male Legitimation besteht darin, daß die Inhaber von Amt und Funktion sich als Träger der authentischen Überlieferung, der Paradosis, erweisen und daß sie in der apostolischen Sukzession stehen. Richtiger würde man sagen: Sie stehen im Zusammenhang mit der Gesamtkirche und in Kontinuität mit ihrer Geschichte.

Die bedeutsamere materiale Legitimation können sie nur dadurch gewinnen, daß sie in ständigem kritischen Rückbezug die Konformität ihrer Worte und Handlungsweisen mit der Intention Jesu nachprüfen.

Während die formale Legitimation durch Paradosis und Sukzession auf Autoritätsausübung hindrängt, ist das Bemühen um die materiale Legitimation auf Diakonia hingeordnet. Daß die Amtsausübung wirklich Diakonia des Geistes, Dienst des Neuen Bundes, Dienst der Versöhnung ist – das gibt es nicht ohne den materialen Rückbezug auf diese grundlegende Intention Jesu.

Gleich, ob die Begründung der Notwendigkeit dieser Spannung von Exusia und Diakonia in der Weise des Paulus erfolgt oder in einer anderen – die heutige Kirche und ihre Amtsträger kommen nicht daran vorbei, das Verständ-nis für das jesuanische Miteinander von radikaler Hingabe und Freiheit zu wecken, dem das Miteinander von Sendungsvollmacht und Dienst der Amts-träger entspricht. Die Diakonia ist auf Freiheit der Christen hingeordnet, die Exusia auf das Durchhalten der Anspruchs Jesu mitsamt seiner unverzicht-baren Radikalität.

Dieses Verständnis ist auch denen erreichbar, die die tiefen Gedankengänge eines Paulus nicht zu erfassen vermögen. Es ist jedem zugänglich, der sowohl die Vollmacht als auch die befreiende Funktion Jesu selbst akzeptiert und der im Glauben erkennt, daß Jesus selbst für die Verwirklichung dieses Mitein-anders das Scheitern und den Tod auf sich genommen hat, so daß sich letztlich das „Kreuz" als das eigentliche Strukturprinzip dieser Spannungseinheit erweist.

---

[19] Auf unser Thema „kirchliches Amt" bezogen heißt das: Sein Zweifrontenkampf gegen die juridische Überbetonung des Exusia-Charakters des Amts und gegen die Überbe-tonung eines Charismas, das die Tendenz zeigt, sich vom verpflichtenden Anspruch zu lösen, ist ebenfalls durch seine Rechtfertigungstheologie ermöglicht.

Wenn man diese Spannung und die Forderung, sie durchzuhalten, nicht als von Jesus der Kirche eingestifteten notwendigen Impuls verstehen müßte, könnte man leicht dazu kommen, sie als Utopie abzutun.

Tatsache ist, daß sie nicht in kirchenrechtlichen Kategorien eingefangen und ein für allemal abgesichert werden kann. Aber man darf sie deshalb nicht als unrealisierbar bezeichnen. Es ist zu unterscheiden zwischen dem, was kirchenrechtlich faßbar, und dem, was auch dann realisierbar ist, wenn es kirchenrechtlich nicht formuliert werden kann.

Die Spannungseinheit von radikaler Hingabeforderung und Freiheitsermöglichung, die von Jesus her vorgegeben ist, bringt in jeden Realisierungsversuch notwendigerweise das Moment des „Utopischen" hinein – sie beinhaltet aber doch ein Postulat, das bei keinem Realisierungsversuch außer acht gelassen werden darf und das mindestens die Funktion hat, eine unverzichtbare *Richtung* christlicher Realisierungsversuche aufzuweisen.[20]

Von hierher wird man nicht einfach sagen können, daß die Gemeindestruktur von Korinth sich als kirchengeschichtlich nicht realisierbar erwiesen habe und daß bei neutestamentlichen Überlegungen, wie sie hier angestellt werden, etwas aufgefrischt werde, was durch die Kirchengeschichte ad absurdum geführt sei. Erstens wissen wir nicht, ob die Gemeindestruktur von Korinth ausschließlich durch die eben aufgewiesene Spannungseinheit von radikaler Hingabe und Freiheit bestimmt gewesen ist; und zweitens dürfte sie auf jeden Fall auch in ihrem „utopischen" Charakter einen fruchtbaren Anstoß bieten. Das von Jesus her der Kirche mitgegebene Moment der schöpferischen Unruhe darf nicht unterdrückt werden, wenn die Intention Jesu nicht verkümmern soll. Hier haben wir die Mahnung des Apostels in 1 Thess 5,19 zu beachten, daß der Geist nicht ausgelöscht werden solle.[21]

Die Kirche kann es sich heute nicht mehr leisten, wie der Verfasser der Pastoralbriefe *nur* die gewiß richtige und wichtige formale Legitimation der Amtsvollmacht durch Paradosis und Handauflegung ins Spiel zu bringen. Man kann

---

[20] Was die Konkretisierungsmöglichkeiten angeht, können wohl die folgenden Hinweise gegeben werden. Negativ ausgedrückt, geht es um den Abbau monarchischer Kategorien, die aus früheren Zeiten der Kirchengeschichte stammen; positiv gesehen müßte *erstens* von der Amtspraxis der Alten Kirche dasjenige aufgenommen werden, was der durch Paulus verdeutlichten Intention Jesu nahekommt (Kollegialität, Wahlen, Funktion des Bischofs von Rom für die Gesamtkirche), *zweitens* müßte man heutige demokratische Formen aufnehmen, und zwar bewußt und ehrlich aufnehmen, soweit dadurch das „Volk" sich nicht als Souverän über Christus erhebt.

[21] Auch kirchengeschichtliche Analogien eines solchen Miteinanders von realisierbarem Ziel und Utopie lassen sich aufzeigen; es sei nur an Franz von Assisi erinnert, der im Mittelalter das jesuanische Miteinander von radikaler Hingabeforderung und Freiheitsermöglichung am reinsten – und in der am fruchtbarsten utopischen Weise – gelebt haben dürfte.

sicherlich nicht sagen, daß die Lehre des verantwortungsbewußten Mannes, dem wir diese Pastoralbriefe verdanken, einen Abfall von Jesus bedeute. Aber die Tatsache, daß er die Spannweite der Intention Jesu und der Theologie seines Vorbildes Paulus nicht mehr zu erfassen vermochte, macht seine Pastoralbriefe ungeeignet, den alleinigen oder auch nur vorwiegenden Ausgangspunkt einer Amtstheologie zu bilden. Wenn das Moment der formalen Legitimation sich verselbständigt und absolut gesetzt wird, würde das für die Zukunft der Kirche noch verhängnisvoller sein, als es das in der Vergangenheit schon allzu oft gewesen ist. Das materiale Moment des Rückbezugs auf die Intention Jesu darf heute trotz seiner Schwierigkeit, trotz seines scheinbar utopischen Charakters auf keinen Fall fehlen; gerade dieses Moment muß stärker akzentuiert werden.

Das Miteinander, die Zusammengehörigkeit von Dienst und Vollmacht steht notwendig in einer Zerreißprobe. Diese ist erst recht da, wenn man entschlossen auf Sicherungen einer autoritär strukturierten bzw. ständisch aufgebauten Gesellschaft und auf monarchische Kategorien früherer Zeiten der Kirchengeschichte auch im Bereich des kirchlichen Amts verzichtet und trotzdem bzw. gerade *so* der Herrschaft Christi dienen will.

Zwar sind kirchenrechtliche Sicherungen unumgänglich – heute sowohl gegen eine dem Dienen feindliche Machtausübung als auch für die Ermöglichung der von Jesus her notwendigen Sendungsvollmacht. Aber sie können die Probleme, vor die die Kirche und das Amt in ihr sich gestellt sehen, für sich allein nicht lösen. Die eigentliche Lösung muß „von innen" kommen, aus dem Mittelpunkt der Glaubenswirklichkeit heraus: durch die Glaubenserfahrung, wer Jesus ist, was er will und wie er in seiner Kirche und der Welt zur Herrschaft kommen will – und durch die tätige Konsequenz daraus.

Es dürfte heute kaum etwas so Entscheidendes für das Amt in der Kirche geben wie die Frage, ob diese Spannung von Diakonia und Exusia (bzw. von der Seite der Gemeinde aus gesehen: die Spannung zwischen der Freiheit der Christen und ihrer Übereignung an Christus) nicht kurzschlüssig aufgelöst, sondern als Aufgabe gesehen und durchgehalten wird.

# V.
## Kontinuität mit dem Ursprung

# 15. Die Bitten des johanneischen Jesus in dem Gebet Joh 17 und die Intentionen Jesu von Nazaret

## *1. Zur Fragestellung*

Stellt man die in Joh 17 erkennbaren Gebetsthemen und die Intentionen Jesu von Nazaret, wie sie aus der synoptischen Tradition zu erheben sind, einander gegenüber, so ergibt sich ein starker Kontrast: auf der einen Seite der bereits vom Glanz der Verklärung berührte Christus von Joh 17, der zunächst um *seine* Verherrlichung betet, dem *seine* Verherrlichung in den Jüngern wichtig ist und dessen Anliegen die Jüngergemeinschaft in ihrer Abgegrenztheit von der „Welt" zu sein scheint – und auf der anderen Seite der lehrende, handelnde und betende prophetische Charismatiker aus Nazaret, der das Reich Gottes verkündigt „und nicht sich", der sich „über Gott und dem heilsbedürftigen Menschen vergißt"[1], der gegen pharisäischen Legalismus kämpft und die Schranken zwischen den Menschen aufsprengt bis zur Feindesliebe.

Das Urteil E. Käsemanns ist verständlich: „Joh 17 bringt sicher nicht die Stimme des irdischen Jesus zu Gehör..."[2] Aber ist unsere Frage dann überhaupt noch sinnvoll?

Das Johannesevangelium steht in der Wirkungsgeschichte Jesu von Nazaret. Das wird auch der anerkennen, der es für eine Verzerrung oder gar Verfälschung der Intentionen Jesu selbst hält. So muß auch die Frage erlaubt sein, in welcher Weise es noch mit Jesus von Nazaret verbunden ist bzw. welche Spuren Jesus von Nazaret selbst in ihm hinterlassen hat. Diese Frage hat sicherlich auch innerneutestamentliches, historisch-kritisches Interesse. Doch könnte eine aus rein fachimmanent-neutestamentlichem Interesse betriebene Arbeit leicht gelähmt werden durch die geringe Aussicht, präzise Ergebnisse zu erhalten, gerade infolge der äußerst großen Verschiedenheit zwischen dem Johannesevangelium und Jesus von Nazaret; die Verschiedenheit der nicht leicht vermittelbaren Denk- und Vorstellungskategorien kann den Eindruck von zwei verschiedenen Welten erwecken. Vielleicht wird die Frage noch nicht eigentlich im Raum historischer Forschung drängend,

---

[1] *K. Rahner*, Christologie 29.
[2] *E. Käsemann*, Jesu letzter Wille 158.

sondern erst dann, wenn es um die Relevanz des Johannesevangeliums für den heutigen Christusglauben geht.[3] In der katholischen Theologie ist, wenn ich recht sehe, erst im Laufe der letzten zehn bis zwanzig Jahre eine Entwicklung spürbar geworden, die die Relevanz des Johannesevangeliums in Frage stellt. Es ist schwierig geworden, einen Zugang zu einem gewissermaßen auf Goldgrund gemalten Christusbild zu bekommen. Das Gespür für den Abstand zwischen dem Johannesevangelium und Jesus selbst ist geschärft worden. Die Bedeutung der auf der Grundlage der synoptischen Tradition betriebenen Jesusforschung ist immer stärker erkannt worden, Stichworte wie das von der „Sache Jesu" haben ihren Weg gemacht, und es gab und gibt eine Reihe von Versuchen, den christlichen Glauben nicht mehr auf den erhöhten Christus, sondern auf Jesus von Nazaret und das Weitergehen seiner „Sache" zu gründen. Zudem sind auf dem Gebiet der Johannesforschung selbst die Versuche stärker geworden, das Band der Kontinuität zwischen dem Johannesevangelium und Jesus selbst in Frage zu stellen.
In diesem Sinne handelt es sich im Grunde um eine systematisch-theologische Fragestellung. Aber deshalb ist das Thema „Das Johannesevangelium und Jesus von Nazaret" (für das das Thema dieses Beitrags eine Konkretisierung bildet) für den Exegeten noch keineswegs unerlaubt. Die letztlich systematisch-theologische Fragestellung kann heuristisches Prinzip werden; sie kann die Motivation bieten, historisch-kritisch nach einem Weg zur Lösung zu suchen. Die bezüglich Joh 17 notwendige „systematisch-theologische" Frage – die im Grunde ein Teilstück der Frage „kirchlicher Christusglaube und Jesus von Nazaret" darstellt – kann ja nur von den Texten des Neuen Testaments her beantwortet werden.
Es ist wichtig, die Art unserer Fragestellung klar zu erkennen: Es handelt sich nicht um die „Rückfrage nach Jesus"[4], sondern um das, was ich als *Legitimationsfrage* bezeichnen möchte; es geht um die Frage nach der Legitimation

[3] Im Jahre 1960 gab H. Schürmann mir die Anregung, meine gerade erschienene Dissertation „Die Erhöhung und Verherrlichung Jesu im Johannesevangelium" in der von ihm herausgegebenen Reihe „Die Botschaft Gottes" für einen weiteren Leserkreis auszuwerten. Ich folgte dieser Anregung im Rahmen einer Auslegung von Joh 17. Schon damals waren mir Analogien zwischen Joh 17 und dem Beten Jesu selbst aufgefallen (für das letztere orientierte ich mich vor allem an H. Schürmanns Erklärung des Gebets des Herrn), ohne daß ich dieser Frage in dem Bändchen über Joh 17 nachgegangen wäre. Inzwischen bin ich zu der Auffassung gekommen, daß das Gebet Joh 17 in der heutigen theologischen Situation mit den Intentionen Jesu von Nazaret und damit vor allem mit dem synoptischen Herrengebet kontrastiert und zusammengeschaut werden sollte, wenn es darum geht, die Relevanz des johanneischen Textes zu erfassen – bzw. das, was ich mit der Auslegung von Joh 17 beabsichtigte, weiter zu vertreten.
[4] Vgl. *K. Kertelge* (Hrsg.), Rückfrage nach Jesus.

einer nachösterlichen theologischen Konzeption an dem Maßstab, den Jesus von Nazaret selbst darstellt. Dabei müssen natürlich die gesicherten Ergebnisse der Rückfrage (bzw. Ergebnisse, über die mindestens weitgehend Überein-stimmung besteht), eingebracht werden.

Das Ziel dieses Beitrags ist es also nicht, in jedem Punkt ungebrochene Kontinuität aufzuzeigen (und dann der Gefahr der Harmonisierung zu ver-fallen); das Ziel ist von der Sache her bescheidener anzusetzen. Es besteht in der Beantwortung der Frage: Ist es legitim, den Beter von Joh 17 und Jesus von Nazaret zusammenzudenken, und zwar im vollen Bewußtsein der Ver-schiedenheit und der Einseitigkeit der johanneischen Darstellung? Oder ist solche Zusammenschau durch den theologischen Befund des vierten Evange-liums (etwa durch einen zu starken gnostischen Charakter) versperrt? Ist das, was wir im Vergleich mit der synoptischen Jesustradition als johanneische Einseitigkeit oder Engführung empfinden mögen, vielleicht Übersteigerung oder Aufgipfelung von etwas, was es grundsätzlich auch in der alten Jesus-tradition gibt, und dann also nicht ausschließender Gegensatz? Dabei ist die nachösterliche kerygmatische Transformation[5] zu berücksichtigen; es ist zu fragen, ob unter den Bedingungen der nachösterlichen transformierenden Verbindung von Botschaft Jesu und Botschaft über Jesus – und speziell unter den Bedingungen der johanneischen Form dieser Transformation – Akzente der Intention Jesu selbst durchgehalten sind[6].

Es dürfte einsichtig sein, daß es hier nicht darum gehen kann, das Problem als ganzes aufzuarbeiten; es soll versucht werden, den Problemhorizont zu umreißen, und es sollen Hinweise auf mögliche Wege zur Lösung gegeben werden.

---

[5] Vgl. *F. Mußner,* Johanneische Sehweise 80: „kerygmatischer Transpositionsprozeß". *W. Thü-sing,* Erhöhungsvorstellung und Parusieerwartung 30–33; *ders.,* Christologie 128.168f.283f.

[6] Für diese Arbeit müßten *Kriterien* entwickelt werden – eine Aufgabe, für die ich hier allenfalls den einen oder anderen Ansatz versuchen kann. (Als Analogie könnten die Überlegungen *F. Hahns* [Rückfrage 37–40] zur „Notwendigkeit eines Gesamtentwurfs" für die Rückfrage nach Jesus sowie vor allem zur Rückfrage nach Jesus im Rahmen des urchristlichen Rezeptions-prozesses [aaO. 67–70] hilfreich sein.)

Einige Hinweise zu den methodischen Überlegungen, die diesem Beitrag zugrunde liegen: Da, wo wörtliche Anklänge signalisieren könnten, daß eine johanneische Stelle in der Wirkungs-bzw. Rezeptionsgeschichte der ursprünglichen Jesustradition steht, muß gefragt werden, welche Grundintentionen hinter diesen Berührungen stehen und ob die johanneische Inten-tion sich als nachösterliche Transposition oder Transformation der jesuanischen bestimmen läßt. Eine solche Frage ist auch bei Sachparallelen möglich, soweit sie auf gleichlaufende oder analoge Intentionen hinweisen. Die grundlegende nachösterliche kerygmatische Transforma-tion ist ebenso zu berücksichtigen wie die je neue nachösterliche Situation des betreffenden Autors bzw. seiner Gemeinden. Für die Beurteilung der jeweiligen nachösterlichen Trans-formation der Intentionen Jesu von Nazaret ist der Versuch notwendig, die jeweiligen

## 2. Zum Gebetscharakter von Joh 17

In diesem Abschnitt ist eine Vorfrage zu behandeln. Wenn es um das Verhältnis der johanneischen Christologie zum irdischen Jesus geht, bildet ihr Charakter als Doxa-Christologie – als einer Christologie, die schon dem irdischen Jesus Herrlichkeit zuschreibt[7] – ein besonderes, ja wohl das entscheidende Problem[8]. Für Joh 17 konkretisiert sich dieses allgemein für das

konkreten Intentionen Jesu methodisch – vorübergehend – so abstrakt zu fassen, daß die Hinterfragung einer in historischer Distanz (und darüber hinaus in anderen Denk- und Artikulationsformen) stehenden späteren theologischen Konzeption sinnvoll wird – bzw. daß gefragt werden kann, ob der gemeinsame Nenner zur Legitimation der nachösterlichen Aussage ausreicht. Als Hilfsbegriff könnte auch der Begriff der Konvergenz dienlich sein.

Bei den immer wieder notwendigen Vergleichen darf nicht der Versuchung nachgegeben werden, Unterschiedliches gleichzusetzen; d.h. es darf nicht so verfahren werden, als ob die verglichenen Sachverhalte doch wieder auf dieselbe traditionsgeschichtliche, theologiegeschichtliche oder religionsgeschichtliche Ebene geholt würden. Vielmehr kann es nur darum gehen, die beiden Sachverhalte über einen großen rezeptionsgeschichtlichen Zeitraum hinweg miteinander in Beziehung zu setzen. Wiederum: Die Aufgabe setzt eine beträchtliche Fähigkeit und Bereitschaft zur – methodisch vorläufigen – Abstraktion voraus.

Zum Grundvorgang der nachösterlichen Transformation: Die kerygmatische Transformation führt notwendig eine Christologisierung des Verkündigungsinhaltes mit sich; Jesus Christus wird ja zum Inhalt der Verkündigung. Die Transformation kann aber nur dann voll legitimiert sein, wenn die Christologisierung die Intention Jesu in sich aufnimmt und unverfälscht, ja verstärkt zur Geltung bringt – wenn die auf Orthopraxis gehende Komponente der Intention Jesu von Nazaret in die Orthodoxie, in das nachösterliche Christuskerygma hineingenommen wird. Der Christusglaube darf sich auf keinen Fall an die Stelle der Intention Jesu setzen bzw. sie auch nicht teilweise verdrängen. Die Intention Jesu muß also als Weisung des erhöhten Christus aufgenommen oder mindestens offengehalten sein. Am adäquatesten kann die Transformation gelingen, wenn auch im erhöhten Christus selbst noch „Orthodoxie" und „Orthopraxis" – bzw. Doxa und Agape – als Einheit gesehen werden (vgl. unten Abschnitt 5c).

7   Vgl. die scharfe (übersteigerte) Herausstellung dieser Doxa-Christologie bei *E. Käsemann,* Jesu letzter Wille (passim) bis hin zur Auffassung des johanneischen Jesus als „über die Erde schreitenden Gottes" (aaO. 26, im Anschluß an die ältere liberale Johannes-Interpretation).

8   Dieses Problem eingehender zu untersuchen, wäre für die Behandlung unseres Problems von Joh 17 eine wünschenswerte Vorarbeit, die aber den Rahmen dieses Beitrags übersteigen würde. Ich kann meine Position nur kurz andeuten: Zwar ist eine einseitig gnostische Deutung des Johannesevangeliums nicht mehr haltbar – jetzt vor allem infolge der umfassenden und sorgfältig-abwägenden Sichtung des Materials im großen Johanneskommentar von Rudolf Schnackenburg. Aber der Anstoß, den die johanneische Darstellung des irdischen Jesus bietet, bleibt, und zwar vor allem wegen der im Unterschied von den synoptischen Evangelien konsequent auf das irdische Leben Jesu angewendeten Präexistenz-Christologie. Bei Markus weisen die „geheimen Epiphanien" Jesu auf Ostern hin und empfangen ihr Licht von Ostern her; hier läßt Johannes Jesus die göttliche Doxa als der Präexistente zu besitzen, und zwar schon unabhängig von der Erhöhung. Trotzdem meine ich die These halten zu können, daß die Darstellung des irdischen Jesus bei Johannes durch eine Zusammenschau – bzw. vielleicht noch schärfer: Ineinanderprojektion – von irdischer Existenzweise und Verherrlichungs-Status zustande gekommen ist bzw. durch eine Zusammenschau des irdischen

Johannesevangelium bestehende Problem[9] in der Frage nach dem Gebetscharakter dieses Kapitels: Wieweit ist Joh 17 noch Gebet im Sinne Jesu von
Nazaret?

Vom Beten des irdischen Jesus ist im Johannesevangelium noch an weiteren
Stellen die Rede: Joh 11,41f und Joh 12,27f. In Joh 11,42 wird betont, daß
das Gebet nicht um Jesu willen, sondern wegen der Umstehenden geschieht.
Und für das „johanneische Getsemanigebet" 12,27f weist die Angabe V.30[10]
in die gleiche Richtung. Das entspricht sicher nicht der Gebetshaltung Jesu
von Nazaret[11] – auch wenn man es vermeidet, dem Evangelisten eine naive
Historisierung zu unterstellen[12].

Wie steht es nun mit dem Gebet in Joh 17? Auch dieses Gebet ist „im Blick
auf die anwesenden Jünger als Repräsentanten aller Glaubenden konzipiert";
es ist der Gattung nach eher eine Abschiedsrede in Gebetsform, die die
Gemeinde zum Nachdenken über ihre Berufung, ihre Situation und ihre
Aufgabe anregen will[13]. Aber damit ist die Frage nach dem Gebetscharakter
von Joh 17 noch nicht erledigt. Joh 17 ist zwar kein im Gottesdienst der
johanneischen Gemeinden verwendetes Gebet[14], ist aber doch auch auf das
Beten dieser Gemeinden bezogen. Genauer: Der Autor, dessen theologischer
Reflexion wir dieses Gebet verdanken, will kaum unmittelbar zu formulierten

---

Lebens mit etwas, was erst durch den Erhöhungsglauben erkannt werden kann, nämlich der
singulären Einheit Jesu mit Gott. Die johanneische Präexistenzvorstellung (die Auffassung,
daß schon der irdische Jesus durch sein Kommen aus der Präexistenz heraus bestimmt sei)
hebt dieses Denken von Ostern her letztlich nicht auf; vielmehr sichert sie es, indem sie es
theo-logisch vertieft. Der Evangelist sieht die dialogische Einheit von Vater und Sohn, deren
Modell er eher von der Verherrlichung als vom irdischen Leben nimmt, als bestimmend an
auch für den irdischen Jesus. Er will die Identität des irdischen und des erhöhten Jesus her-
ausarbeiten unter theo-logischem Aspekt, d.h. für ihn: mit Hilfe der Präexistenzvorstellung
als der Vorstellung von der präexistenten Einheit Jesu mit Gott. – Vgl. *W. Thüsing,* Erhöhung und Verherrlichung 316–327; Christologie 243–253. – Diese Interpretation der irdischen Doxa des johanneischen Jesus von der Erhöhung und der Theo-logie her würde die im
folgenden für Joh 17 gegebene Deutung stützen können, in der der Gebetscharakter von
Joh 17 analog nicht primär von der Präexistenz, sondern von der Erhöhung aus angegangen
wird.

9  Das ist der Fall, obschon der Sachverhalt in Joh 17 anders ist als in dem Gebet Joh 11,41f,
   das einliniger durch den Gedanken der irdischen Doxa bestimmt ist.
10 „Nicht um meinetwillen ertönt diese Stimme, sondern um euretwillen."
11 Im Falle von Joh 11,27f kann man Berührungspunkte und Unterschiede gegenüber der
   synoptischen Tradition vom Beten in Getsemani gut erkennen; vgl. *R. Schnackenburg,* Johannesevangelium II 484ff; *W. Thüsing,* Erhöhung und Verherrlichung 78–88.
12 Vgl. die zahlreichen Hinweise auf die dialogische Beziehung von Vater und Sohn, z.B.
   Joh 5,19f. Es kommt dem Evangelisten nicht auf den Wortlaut von Gebeten an, sondern auf die
   theologisch stilisierende Herausarbeitung der singulären Gottesbeziehung und Wirkeinheit
   mit Gott.
13 Vgl. *R. Schnackenburg,* Strukturanalyse 201f.
14 Vgl. *R. Schnackenburg,* Johannesevangelium III 228–230.

Gebeten anregen, sondern eine Glaubenshaltung wecken, die zugleich Gebetshaltung ist – eine Glaubenshaltung, welche die in Joh 17 als Bitten des jetzt verherrlichten Jesus verkündeten Anliegen zu den eigenen macht. Die Adressaten von Joh 17 bilden nicht einfach eine hörende und zum Nachdenken über ihre Situation aufgerufene Gemeinde, sondern eine Gemeinde, für die Gebet und Gottesdienst zum Glaubensvollzug hinzugehören. Man darf also nicht nur fragen, wieweit Joh 17 in die Situation des Erdenlebens Jesu hineinpaßt, sondern man muß vor allem fragen, wieweit es Gebetsanliegen der johanneischen Gemeinde widerspiegelt, die aus der spezifischen, dieser Gemeinde nahegebrachten johanneischen Verkündigung erwachsen.

Nun gibt es Stellen in den Abschiedsreden, die ausdrücklich vom Gebet der Jünger sprechen bzw. die Jünger zum Gebet auffordern: Joh 14,13f; 15,7.16; 16,23f[15]. Objekt des Betens der Jünger ist an diesen Stellen das Werk der Offenbarung, m. a. W. das von Jesus verheißene Wirken des Parakleten bzw. des erhöhten Jesus selbst durch den Parakleten[16]. Das von Jesus den Jüngern aufgetragene Beten hat also der Sache nach denselben Gegenstand wie das Gebet Jesu in Joh 17; denn auch die Bewahrung und Heiligung der Jünger sowie ihre Einheit müssen als andere Ausdrucksweisen für das Wirken des Parakleten verstanden werden[17]. Dem entspricht die Tatsache, daß das Evangelium ausdrücklich vom Beten des verherrlichten Jesus redet (Joh 14,16: Jesus will den Vater für die Jünger um den Parakleten bitten; vgl. 1 Joh 2,1f: Jesus selbst als Beistand der Jünger).

Kann man Joh 17 also als Gebet des verherrlichten Jesus bezeichnen? Vom literarischen Charakter des Abschiedsgebetes her: nein. Ebenso wäre das inadäquat, wenn man die Intention des Evangelisten berücksichtigt, die Identität des irdischen und des erhöhten Jesus aufzuzeigen; ferner, insofern das Gebet Joh 17 im Sinne des Evangelisten nicht völlig in einem Gebet der Gemeinde aufgehen kann[18]. Wenn man das Gebet jedoch unter dem Aspekt der sachlich-theologischen Intention betrachtet, wird man zu einer anderen, bejahenden Antwort kommen müssen: Hier sind aus dem Munde Jesu die Intentionen zu vernehmen, die der johanneischen Gemeinde aufgegeben sind und um die sie sich nur in der Kraft des Parakleten bzw. des

---

[15] Methodisch sind zunächst die Stellen aus Joh 15 und 16 zu beachten, vgl. unten Abschnitt 5b.

[16] Vgl. *W. Thüsing*, Erhöhung und Verherrlichung 114–117; *ders.*, Herrlichkeit und Einheit 67ff.

[17] Vgl. *W. Thüsing*, Erhöhung und Verherrlichung 185f.189; Herrlichkeit und Einheit 42–53.72.74ff.81. – Ein deutliches Bindeglied zwischen den Gebetsanliegen von Joh 17 und denen von Joh 15–16 ist das Wort von der „vollendeten Freude" (Joh 17,13 und 16,24; vgl. 15,11).

[18] Die Bitte von Joh 17,5 ist aus der Situation der Gemeinde gesehen bereits (mindestens grundlegend) erfüllt durch das „Aufsteigen" Jesu zum Vater.

durch den Parakleten wirkenden erhöhten Jesus selbst mühen kann. Die Proexistenz des irdischen Jesus ist in der der Gemeinde „beistehenden" Proexistenz des Verherrlichten bleibend aufgehoben (vgl. 1 Joh 2,1).

Entscheidend ist für unsere Frage nicht, ob Jesus von Nazaret so gebetet hat wie der Jesus von Joh 17, sondern ob der Autor von Joh 17 und die Gemeinde, der er die Bitten von Joh 17 nahebrachte, noch – in nachösterlich-johanneischer Transformation – einen Kern jesuanischer Intentionen durchgehalten haben.

Wenn wir jetzt zu den einzelnen Gebetsgedanken von Joh 17 übergehen, bietet sich im Rahmen unseres Themas zunächst ein Vergleich mit den Gebetsintentionen Jesu an, die uns im Vaterunser an die Hand gegeben sind. (Wir sind uns dabei bewußt, daß ein solcher Vergleich nicht zur Feststellung von Identität führen soll und kann, sondern Vorarbeit für die Legitimationsfrage ist.) Für den Vergleich kommen vor allem zwei Punkte in Frage: das als Verherrlichung des Vaters angegebene Ziel der Verherrlichungsbitte Jesu in Joh 17,1 und die Bitte um die Bewahrung der Jünger „im Namen des Vaters" bzw. „vor dem Bösen" Joh 17,11b–16.

### *3. Die Verherrlichungsbitte in Joh 17,1*

#### a) Die Vater-Anrede

Alle drei Gebete Jesu im Johannesevangelium enthalten die Vater-Anrede in zusatzloser Form[19], wie die lukanische Fassung des Herrengebets sie aufweist und wie sie als Abba-Anrede auch sonst für Jesus gesichert ist[20]. Auch wenn die johanneische Vater-Anrede mit der spezifisch johanneischen Theo-logie gefüllt ist, zeigt ihre Form in den drei Gebeten doch, daß der Evangelist (bzw. für Joh 17: möglicherweise ein von ihm verschiedener Redaktor) die Jesustradition aufnehmen wollte. Auch inhaltlich sind zwar entsprechend der nachösterlichen Transformation, der Christologisierung und überhaupt der spezifisch johanneischen Theologie verschiedene Akzente und sogar Inhalte festzustellen, aber eine Unvereinbarkeit läßt sich in diesem Punkt nicht behaupten. Vielmehr kann durch den Kontext durchaus eine Konver-

---

[19] Joh 11,41; 12,28; 17,1.[21.] 24.
[20] Vgl. *R. Schnackenburg,* Johannesevangelium II 158f.

genz aufgezeigt werden. Die Legitimität der johanneischen Vater-Anrede und ihres Inhalts läßt sich von der Jesustradition her nicht in Zweifel ziehen[21].

## b) Die theozentrische Gedankenführung in Joh 17 und im synoptischen Gebet des Herrn

Will man einzelne Abschnitte von Joh 17 in einer Gruppe zusammenfassen, so ist das für Joh 17,11b–24 möglich, d. h. bei den Bitten für die Jünger: der Bitte um Bewahrung der Jünger 17,11b–16, um ihre Heiligung VV. 17–19 und um ihre Einheit VV. 20–23[22], ferner dem Verlangen Jesu nach der Vollendung der Jünger V. 24. Dieser Gruppe von Bitten für die Jünger steht die einleitende Bitte um die Verherrlichung Jesu mit dem Ziel der Verherrlichung des Vaters (17,1–5) gegenüber. Die Überleitung bilden VV. 6–11a, die eine „Begründung der Bitte" (VV. 1–5) „im Hinblick auf die Jünger" enthalten[23]. Der Abschluß des ganzen Gebets VV. 25f blickt auf VV. 6–11a zurück (VV. 25–26a) und führt dann in V. 26b die Gebetsanliegen von VV. 11b–24 zu einem letzten Höhepunkt[24].

Die Verherrlichungsbitte und die Bitten für die Jünger bilden ohne Zweifel ein einheitliches Ganzes[25]. Eine Verklammerung bildet (außer VV. 6–11a) schon V. 2: Die Verherrlichung des Vaters besteht in der Spendung des Lebens durch Jesus[26]. Sie bedeutet nicht, daß die Menschen das Heilsgut nach

---

[21] Besondere Bedeutung kommt für unsere Frage dem „Jubelruf" Lk 10,21f par Mt zu (vgl. *R. Schnackenburg,* Johannesevangelium III 228; siehe auch II 159f), dessen teilweise Zugehörigkeit zum jesuarischen Urgestein wahrscheinlich zu machen ist (bezüglich Lk 10,21, kaum für V. 22).

[22] Bzw. VV.22f, falls man den gutbegründeten und plausiblen Vorschlag *Schnackenburgs* annimmt, VV.20f als „frühe Hinzufügung von zweiter Hand" auszuklammern (Johannesevangelium III 214–216).

[23] *R. Schnackenburg,* Johannesevangelium III 198.

[24] Ich schließe mich hiermit der Gliederung von *Schnackenburg* an mit Ausnahme der VV. 24–26, wo ich aus inhaltlichen Gründen eine Differenzierung zwischen V. 24 und VV. 25f für notwendig halte.

[25] Vgl. *R. Schnackenburg,* Strukturanalyse 74.

[26] Jedoch fällt die Verherrlichungsbitte nicht völlig mit der Bitte für die Jünger (bzw. für die durch die Jünger repräsentierte Gemeinde) zusammen. (Anders wohl *R. Schnackenburg,* Strukturanalyse 74.) Die in V. 5 erbetene Verherrlichung Jesu (die in V. 1 *mit*enthalten ist) besteht zunächst in dem Verherrlichungsvorgang, der sich an der Person Jesu selbst ereignet, also in seinem „Aufsteigen zum Vater" (vgl. *W. Thüsing,* Erhöhung und Verherrlichung 206–214). Das zweimalige „bei dir" von V. 5 unterstreicht die Theozentrik auch dieser grundlegenden Verherrlichung der Person Jesu. *Diese* Verherrlichung ist ihrerseits Voraussetzung für die Spendung des Pneumas bzw. des Lebens, durch der der Vater verherrlicht wird (vgl. Joh 7,39). Die Unterscheidung zwischen der Verherrlichung Jesu von V. 5 und der des Vaters von V. 1 (bzw. der Verherrlichung Jesu von 16,14) ist m.E. notwendig, trotz der unbestreitbaren johanneischen Einheit von Person und Werk Jesu, die aber keine Identität ist.

Art eines kostbaren, aber toten Geschenkes erhielten, sondern ist „Leben" in der dialogischen Hinordnung auf den Vater[27]. Die christozentrisch-theozentrische Verherrlichungsbitte ist der Bitte für die Jünger also im Sinne der johanneischen Theologie eindeutig vorgeordnet; Bitte für die Jünger ist das Ganze nur unter dem theozentrischen und christozentrischen Vorzeichen von 17,1–5. Gerade wenn man den Text Joh 17 aus der Situation der nachösterlichen johanneischen Gemeinde verstehen will, legt sich das nahe: Das Gebetsanliegen des Autors von Joh 17 und der johanneischen Christen sind nicht in erster Linie sie selbst, sondern die Verherrlichung Jesu und des Vaters. Das ist auch das Gebetsanliegen, das in den Gebetsaufforderungen von Joh 14–16 vorausgesetzt ist. Man wird sich das Gebet dieser Christen nicht als bloße Bitte für die eigenen Anliegen vorstellen dürfen (die erst gewissermaßen nachträglich als Anliegen der Verherrlichung Jesu erkannt würden); es ist vielmehr umgekehrt: Aus dem Johannesevangelium können wir einen Vorrang der theozentrischen und christozentrischen Anliegen erschließen.

Dieser theozentrische Duktus von Joh 17 entspricht dem des Vaterunsers. Die Bitten um die Heiligung des Namens Gottes und um das Kommen der Basileia Gottes (mit dem mattäischen Zusatz der Bitte um das Geschehen des Heils- und Gerechtigkeitswillens Gottes) sind den drei bzw. vier letzten Bitten eindeutig vorgeordnet[28].

Das Vaterunser steht freilich, was diese theozentrische Linienführung angeht, nicht allein da. Das frühjüdische Achtzehngebet, das in seiner älteren Gestalt sicher schon zur Zeit Jesu vorlag, hat eine vergleichbare Linienführung, wenn auch in der Form der Vorordnung des Lobpreises vor die Bitten für Israel[29]; auch hier wird die Heiligkeit des Namens Gottes gepriesen (in der 3. Benediktion), bevor die Bitten für Israel beginnen (unter denen sich eine Bitte um Vergebung der Sünden befindet). Der Abschluß des Synagogengottesdienstes, das ebenfalls für die Zeit Jesu schon vorauszusetzende Qaddisch, bringt sogar in der Form des Gebetswunsches eine Bitte um Verherrlichung

---

[27] Vgl. Joh 4,23f; 16,26f und verwandte Stellen zusammen mit 17,3.26.

[28] Vgl. *H. Schürmann*, Gebet des Herrn 37.39f. Die Vorordnung erscheint noch schärfer ausgeprägt als bei Johannes. Dabei ist jedoch zu berücksichtigen, daß die Bitten für die Jünger in Joh 17 anders als die Jüngerbitten des Herrengebets von der nachösterlichen Gabe des Lebens bzw. des Pneumas sprechen, also von dem Geschenk der „offenbarenden" Selbstmitteilung Gottes, und daß es darüber hinaus in Joh 17 um die Einheit von Christologie und Ekklesiologie geht, so daß von daher theologisch eine engere Einheit von Verherrlichungsbitte und Bitte für die Gemeinde bedingt ist.

[29] Vgl. *Billerbeck*, IV/1, 211–215. – Zu den weiteren Unterschieden (bei „Gleichheit der Form . . . in Reim und Rhythmus") vgl. *K. G. Kuhn*, Achtzehngebet 40–46, bes. 46.

und Heiligung des Namens Gottes und darum, daß er seine Königsherrschaft antritt, jedoch ohne daß Bitten für Israel folgen.[30]
Wenn ich recht sehe, ist also die Abfolge von _Bitte_ um Heiligung des Namens
Gottes (statt des an dieser Stelle offenbar häufigeren Lobpreises)[31] und Bitten
in den Anliegen der Gemeinde (bzw. der zur Gemeinde gehörigen oder in
der Nachfolge stehenden Menschen) ein Proprium (bzw. mindestens ein her-
vorstechendes Charakteristikum) des Vaterunsers. Und gerade in dieser Abfolge stellt Joh 17 eine Analogie dar!
So ist es keineswegs auszuschließen, daß Joh 17 in dieser Hinsicht in der
Wirkungsgeschichte des Vaterunsers steht. Aber wie es sich damit auch traditionsgeschichtlich verhalten mag – der Duktus als solcher entspricht dem
jesuanischen Bitten, auch wenn hinter dem theozentrischen Ziel, in das die
christozentrische Bitte Joh 17,1 einmündet, die andere, spezifisch johanneische
christologisch–theozentrische Theologie steht und die Bitten für die Gemeinde sich nur in einem Punkt mit den jesuanischen Bitten im zweiten Teil
des Herrengebets berühren[32].

c) Verherrlichung des Vaters (Joh 17,1) und Heiligung des Namens Gottes
   (Lk 11,2 par Mt)

Das in dem Finalsatz von Joh 17,1c ausgedrückte Ziel, auf das die Bitte um
die Verherrlichung des Sohnes hingeordnet ist – die Verherrlichung des
Vaters –, kann im Munde des johanneischen Jesus auch in der Form der
unmittelbaren Bitte erscheinen: „Vater, verherrliche deinen Namen!" (Joh
12,28)[33]. Dieser Text ist schon der Form nach vergleichbar mit der das
synoptische Herrengebet eröffnenden und (besonders in der lukanischen
Fassung) beherrschenden Bitte, daß Gott selbst seinen Namen heiligen
möge[34].

---

[30] Vgl. _J. Jeremias_, Theologie I 192.
[31] Vgl. _H. Schürmann_, Gebet des Herrn 29: „Die Verherrlichung Gottes hat nun die Gestalt des
vertrauenden Bittgebetes."
[32] Siehe unten Abschnitt 4. – Im übrigen weist Joh 17 relativ mehr Verbindungen zur Didache
auf, deren Text in X,1–6 seinerseits offenbar Übertragung von Gedanken des kurz vorher
(VIII,2) zitierten Vaterunsers auf Situation und Anliegen der Eucharistiefeier darstellt. Vgl.
in Did X,1–6 die Abfolge von Danksagung für den heiligen Namen des Vaters und Bitten für
die Kirche: „sie zu entreißen allem Bösen und sie zu vollenden in deiner Liebe".
[33] Diese Bitte und die Antwort der Himmelsstimme „. . . ich werde ihn . . . verherrlichen" zielen
letztlich auf denselben Sachverhalt, der in 17,1 als Verherrlichung des Vaters durch den Sohn
ausgesagt wird. Noch deutlicher wird das, wenn man auch die übrigen johanneischen Stellen
über die Verherrlichung des Vaters mit heranzieht.
[34] Vgl. _H. Schürmann_, Gebet des Herrn 33ff; _Billerbeck_ I 409–411.

In der jesuanischen Bitte um die Heiligung des Namens spricht der Beter den Wunsch aus, daß Gottes Gottheit zur vollen Geltung kommen möge, daß Gott gegeben werde, „was Gottes ist"[35] – nämlich alles; daß Gott gebührend „ernst genommen werde, daß seine heilige Forderung doch ja nicht verkürzt werde"[36]. Hier kommt „das eigentliche Hauptanliegen Jesu" zum Ausdruck; dieser „allumfassend voranstehende" Wunsch, daß Gott groß und herrlich sei „...wird aufs Ganze gehen, keine Teilverwirklichung wird hier gemeint sein"[37].

Wieweit stellt die Verherrlichungsbitte von Joh 17,1 eine Parallele dazu dar? Von der Verschiedenheit des Verbums könnte kein unterschiedlicher Sinn hergeleitet werden. In jüdischen Gebeten, z.B. dem schon genannten Qaddisch, wird „heiligen" mit einem Verbum verbunden, das im Deutschen oft mit „verherrlichen" übersetzt wird: „verherrlicht [wörtlich: groß gemacht] und geheiligt werde sein großer Name"[38]. Auch das johanneische „verherrlichen", das auf ein anderes hebräisches Wort (kbd) zurückgeht, enthält diese Bedeutung der unbedingten Ehrung[39]. Und wenn bei Johannes ein Parallelbegriff zu dem „Heiligen des Gottesnamens" von Lk 11,2 gesucht wird, kommt nicht das ebenfalls im Johannesevangelium begegnende Wort ἁγιάζειν, „heiligen", in Frage, das im Johannesevangelium einen anderen, spezifischen Sinn hat[40], sondern nur dieses δοξάζειν, „verherrlichen".

Sicherlich geht das johanneische „Verherrlichen des Vaters" bzw. des Vaternamens ebenfalls „aufs Ganze", zielt dieses Ganze und Letzte aber doch in einer spezifischen Weise an, für die das Stichwort wohl nicht universale Öffnung, sondern Konzentration heißen müßte: Im Unterschied von Lk 11,2 konzentriert der johanneische Begriff von 17,1 alles auf die bestimmte, zentrale und entscheidende Verwirklichungsweise des Zur-Geltung-Bringens Gottes, die in dem Wirken des erhöhten Christus durch den Parakleten gegeben ist, und blendet andere Verwirklichungsweisen aus. Nach Joh 17,1 kommt diese Verherrlichung Gottes ja zustande durch das Wirken des Jesus, der zuvor selbst verherrlicht werden muß. Wenn nach 12,28 der „Name" des Vaters verherrlicht werden soll, dann ist – wohl anders als in Lk 11,2 – der christologische Bezug, der Bezug auf die dialogische Einheit Jesu mit seinem Vater, mitgemeint: Der Name des Vaters – das ist Gott, insofern er als Vater nennbar

---

[35] Mk 12,17 parr.

[36] *H. Schürmann* aaO. 33.

[37] AaO. 27.

[38] Vgl. auch Sir 36,3. Das hebräische Verbum *gdl* kann in der LXX gelegentlich mit δοξάζειν wiedergegeben werden, vgl. ThWNT II 256.

[39] Vgl. Joh 5,23, wo τιμᾶν als Parallele von δοξάζειν steht.

[40] Siehe unten Abschnitt 5c.

und „erkennbar" wird, und zwar als Vater Jesu Christi, der die Glaubenden als Brüder Jesu zu seinen Söhnen machen will (vgl. 20,17). Die Verherrlichung des Vaternamens ist der Sache nach identisch mit der Offenbarung dieses Namens durch Jesus (17,6.26).

Die Verherrlichung des Vaters von 17,1 ist näherhin als Offenbarung seiner Liebe zum Sohn zu erschließen (vgl. 17,24), insofern diese Offenbarung die Mitteilung dieser Liebe als der „Herrlichkeit" (17,22) bzw. des Lebens (vgl. 17,2 und den redaktionellen Zusatz V. 3) darstellt. Der Ausdruck „Name des Vaters" dürfte innerhalb dieses christologischen Kontextes den Kernsatz des 1. Johannesbriefs „Gott ist Liebe" (1 Joh 4,8.16) *implizieren;* die Offenbarung bzw. Verherrlichung des Vaternamens dürfte ein Äquivalent darstellen zu dem Offenbarwerden Gottes als Liebe im 1. Johannesbrief. Die Verherrlichung des Vaters von Joh 17,1 bedeutet m. E. letztlich, daß Gott als die Liebe geoffenbart wird, die sich ursprunghaft in der Einheit des Vaters mit Jesus (und dann in seiner Liebe zu denen, die zu Jesus gehören) offenbart[41].

Die Aussage von der Verherrlichung des Vaters bzw. des Vaternamens durch den verherrlichten Jesus enthält demnach eine christologisch-ekklesiologische Konzentration der Botschaft des 1. Johannesbriefs von der absoluten Liebe Gottes[42]; dabei ist freilich – das ist zuzugeben – die Gefahr der christologischen bzw. ekklesiologischen Engführung vorhanden. Jedoch wird derjenige dieses johanneische Gebetsziel der „Verherrlichung des Vaters" nicht für eine Verfälschung der Bitte von Lk 11,2 halten, der den nachösterlichen Glauben an die singuläre und unbedingte Bedeutung für legitim hält, die der auferstandene Jesus für Gottesglauben und Gottesgemeinschaft besitzt – der den theozentrischen Gebetswunsch von Joh 17,1 bzw. seine Realisierung durch den verherrlichten Jesus also als nachösterliche konzentrierende Transformation der Eröffnungsbitte des Herrengebets anzuerkennen vermag.

d) Die johanneische Verherrlichungsbitte und die synoptische Basileia-Bitte (Lk 11,2b par Mt)

Scheinbar bietet Joh 17 keine Parallele zur Bitte um das Kommen der Basileia. Jedoch muß an die Machtkomponente des Begriffs Doxa erinnert

---

[41] Diese Deutung kann sich auf Joh 17,26 stützen; sie wird noch überzeugender, wenn der 1. Johannesbrief (trotz der vermutlichen Verschiedenheit des Verfassers) zur Deutung herangezogen werden darf. (Siehe unten Abschnitt 5b.) Vgl. auch *R. Schnackenburg,* Johannesevangelium III 223: „Wer immer das Gebet konzipierte, er steht theologisch gleichsam in der Mitte zwischen dem Evangelisten und dem Verfasser von 1 Joh." Siehe auch ebd. 209.

[42] Auch im 1. Johannesbrief ist übrigens die Botschaft von Gott als Liebe christologisch vermittelt.

werden, die eine Verbindung zum Basileia-Begriff herstellt, der ja als Herr-
schaftsbegriff ebenfalls Machtbegriff ist: Die Verherrlichung des Vaters ist
gleichzeitig Durchsetzung seiner Macht (johanneisch in der Weise des „Er-
kanntwerdens" und der Lebenspendung 17,2f) – und damit relativ weitgehend
eine johanneische Sachparallele zur Basileia in der synoptischen Jesustradition. Basileia Gottes bezeichnet „beides gleicherweise: Gottes Herrlichkeit und
Herrschaft und des Menschen Heil und Seligkeit"[43]. In Ermangelung von
Wortparallelen müssen die sachlichen Entsprechungen berücksichtigt werden:
Mit „Basileia Gottes" als dem zentralen Heilsgut der synoptischen Jesustradition ist die johanneische ζωὴ αἰώνιος (deren Spendung durch Jesus sachlich
gleichbedeutend mit der Verherrlichung des Vaters von 17,1 ist) insofern vergleichbar, als auch sie das zentrale Heilsgut meint und keineswegs der personal-
dialogischen Relation entbehrt[44]. Das gilt trotz der Unterschiedlichkeit der
Inhalte, vor allem was die eschatologische Konzeption angeht[45]. Auch hier
ist nicht zu fragen, ob das eschatologische Ziel bei Johannes und in der
Jesustradition identisch ist, sondern ob Vereinbarkeit (bzw. die Möglichkeit
der Konvergenz) oder ausschließende Alternative vorliegt. Man wird anerkennen müssen, daß der Schwerpunkt der johanneischen Verherrlichung des
Vaters *präsentisch* ist, eben weil die Wirksamkeit des Parakleten gemeint ist.
Aber man wird die johanneisch konzipierte futurische Eschatologie der Aussage von Joh 17,24 berücksichtigen müssen. Diese stellt als letzte Willens-
äußerung Jesu in Joh 17 auch eine letzte Konkretion des Zieles der Lebenspendung in das Futurum hinein dar – freilich wieder in der konzentrierenden
Einengung des Blicks auf die Glaubenden. Mit dieser Einschränkung wird
man Joh 17,24 als johanneische Transformation der futurischen Komponente
in der jesuanischen Basileia-Bitte auffassen können. Auch unter heutigem
systematischem Fragehorizont, in dem das apokalyptische Raum- und Zeit-
verständnis hinterfragt werden muß[46], besteht keinerlei Grund, eine ausschließende Alternative zu postulieren.

---

[43] *H. Schürmann*, Gebet des Herrn 45f.
[44] Vgl. Joh 17,3; siehe ferner *R. Schnackenburg*, Johannesevangelium II 438.
[45] Vgl. *F. Mußner*, ΖΩΗ 184. – Zur ekklesiologischen Konzentration der johanneischen Macht-
Komponente der „Verherrlichung des Vaters" vgl. unten 5d und e.
[46] Vgl. *G. Greshake – G. Lohfink*, Naherwartung – Auferstehung – Unsterblichkeit; darin vor
allem *Lohfink*, Zur Möglichkeit christlicher Naherwartung 59–81.

### 4. Die Bitte um Bewahrung der Jünger (Joh 17,11b–16)

Diese erste Bitte des johanneischen Jesus für die Seinen hat ein anderes theologisches Kolorit als die drei bzw. vier Bitten im zweiten Teil des synoptischen Herrengebets. Zum einen bezieht sie nicht in der Weise wie Lk 11,3 die leibliche Not der in der Nachfolge und Sendung stehenden Jünger (und aller, die auf die Botschaft Jesu hören) mit ein[47]. Und zum anderen ist hier der johanneische „dualistische" Vorstellungsrahmen mit seinem Gegensatz zwischen den Jüngern und der „Welt" recht charakteristisch ausgeprägt. Joh 17,11b–16 setzt voraus, daß auch nach johanneischer Auffassung diese in einer so außerordentlich engen Weise mit dem Bereich Gottes verbundenen Jünger in der Gefahr stehen, aus diesem von der Offenbarung eröffneten Bereich herauszufallen. Dieser Gefahr will die Bitte begegnen, daß sie „im Namen des Vaters" bewahrt werden möchten, d.h. in dem „Raum", den die Offenbarung des Namens des Vaters schafft – und durch die göttliche Kraft, mit der die Offenbarung sie erfaßt, d.h. letztlich durch das Pneuma. Und dieses Bewahren im Bereich des heiligen, sich als Vater offenbarenden Gottes ist unter negativem Aspekt „Bewahrung vor dem Bösen", dem „Lügner und Mörder von Anbeginn" (8,44).

Die vergleichbare Bitte in der ursprünglicheren lukanischen Kurzfassung des Herrengebets ist die Bitte Lk 11,4c „Führe uns nicht in eine Versuchung". Im jesuanischen Gebet fehlt die positive Version; es ist schon dadurch als Beten aus der Not heraus gekennzeichnet[48]. Aber der Sache nach geht es hier in durchaus ähnlicher Weise „um Bewahrung im Jüngerstand, um Behütung vor Glaubensabfall, vor dem einmaligen und endgültigen Fall"[49]. Berücksichtigt man die Transformation in den nachösterlichen johanneischen Bezugsrahmen, wird man bei dieser Bitte um Bewahrung von einer recht weitgehenden Konvergenz sprechen können. Das gilt erst recht, wenn man die mattäische Ausweitung der Bitte von Lk 11,4c mit einbezieht: „Reiße uns hinweg vom Bösen" (Mt 6,13b). Diese mattäische Bitte stellt teilweise sogar eine Wort-

---

[47] Vgl. *H. Schürmann*, Gebet des Herrn 66–71. Zur Brotbitte gibt es in Joh 17 keine Entsprechung; vgl. die Christologisierung des Bittens um Brot in Joh 6 (sowie die Beziehung auf die Eucharistie) angesichts des Mißverständnisses der Menge in Joh 6,26.34, die an leibliche Nahrung denkt.

[48] Das bewirkt bei Johannes der Hinweis auf den Haß der Welt Joh 17,14.

[49] *H. Schürmann*, Gebet des Herrn 96.

parallele zu Joh 17,15b dar[50]. Mag auch das entfaltete dualistische Schema eine hervorstechende Eigenart des Johannesevangeliums gegenüber der synoptischen Tradition sein, der scharfe Gegensatz zwischen Jesus und seiner Jüngerschaft und „dem Bösen" ist auch in der synoptischen Tradition bestimmend.

In Joh 17 fehlt die Bitte um Vergebung der „Schulden" bzw. der Sünden. Aber sachlich-theologisch ist auch sie in der Bitte um Bewahrung impliziert. Die Sündenvergebung ist in die Lebenspendung eingeschlossen (vgl. 1 Joh 5,16)[51]. In analoger Weise ist das Pneuma in Joh 20,22f als Kraft der Sündenvergebung dargestellt. Also muß erst recht die „Bewahrung" von 17,11b–16, die die Mitteilung des „Lebens" vor ihrer Negation, dem Bösen, schützen will, die Nachlassung der Sünden in sich begreifen.

Der johanneische Text arbeitet deutlicher das positive Ziel heraus, das auch die synoptische Bitte um Bewahrung vor der Situation des Glaubensabfalls und auch schon die Vergebungsbitte besitzen. Freilich ist durch den johanneischen Kontext wieder – im Sinne nachösterlicher Transformation – die ekklesiologische Bindung der Bewahrung und Befreiung gegeben. Außerdem fehlt die Verbindung der Vergebung Gottes mit der eigenen Vergebungsbereitschaft – und damit ein für Jesus offenbar sehr bezeichnender und wichtiger Punkt. Aus dem johanneischen Kreis kann jedoch immerhin auf die Verbindung von Gottesliebe und Bruderliebe in 1 Joh 4,20 verwiesen werden – ein Aspekt, den die konzentrierende Stilisierung in Joh 17 sicher nicht ausschließen wollte. Wieder haben wir keine ausschließende Alternative vor uns, aber doch eine Konzentration, die ohne Auffüllung durch die jesuanischen Gedanken zur Verarmung führen könnte.

---

[50] Die im Johannesevangelium bemerkenswerte Aussage 17,15a („Ich bitte nicht, daß du sie aus der Welt fortnimmst . . .") dürfte, wenn nicht eine Durchbrechung, so doch eine Relativierung des dualistischen Denkschemas anzeigen und insofern – zusammen mit dem Wort von der Sendung in die Welt 17,18 – zwar keine Harmonisierbarkeit, aber doch die Möglichkeit einer Zusammenschau der johanneischen und der synoptischen Sicht des Verhältnisses von Jünger und Welt eröffnen.

[51] Der 1. Johannesbrief setzt deutlicher das Gebet um die Vergebung der Sünden voraus; vgl. bes. das Bitten für den sündigenden Bruder 1 Joh 5,16; ferner 1,9; 2,12. Auch 2,1f ist zu beachten.

*5. Die Einheit der Jünger (Joh 17,22f), die johanneische Agape*
*und die Intention Jesu von Nazaret*

a) Zum Problem

Der Abschnitt Joh 17,20–23 (bzw. VV. 22f[52]) stellt uns (zusammen mit Joh 17,11fin) vor die für unser Thema entscheidende Frage. Die Intention Jesu mitsamt der prophetisch-radikalen Öffnung nicht nur für Gott, sondern auch für den Menschen und seine Not kann in Joh 17 nur dann impliziert sein, wenn diese „Einheit" noch die jesuanische Nächstenliebe reflektiert; und das setzt voraus, daß die „Einheit" von Joh 17 mit der Agape-Forderung von Joh 13,34f und 15,12f – und darüber hinaus mit der konkreteren, deutlich auf leibliche Not bezogenen Agape-Forderung des 1. Johannesbriefs[53] – zusammengesehen werden darf.

Das Johannesevangelium spricht aber nicht von Nächstenliebe und erst recht nicht von Feindesliebe, sondern von Bruderliebe, also von Liebe der Christen untereinander. E. Käsemann hat dieses Problem stark reflektiert. Wir werden gut tun, seine verschärfende Sicht des Problems zu berücksichtigen. Käsemann fragt[54]: „War Jesu Wille wirklich darauf gerichtet, jene weltweite Gemeinde unter dem Wort zu gründen und in ihrer Einheit zu bewahren, welche seine Herrlichkeit preist?" Mit seiner Antwort, daß historische Kritik das kaum zugeben könne, wird man sich zwar nicht zufriedengeben dürfen, schon deshalb nicht, weil bereits die Frage inadäquat formuliert ist und die nachösterliche Transformation nicht berücksichtigt. Die Frage ist aber trotzdem ernstzunehmen.

Wie kommt Käsemann zu seiner Meinung? Er sieht zwar durchaus, daß Johannes sich „Liebe nicht ohne Hingabe vorstellen" kann und daß das Johannesevangelium in der Aufnahme des Agape-Gedankens „urchristlicher Tradition folgt, in welcher Liebe durchweg meint, für andere da zu sein"[55]. Aber das sei nicht die charakteristisch johanneische Weise, von Liebe zu sprechen. Das ist bei ihm vielmehr die Verbindung von Hingabe und Wort[56]. (Man kann wohl geradezu von einer Unterordnung der Liebe unter das Wort sprechen.) Liebe bezeichne im johanneischen Sinn die Gemeinschaft, die

---

[52] Vgl. *R. Schnackenburg*, Johannesevangelium III 214–216; siehe oben Abschnitt 3b, Anm. 22.

[53] Vgl. besonders 1 Joh 3,17.

[54] *E. Käsemann*, Jesu letzter Wille 158f.

[55] AaO. 127.

[56] Vgl. aaO. 127; auch 126f: „Liebe ist von Johannes untrennbar an das Ereignis des Wortes gebunden."

durch das Wort gestiftet und durch das Wort bewahrt wird[57]. Aus dieser
These ergibt sich die Konsequenz, daß (wieder nach Käsemann) in der johanneischen Agape die Menschen nicht als solche, nicht um ihrer selbst willen
geliebt werden[58], sondern um des Wortes willen, um der Sendung und der
himmlischen Einheit willen, also doch wohl um eines nicht mehr in voll-
menschliche Liebe integrierten höheren Zweckes willen. Dann muß freilich
ein Gegensatz zur jesuanischen Liebe konstatiert werden[59].

b) Zur Textbasis innerhalb des johanneischen Schrifttums

Die Beantwortung dieser Fragen ist nicht allein von Joh 17 her möglich.
Was die übrigen johanneischen Texte angeht, ist es methodisch geraten,
zwei bzw. drei Textgruppen zu unterscheiden[60]. Die erste Textgruppe besteht aus den Texten der Abschiedsreden, die möglicherweise nicht vom
Evangelisten selbst, sondern von einem – freilich eng mit ihm verbundenen –
Redaktor stammen: Joh 13,12–17.34f; Joh 15–16. (Zu dieser Gruppe könnte
auch Joh 17 selbst gehören.) An zweiter Stelle sind die unbestritten dem
Evangelisten selbst zugeschriebenen Texte zu nennen (vor allem Joh 1–12.14
und größere Teile aus Joh 13[61]). Als dritte Textgruppe ist der zwar kaum

---

[57] AaO. 129. – Der johanneische Dualismus bewirke diese Steigerung der Worttheologie: „Der
johanneische Dualismus ist nichts anderes als die Lehre von der Allmacht des Wortes. Nie
ist entschlossener alles Heil und alles Unheil an das Hören der Botschaft geknüpft worden als
in unserem Evangelium" (132f). Mit „Einheit" werde die „Solidarität des Himmlischen" ausgedrückt (139). Einheit gebe es für Johannes nur himmlisch und darum in Antithese zum
Irdischen; auf Erden gebe es sie nur „als Projektion vom Himmel her, also als Merkmal und
Gegenstand der Offenbarung" (142).

[58] AaO. 136: Objekt christlicher Liebe sei „nicht der Mitmensch als solcher . . .", sondern „allein,
was zur Gemeinde unter dem Wort gehört oder dazu erwählt ist."

[59] Der Auffassung *Käsemanns* bezüglich der „Einheit" von Joh 17,20–23 entspricht die von
*S. Schulz,* Evangelium nach Johannes z. St. – *Lattke,* Einheit im Wort, will offensichtlich die
Grundthesen Käsemanns übernehmen, vertritt aber – in sachlichem Unterschied von Käsemann
(Jesu letzter Wille 127) – die Meinung, die „ethische" Deutung von „lieben" im Johannes-
evangelium sei eine ausschließende Alternative zu dem, was bei Johannes wirklich unter
„Einheit im Wort" verstanden sei. – Die Begründung ist m. E. nicht überzeugend, vor allem
da, wo Lattke von Käsemann abweicht bzw. die (trotz der polemischen Stoßrichtung doch
insgesamt recht differenzierte) Position Käsemanns weiter zuspitzt.

[60] Die Position *R. Schnackenburgs* von 1975 (Johannesevangelium III 102), man werde „der Hypothese einer sekundären Einfügung der Kap. 15–16 (und evt. 17) folgen müssen" (im Sinne
redaktionell entworfener Reden) scheint mir gegenüber der Position von 1965 (Johannesevangelium I 60: Nachtrag der Redaktion aus hinterlassenem Material des Evangelisten) zwar
noch nicht völlig gesichert, aber doch so erwägenswert zu sein, daß sie mindestens methodisch
berücksichtigt werden sollte.

[61] Vgl. *R. Schnackenburg,* Johannesevangelium III 14f.

dem Evangelisten[62] zuzuschreibende, aber für die theologischen Möglichkeiten des johanneischen Kreises doch aufschlußreiche 1. Johannesbrief hinzuzunehmen.

Aus der Textgruppe Joh 13,12–17; Joh 15–16 ist vor allem Joh 15,12–13
von Bedeutung. Von der hier vorliegenden Zusammenfügung des Liebes-
gebots mit der Lebenshingabe Jesu her kann die Position Käsemanns hinterfragt werden – wenn man den Verfasser dieser Texte nicht ganz einseitig von
seinen gnostischen Kategorien her denken läßt, sondern seine Abschieds-
reden-Texte vor allem als Neuinterpretation des Kerygmas von Tod und
Auferstehung Jesu Christi und des daraus sich ergebenden Imperativs sieht[63].

Was die Texte des Evangelisten in Joh 1–12 und 14 angeht, so kommt es
hier (unter anderem) darauf an, ob die Bedeutung von Joh 3,16 (Liebe Gottes
zur Welt) und von vergleichbaren Stellen so relativiert werden darf, wie
Käsemann das tut[64].

Zum 1. Johannesbrief: Wohl erst von diesem Brief aus läßt sich abschließend
sichern, daß die johanneische Bruderliebe den Bruder als Menschen selbst
meint. Denn hier wird völlig deutlich, daß diese Liebe Auswirkung und
Weiterströmen der Liebe ist, die Gott auf den Menschen richtet und die diesen
Menschen selbst und keinen ideologischen Zweck meint[65].

Es kann m. E. aufgewiesen werden, daß die Theologie des Evangelisten
einerseits und die des Verfassers von Joh 15–16 bzw. 17 sowie die des 1. Johannesbriefs andererseits komplementäre Größen sind; konträre Gegensätze
stellen sie auf keinen Fall dar. Für Joh 17, das wohl in noch größerer Nähe zu
Joh 15–16 und zum 1. Johannesbrief steht[66], ist mindestens das in Rechnung
zu stellen, daß die die Gemeinde konstituierende Doxa bzw. Liebe Gottes
nach der Meinung des johanneischen Kreises zur Konkretisierung und Weitergabe in der zwischenmenschlichen (wenn auch auf die Brüder innerhalb der
Gemeinde und diejenigen, die zu Brüdern geliebt werden sollen, projizier-

---

[62]  Und wohl auch nicht unmittelbar dem Autor von Joh 13,12–17.34f; Joh 15–16.

[63]  Auch Joh 13,12–17 ist hierfür relevant. Die „erste Deutung" der Fußwaschung durch den
      Evangelisten selbst (Joh 13,6–10) enthält den Agape-Imperativ zwar nicht ausdrücklich, ist
      aber m. E. für ihn offen.

[64]  Jesu letzter Wille 124f. – Zum Zusammenhang von Glauben und ethischem Handeln beim
      Evangelisten vgl. *R. Schnackenburg*, Johannesevangelium I 514, ferner I 431f zu Joh 3,21.
      M. E. ist auch Joh 7,16f relevant; der Satz hätte keinen Sinn, wenn nicht ein im „Tun der
      Wahrheit" (in dem das ethische Handeln eingeschlossen ist) engagierter Glaube gemeint wäre.
      Vgl. *S. Schulz*, Evangelium nach Johannes 115.181 (Joh 7,17 auf die untrennbare Einheit von
      Glauben und Liebe bezogen).

[65]  Vgl. *W. Thüsing*, Johannesbriefe, passim (z.B. 157–159).

[66]  Vgl. *R. Schnackenburg*, Johannesevangelium III 101ff.190.230; s. auch oben Abschnitt 3c,
      Anm. 41.

ten) Agape drängt. In Joh 17 ist dieser Gedanke – christologisch geformt – in V. 26 erkennbar.

### c) Die „Heiligung" Jesu und der Jünger (Joh 17,17–19) in ihrer Funktion für die Bitte um Einheit

Sicherlich darf die johanneische Einheit und Agape nicht psychologisierend gedeutet werden[67], und sicher transzendiert sie das Ethische[68]. Aber sie ist und bleibt grundlegend dem Bereich des Ethischen verbunden, insofern sie Füreinander-Dasein ist und selbst im Transzendieren des ethischen Bereichs nicht aufhört, das zu sein.

Das Recht dieser Deutung scheint mir dadurch gesichert zu sein, daß die Textgruppe Joh 13,12–17.34f; Joh 15–16; 1 Joh die Jünger-Agape an die Proexistenz Jesu bindet (vgl. Joh 15,12f; 13,34f; 13,12–17; 1 Joh 3,16). Innerhalb des Gebets Joh 17 ist der Proexistenzgedanke in Joh 17,19 enthalten. Diese Stelle (und damit die Heiligungsbitte Joh 17,17–19 überhaupt) ist deshalb für unsere Frage von besonderer Bedeutung.

Die Bitte um die Heiligung der Jünger steht nicht zusammenhangslos neben der Bitte um Bewahrung; sie stellt vielmehr ihre Weiterführung und ihren Höhepunkt dar. Die Heiligung in der „Wahrheit" entspricht der Bewahrung „im Namen des Vaters": „Wahrheit" und „Name des Vaters" sind der Sache nach parallele Begriffe für die sich in Jesus offenbarende göttliche Wirklichkeit. Der Gedankenfortschritt kann also nur in dem Begriff „heiligen" und in der Rückbindung der Heiligung der Jünger an die Selbstheiligung Jesu liegen.

Der christologische Satz in Joh 17,19 „für sie heilige ich mich selbst" enthält eine Verbindung von Theozentrik („ich heilige mich") und Proexistenz („für sie"). Das Sich-Hineingeben in den Bereich des sich offenbarenden Gottes, das hier mit „heiligen" gemeint ist, geschieht in der Weise des „Für"[69], muß also die (in Opferterminologie ausgedrückte) Lebenshingabe Jesu bedeuten bzw. wohl richtiger: sie als den Kulminationspunkt der Heiligung und

---

[67] Die Beschreibung des „Ethischen" im johanneischen Agape-Gedanken, die *M. Dibelius,* Joh 15,13, S. 175 versucht und dann ablehnen kann, wäre eher psychologisierend zu nennen.

[68] Vgl. *E. Käsemann,* Jesu letzter Wille 128.

[69] Das ὑπέρ von Joh 17,19 geht ohne Zweifel auf die traditionellen urchristlichen soteriologischen ὑπέρ-Formeln zurück; Joh 17,19 will also eine Neuinterpretation bieten. Vgl. *R. Schnackenburg,* Johannesevangelium III 212f.

Proexistenz einschließen[70]. „Für die Jünger" ist diese Lebenshingabe, insofern sie auf die „Heiligung" der Jünger hingeordnet ist (V. 19b: „damit sie geheiligt seien in [der] Wahrheit"). Ist mit V. 19b nur das Gebetsziel von V. 17 wieder aufgenommen, oder ist die Heiligung der Jünger von V. 19b durch den christologischen Satz V. 19a neu bestimmt? Anders gefragt: Ist für die Jünger einfach die Theozentrik der „Heiligung" oder auch eine Konformität mit der Proexistenz Jesu intendiert? M. E. ist das letztere die unausweichliche Konsequenz des Textes. Dafür spricht auch das „damit *auch sie* . . ." von V. 19b zusammen mit der Entsprechung zwischen Jesus und den Jüngern, die durch V. 18 aufgestellt ist. Führt die „Heiligung und Sendung" (Joh 10,36) durch den Vater zur „Selbstheiligung" Jesu in der Lebenshingabe, so darf auch die Heiligung der Jünger nicht ohne ihre Angleichung an die Proexistenz Jesu gedacht werden[71].

Was mit dieser Proexistenz-Komponente der Heiligung der Jünger gemeint ist, dafür geben analog strukturierte Stellen der Textgruppe Joh 13,12–17.34f;

---

[70] Das Sich-selbst-Heiligen Jesu dürfte die Annahme und Übernahme alles dessen bedeuten, was in Joh 10,36 mit der Heiligung Jesu durch den Vater gemeint ist, freilich entsprechend dem „Für" mit dem eindeutigen Akzent auf der Lebenshingabe. Vgl. *W. Thüsing*, Erhöhung und Verherrlichung 187–190. – Joh 17,19 stellt m. E. eine johanneische Transformation dessen dar, was *Schürmann* als „aktive Proexistenz" Jesu, die er „auch in der Stunde des Martyriums durchzuhalten gewillt war", bezeichnet (Wie hat Jesus seinen Tod bestanden und verstanden? 48f).

[71] Und zwar im Sinne des Autors von Joh 17 wohl auch schon in V. 17. – Die „Heiligung" ist auch für die Jünger mit der Sendung in die Welt verbunden, genauso wie in 10,36 für Jesus selbst. Die besondere, durch den johanneischen „Dualismus" gegebene Ausprägung des Sendungsgedankens verhindert weder bezüglich Jesu noch bezüglich der Jünger eine leidenstheologische und proexistenztheologische Implikation. Die Entsprechung in dem Motiv verfolgerischen Hasses gegenüber Jesus und gegenüber den Jüngern (also in einem Leidensmotiv) ist im Kontext verankert, vgl. Joh. 17,14 mit 15,18–16,4. Es handelt sich um einen Gedanken, der innerhalb der Textgruppe Joh 13,12–17.34f; Joh 15–16 (und evtl. Joh 17) auch im Sinne des Autors durchaus neben der Entsprechung in der proexistenten Lebenshingabe von 15,12f bestehen kann. (Auch die Entsprechung des Sieges Jesu über den „Fürsten dieser Welt" und des in „Bewahrung" und „Heiligung" implizierten Sieges der Jünger [mit besonderer Akzentsetzung verdeutlicht im 1. Johannesbrief] müßte untersucht werden.)
Auch die Frage einer johanneischen *Kreuzestheologie* müßte u.a. von hier aus angegangen werden. *Käsemann*, der der Meinung ist, daß theologia crucis bei Johannes fehle (Jesu letzter Wille 111; vgl. auch 114.160), orientiert sich dabei m. E. zu ausschließlich an der paulinischen Konzeption bzw. stellt nicht intensiv genug die Frage, ob das von Paulus Gemeinte bei Johannes nicht vielleicht der Sache nach – mindestens in der Konzentration auf einen wesentlichen Kern – festgehalten sein könnte. Seine Meinung, daß bei Johannes „die tiefe Paradoxie" fehle, „daß Auferstehungsmacht nur im Schatten des Kreuzes erfahren wird und Auferstehungswirklichkeit irdisch den Platz unter dem Kreuze" bedeute (aaO. 111), verkennt den johanneischen „Erhöhungs"-Gedanken mit seiner Zusammenschau vom Kreuz und Herrlichkeit – und auch unsere Stelle Joh 17,19. (Übrigens gibt es bei Johannes m. E. durchaus Analogien zu der Destruktion des „Rühmens", die bei Paulus die anthropologisch-paränetische Stoßrichtung der Kreuzestheologie bildet.)

Joh 15–16 (und 1 Joh) Anhaltspunkte: Die Proexistenz bzw. die Lebenshingabe Jesu ist dort Norm der Bruderliebe[72] – also der Haltung und Verhaltensweise, von der die „Einheit" von 17,22f lebt.

So ist es innerhalb der zweifellos sehr überlegten Gedankenführung von Joh 17 kein Zufall, daß die Bitte um die Heiligung der Jünger der Bitte um ihre Einheit voraufgeht. Aus der „Heiligung" als dem Höhepunkt der „Bewahrung" erwächst zugleich die Kraft der Einheit (wie die Einheit ja schon nach V. 11 aus der „Bewahrung im Namen des Vaters" hervorgeht). Die Kraft der Einheit: dafür bringt V. 22 die Bezeichnung „doxa". Gemeint ist damit der Glanz und die Kraft der Liebeseinheit Jesu mit dem Vater[73] bzw. – sachlich gleichbedeutend – das Pneuma, das Jesus aufgrund seiner Erhöhung (also als der verherrlichte Gekreuzigte) spenden kann. Vermutlich würde der Autor von Joh 17 diese Doxa sogar als die Kraft bestimmen können, die aus der Heiligung von V. 19 hervorgeht[74]. Auch die „Heiligung" führt die Jünger ja wie Jesus tiefer hinein in das Offenbarungswerk, zu dem auch sie gesendet sind und für das sie nur dann dasein können, wenn sie in der in V. 11c und in V. 22f gemeinten Einheit stehen.

Aus Joh 17,26, dem abschließenden Satz des Kapitels, ist noch einmal zu entnehmen, daß es bei der „Einheit" um die Agape im johanneischen Verständnis geht: Die Einheit kommt (wie die hier mitangezielte Vollendung) zustande, wenn durch das „Kundmachen des Vaternamens" (das gleichzeitig die Spendung von Doxa und Leben ist) diejenige Liebe in der Jüngergemeinschaft lebt, mit der der Vater Jesus „vor Grundlegung der Welt" liebt – und wenn Jesus selbst in den Jüngern ist, d.h. wenn er auch als der

---

[72] Vgl. Joh 15,12f; m.E. auch 13,12–17. Vgl. *W. Thüsing*, Erhöhung und Verherrlichung 123–136.
[73] Vgl. *W. Thüsing*, Erhöhung und Verherrlichung 214–216; *ders.*, Herrlichkeit und Einheit 34–36.
Die Entsprechung zwischen Jesus und den Jüngern in der „Heiligung" und in der Agape hat zwei Komponenten: nicht nur die ethische (die transzendiert wird), sondern auch – in untrennbarer Einheit damit – die theo-logische und christologische. Vermutlich kommt das Mißverständnis bei *Käsemann* und anderen daher, daß zwar diese theologisch-christologische Struktur des Einheitsbegriffs deutlich in den Blick kommt, aber nicht gesehen wird, daß die „ethische" Komponente (besser: die Komponente der Proexistenz) keinen Gegensatz dazu bildet. Sie ist vielmehr in die johanneische Theo-logie wie Christologie eingeschlossen: Der johanneische Gottesbegriff geht nicht darin auf, daß Gott liebt, wie Menschen sich Liebe vorstellen. Das Primäre ist Gottes Gottheit, seine Heiligkeit. Aber eben darin gibt es die „ethische" Komponente des ἀγαπᾶν als Urbild und Kraftquelle dessen, was den Glaubenden als Agape aufgetragen wird. Analog ist es bei der johanneischen Christologie (vgl. oben Anm. 6, letzter Absatz, und unten Anm. 75).
[74] Wenn man mit *R. Schnackenburg* (Johannesevangelium III 214ff) die VV. 20f als sekundär ausklammert, ergibt sich bei dieser Auffassung der nach V. 22 den Jüngern gegebenen Doxa ein guter und enger gedanklicher Anschluß an V. 19.

Verherrlichte in der bleibenden Proexistenz seiner „Selbstheiligung"[75] die Kraft ihrer Einheit wie ihrer Vollendung ist.

### d) Weltweite Einheit der Glaubenden und jesuanische Intention

Berücksichtigt man die nachösterliche johanneische Transformation, wird man nicht sagen können, daß mit dem Gedanken von Joh 17,22f die Intention Jesu *verfehlt* sei. Die weltweite Einheit der Glaubenden von Joh 17 ist gewiß etwas anderes als die Sammlung Israels durch Basileia-Predigt und Metanoia-forderung bei Jesus von Nazaret[76]. Aber es wäre unhistorisch, von den Gemeinden der spätneutestamentlichen Zeit eine nicht-transformierte Basileia-Botschaft zu verlangen[77].

Doch wie ist es mit der in Joh 17,22f enthaltenen Funktion der Jüngereinheit für den Glauben der Welt? Und wie ist es mit der johanneischen Fixierung des Blicks auf die Bruderliebe, also auf die Liebe innerhalb der Jüngergemeinschaft?[78]

Hier muß man bedenken, daß bei Jesus und bei Johannes Zielrichtungen, die letztlich konvergieren, auf ganz verschiedener theologischer Ebene angestrebt werden. Ich fasse meine Meinung hierzu in drei Punkten zusammen:

(1.) „Johannes"[79] will das Sich-Ausbreiten der Liebe Gottes in die Welt hinein universal aussagen, genauso wie er grundsätzlich die Verherrlichung Gottes ohne Einschränkung will. In diesem Ziel konvergieren seine letzte Intention und die Jesu.

---

[75] Es scheint ein bedeutsamer Zug der johanneischen Christologie zu sein, daß man bei ihr in einer spezifischen Weise (anders als bei Paulus) von der bleibenden Realität der Proexistenz auch des verherrlichten Christus sprechen kann – als einer Ausdrucksweise der Identität des Erhöhten mit dem Irdischen. Deutliches Zeichen dafür sind die Wundmale des Auferstandenen (vgl. Joh 20,20.25.27) im Zusammenhang der johanneischen „Erhöhungs"-Theologie (vgl. *W. Thüsing*, Erhöhung und Verherrlichung 282). Diese bleibende Realität der Proexistenz reflektiert sich im Eintreten des Erhöhten für die Seinen (vgl. Joh 14,16; 1 Joh 2,1f). Sie ist verbunden mit der bleibenden Realität der Theozentrik auch beim verherrlichten Jesus (vgl. Joh 17,1; s. *W. Thüsing*, Christologie 148). Innerhalb des Gebets Joh 17 ist m. E. aus V. 26 im Zusammenhang mit V. 24 zu erschließen, daß auch für den Erhöhten die Einheit von Doxa und Agape – im Sinne von Proexistenz – gegeben ist.

[76] Die Sammlung der zerstreuten Kinder Gottes von Joh 11,52 ist zwar nicht dasselbe wie die Sammlung der Kinder Jerusalems in der Logienquelle (Lk 13,34f par Mt; vgl. Lk 11,23 par Mt; Mt 10,5f); aber es ist trotzdem von Bedeutung, daß es diese Vorstellung der Sammlung in der Jesustradition gibt (vgl. *A. Polag*, Christologie 41–43.66f). So liegt es nahe, darauf zu rekurrieren und nicht nur auf die entsprechenden gnostischen Vorstellungen.

[77] Vgl. auch *E. Käsemann*, Jesu letzter Wille 159.

[78] Vgl. zu dieser Thematik jetzt auch *H. Thyen*, „... denn wir lieben die Brüder", der kritisch auf *Käsemanns* Thesen eingeht.

[79] Was hier gesagt werden muß, gilt m. E. (wenn auch mit Akzentverschiebungen) sowohl für den Evangelisten als auch für die anderen johanneischen Autoren bzw. Redaktoren, die von ihm inspiriert sind.

(2.) Weil er Verherrlichung Gottes als Offenbarung faßt, muß er die Vermittlung der Offenbarung durch Jesus und durch die nachösterlichen Jünger Jesu reflektieren. Dafür legte sich ihm ein Denkschema nahe (das „dualistische"), das ihn zwingt, seinen „Scheinwerfer" auf die *Einheit* Jesu mit dem Vater und auf die *Einheit* der Jüngergemeinschaft Jesu zu richten. Die Jüngergemeinschaft muß für ihn also die Funktion haben, als Werkzeug für die universale Liebe Gottes zu dienen – und zwar *obschon* der anthropologisch-schöpfungsmäßige Zusammenhang dieser Jüngergemeinschaft mit der übrigen Menschheit weitgehend ausgeblendet wird.

In der johanneischen Struktur des Heilsvorgangs breitet die Liebe sich nicht in einem kontinuierlichen Übergang von Gott und Jesus über die Jünger in die Welt hinein aus, sondern gewissermaßen in großen Sprüngen von dem einen Bereich zu dem fundamental anderen. Es gilt, den Abgrund zu überwinden, der durch die Unmöglichkeit kontinuierlichen, linearen Sich-Ausbreitens der Liebe bedingt ist. Die dazu notwendige, gleichsam explosive Kraft, die größer ist als menschliche Möglichkeiten, heißt Einheit in der Agape. Die absolute Agape überwindet grundlegend den Abgrund, der die Welt von ihr trennt, durch die Kraft, die die Einheit Jesu mit dem Vater in der Lebenshingabe Jesu hervorbringt. Ebenso kann auch die den Jüngern geschenkte Agape nur dann in den ihnen gegenüber andersartigen (weil gegenüber Gott andersartigen und von Gott getrennten) „Kosmos" hineinwirken, wenn der Abgrund überwunden wird, und zwar wiederum durch die Offenbarungskraft der „Einheit". Wenn der Glaube und damit das Heil der Welt in Joh 17,22f an die Einheit der Jünger gebunden wird, hat das diesen Sinn. Die in der Hingabe sich verwirklichende volle Intensität der „Einheit" ist beidemal die Voraussetzung dafür, daß die Liebe über die jeweilige „Einheit" hinauskommt[80].

---

[80] Zur Ergänzung dieser Gedanken muß ich auf meine Ausführungen in „Erhöhung und Verherrlichung" 136–141, bes. 139, verweisen.

Weil Johannes auf einer anderen Ebene denkt als Jesus, sollte man m.E. nicht sagen, die johanneische Bruderliebe umfasse die Nächstenliebe (wie sie bei Jesus und sonst im Neuen Testament gefordert wird) *exemplarisch*. Die johanneische Bruderliebe ist eben kein aus dem Gesamtkomplex „Nächstenliebe" herausgegriffenes Beispiel. In der Ablehnung des Begriffs „exemplarisch" kann ich *E. Käsemann* (Jesu letzter Wille 124) zustimmen, aber gewiß nicht, wenn er die johanneische Agape für eine „unverkennbare Einschränkung" der Nächstenliebe hält (vgl. die beachtenswerte Kritik von *H. Thyen,* „... denn wir lieben die Brüder" 536–539). In der johanneischen Konzentration des Blicks auf die Gemeinde ist die Konformität des Christen mit der Liebe Gottes zur Welt nicht geleugnet, sondern als Konsequenz mitgedacht. Was der Begriff „Proexistenz Jesu von Nazaret" meint, geht sicherlich nicht in der johanneischen Bruderliebe auf. Trotzdem meint die johanneische Agape nicht einen Teil, sondern Keim, Kraftquelle und Kern des Weitergebens der Proexistenz Jesu. Der Leitgedanke johanneischer Agape-Theologie – die Bindung an die Proexistenz Jesu – ist transponierbar auf die Ebene der jesuanischen Öffnung und Brüderlichkeit nach außen.

(3.) Erkennt man diese Konzeption, so ist es einsichtig: Die johanneische Denkbewegung und die jesuanische liegen bezüglich der Agape nicht auf einer Ebene. Johannes konnte das jesuanische Ziel entsprechend seinen Denkvoraussetzungen gar nicht anders angehen als in der Weise dieser „Sprünge", die Andersartigkeit und Diskontinuität zu überwinden haben[81]. Man sollte also nicht wegen des in der Tat verschiedenen Denkschemas auf ein völlig verschiedenes oder verzerrtes Ziel schließen[82] bzw. die instrumentale Funktion der johanneischen Jüngergemeinschaft für ein Ziel verkennen, das mit dem Ziel Jesu konvergiert – und zwar nicht zuletzt deswegen, weil es nach johanneischer Intention die Weitergabe der Proexistenz Jesu ist. Es ist nicht berechtigt, wegen der auf verschiedenen Ebenen sich vollziehenden Denkbewegungen auf eine so große Diskrepanz zwischen Jesus von Nazaret und Johannes zu schließen, daß die johanneische Agape und „Einheit" christlich nicht mehr zu legitimieren wären. M. a. W.: Die universalistischen Aussagen des Johannesevangeliums über die Bejahung der Welt durch Gott (wie Joh 3,16) dürfen nicht wegen des auf die Beleuchtung ekklesiologischer Sachverhalte abzielenden „dualistischen" Schemas relativiert werden.

Die johanneische Sicht enthält trotz ihrer Grenzen (und wegen ihrer Grenzen) die bleibend wertvolle Einsicht, daß die Brüderlichkeit *nach innen* (auf die allein sie gewissermaßen das Licht wirft) die Voraussetzung ist für das Wachsen der „Einheit"[83]. Freilich stellt die johanneische Blickweise kaum eine Hilfe dar, wenn es gilt, das *konkret* in den Blick zu nehmen und zu artikulieren, was im Sinne Jesu Brüderlichkeit *nach außen* genannt werden könnte.

---

[81] Es ist mehrfach bemerkt worden, daß dieses Gedankenschema gar nichts über das faktische Verhalten der johanneischen Christen gegenüber Außenstehenden aussagt. Vgl. *H. Thyen*, „. . . denn wir lieben die Brüder" 538f.

[82] Freilich gehören Form und Inhalt zusammen; sie können zwar unterschieden, aber nicht getrennt werden. Die Form kann jedoch dann nicht alleinbestimmend für den Inhalt sein, wenn sich nachweisen läßt, daß sie geöffnet ist auf eine mit ihr von Haus aus noch nicht verbundene Inhaltlichkeit. Im Falle des Johannesevangeliums ist diese Öffnung gegeben; als Beispiel sei die für Johannes grundlegende Christologie angeführt: Die beiden Eckpfeiler des johanneischen Schemas vom Weg Jesu, die in Joh 16,28 klassisch (und der Form nach den gnostisch-dualistischen Denkkategorien entsprechend) ausgedrückt werden, sind weder von gleichem Gewicht noch sind sie von gleichartiger Inhaltlichkeit gefüllt. Die Aussage des Ausgehens vom Vater bleibt im Abstrakten, während die des Gehens zum Vater als Theologie der Erhöhung und Verherrlichung reich – und gewiß nicht gnostisch – ausgestaltet ist. Vgl. *R. Schnackenburg*, Johannesevangelium I 444–447; *W. Thüsing*, Christologie 243–248.

[83] Vgl. *W. Thüsing*, Aufgabe der Kirche 72f.

e) Reichtum und Defizienz der johanneischen Sicht. Zur Spannungseinheit von Engagement für die Entscheidungsforderung Gottes und Öffnung für den Menschen

Es bleibt die Tatsache, daß die christologisch-ekklesiologische Stilisierung des Agape- und Einheitsgedankens, die uns bei Johannes begegnet, einerseits eine wichtige und fruchtbare Konzentration auf das Wesentliche bedeutet und einen Reichtum johanneischer Theologie darstellt, der aber andererseits durch eine Verarmung erkauft ist. Einerseits gilt, daß eine hohe Abstraktionsstufe für die Aufgabe, die jesuanische Intention durchzuhalten, nicht ohne weiteres illegitim ist (auch wenn sie durch Verwendung gnostischer Strukturen und Kategorien zustande kommt). Eine solche hohe Abstraktionsstufe scheint mir in der johanneischen Konzentration aller Weisungen Jesu auf die Liebe (bzw. entsprechend 1 Joh 3,23 besser auf das Doppelgebot von Glaube und Liebe, das in Wirklichkeit ein einheitliches Gebot ist) vorzuliegen. Andererseits ist noch einmal auf die Kritik E. Käsemanns zu hören, daß das Objekt christlicher Liebe nach Johannes nicht der Mitmensch als solcher sei, sondern allein, was zur Gemeinde unter dem Wort gehöre oder dazu erwählt sei, so daß „dogmatische Verhärtung und Verengung" sich hier kaum verkennen ließen[84]. Käsemann erläutert[85]: „Die Differenz [zwischen Johannes einerseits und Jesus und Paulus andererseits] liegt nicht im Moralischen, sondern in einem andern Verhältnis zum Irdischen." Käsemann sieht durch Johannes das „Pathos der alttestamentlich-urchristlichen Botschaft: ‚Die Erde ist des Herrn und was darinnen ist'" gefährdet[86]. Ich vermute, daß Käsemann mit diesem „anderen Verhältnis zum Irdischen" letztlich die Auswirkungen der johanneischen Konzeption und Ausdrucksweise göttlicher Entscheidungsforderung meint. Aber gibt es die Differenz zwischen Johannes einerseits und Jesus (und Paulus) andererseits wirklich in der Weise, wie Käsemann sie sieht? Ist das Verhältnis zum „Irdischen" (bzw. zur Schöpfungswirklichkeit und zum irdischen Leben als ganzem) bei Johannes *nur* anders? Es wäre zu fragen, wieweit in der synoptischen Tradition, eventuell schon in Q, der spezifisch johanneische, durch die besondere Art

---

[84] Jesu letzter Wille 136.
[85] AaO. 136f.
[86] AaO. 137. Johannes denke nicht daran, „der Erde den Charakter der Schöpfung zu nehmen". Doch lasse er sie „nicht wirklich Schöpfung bleiben und auf ihre Neuschöpfung ausgerichtet sein" (137f). (Diese Kritik dürfte sich zu stark an den andersartigen paulinischen Kategorien orientieren, ohne die Frage nach dem Vergleichbaren innerhalb des Verschiedenen ausreichend zu stellen.) In dem „andern Verhältnis zum Irdischen" kommt heraus, was *Käsemann* „mit dem Stichwort des unreflektierten Doketismus anvisiert" (137).

der Auffassung und Artikulation der Forderung Gottes hervorgerufene
Dualismus präformiert ist[87] – dieser in der göttlichen Entscheidungsforderung
begründete Dualismus, bei dem die „Solidarität dem Irdischen gegenüber" zu
verschwinden oder zurückzutreten scheint.

Man wird dem Sachverhalt (und damit der Lösung unserer Probleme) m. E. nur
dann näherkommen können, wenn man lernt, die polare Struktur der Botschaft Jesu und überhaupt des Phänomens „Jesus von Nazaret" zu sehen[88].
Bei Jesus ist zur Einheit verbunden, was in Spannung zueinander steht:
prophetisch-radikale Durchsetzung des unbedingten Anspruchs Gottes und
ebenso prophetisch-radikale Öffnung für den Menschen und seine Freiheit.
Diese Polarität ist geradezu das Charakteristikum des Phänomens, das Jesus
von Nazaret darstellt. Er ist nicht nur der, „der zu Zöllnern und Sündern
ging und das Gleichnis vom barmherzigen Samariter erzählte"[89]; es gibt bei
ihm ohne Frage auch den anderen Pol der unbedingten, bis zu harter Radikalität gehenden Weitergabe der Forderung Gottes[90].

Es ist sicherlich zuzugeben: Von den beiden jesuanischen Spannungspolen
„Anspruch Gottes" und „Öffnung für den Menschen" ist der zweite in dem
johanneischen Liebesgebot so abstrakt und durch das Übergewicht des Ekklesiologischen (gegenüber dem Schöpfungsmäßig-Menschheitlichen)[91] verdeckt
impliziert, daß die Gefahr spiritualistischer Mißverständnisse, die Gefahr des
Mißverständnisses einer bloßen Kultkirche, kurz die Gefahr einer Kirche
gegeben ist, die nicht mehr oder nur noch bedingt die „Sache Jesu" vertritt.
Andererseits kann die Art, wie Johannes den auch zu Jesus von Nazaret
untrennbar gehörigen Spannungspol „Anspruch Gottes" herausarbeitet – sowohl in der Einseitigkeit und „Armut"[92] seiner theologischen Verkündigung
als auch in ihrem Reichtum – ihre für das Gesamt christlicher Botschaft not-

---

[87] Aussagen wie Lk 12,8f haben im Grunde schon (von apokalyptischer Denkweise geprägt) die
Struktur eines harten Gegensatzes, die unter Voraussetzung der religionsgeschichtlich mit-
bedingten Denkweise des vierten Evangeliums „dualistisch" werden konnte.

[88] Vgl. *W. Thüsing,* Strukturen des Christlichen 105–110.

[89] *E. Käsemann,* Jesu letzter Wille 136.

[90] Wo die richtige und unverzichtbare Kennzeichnung des irdischen Jesus als dessen, der „zu
Zöllnern und Sündern" ging, einseitig und schlagwortartig wird, trifft sie das wirkliche
Phänomen „Jesus von Nazaret" nicht mehr.

[91] Die Ausschließlichkeit, mit der Johannes den „Scheinwerfer" auf die glaubenden Jünger
richtet (vgl. Joh 17,9), dürfte Auswirkung und Ausdrucksform dafür sein, daß der Spannungspol „Entscheidungsforderung Gottes" (gegenüber dem Pol „Öffnung für den Menschen
und seine Befreiung") so stark betont ist.

[92] Die Fehldeutungen johanneischer Theologie im Laufe der Auslegungsgeschichte lassen sich
zwar „nicht ungestraft übersehen" (*E. Käsemann,* Jesu letzter Wille 159), d. h. zwingen zwar
zur Hinterfragung der johanneischen Theologie, dürfen aber deshalb noch nicht zum Maßstab der Interpretation gemacht werden.

wendige Aufgabe sehr eindringlich erfüllen – freilich nur dann, wenn man sie nicht isoliert. Davon ist jetzt noch zu reden.

## 6. Abschluß

Die Frage dieses Beitrags ist eingangs als *Legitimationsfrage* bezeichnet worden – als Frage nach der Legitimation von Joh 17 an dem Maßstab, den die Intention Jesu von Nazaret darstellt.

Auch E. Käsemann beantwortet die Legitimationsfrage in seiner Weise, und zwar keineswegs nur negativ; er will das Johannesevangelium ganz offensichtlich nicht für irrelevant erklären. Er erkennt im vierten Evangelium die Forderung, „daß wir uns ständig dem Worte Jesu ausliefern"[93]; es messe jede Kirche an der einen Frage: Kennen wir Jesus?[94] Freilich ist diese grundsätzlich in die rechte Richtung weisende Antwort in mancher Hinsicht zu modifizieren. Die Auskunft, daß nach der johanneischen Botschaft „das Heil in Jesus selbst und allein in ihm besteht"[95], ist noch zu formal.

Um einer inhaltlich gefüllteren Antwort näherzukommen, unterscheide ich zwischen der *Sache Jesu* und dem *Geheimnis Jesu*[96], d.h. zwischen den Intentionen, für die er eintrat, und seiner singulären Bindung an das absolute Geheimnis Gottes, vor allem der „Erhöhung" als seiner Aufnahme in das Geheimnis Gottes und seiner vom Neuen Testament ausgesagten Wirksamkeit aus diesem Geheimnis heraus[97]. Jedem Zeugen der Botschaft ist eine Verbindung dieser beiden Elemente „Sache Jesu" und „Geheimnis Jesu" aufgegeben. Auch das Johannesevangelium sucht sie herzustellen. Wir sahen, daß es zentrale Intentionen Jesu aufgreift und sie in seiner Weise artikuliert:

---

[93] Jesu letzter Wille 158.

[94] AaO. Die „faszinierende und gefährliche Theologie des Johannes" rufe uns „mit seiner Christusbotschaft in unsere Geschöpflichkeit, in die Jesus uns gestellt sah und die er über uns verkündigte". (Zum Verständnis des johanneischen Schöpfungsgedankens bei *Käsemann* vgl. die Kritik von *G. Bornkamm*, Zur Interpretation des Johannesevangeliums 23f, die trotz der Entgegnung *E. Käsemanns* [Jesu letzter Wille 109, Anm. 55; 132f, Anm. 18] ihre Bedeutung behält).

[95] *E. Käsemann*, Jesu letzter Wille 160.

[96] Dieses Begriffspaar deckt sich nur zum Teil mit dem oben in Abschnitt 5e gebrauchten Begriff der Spannungseinheit zwischen dem Anspruch Gottes und der Öffnung für den Menschen. Sowohl die Öffnung für den Menschen und seine Befreiung als auch das Eintreten für den Anspruch Gottes gehören auf die Seite der „Sache Jesu" (wobei beides auch vom Geheimnis Gottes und Jesu herkommt).

[97] Die singuläre Bindung an das Geheimnis Gottes ist im Sinne des Neuen Testaments sicherlich auch für den irdischen Jesus festzuhalten. Schon für ihn ist also nicht nur die „Sache", sondern auch das in diesem singulären Sinn verstandene „Geheimnis" zu reflektieren.

vom Vorrang der Theozentrik über die Eindeutigkeit der Entscheidungsforderung zur Gemeinschaft (und Sendungsgemeinschaft) der Jünger mit
Jesus und zum Liebesgebot. Aber mit der Ausgestaltung dieser Intentionen
und vor allem mit seiner Christologie und Soteriologie setzt es doch den
beherrschenden Akzent auf die Theologie des Geheimnisses Jesu. Derjenige
Pol der „Sache Jesu", den wir „Öffnung für den Menschen" nannten, fehlt
zwar keineswegs grundsätzlich; aber er ist in der ekklesiologischen Stilisierung von Liebesgebot, „Einheit" und Sendung in die Welt jedoch nur sehr
abstrakt und implizit erkennbar. Immerhin erbringen das Johannesevangelium bzw. die johanneischen Autoren (vor allem der von Joh 13,12–17.34f;
Joh 15–16 und der des 1. Johannesbriefs) die große theologische Leistung,
die zentrale Agapeforderung auf das engste mit dem „Geheimnis Jesu" zu
verbinden – in abstrakter, konzentrierender, aber für christliche Theologie
prinzipiell bedeutsamer Linienführung.
Indem das Gebet Joh 17 den Christen der johanneischen Gemeinden die
Intention des erhöhten Jesus nahebringen will, reflektiert es wie in einem
sammelnden Spiegel die johanneische Theologie der Einheit Jesu mit dem
Vater (also des „Geheimnisses Jesu"), aber auch den johanneischen Ansatz
der Verbindung von „Geheimnis" und „Sache" Jesu.
Wenn das im Geheimnis Gottes aufgehobene Geheimnis der Person und des
Werkes Jesu für christliche Botschaft unverzichtbar ist, wird man das Johannesevangelium – und gerade das seine Anliegen zusammenfassende 17. Kapitel
– als bleibend relevant auch für heutiges Glaubensverständnis ansehen. Gewiß
kann johanneische Theologie „gefährlich" werden; wird sie trotz ihrer zeit-
bedingten Einseitigkeit absolut gesetzt, so bringt sie die Gefahr mit sich, daß
die Intention Jesu selbst verfehlt oder verzerrt wird. Aber diese Gefährlich-
keit ist die Kehrseite seiner positiven Kraft: den im „Geheimnis Jesu" verankerten Glauben so stark werden zu lassen, daß er die Weiterführung der
„Sache Jesu" für heute zu tragen vermag – und damit auch die Weiterführung
des schrankenlosen Eintretens Jesu für die Menschen, die mit der johanneisch verstandenen Agape und Sendung zusammenzusehen ist (bzw. aus ihr
hervorgehen muß). Wenn man die johanneische Theologie so sehen darf,
braucht man die johanneische Darstellung der Jüngergemeinschaft (und ihrer
Verbindung mit Jesus und seinem Vater) nicht als eine Last zu empfinden.
Heutige Beziehung zur Kirche ist zwar vielleicht auf größere Verhaltenheit
und sicherlich auf die Fähigkeit zu kritischem Blick angewiesen. Aber das
Zeugnis von Joh 17, daß der Jüngergemeinschaft Jesu in aller Unzulänglich-
keit und Gefährdung verborgener Glanz geschenkt ist, hat als solches noch
nichts mit Triumphalismus zu tun. Die Frage, ob es legitim sei, die Auffassung des Geheimnisses Jesu und seiner Jüngerschaft festzuhalten, wie

Joh 17 sie bietet, dürfte von nicht zu unterschätzender Bedeutung sein für die Frage, ob und wie ein vom Neuen Testament her denkender Christ in der gegenwärtigen Gemeinschaft der Kirche stehen kann.

Was die theologische und die meditative Beschäftigung mit dem johanneischen Text angeht, bleibt eine Aufgabe: die Defizienz an anthropologischer und schöpfungsmäßiger Weite aufzufüllen, durch die seine starke christologische und ekklesiologische Konzentration erkauft ist. Für den, der als Christ mit dieser neutestamentlichen Schrift leben möchte, ist es legitim und notwendig, einer Isolation der johanneischen Sicht entgegenzuwirken durch eine Zusammenschau[98]: durch die Zusammenschau des „Geheimnisses Jesu" und der „Sache Jesu", des Geheimnisses der Jüngergemeinschaft Jesu und der universal-anthropologischen Öffnung für jeden Menschen und seine Freiheit; und nicht zuletzt auch die Zusammenschau von Joh 17 mit dem synoptischen Gebet des Herrn. Es gilt, in die Offenheit der abstrakten, das gegenwärtige Geheimnis Gottes und Jesu reflektierenden johanneisch-theologischen Aussagen das hineinzugeben, was wir von den Anliegen Jesu von Nazaret aufgenommen haben und auch beim Mitvollziehen des Gebets Joh 17 nicht verlernen sollten. Dann könnte auch dieses Gebet die Intentionen Jesu neu (eben „transformiert") zurückschenken.

## Literatur

*Bornkamm, G.,* Zur Interpretation des Johannes-Evangeliums. Eine Auseinandersetzung mit Ernst Käsemanns Schrift „Jesu letzter Wille nach Johannes 17" (1968), in: Geschichte und Glaube, Erster Teil (Gesammelte Aufsätze Band III) (BEvTh 48), München 1968, 104–121.

*Dibelius, M.,* Joh 15,13. Eine Studie zum Traditionsproblem des Johannes-Evangeliums, in: Festgabe für Adolf Deißmann, Tübingen 1927, 168–186.

*Greshake, G. – Lohfink, G.,* Naherwartung – Auferstehung – Unsterblichkeit. Untersuchungen zur christlichen Eschatologie (QD 71), Freiburg i. Br. 1975.

*Hahn, F.,* Methodologische Überlegungen zur Rückfrage nach Jesus, in: K. Kertelge (Hrsg.), Rückfrage nach Jesus. Zur Methodik und Bedeutung der Frage nach dem historischen Jesus (QD 63), Freiburg i. Br. 1974, 11–77.

*Jeremias, J.,* Neutestamentliche Theologie, Erster Teil: Die Verkündigung Jesu, Gütersloh 1971 (Nachdr. Berlin 1973).

*Käsemann, E.,* Jesu letzter Wille nach Johannes 17, Tübingen ³1971.

*Kertelge, K.* (Hrsg.), Rückfrage nach Jesus. Zur Methodik und Bedeutung der Frage nach dem historischen Jesus (QD 63), Freiburg i. Br. 1974.

---

[98] Vgl. *R. Schnackenburg,* Johannesevangelium III 469. Der „Ausblick", den Schnackenburg diesem abschließenden Band seines Kommentars anfügt (465–470), enthält eine ganze Reihe wertvoller Beobachtungen und Einsichten zur Relevanz des Johannesevangeliums und zum Verhältnis zwischen diesem Evangelium und dem Jesus der Geschichte (vgl. auch II 511f).

*Kittel, G.*, Art. δοκέω κτλ., in: ThWNT II (1935) 235–258.

*Kuhn, K. G.*, Achtzehngebet und Vaterunser und der Reim (WUNT 1), Tübingen 1950.

*Lattke, M.*, Einheit im Wort. Die spezifische Bedeutung von ἀγάπη, ἀγαπᾶν und φιλεῖν im Johannesevangelium (StANT 41), München 1975.

*Mußner, F.*, **ΖΩΗ**. Die Anschauung vom „Leben" im vierten Evangelium unter Berücksichtigung der Johannesbriefe (MThSt[H]5), München 1952.

*Ders.*, Die johanneische Sehweise und die Frage nach dem historischen Jesus (QD 28), Freiburg i. Br. 1965.

*Polag, A.*, Die Christologie der Logienquelle (WMANT 45), Neukirchen–Vluyn 1977.

*Rahner, K.*, Grundlinien einer systematischen Christologie, in: K. Rahner – W. Thüsing, Christologie – systematisch und exegetisch (QD 55), Freiburg i. Br. 1972.

*Schnackenburg, R.*, Das Johannesevangelium (HThK IV), I. Teil Freiburg i. Br. 1965; II. Teil Freiburg i. Br. 1971; III. Teil Freiburg i. Br. 1975; (Nachdr. Leipzig 1967–1971–1977).

*Ders.*, Strukturanalyse von Joh 17: BZ NF 17 (1973) 67–78. 196–202.

*Schürmann, H.*, Das Gebet des Herrn, Leipzig – Freiburg i. Br. 1958.

*Ders.*, Wie hat Jesus seinen Tod bestanden und verstanden? (1973), in: *ders.*, Jesu ureigener Tod. Exegetische Besinnungen und Ausblick, Freiburg i. Br. 1975.

*Schulz, S.*, Das Evangelium nach Johannes (NTD 4), Göttingen [12]1972.

*Strack, H. L. – Billerbeck, P.*, Kommentar zum Neuen Testament aus Talmud und Midrasch. Erster Band: Das Evangelium nach Matthäus, München [2]1956 (Nachdruck der Ausgabe von 1926); Vierter Band, 1. Teil, München [3]1961 (Nachdruck der Ausgabe von 1928).

*Thüsing, W.*, Die Erhöhung und Verherrlichung Jesu im Johannesevangelium (Ntl. Abh. XXI, 1/2), Münster [2]1970.

*Ders.*, Herrlichkeit und Einheit. Eine Auslegung des Hohepriesterlichen Gebetes Jesu (Johannes 17), Leipzig 1961 – Münster [2]1975.

*Ders.*, Aufgabe der Kirche und Dienst in der Kirche: Bibel und Leben 10 (1969) 65–80.

*Ders.*, Erhöhungsvorstellung und Parusieerwartung in der ältesten nachösterlichen Christologie (SBS 42), Stuttgart o. J. (1970).

*Ders.*, Die Johannesbriefe (Geistliche Schriftlesung 22), Leipzig – Düsseldorf 1970.

*Ders.*, Neutestamentliche Zugangswege zu einer transzendental-dialogischen Christologie, in: K. Rahner – W. Thüsing, Christologie – systematisch und exegetisch (QD 55), Freiburg i. Br. 1972.

*Ders.*, Strukturen des Christlichen beim Jesus der Geschichte. Zur Frage eines neutestamentlich-christologischen Ansatzpunktes der These vom anonymen Christentum, in: E. Klinger (Hrsg.), Christentum innerhalb und außerhalb der Kirche (QD 73), Freiburg i. Br. 1976, 100–121.

*Thyen, H.*, „. . . denn wir lieben die Brüder" (1 Joh 3,14), in: J. Friedrich – W. Pöhlmann – P. Stuhlmacher (Hrsg.), Rechtfertigung (Festschr. für Ernst Käsemann), Tübingen 1976, 527–542.

## 16. Strukturen des Christlichen beim Jesus der Geschichte

### Zur Frage eines neutestamentlich-christologischen Ansatzpunktes der These vom anonymen Christentum

Beginnen wir mit einer Feststellung, die auf Grenzen und Schwierigkeit des Themas hinweist. Vom NT her und erst recht von Erwägungen über den historischen Jesus her kann man die Theorie vom anonymen Christentum[1] sicher nicht ableiten. Die historische Distanz zwischen dem Fragehorizont der neutestamentlichen Schriften und dem der Rahnerschen Theologie verbietet das. Und es ist kein Zufall, daß die Gegner der Theorie ihre Argumente zum großen Teil aus dem NT beziehen. Aber man darf es sich m. E. nicht so leicht machen, aus der Divergenz und historischen Distanz von Vorstellungen und Begriffen gleich auf die Unmöglichkeit einer Vermittlung zu schließen. Der Rahnersche Ansatz ist infolge seines Abstraktionsniveaus so weit und nimmt den Jesusglauben des NT so entschieden auf, daß die Frage nach einem neutestamentlichen Ansatzpunkt trotz ihrer Schwierigkeit gestellt werden muß. Und zwar soll hier ein Zugang von dem aus versucht werden, was wir über den Jesus der Geschichte wissen.

Zwar wären für einen solchen Zugang die Rede des NT vom erhöhten Herrn und die sie entfaltenden Christologien eines Paulus und der anderen Autoren des NT genauso wichtig und letztlich unverzichtbar; geht Rahner doch von der klassischen Inkarnationslehre aus, die den Christus des nachösterlichen Glaubens voraussetzt. Aber der erhöhte Herr und der Jesus der Geschichte sind identisch; wenn

---

[1] Die Termini „anonymes Christentum" und „anonyme (bzw. implizite) Christen" werden hier in dem von K. Rahner gemeinten Sinn verwendet, ohne daß Wert darauf gelegt würde, sie – was an sich wünschenswert wäre – durch weniger mißverständliche zu ersetzen.

wir vom auferweckten Jesus sprechen, meinen wir die lebendige Bleibendheit von Person und Werk des irdischen [2]. Und wenn eine theologische These verifiziert werden soll, dann wird einer der wichtigsten Prüfsteine durch die Frage gebildet, ob die These einen Anhaltspunkt im Leben des Jesus der Geschichte hat. In unserem Fall ist das vielleicht besonders reizvoll: denn der ,,anonyme Christ'' wird konfrontiert mit dem Menschen Jesus, der zwar sicher nicht anonymer Christ, aber doch zunächst einmal Jude und nicht expliziter Christ gewesen ist. Im Lebensbereich des irdischen Jesus wäre ein anonymer Christ der potentiell an Jesus Glaubende bzw. derjenige, der sich so für das absolute Geheimnis öffnet, daß darin schon die faktische, wenn auch nicht bewußte Solidarität mit dem Sich-Öffnen dieses Einen gegeben ist. Hiermit ist die These vom anonymen Christentum in einer Weise formuliert, daß nach einer Vermittelbarkeit zwischen ihr und einer neutestamentlich-christologischen Sicht überhaupt sinnvollerweise gefragt werden kann.

Doch bevor wir diesem Gedanken weiter nachgehen, ist der Zusammenhang zwischen der zunächst einmal ekklesiologischen Theorie vom anonymen Christentum und der christologischen Sicht des Jesus der Geschichte zu reflektieren.

### 1. Theorie vom anonymen Christentum, Missionsmotivation, Jesusbild

Wie jede Ekklesiologie von einer Christologie abhängt, so hat das jeweilige ekklesiologische Interesse seine Konsequenzen für das Jesusbild. Je nach der Art und Weise, wie ein Theologe sich zu Rahners These stellt, verändert sich das Bild des historischen Jesus. So fragen wir jetzt nach dem Jesusbild, das der Ekklesiologie von drei – schematisch dargestellten – Positionen entspricht, die im Zusammenhang mit der Rahnerschen Theorie eingenommen werden können. Und zwar ist das ekklesiologische Kriterium, nach dem diese drei Gruppen unterschieden werden können, die Einstellung zur Motivation von Mission. Es handelt sich hierbei keineswegs um einen

---

[2] Vgl. *K. Rahner*, Grundlinien einer systematischen Christologie, in: *K. Rahner – W. Thüsing*, Christologie – systematisch und exegetisch (Quaestiones disputatae 55, Freiburg i. Br. 1972) 36–38, 44–47.

peripheren Aspekt, sondern m. E. um das entscheidende ekklesiologische Kriterium. Das ist so, weil es hierbei um die Lebendigkeit, Wachstumsmöglichkeit und überhaupt Funktionsfähigkeit der Kirche selbst geht; weil hier endgültig deutlich wird, ob der Anspruch des Christentums zu Recht besteht, Singularität zu besitzen und einer unvertretbaren Aufgabe für die gesamte Menschheit verpflichtet zu sein.

a) Der Position, die die *Gegner* der Theorie vom anonymen Christentum einnehmen, entspricht ein Jesusbild, in dem das Übernatürlich-Neue und die Einmaligkeit der Sendung Jesu sowie die Eindeutigkeit und Härte seiner Entscheidungsforderung stark betont sind. Es handelt sich um diejenigen Züge im Jesusbild, die der Abgrenzung der Kirche gegenüber den Nichtchristen entsprechen, wie sie von dieser Gruppe stark akzentuiert wird. Daß es sich hierbei nicht nur um bloße Vermutungen handelt, zeigt das Studium der Arbeiten, die sich ausdrücklich mit der Theorie Rahners auseinandersetzen. Als neutestamentliches Gegenargument gegen die Theorie wird angeführt: Die Neuheit des Christlichen[3], d. h. der Bruch zwischen dem Alten und dem Neuen, das in Jesus gekommen ist (vgl. Phil 3, 7 ff), die Entscheidungsforderung Jesu, die das Heil an das explizite Bekenntnis zu ihm bindet[4], sein Sendungsbewußtsein und letztlich das Kreuz[5].

b) Die zweite Position bildet den Gegenpol zu der unter a genannten. Wir fassen hier – notwendig ein wenig global – diejenigen zusammen, nach deren „Ekklesiologie" keine Notwendigkeit von Mission gegeben ist, die aber die Rahnersche These vom anonymen Christentum durchaus akzeptieren und in ihrem Sinne deuten würden. Dieser Position entspricht das Bild eines Jesus, der durch Lehre und eigenes Verhalten zu einem radikalen Humanismus anleitet, wobei seine Sendung nicht als einmalig angesehen wird und die Entscheidungsforderung von seiner Person ablösbar ist.

c) In der Rahnerschen These ist – trotz ihrer Offenheit für die Heilsmöglichkeit von Nichtchristen – die Notwendigkeit von Mission ein-

---

3 Vgl. *F.-X. Durrwell*, Das Heil ohne Evangelium?, in: Theologie der Gegenwart 12 (1969) 71–81, bes. 74–77; *L. Elders*, Die Taufe der Weltreligionen, in: Theologie und Glaube 55 (1965) 124–131, bes. 126 128.

4 Vgl. *H. Kruse*, Die „Anonymen Christen" exegetisch gesehen, in: Münchener Theol. Zeitschr. 18 (1967) 2–29, bes. 27 („der Auftrag, die Menschen vor die harte Entscheidung für oder wider Christus zu stellen").

5 Vgl. *H. Urs v. Balthasar*, Cordula oder der Ernstfall (Einsiedeln 1966) 85–97.

deutig festgehalten[6]. Sie nimmt also, recht verstanden, eine Mittel-
position auf der Gratlinie zwischen zwei Extremen ein, indem sie
ungebrochene Kirchlichkeit mit ebenso eindeutiger Öffnung für die
Menschen im Sinne radikaler Humanität verbindet. So besteht ihre
christologische Entsprechung in dem Glauben an einen Jesus, der sowohl als der „absolute Heilsmittler" in eindeutiger Sendung steht
(und diese Sendung durch seine Entscheidungsforderung weitergibt)
als auch offen ist für die, die „draußen" sind.

Wenn man nach den philosophischen Wurzeln dieser drei Positionen fragt, legt sich – wieder reichlich global – etwa folgendes nahe:
    Bei den Gegnern der Theorie dürfte Grund zu der Frage bestehen,
wieweit sie der Gefahr des Fundamentalismus oder Offenbarungspo-
sitivismus erlegen sind. Jedenfalls dürfte bei ihnen eine philoso-
phisch-theologische Anschauung zugrunde liegen, die in der Nähe
von Kierkegaard und in etwa des frühen Barth liegt.
    Bei denen, die die Theorie selektiv lesen im Sinne eines Humanis-
mus, der eine missionierende Kirche entbehrlich macht, liegt das
Interesse zugrunde, mit heutigen philosophischen Strömungen (etwa
dem Neomarxismus, dem Positivismus o. ä.) ins Gespräch zu kommen
und ihre Anliegen aufzunehmen.
    Bei Rahner selbst ist der Versuch gegeben, durchaus nachcartesia-
nisch eine Theologie zu betreiben, die die Kontinuität mit der Tradition wahrt; konkret: der Versuch, sowohl Kant als auch Thomas zur
Geltung zu bringen und miteinander zu vermitteln. Rahner vermag
in dieser Weise einerseits den Offenbarungsbegriff festzuhalten, der
den Sendungsgedanken impliziert (und damit auf eine streng abge-
grenzte Entscheidungsforderung führen könnte). Andererseits strebt
er die Öffnung auf das neuzeitliche Denken bzw. einen universalen

---

[6] Vgl. bes. *K. Rahner*, Mission und „implizite Christlichkeit", in: Sacramentum Mundi
III 547–551. – Ferner sind Ausführungen Rahners, die für das Thema der Missionsmotivation relevant sind, an folgenden Stellen zu finden: Handbuch der Pastoraltheologie I ([2]1970) 237–246 (Die missionarische Predigt); II/2 (1966) 52–62 (Wesen und
Eigenständigkeit der äußeren Mission als Grundfunktion der ganzen Kirche); Schriften zur Theologie VI (1965) 550–554; IX (1970) 498–515 (Anonymes Christentum
und Missionsauftrag der Kirche); X (1972) 531–546. – Es kommt entscheidend darauf
an, ob die Begründung der Notwendigkeit von Mission, die Rahner selbst an diesen
Stellen gibt, anerkannt werden kann als sehr abstraktes, im Vergleich mit dem neutestamentlichen Befund unvollständiges, aber letztlich doch treffendes Äquivalent dessen, was vom NT her als Missionsmotivation festgehalten werden muß.

Humanismus an. Das Durchhalten dieser doppelten Intention ist m. E. für den heutigen Christen, für die Kirche und erst recht für die missionarische Wirksamkeit der Kirche eine schlechthin unaufgebbare und notwendige Bemühung.

Mission ist nach Rahner notwendig, weil das implizite Christentum ausdrücklich werden und so zu sich selbst kommen muß. Das wird von den Gegnern seiner Theorie als unzureichende Missionsmotivation angesehen[7]. Aber hierbei handelt es sich um einen Irrtum. Es läßt sich aufzeigen, daß dieses reflexe Zusichselbstkommen des vorher anonymen Christen etwas ist, das allen Einsatz lohnt. Dieser Begriff des Ausdrücklichwerdens eines vorher impliziten Christentums kann mit dem gefüllt werden, was das NT als Gläubigwerden bezeichnet. Die Begründung der Notwendigkeit von Mission, die Rahner gibt, ist ein sehr abstrakter und in dieser Abstraktheit nicht restlos befriedigender, aber im letzten doch treffender Ausdruck dessen, was im NT als Notwendigkeit der Sendung Jesu, als Entscheidungsforderung, Nachfolgeruf usw. erscheint.

Das Bindeglied zwischen der transzendentalen Christologie und einer Ekklesiologie, die die Notwendigkeit von Mission festhält, ist freilich bei Rahner selbst – soweit ich sehen kann – nur nach einer bestimmten Seite entwickelt, der mit dem Offenbarungsbegriff zusammenhängenden gnoseologischen Sicht. Demgegenüber ist vom NT her ein anderer Aspekt unbedingt hinzuzunehmen. Er besteht in der Auffassung der Kirche als einer Gemeinschaft von Gesendeten, die die Sendung Jesu selbst weiterführt bzw. durchführt. Nur dann, wenn ich den Heilbringer als Gesendeten sehe, der seine Sendung weitergibt, ist dieses Bindeglied adäquat zu gewinnen – d. h., wenn die Funktion des Heilbringers nicht nur vorwiegend in gnoseologischen Kategorien ausgedrückt, sondern vor allem in das Schaffen von rettender Gemeinschaft verlegt wird[8].

---

[7] Vgl. *H. Kruse*, a. a. O. 27 f.
[8] Vgl. *W. Thüsing*, Neutestamentliche Zugangswege zu einer transzendental-dialogischen Christologie, in: *K. Rahner – W. Thüsing*, Christologie – systematisch und exegetisch (Freiburg i. Br. 1972) 287–291; vgl. 279–287.

## 2. *Jesuanische Grundstrukturen des Christlichen*

Nach der Kontinuität zwischen Jesus von Nazareth und dem späteren Christentum ist oft gefragt worden. Diese Frage impliziert die andere, was denn überhaupt christlich ist. Wenn wir diese Fragen jetzt aufnehmen, dann ist das noch keineswegs ein unmittelbarer Beitrag zur Frage nach der Vermittelbarkeit der Rahnerschen These mit dem NT. Wir werden noch nicht unmittelbar erkennen können, ob die bei Jesus grundgelegten Strukturen des Christlichen nicht nur zur Ausdrücklichkeit drängen (wie es ja offenkundig der Fall ist), sondern auch unthematisch durch „anonyme Christen" gelebt werden können. Aber die Frage nach den keimhaft bei Jesus selbst angelegten Strukturen des Christlichen hat in unserem Zusammenhang trotzdem Sinn. Sie bedeutet eine notwendige Vorarbeit für weitere Überlegungen. Denn die Frage nach einem unthematischen Vollzug des Christlichen kann gar nicht gestellt werden, wenn nicht die wenigstens logische Unterscheidung gemacht wird zwischen dem bekenntnismäßigen Christentum und dem Glaubensgehalt, der durch die Bekenntnisformen artikuliert und gesichert werden soll. Schon vorweg sei betont: Es gibt m. E. das Christliche nicht ohne eine Grundstruktur des Bekenntnismäßigen; und das ist auch beim jesuanischen Glauben schon so. Aber das Bekenntnis ist nicht letzter und eigentlicher Zweck; das ist vielmehr die Sinnspitze christlichen Vollzuges, die als Glaube, hoffendes Vertrauen, Liebe und als Gemeinschaft der so Glaubenden mit Jesus und untereinander umschrieben werden kann. Wenn diese Sinnspitze nicht in den Blick kommt und – wie gesagt, wenigstens logisch – von dem expliziten Bekenntnis unterschieden wird, ist die Frage nach einer Vermittlung zwischen dem Rahnerschen Ansatz und der neutestamentlichen Jesustradition sinnlos.

Diese Sinnspitze „christlichen" Vollzugs bzw. auch die zentrale Grundstruktur eines Lebens mit Jesus (eines Lebens in der „Nachfolge Jesu") ist am besten von dem spezifischen Glaubensbegriff der Jesustradition her zu erkennen. In dem Begriff „jesuanischer Glaube" können wir die alttestamentlich-jüdische Glaubenshaltung, die für Jesus selbst die Grundlage seiner Gottesbeziehung und seines Wirkens bildete, zusammenfassen mit dem Glauben, den er wecken wollte. Obschon es nur wenige Stellen sind, an denen das NT eine

Aussage über den „Glauben Jesu" zu machen scheint[9], sind wir berechtigt, von einer solchen Glaubens- und Vertrauenshaltung Jesu zu sprechen. Das, was Paulus und schon das vorpaulinische Christentum (Phil 2,8) den Gehorsam Jesu nennen und was im Johannesevangelium als ständiges „Schauen" des Sohnes auf den Vater dargestellt wird, das die Wirkeinheit mit Gott bestimmt (Jo 5,19ff), ist auch innerhalb der synoptischen Tradition zu erkennen[10]. Der Glaube, den Jesus wecken will, wird vor allem in den Wundergeschichten der synoptischen Tradition dargestellt. Er ist nicht die Bejahung satzhafter Glaubensinhalte, sondern das vertrauende Sich-Stellen auf den Gott, der durch Jesus jetzt schon seine Basileia in diese Weltzeit hineinwirken läßt.

Der jesuanische Glaube impliziert

a) das von Jesus radikalisierte Erbe der jüdischen Theozentrik,

b) die rudimentär-ekklesiologischen Kategorien der Anerkennung und des Weitertragens der Sendung Jesu,

c) die Sprengung des legalistisch-„ekklesiologischen" Rahmens des Spätjudentums durch die Öffnung auf die Randexistenzen der jüdischen Gesellschaft (und damit auf die nicht-identifizierte Menschheit als solche).

d) Schließlich impliziert der jesuanische Glaube als entscheidendes formales Moment die Spannungseinheit dieser Größen: die Spannungseinheit von Theozentrik, Sendungsanspruch und anthropologischer Offenheit.

a) Die *jesuanische Theozentrik*. Jesus ist Jude – so sehr, daß es manchen Autoren Mühe bereitet, etwas über die Lehre jüdischer Rabbinen Hinausgehendes bei ihm zu entdecken. Die Emphase des alttestamentlichen Glaubens an die Einzigkeit Jahwes wird von ihm aufgenommen (Mk 12,29ff); auch für ihn besteht, genau im Sinne des alttestamentlichen Glaubensbegriffs[11], die einzig gemäße Haltung Jahwe gegenüber im „Glauben" als der Haltung, die restlos ver-

---

[9] Vgl. *W. Thüsing*, a.a.O. 211–226.
[10] Vgl. *W. Thüsing*, a.a.O. 213–217; *H. Schürmann*, Wie hat Jesus seinen Tod bestanden und verstanden?, in: Orientierung an Jesus. Zur Theologie der Synoptiker (Hrsg. P. Hoffmann – N. Brox – W. Pesch) (Freiburg i. Br. 1973) 325–363, hier 338f.
[11] Vgl. *E. Zenger*, Glaube und Unglaube im Alten Testament, in: Glaube – Unglaube (Hrsg. H. J. Türk) (Mainz 1971) 141–150.

trauend das Leben auf diesen Gott Israels gründet. Und schon im AT ist Jahwe der Gott, der auf Selbstmitteilung hin ist, der anredet und schenkt und im Dialog der Liebe Antwort will[12].

Aber diese alttestamentliche Glaubenshaltung ist bei ihm nicht nur aufgenommen, sondern radikalisiert – vor allem dadurch, daß die Spannungseinheit von Herr-Sein und Liebe-Sein, die es schon im alttestamentlichen Gottesbegriff gibt, bei ihm zum Höhepunkt geführt wird[13]; der Gott, dem er sich hingibt, ist für ihn (und durch ihn für die ihm Nachfolgenden) der unbegreiflich liebende und eine singuläre Nähe schenkende Vater. Und die Verkündigung Jesu von der Herrschaft Gottes läßt erst recht diese Theozentrik hervortreten; das Gebet, das er seinen Jüngern übergibt, zeigt den großen, sein Leben beherrschenden Wunsch, daß der „Name des Vaters" – der Vater als der sich Offenbarende – überall zur Geltung gebracht und geliebt werde. Diese Theozentrik begründet die Hoffnung, die mit dem vertrauenden Sich-Hingeben an diesen Vater gegeben ist, und insgesamt die eschatologische Struktur des jesuanischen Glaubens. Man mag heute noch so sehr (und berechtigterweise) die anthropologischen Implikationen dieses jesuanischen Glaubens betonen – würde man darüber die primäre Theozentrik Jesu vergessen, hätte man sein Eigentlichstes verfehlt. Sie und mit ihr der „Glaube" Jesu ist erstes und grundlegendes Strukturprinzip einer sich an Jesus orientierenden „christlichen" Haltung.

Auch in der frühen Jesustradition (und bei Jesus selbst!) ist diese Theozentrik nicht denkbar ohne eine rudimentäre Christozentrik: Die Solidarisierung mit Jesus ist unabdingbare Voraussetzung für die Rettung und für die Teilhabe an der Gottesherrschaft, d. h. an der heilshaften Theozentrik. Dieser Aspekt leitet zu einem weiteren doppelten Strukturprinzip des Christlichen über:

b) Der jesuanische Glaube ist keineswegs etwas Privatistisches und rein Innerliches, sondern schafft sich seinen öffentlichen Ausdruck auch unter Schwierigkeiten und Anfechtungen; und darüber hinaus ist es ihm wesentlich, im Bekenntnis und im Handeln Gemeinschaft zu konstituieren. Insofern hat der jesuanische Glaube von vornher-

---

[12] Vgl. *W. Thüsing* in: *K. Rahner* – *W. Thüsing*, Christologie 227–233; *A. Deissler*, Gottes Selbstoffenbarung im AT, in: Mysterium Salutis II 226–269.
[13] Vgl. *W. Thüsing*, a. a. O. 185 f.

ein, schon vor allen institutionellen Konkretisierungen, eine *rudimentär ekklesiologische Struktur.*

Die Bekenntnis- und Gemeinschaftsstruktur des jesuanischen Glaubens gründet darin, daß Jesus selbst Jahwe nicht als liebenden Vater im Sinne einer bloßen Idylle weiß, sondern als in Härte Fordernden und Sendenden. Jesus bejaht diese Sendung mit allen Konsequenzen und weiß, daß er sie weitergeben muß – ebenfalls mit allen Konsequenzen für die Menschen, die dieses Wagnis der Sendung annehmen.

War Jesus ein expliziter Christ? Natürlich nicht. War er ein anonymer Christ? Das wäre ebenso falsch oder noch falscher. Im Gegensatz zu allen möglichen Mißverständnissen der Rahnerschen Theorie muß gesagt werden, daß Jesus kein anonym Glaubender gewesen ist, sondern ein expliziter Gesendeter, einer, der sich sehr explizit zu seiner Sendung bekennt und andere in diese Explizitheit der Sendung einbeziehen will. Die „harten" Züge der Jesusbotschaft und der Nachfolgeforderung sind hier verankert: Entscheidungsforderung, Sendung in die Anfeindung hinein. Für Jesus *und* für die ihm Nachfolgenden geht das bis zum Riskieren und zur Hingabe des eigenen Lebens. Was Paulus und andere später als *Kreuzestheologie* entfalteten, ist als Strukturprinzip schon im jesuanischen Glauben enthalten. Die Übernahme der Sendung impliziert von vornherein die Bereitschaft, die härteste Konsequenz (die später als „Kreuz" erkennbar wird) auf sich zu nehmen. In dem Logienmaterial der synoptischen Tradition spiegelt sich diese Bereitschaft zur äußersten Konsequenz in den Forderungen an die Jünger, die Nachfolge in ihrer Härte auf sich zu nehmen. Diese „Kreuzesnachfolgeforderungen" enthalten eine implizite Passionstheologie; in einer rudimentären Weise sind alle Elemente späterer Kreuzestheologie in ihnen gegeben: Die Annahme des Todes durch Jesus wird mit der radikalen Nachfolgeforderung verknüpft – in der Weise, daß die Verheißung der Herrlichkeit mitgegeben ist[14].

In der Bejahung von Sendung und Weitergabe der Sendung ist also das doppelte ekklesiologische und kreuzestheologische Strukturprinzip des Christlichen präformiert.

---

[14] Vgl. *W. Thüsing*, a.a.O. 131f.

c) Die Metanoia, die unverzichtbar zur jesuanischen Theozentrik gehört, kann nicht nur im Blick auf Jahwe und auf die anderen in die Sendungsgemeinschaft mit Jesus gerufenen Menschen konkretisiert werden. Sie bedingt vielmehr eine radikale Offenheit für die Randexistenzen der jüdischen Gesellschaft, wie Jesus selbst sie praktizierte. Die Haltung des Zöllners von Lk 18 ist untrennbar von der Offenheit für andere „Zöllner", d. h.: Der Mensch, der sich öffnet für Jahwe als den Vater Jesu und auf das Sich-Rühmen (im paulinischen Sinn) verzichtet, kann das nur tun, wenn er sich in eine Reihe stellt mit den Randexistenzen der jüdisch-religiösen Gesellschaft – d. h., wenn er radikal offen ist für die Weitergabe des Erbarmens Gottes an diese seine Brüder, die von einer pharisäischen oder qumranischen Haltung aus gar nicht als Brüder anzuerkennen wären.

Daß es sich hier ebenfalls um ein Strukturprinzip des Christlichen handelt, zwar nicht um das grundlegende, aber um das entscheidende, ist durch die Bedeutung ersichtlich, die gerade diese Öffnung bei Jesus selbst hat: Ohne sie hätte es den Gegensatz zu den führenden Kreisen seines Volkes nicht gegeben, der ihn in den Tod brachte. Der Antilegalismus ist nicht etwas Nebensächliches im Leben Jesu, sondern gehört zur Hauptsache dieses Lebens untrennbar hinzu. Das ist so, weil es ohne ihn nicht die Durchsetzung des wirklichen Willens Gottes, die Weitergabe seines Erbarmens, gäbe. Denn das Erbarmen Gottes will die Freiheit des Menschen. Und es will eine Gottesbeziehung, die durch den Verzicht auf versklavende Absicherungen frei wird für das schrankenlose Vertrauen, das wir Glauben nennen, und damit frei für die eigene Sinnerfüllung und für die Liebe als erfüllte Mitmenschlichkeit.

Es ist schon berechtigt, wenn man diese jesuanische Intention in den Mittelpunkt stellt; man kann sie im Grunde gar nicht überbetonen. Aber man kann immerhin ihren vollen jesuanischen Kontext vernachlässigen, der durch Theozentrik, Sendung und Sendungsgemeinschaft gegeben ist. Jesus ist der „Mensch für andere", weil er zuerst und grundlegend der Mensch für Gott ist [15]. Schon in der synoptischen Tradition, dann aber noch stärker bei Paulus und Johannes, wird der Zusammenhang deutlich, in dem diese Offenheit für den Mitmenschen mit dem „Kreuz" und der „Kreuzesnachfolge"

---

[15] Vgl. _W. Thüsing_, a.a.O. 161–163 190f 195f.

steht[16]: Erst zusammen mit der Theozentrik des Kreuzes kann diese Offenheit zu der radikalisierten Agape werden, die der letztlich entscheidende, auf die Mitmenschlichkeit gerichtete Aspekt des Christlichen ist – und erst zusammen mit Theozentrik und Kreuz kann erkennbar werden, wieso diese jesuanische und christliche Haltung etwas Spezifisches ist und wieso sie etwas singulär Hilfreiches sein kann; es kann erkennbar werden, wie erst hier das in einer wirklich humanen Haltung Gemeinte letztlich unmißverständlich wird, von aller Verzerrung heilbar – und notwendig für eine Menschheit, deren zu schwacher Liebesfähigkeit nicht mehr durch Vorletztes zu helfen ist.

d) Die Bedeutung des letzten Punktes kann erst unten in Abschnitt 5 besser hervortreten; er muß aber schon hier seinen Platz finden: Der jesuanische Glaube impliziert eine Spannungseinheit von Befreiung und radikalem Anspruch. Was bisher als Miteinander von Theozentrik, Kreuz und Mitmenschlichkeit beschrieben wurde, kann nicht als einfache Addition, sondern muß als Spannungseinheit erkannt werden; als solche schließt sie die Aufgabe in sich, die Spannung durchzuhalten und nicht durch Verlieren eines Poles zu entschärfen oder aufzugeben. Jesuanischer Glaube erhält sein „Salz"[17], seine Brisanz nicht anders als durch das Durchhalten dieser Spannungseinheit. Die Tatsache der Spannungseinheit von Sendungsanspruch und Freiheitsermöglichung ist nicht etwas Sekundäres, Hinzukommendes; sie ist gerade das Spezifische; sie ist die Grundstruktur des Lebens Jesu und des dadurch bestimmten Christlichen.

### 3. Kann der jesuanische Glaube unthematisch gelebt werden?

Ein anonymer Christ ist nach K. Rahner ein Mensch, der seine Offenheit für das absolute Geheimnis und dessen anthropologische Selbstmitteilung wenigstens in einer unthematischen Weise glaubend, hoffend und liebend bejaht[18]. Das ist offenbar eine Transposition der

---

[16] Vgl. *W. Thüsing*, a.a.O. 102f 162 189 232 277f.
[17] Vgl. Lk 14,34f par Mt; Mk 9,49f.
[18] Vgl. z.B. *K. Rahner*, Die anonymen Christen, in: *ders.*, Schriften zur Theologie VI (Einsiedeln 1965) 545–554; *ders.*, Atheismus und implizites Christentum: ebd. VIII (1967) 207.

wesentlichen Haltung des expliziten Christen auf die Ebene des Menschen, der – aus welchem Grund auch immer – nicht oder noch nicht zum expliziten Glauben gekommen ist. Die Frage ist, ob diese Transposition auch als biblische Möglichkeit zu erkennen ist. Natürlich kennt die Bibel die Unterscheidung von thematischem und unthematischem Glauben nicht. Die Frage kann also nur so gestellt werden, daß man nach der Möglichkeit fragt, den jesuanischen Glauben unthematisch zu *leben*.

Der alttestamentliche Glaubensbegriff, der dem jesuanischen zugrunde liegt, ist eng verknüpft mit der Bejahung des Bundes von seiten des Menschen[19]. Zwar ist dieser Glaubensbegriff an den Bund mit dem Volk Israel geknüpft; und wenn im AT Nichtjuden in einer rudimentären Weise zu diesem Glauben kommen, dann in Verbindung mit diesem Volk bzw. wenigstens in der Begegnung mit einem Jahwe-Propheten. Auch im NT kommen Heiden zum Glauben durch die Begegnung mit Jesus. Aber wenn der Verfasser des Jona-Buchs seinen jüdischen Zeitgenossen klarmachen will, daß es Heiden geben kann und gibt, die auf einen Bußruf adäquater reagieren als sie selbst, und zwar ohne daß vom Jahwe-Glauben selbst die Rede wäre – und wenn man das einmal weiterdenkt unter unserer Fragestellung, die natürlich nicht die des alttestamentlichen Verfassers sein konnte –, dann impliziert solche Theologie doch eine grundsätzliche Umkehr- und Rettungsmöglichkeit für die Heiden. Auch die gläubigen Heiden der Jesustradition – der Zenturio von Kapharnaum, die syrophönizische Frau – haben einen Glauben, der noch keineswegs der nachösterliche Christusglaube sein kann. Freilich ist er auf Jesus bezogen und auf niemand sonst; der Hauptmann von Kapharnaum wird von den Tradenten und Redaktoren der synoptischen Tradition nicht als anonymer Jesusglaubender aufgefaßt, sondern in der Weise, wie es für ihn allein möglich war, als ein expliziter. Für die synoptische Tradition interessiert nur seine Begegnung mit Jesus; ob und wie er seinen Glauben außerhalb dieser Begegnung mit Jesus – und dann in etwa „unthematisch" – gelebt hat, darauf wird nicht reflektiert[20]. Trotzdem scheint es, daß die Struktur dieses Jesusglaubens bzw. des von Jesus geweckten Jahwe-Glaubens von der Art ist, daß sie zwar

---

[19] Vgl. *E. Zenger*, a. a. O. (oben Anm. 11) 150.
[20] Das Lukasevangelium (Lk 7,4f) läßt sein Leben auch außerhalb der Begegnung mit Jesus von Anzeichen „thematischen" Jahweglaubens geprägt sein.

sicherlich zur Ausdrücklichkeit drängt und nur so zu ihrem eigentlichen Ziel kommt, aber doch auch unthematisch gelebt werden kann. Die Tatsache, daß Jesus die Kontrastfigur des barmherzigen Samariters dem kultfrommen Juden gegenüberstellt, spricht dafür; überhaupt geht die jesuanische Entgrenzung gegenüber kultischem und vor allem legalistischem Frömmigkeitsdenken in diese Richtung.

Aber vermutlich wird man nur auf einem anderen Wege weiterkommen. H. Urs v. Balthasar (der der Rahnerschen These bekanntlich kritisch gegenübersteht) dürfte darin recht haben, daß das tragende Fundament der Rahnerschen These vom anonymen Christentum die Auffassung von der radikalen Einheit von Gottes- und Nächstenliebe ist [21]. Und dieser Rahnerschen Auffassung kann m. E. vom NT her nicht grundsätzlich widersprochen werden.

Rahner selbst zieht für seine Auffassung öfters die Rede vom Weltgericht Mt 25,31–46 heran [22]. Zwar wird man sich hierfür *vielleicht* nicht auf die theologische Aussagetendenz des Endredaktors, des ersten Evangelisten, berufen können, der unter den „geringsten meiner Brüder" möglicherweise christliche Missionare versteht; Gerichtsmaßstab wäre also das einem Bekenntnisakt gleichkommende Verhalten zu diesen Boten Jesu [23]. Aber in dem zugrunde liegenden Traditionsstück dürfte der Gerichtsmaßstab doch darin bestehen, wie sich die Menschen zu ihren Mitmenschen als solchen verhalten haben [24], so daß die Berufung Rahners auf diesen Text nicht zu Unrecht erfolgt. Wir werden freilich auf die Unterschiede in der Denkweise noch achten müssen (s. den nächsten Abschnitt 4).

Eine Stütze der Rahnerschen Auffassung scheint auch 1 Jo 4,20 zu bieten („Wenn einer sagt: Ich liebe Gott, und seinen Bruder haßt, so ist er ein Lügner..."). Zwar finden wir auch hier keine genaue Entsprechung zum Gedanken Rahners; 1 Jo 4,20 lehrt erst recht

---

[21] *H. Urs v. Balthasar*, Cordula 85–88.

[22] Vgl. hierzu auch *W. Thüsing*, Christologie (s. oben Anm. 8) 291f.

[23] Vgl. *I. Broer*, Das Gericht des Menschensohnes über die Völker. Auslegung von Mt 25,31–46: Bibel und Leben 11 (1970) 273–295, bes. 294f.

[24] Vgl. *I. Broer*, a. a. O. 288f. – *E. Schweizer* (Das Evangelium nach Matthäus [NTD] [Göttingen 1973]), der dazu neigt, das Wort vom Gerichtsmaßstab im Sinne des Matthäus selbst „eher weiter" zu fassen (313), schreibt S. 314: Man wird sagen, „daß es ein echtes, wenn auch nicht seine Fülle erreichendes Glauben gibt, das im Tun des Willens Gottes gegenüber den Armen und Geringen besteht, ohne notwendig um die Quelle zu wissen, aus der es lebt".

nicht – was ja auch Rahner nicht undifferenziert will – eine Identifizierung von Gottes- und Bruderliebe. Dem Verfasser des 1 Jo geht es nicht eigentlich darum, daß Gott im Bruder geliebt wird, sondern daß die Liebe Gottes weiterströmen kann zum Bruder[25]. Aber auch bei Rahner ist keineswegs völlige Deckungsgleichheit der Begriffe gegeben; sonst könnte Rahner nicht thematische Akte der Gottesliebe in ihrer Bedeutung anerkennen. Daß es „direkte" Liebe zu Gott nicht geben kann, wenn sie nicht gleichzeitig den nur scheinbar indirekten Weg über die Liebe zum Bruder nimmt, das besagt nicht, daß es über die unthematische Gottesliebe von Mt 25 hinaus nichts geben könne und dürfe.

Wir finden also in Mt 25, 31–46 und 1 Jo 4, 20 tatsächlich neutestamentliche Aussagen, die der Rahnerschen These nicht nur nicht widersprechen, sondern für sie mindestens sehr günstig sind. Aber gegenüber den neutestamentlichen Argumenten der Gegner Rahners würden diese Stellen – isoliert genommen – vielleicht doch nicht ausreichen; sie dürfen ja nicht einfach für sich genommen als dicta probantia verwendet werden. Wir müssen also weiterfragen.

### 4. Zu einer theo-logischen Grundlegung der Theorie vom anonymen Christen

Eben ist der Verwendung von Mt 25, 31–46 durch Rahner grundsätzlich zugestimmt worden. Aber es darf nicht unterlassen werden, auf die unterschiedliche Denkrichtung bei Rahner und in dem synoptischen Text aufmerksam zu machen. Fragen wir einmal, wodurch die Identifizierung der Liebeswerke mit Taten für den königlichen Weltrichter in Mt 25, 40 (vgl. V. 45) („... das habt ihr mir getan") eigentlich begründet ist. Möglicherweise ist der „König" von Mt 25 in der ursprünglichen Tradition Gott selbst[26]; und auch im jetzigen matthäischen Text kann Jesus als der Weltrichter sein Wort „das habt ihr mir getan" sagen, weil Gott (der es eigentlich und letztlich aussprechen könnte) in Jesus manifest geworden ist. Das ist etwas anderes als die Rahnersche Antwort, daß jede Tat der Liebe einem Menschen

---

[25] Vgl. *W. Thüsing*, Die Johannesbriefe (Düsseldorf 1970) 157–161.
[26] Vgl. *I. Broer*, a. a. O. 285–288.

gegenüber letztlich den Gottmenschen meint. Es ist gar nicht ohne weiteres sicher, daß inkarnationstheologische Gedanken – erst recht in der Fassung der transzendentalen Christologie – hier schon eingetragen werden dürfen. Für das christologische Verständnis wird man vielmehr alles auf den ursprünglichen Sinn zurückführen müssen, daß derjenige, der sich des leidenden Mitmenschen annimmt, mit Jahwe und seinem Selbstmitteilungs- und Erbarmungswillen solidarisch wird. Auf der Stufe der Christologisierung bedeutet das: Er wird solidarisch mit dem Jesus, der den Willen Jahwes in letztgültiger Radikalität verkündet und lebt. Auch dann ist eine implizit christologische Aussage gegeben, da Jesus ja der von Gott Gesendete ist, der letztgültig den erbarmenden Willen Gottes ansagt und der in der Konsequenz das Gericht Gottes durchzuführen hat. Diese implizit christologische Aussage hätte unser Mt-Text oder schon eine ihm unmittelbar voraufgehende, von ihm aufgenommene Tradition explizit gemacht.

Die dynamische Identifikation Jesu mit Jahwe ist in der Denkweise des synoptischen Textes in einer Tat der Freiheit Gottes begründet; bei Rahner soll demgegenüber die Freiheit Gottes zwar sicher nicht angetastet werden[27], aber die Tendenz auf die Aussage einer transzendentalen Notwendigkeit ist doch unverkennbar[28]. Die Freiheit Gottes wäre dann – gut skotistisch – in den Plan zu verlegen, die Welt zu schaffen = diese Welt, die auf die Menschwerdung des Logos als ihren Sinn hingeordnet ist. Das scheint der Christologie der neutestamentlichen Präexistenzaussagen zu entsprechen. Aber abgesehen davon, daß diese Texte innerhalb des NT keineswegs als Hauptströmung angesprochen werden können, daß sie hellenistisch-christlichen Ursprungs sind und höchstens sehr indirekt zur Ermittlung jesuanischer und synoptischer Theologie beitragen können, ist auch in ihnen keine eigentliche Entsprechung zum Rahnerschen Denken gegeben. Das zeigt sich etwa an präexistenzchristologischen Texten wie Kol 1, 15–20 und Eph 1, 10. Hier liegt eine Herrschaftsaussage zugrunde: Jesus soll nach dem ewigen Plan Gottes Herrscher über das All werden. Auch für Mt 25 ist festzuhalten, daß der Text in seiner christologisierten Form Jesus als König sieht, der seine Herrschaft

---

[27] Vgl. *K. Rahner*, Die anonymen Christen (s. oben Anm. 18) 548.
[28] Vgl. *K. Rahner*, Christologie (s. oben Anm. 2) 23; s. dazu *W. Thüsing*, ebd. 107–109.

durchsetzen will; und für den Menschen, der gerichtet wird, kommt alles darauf an, ob er diesem König *gedient* hat oder nicht (vgl. Mt 25,44). Dieser allgemeinbiblische Gedanke wird in Mt 25 jedoch radikalisiert und gewissermaßen im Sinne einer Verbindung von Mitmensch und Jesus personalisiert; es heißt nicht nur: Wo immer ihr tätige Liebe übtet, habt ihr mir gedient, meinen Willen durchgesetzt und meine Herrschaft ausgebreitet, sondern eben: ... das habt ihr mir getan. Das ist Konsequenz der radikalen Annahme des notleidenden Menschen durch Jahwe bzw. Jesus. Es geht nicht um formale, wenn auch noch so radikale Gebotserfüllung als solche, sondern um Mitvollzug des göttlichen Erbarmens, das sich dem konkreten Menschen in seiner Not zuwendet und ihn annimmt.

Diese Beobachtungen zeigen erneut die Schwierigkeit einer Vermittlung von Rahnerschem und neutestamentlichem Denken. Die Denkbewegung läuft jeweils in verschiedener Richtung. Aber die zur transzendentalen Christologie führende transzendental-anthropologische Denkrichtung Rahners braucht dennoch keinen Gegensatz zur neutestamentlichen theo-logischen Denkweise zu bedeuten. Die radikale, auf den Menschen bezogene Entformalisierung und Personalisierung des Gebotes Gottes und Jesu dürfte bei aller Verschiedenheit der Denkweise eine letzte Gemeinsamkeit ermöglichen.

Darüber hinaus kann unsere Beobachtung, daß der neutestamentliche Text theozentrischer denkt (oder auch in anderer Weise theozentrisch) als Rahner, auf einen Weg hindeuten, den wir versuchen müssen. Eine Vermittlung zwischen Rahnerschem und neutestamentlichem Denken wird sachgerechter erfolgen können, wenn zuvor das Rahnersche Anliegen eines transzendentalen Ansatzes selbst theo-logischer gedacht wird und so unabhängig gemacht wird von der Verhaftung an eine bestimmte, mit keiner neutestamentlichen Christologie von vornherein identische dogmatisch-philosophische Sicht. Und das scheint mir möglich zu sein.

Rahner sieht als Ziel des Aktes der Liebe ( = der Einheit von Gottes- und Nächstenliebe) den Gottmenschen im Sinne des Dogmas von Chalkedon. Die Formel von Chalkedon ist jedoch selber Interpretation dessen, was im NT vorgegeben ist, sollte also nicht unreflektiert an die Stelle neutestamentlicher Denkweisen treten – besonders wenn zu Chalkedon noch ein unverkennbarer Einfluß Hegelscher Christologie hinzukommt. Aber ist das, was in der transzendentalen

Christologie intendiert wird, überhaupt anders möglich? Ich meine,
ja! M.E. ist die Ausformung des transzendentalen Ansatzes, die
Rahner selbst bietet, keineswegs die einzig mögliche. Sie ist durch
das eingestandenermaßen vorgegebene aposteriorische Verständnis
von Christologie im Sinne des chalkedonischen Denkens und demzu-
folge durch das von daher immer insgeheim und auch legitimerweise
anvisierte Ziel bestimmt[29]. Wenn dieses Ziel zwar keineswegs geleugnet, aber doch anders, im Sinne des größeren Reichtums der neutestamentlichen Entwürfe, konzipiert wird, dann hat das seine Auswirkungen auf die Art, wie der transzendentale Ansatz zu suchen ist;
und zwar müßte die explizite theozentrische Linienführung der neutestamentlichen Christologien bestimmend werden. Wenn man dieser Linienführung folgt, wird man m.E. statt von transzendentaler
Christologie besser von *transzendentaler Theologie der Selbstmitteilung Gottes* sprechen. Was in der „transzendentalen Christologie"
Rahners gemeint ist, wird davon mit umgriffen; darüber hinaus wird
die Freiheit des Gottes der Bibel beim Heilswerk Christi jedoch in
ungleich stärkerem Maße artikuliert. Wenn wir wieder vom historischen Jesus ausgehen: Jesus selbst will einen Glauben wecken, der
eben solche transzendentale Theologie der Selbstmitteilung Gottes
impliziert. Bei dieser Fassung des transzendentalen Ansatzes muß zur
transzendentalen Verwiesenheit auf die Selbstmitteilung Gottes noch
die transzendentale Offenheit des Menschen für ein mögliches unbe-
dingtes Angenommenwerden von Gott hinzugedacht werden – und
darin die Hoffnung auf eine radikale Annahme des Menschen und
der Menschheit durch Gott. Dann bleibt man einerseits im Raum der
alttestamentlichen Prophetie von der Liebe Jahwes und ist andererseits doch schon offen für die letzte Über-Erfüllung solcher Hoffnung
in dem Menschen Jesus.

Und wenn wir jetzt wieder zur These vom anonymen Christentum
zurücklenken: Die radikale Liebe zum Menschen, in der der „anonyme Christ" ja seinen rudimentären „Glauben" wirksam werden läßt,
impliziert die Bejahung des absoluten Geheimnisses der Liebe, das in
der Tiefe jenes geliebten Menschen wirksam ist und auf das der liebende Mensch geöffnet ist, wenn er sich ganz zu dem anderen hin-
wendet. Und zwar ist mit dieser Bejahung des absoluten Geheimnis-

---

[29] Vgl. *W. Thüsing*, Christologie (s. oben Anm. 8) 109f.

ses die Bejahung der Freiheit der Liebe gegeben und damit der
Verzicht auf einen verzerrten eigenen Geltungswillen (d. h. das, was
paulinisch der Verzicht auf das Sich-Rühmen ist) – und die Bereitschaft, sich beschenken zu lassen. So richtet sich solche den Nächsten
radikal bejahende Liebe zugleich genau auf dasjenige an Gott, was
letztlich nur innerhalb eines Glaubens an den Selbstmitteilungswillen
Gottes erfaßt werden kann bzw. was genau der Radikalität gerade
des jesuanischen Jahwe-Glaubens entspricht.

Ein anonymer Christ ist nach Rahner derjenige, der auf den absoluten Heilbringer als Gottmenschen hingeordnet ist und diese
Hinordnung implizit bejaht. Nach der von mir vorausgesetzten, die
neutestamentlichen Konzeptionen tragenden Sicht wäre der anonyme Christ durch seine Hinordnung auf den Gott bestimmt, der
sich selbst mitteilen will und dessen radikale, zur Selbstmitteilung
drängende Liebe keine Grenze und keine Schranke hat – so daß der
aposteriorisch zu erkennende Heilbringer Jesus als „Sohn Gottes"
von dieser Radikalität des Selbstmitteilungswillens Gottes mit umfaßt und ermöglicht ist. Während Rahner als Ziel des Aktes der Einheit von Gottes- und Nächstenliebe nach dieser Auffassung zu unvermittelt den Gottmenschen sieht, wäre als dieses Ziel besser Gott als
das absolute Geheimnis der Liebe zu sehen, die sich selbst mitteilen
kann bis hin zur Offenbarung in diesem von Gott radikal ergriffenen
Menschen Jesus.

Aber was ist mit dieser Überlegung eigentlich gewonnen? Mindestens das eine: daß die Vermittelbarkeit der Rahnerschen Theorie
mit neutestamentlichem Denken erkennbar wird. Und die größere
theologische Weite, die dadurch erreicht werden kann, kommt m. E.
der Überzeugungskraft der These zugute.

*5. Die jesuanische Spannungseinheit von Befreiung und radikalem
Sendungsanspruch – Ansatzpunkt eines neutestamentlichen Zugangs
zur Theorie vom anonymen Christentum*

Der eigentlich und letztlich gemäße neutestamentliche Anhaltspunkt
für die These Rahners scheint mir die Spannungseinheit zu sein, die
oben[30] in der Kennzeichnung des Jesusbildes angegeben wurde, das

---

[30] S. 102 f., Abschnitt c; vgl. S. 110, Abschnitt d.

der Position Rahners entspricht: Jesus steht in einer eindeutig beja-
ten Sendung und gibt entscheidungsfordernd diese Sendung weiter
– aber sein befreiendes Wirken ist offen auch für die, die er nicht
in seine Jüngergemeinschaft oder auch in die Schar der ihm Nachfolgenden und offenkundig mit ihm Verbundenen hineinholt: für Menschen wie den Samariter, den er im Gleichnis zeichnet, und für den
Schriftgelehrten von Mk 12, 34, der „nicht fern ist von der Basileia
Gottes". Diese Spannungseinheit entspricht der Polarität von radikaler Hingabeforderung und Freiheitsermöglichung; Jesus ermöglicht die Freiheit ja nicht exklusiv seinen Jüngern; die Menschen, die
nicht explizit seine Jünger werden, sind von dieser Weitergabe des
Erbarmens Gottes auf keinen Fall ausgeschlossen.

Aber inwiefern ist diese Spannungseinheit von Entscheidungsforderung und einer im Sinne radikaler Humanität verstandenen Öffnung nicht nur kein Widerspruch zu der Rahnerschen These – damit
wäre ja noch nicht allzuviel erreicht –, sondern inwiefern kann sie
sogar den gesuchten neutestamentlichen Ansatzpunkt für diese
These bieten?

Wenn diese Spannungseinheit konsequent genug erfaßt wird, so
macht sie eine Konzeption der Jüngergemeinschaft Jesu als einer in-
tegralistisch nach außen abgegrenzten Gruppierung unmöglich[31].
Das ist die Konsequenz gerade der antipharisäischen Intention Jesu.
Wer in Schicksals- und Sendungsgemeinschaft mit diesem antipharisäischen Jesus steht, muß wie er und mit ihm die Spannung durchhalten zwischen den zwei Polen: einerseits radikaler Beanspruchung, die
zur Ausdrücklichkeit des Bekenntnisses und des Engagements
drängt, und andererseits radikaler Befreiung, die niemals eine lega-
listische und integralistische Perversion der jesuanischen Offenheit
dulden kann.

---

[31] Außerdem ist der jesuanische Glaubensbegriff zu beachten. Soweit er eine Entscheidung bedingt, die zur Scheidung wird, geht es um Bejahung oder Ablehnung Jesu
selbst und im Zusammenhang damit um die Grundentscheidung zu einer Grundhal-
tung (Metanoia, „Kind werden"). Das Bekenntnis zu dem, der die Schranken nieder-
reißt, darf nicht neue Schranken zwischen Gruppen von Menschen aufrichten. Bei
Jesus gibt es nicht nur die Entscheidungsforderung, sondern auch das, was sie im Sinne
Jesu – gegen allen Fundamentalismus und Dezisionismus – unmißverständlich macht:
sein Verhalten gegenüber den Randexistenzen der damaligen Gesellschaft, gegenüber
dem Schriftgelehrten, der „nicht weit ist von der Basileia Gottes" (Mk 12, 34), gegenüber dem glaubenden Heiden. (Die Menschen, die in den Augen der pharisäischen Gegner Jesu „Randexistenzen" sind, machen übrigens den Großteil des Volkes aus!)

Die Entscheidungsforderung des vom NT verkündeten Jesus bleibt, die Notwendigkeit von Sendung und Sendungsgemeinschaft bleibt – aber es wird eine Offenheit für die, die „draußen" sind, gewonnen, die eine Legitimierung der Rahnerschen Intention zu bilden vermag: eben weil diese Offenheit in einer Weise intensiviert und radikalisiert wird, wie das gerade innerhalb der Spannungseinheit von Entscheidungsforderung und Befreiung und nur in ihr möglich ist. Die Tatsache der humanen Offenheit allein wäre kein ausreichender Ansatzpunkt; aber daß sie in einer Spannungseinheit mit der eindeutig festgehaltenen Sendungsgemeinschaft und ihrem radikalen Entscheidungsanspruch steht und eben in und aus dieser Spannungseinheit lebt, genau das macht eine Verbindung mit dem Begriff eines anonymen *Christen* überhaupt erst möglich. Diese Betonung der jesuanischen Spannungseinheit von Sendungsgemeinschaft und Befreiung mag – insofern gerade das Moment der Spannungseinheit zu betonen ist – reichlich formal klingen. Aber für die sicher nicht weniger formal-abstrakte Rahnersche Theorie muß gerade ein so formales Moment wie die Tatsache von Polarität als Anhaltspunkt gesucht werden.

Freilich bedingt diese Spannungseinheit, daß auch bezüglich der anonym Glaubenden der Pol der Entscheidungsforderung gesehen und als unaufgebbares Moment ihres unthematischen „Glaubens"aktes postuliert wird.

Die beiden polaren Größen „Humanismus" (bzw. Befreiung) und andererseits Sendung, Entscheidungsforderung, Gemeinschaft mit Jesus, Nachfolgeforderung können zur Einheit zusammengefaßt werden unter dem gemeinsamen Nenner „Radikalisierung der Liebe". Es handelt sich um die radikalisierte Agape, die der Stellung Jesu zu seinem Tod entspricht und nachösterlich mit der Kreuzesnachfolge zusammengesehen werden kann. Ein anonym Glaubender müßte etwas von diesem jesuanischen Radikalismus der Bergpredigt haben, müßte seine brave Bürgerlichkeit wenigstens ansatzweise überschreiten auf diesen Radikalismus der Öffnung hin. Wenn Rahner von einem Akt *radikaler* Liebe zum Nächsten spricht[32], so muß solche Liebe offen sein für den Radikalismus der

---

[32] *K. Rahner*, Ich glaube an Jesus Christus (Theol. Meditationen 21) (Einsiedeln 1968) 16–30, bes. 18f; *ders.*, Über die Einheit von Nächsten- und Gottesliebe, in: Schriften zur Theologie VI, Einsiedeln 1965, 289–292.

Bergpredigt. Daß die Struktur des jesuanischen Glaubens so ist, daß sie unthematisch gelebt werden kann, wird wohl in dem Maße deutlicher, wie die antipharisäische Grundstruktur dieses Glaubens erfaßt wird: Metanoia und Ruhmverzicht in und mit der Offenheit radikaler Agape auch für die Randexistenzen der Gesellschaft. Hier ist etwas genuin Jesuanisches gegeben, das im Ansatz doch wohl „anonym" vollzogen werden kann – eine letzte Lauterkeit und Selbstlosigkeit, die grundsätzlich auch einem Nichtchristen möglich ist – und zwar *in einer rudimentären Weise,* die rechtfertigend sein kann. Auch der „anonym Glaubende" müßte etwas von der Haltung des Zöllners von Lk 18,9–14 haben!

Es kommt darauf an, ob die spezifisch christliche Radikalisierung der Liebe wenigstens keimhaft in dem Akt der Liebe des anonymen Christen vorhanden ist – bzw. besser: Zum Grund, weswegen von anonymem Christentum geredet werden kann, gehört die Tatsache, daß in den Akten der Liebe solcher anonym Glaubender wenigstens keimhaft jene spezifisch christliche Agape gesucht wird.

Die Geöffnetheit auf das absolute Geheimnis, die Erfahrung seiner Transzendenz kann einen Menschen nur dann zum „anonymen Christen" machen, wenn mit diesem rudimentären „Glauben" eine ansatzhafte Metanoia verbunden ist – und eine Bereitschaft zur Solidarisierung mit anderen, die aus solcher Geöffnetheit heraus für die Menschen dasein sollen. Wer solche Solidarisierung anstrebt oder wenigstens für sie offen ist, wird die explizite Solidarisierung mit den Jüngern Jesu suchen und sie für unbedingt notwendig halten, wenn und sobald er Jesus als denjenigen erfährt, der ihn und die Welt absolut angeht.

Daß die Spannungseinheit von Entscheidungsforderung und Befreiung bei Jesus aufgezeigt werden kann, ist m. E. für den Neutestamentler, der zur Rahnerschen These Stellung zu nehmen hat, entscheidend. Mehr ist aber auch grundsätzlich nicht erforderlich, wenn die Vermittelbarkeit der Theorie Rahners mit dem aufgezeigt werden soll, was wir vom Jesus der Geschichte wissen. Wenn man dem Anliegen der Rahnerschen These zustimmt, braucht man das Bild Jesu von Nazareth und seiner Botschaft keineswegs in einer Weise zurechtzubiegen, wie es dem neutestamentlichen Befund nicht mehr entsprechen könnte.

Wenn aber die Zusammenschau der Rahnerschen Konzeption mit

den Strukturen des Christlichen bzw. gerade der Spannungseinheit von Entscheidungsforderung und Befreiung beim historischen Jesus in der Weise vollzogen werden kann, wie es hier versucht wurde, dann hat das Konsequenzen im ekklesiologischen und pastoraltheologischen Bereich. Die Spannungseinheit von Kirchlichkeit und Offenheit auf die Nichtchristen hin, die m. E. bei Rahner durchaus gegeben ist, wird noch intensiviert. Und die Postulate Rahners in seinem Buch über den Strukturwandel der Kirche[33] sind von daher auch im Christologischen verankert. Sie entsprechen einer Christologie, die sowohl die transzendentale Hinordnung der Menschheit auf den absoluten Heilsmittler als auch die diese Hinordnung erfüllende Konkretion des Heilsmittlers in dem von Gott Gesendeten und die Sendung Weitergebenden – Jesus – umfaßt. Von dieser neutestamentlichen Sicht aus kann vielleicht noch klarer erkannt werden, daß die These Rahners für heutige Kirche und heutige Theologie notwendig ist – wenn sie nur im Kontext Rahnerscher Theologie selbst und im Dialog mit biblischem Denken bleibt!

Ob man eine Auffassung von der Kirche, ihrer Struktur und Aufgabe hat, die sowohl die Offenheit im Dienst an der heutigen Menschheit als auch den unverzichtbaren Quellgrund dieser Funktion festhält, das entscheidet sich offenbar schon am Jesusbild – an einer Auffassung von Person und Werk Jesu, die den (im weitesten Sinn) „missionarischen" Dienst an denen, die „draußen" sind, als unverzichtbare Konsequenz aus sich entläßt.

---

[33] *K. Rahner*, Strukturwandel der Kirche als Aufgabe und Chance (Freiburg i. Br. 1972).

# Nachweis der Erstveröffentlichung

1. Zwischen Jahweglaube und christologischem Dogma. Zu Position und Funktion der neutestamentlichen Exegese innerhalb der Theologie
   Trierer Theologische Zeitschrift 93 (1984) 118–137. Paulinus-Verlag, Trier.

2. „Milch" und „feste Speise" (1Kor 3,1f und Hebr 5,11–6,3). Elementarkatechese und theologische Vertiefung in neutestamentlicher Sicht
   Trierer Theologische Zeitschrift 76 (1967) 233–246. 261–280, Paulinus-Verlag Trier.

3. Das Gottesbild des Neuen Testaments
   J. Ratzinger (Hg.), Die Frage nach Gott (Quaestiones Disputatae 56), Freiburg–Basel–Wien [4]1978 ([1]1972), 59–86 (seit der 2. Auflage [1973] überarbeitet), Verlag Herder, Freiburg–Basel–Wien.

4. Der Gott der Hoffnung (Röm 15,13). Verheißung und Erfüllung nach dem Apostel Paulus
   W. Heinen – J. Schreiner (Hg.), Erwartung – Verheißung – Erfüllung, Würzburg 1969, 63–85. Echter Verlag, Würzburg.

5. Rechtfertigungsgedanke und Christologie in den Korintherbriefen
   J. Gnilka (Hg.), Neues Testament und Kirche. FS R. Schnackenburg, Freiburg–Basel–Wien 1974, 301–324. Verlag Herder, Freiburg–Basel–Wien.

6. Die johanneische Theologie als Verkündigung der Größe Gottes
   Trierer Theologische Zeitschrift 74 (1965) 321–331. Paulinus-Verlag, Trier.

7. Die theologische Mitte der Weltgerichtsvisionen in der Johannesapokalypse
   Trierer Theologische Zeitschrift 77 (1968) 1–16. Paulinus-Verlag, Trier.

8. Die Vision des „Neuen Jerusalem" (Apk 21,1–22,5) als Verheißung und Gottesverkündigung
   Trierer Theologische Zeitschrift 77 (1968) 17–34. Paulinus-Verlag, Trier.

9. Das Opfer der Christen nach dem Neuen Testament
   Bibel und Leben 6 (1965) 37–50. Patmos Verlag, Düsseldorf.

10. „Laßt uns hinzutreten ..." (Hebr 10,22). Zur Frage nach dem Sinn der Kulttheologie im Hebräerbrief
    Biblische Zeitschrift. Neue Folge 9 (1965) 1–17. Verlag Ferdinand Schöningh, Paderborn.

11. Die Botschaft des Neuen Testaments – Hemmnis oder Triebkraft der gesellschaftlichen Entwicklung?
    J. Schreiner (Hg.), Die Kirche im Wandel der Gesellschaft, Würzburg 1970, 258–272.

12. Glaube an die Liebe. Die Johannesbriefe

J. Schreiner – G. Dautzenberg (Hg.), Gestalt und Anspruch des Neuen Testaments, Würzburg ²1979 (¹1969), 282–298. Echter Verlag, Würzburg.

13. Aufgabe der Kirche und Dienst in der Kirche

Bibel und Leben 10 (1969) 65–80. Patmos Verlag, Düsseldorf.

14. Dienstfunktion und Vollmacht kirchlicher Ämter nach dem Neuen Testament

Bibel und Leben 14 (1973) 77–88. Patmos Verlag, Düsseldorf.

15. Die Bitten des johanneischen Jesus in dem Gebet Joh 17 und die Intentionen Jesu von Nazaret

R. Schnackenburg – J. Ernst – J. Wanke (Hg.), Die Kirche des Anfangs. FS H. Schürmann (Erfurter Theologische Studien 38), Leipzig 1977, 307–337. St. Benno Verlag, Leipzig, Lizenzausgabe: Freiburg–Basel–Wien 1978, 307–337. Verlag Herder, Freiburg–Basel–Wien.

16. Strukturen des Christlichen beim Jesu der Geschichte. Zur Frage eines neutestamentlich-christologischen Ansatzpunktes der These vom anonymen Christentum

E. Klinger (Hg.), Christentum innerhalb und außerhalb der Kirche (Quaestiones Disputatae 73), Freiburg–Basel–Wien 1976, 100–121. Verlag Herder, Freiburg–Basel–Wien.

# Schriftstellenregister

## (in Auswahl)

# Autorenregister

# Sachregister

# Wissenschaftliche Untersuchungen zum Neuen Testament

*Alphabetisches Verzeichnis der ersten und zweiten Reihe*

*Heiligenthal, Roman:* Werke als Zeichen. 1983. *Band II/9.*

*Hemer, Colin J.:* The Book of Acts in the Setting of Hellenistic History. 1989. *Band 49.*

*Hengel, Martin:* Judentum und Hellenismus. 1969, [3]1988. *Band 10.*

– Die johanneische Frage. 1993. *Band 67.*

*Hengel, Martin* und *Ulrich Heckel* (Hrsg.): Paulus und das antike Judentum. 1991. *Band 58.*

*Hengel, Martin* und *Hermut Löhr* (Hrsg.): Schriftauslegung. 1994. *Band 73.*

*Hengel, Martin* und *Anna Maria Schwemer* (Hrsg.): Königsherrschaft Gottes und himmlischer Kult. 1991. *Band 55.*

– Die Septuaginta. 1994. *Band 72.*

*Herrenbrück, Fritz:* Jesus und die Zöllner. 1990. *Band II/41.*

*Hofius, Otfried:* Katapausis. 1970. *Band 11.*

– Der Vorhang vor dem Thron Gottes. 1972. *Band 14.*

– Der Christushymnus Philipper 2,6–11. 1976, [2]1991. *Band 17.*

– Paulusstudien. 1989, [2]1994. *Band 51.*

*Holtz, Traugott:* Geschichte und Theologie des Urchristentums. Hrsg. von Eckart Reinmuth und Christian Wolff. 1991. *Band 57.*

*Hommel, Hildebrecht:* Sebasmata. Band 1. 1983. *Band 31.* – Band 2. 1984. *Band 32.*

*Kähler, Christoph:* Jesu Gleichnisse als Poesie und Therapie. 1995. *Band 78.*

*Kamlah, Ehrhard:* Die Form der katalogischen Paränese im Neuen Testament. 1964. *Band 7.*

*Kim, Seyoon:* The Origin of Paul's Gospel. 1981, [2]1984. *Band II/4.*

– »The ›Son of Man‹« as the Son of God. 1983. *Band 30.*

*Kleinknecht, Karl Th.:* Der leidende Gerechtfertigte. 1984, [2]1988. *Band II/13.*

*Klinghardt, Matthias:* Gesetz und Volk Gottes. 1988. *Band II/32.*

*Köhler, Wolf-Dietrich:* Rezeption des Matthäusevangeliums in der Zeit vor Irenäus. 1987. *Band II/24.*

*Korn, Manfred:* Die Geschichte Jesu in veränderter Zeit. 1993. *Band II/51.*

*Koskenniemi, Erkki:* Apollonios von Tyana in der neutestamentlichen Exegese. 1994. *Band II/61.*

*Kuhn, Karl G.:* Achtzehngebet und Vaterunser und der Reim. 1950. *Band 1.*

*Lampe, Peter:* Die stadtrömischen Christen in den ersten beiden Jahrhunderten. 1987, [2]1989. *Band II/18.*

*Lieu, Samuel N. C.:* Manichaeism in the Later Roman Empire and Medieval China. 1992. *Band 63.*

*Löhr, Hermut:* siehe *Hengel.*

*Löhr, Winrich A.:* Basilides und seine Schule. 1995. *Band 83.*

*Maier, Gerhard:* Mensch und freier Wille. 1971. *Band 12.*

– Die Johannesoffenbarung und die Kirche. 1981. *Band 25.*

*Markschies, Christoph:* Valentinus Gnosticus? 1992. *Band 65.*

*Marshall, Peter:* Enmity in Corinth: Social Conventions in Paul's Relations with the Corinthians. 1987. *Band II/23.*

*Meade, David G.:* Pseudonymity and Canon. 1986. *Band 39.*

*Meadors, Edward P.:* Jesus the Messianic Herald of Salvation. 1995. *Band II/72.*

*Mell, Ulrich:* Die »anderen« Winzer. 1994. *Band 77.*

*Mengel, Berthold:* Studien zum Philipperbrief. 1982. *Band II/8.*

*Merkel, Helmut:* Die Widersprüche zwischen den Evangelien. 1971. *Band 13.*

*Merklein, Helmut:* Studien zu Jesus und Paulus. 1987. *Band 43.*

*Metzler, Karin:* Der griechische Begriff des Verzeihens. 1991. *Band II/44.*

*Niebuhr, Karl-Wilhelm:* Gesetz und Paränese. 1987. *Band II/28.*

– Heidenapostel aus Israel. 1992. *Band 62.*

*Nissen, Andreas:* Gott und der Nächste im antiken Judentum. 1974. *Band 15.*

*Noormann, Rolf:* Irenäus als Paulusinterpret. 1994. *Band II/66.*

*Okure, Teresa:* The Johannine Approach to Mission. 1988. *Band II/31.*

*Philonenko, Marc* (Hrsg.): Le Trône de Dieu. 1993. *Band 69.*

*Pilhofer, Peter:* Presbyteron Kreitton. 1990. *Band II/39.*

*Pöhlmann, Wolfgang:* Der Verlorene Sohn und das Haus. 1993. *Band 68.*

*Probst, Hermann:* Paulus und der Brief. 1991. *Band II/45.*

*Räisänen, Heikki:* Paul and the Law. 1983, [2]1987. *Band 29.*

*Rehkopf, Friedrich:* Die lukanische Sonderquelle. 1959. *Band 5.*

*Rein, Matthias:* Die Heilung des Blindgeborenen. 1995. *Band II/73.*

*Reinmuth, Eckart:* Pseudo-Philo und Lukas. 1994. *Band 74.*

– siehe *Holtz.*

*Reiser, Marius:* Syntax und Stil des Markusevangeliums. 1984. *Band II/11.*

*Richards, E. Randolph:* The Secretary in the Letters of Paul. 1991. *Band II/42.*
*Riesner, Rainer:* Jesus als Lehrer. 1981, [3]1988. *Band II/7.*
– Die Frühzeit des Apostels Paulus. 1994. *Band 71.*
*Rissi, Mathias:* Die Theologie des Hebräerbriefs. 1987. *Band 41.*
*Röhser, Günter:* Metaphorik und Personifikation der Sünde. 1987. *Band II/25.*
*Rose, Christian:* Die Wolke der Zeugen. 1994. *Band II/60.*
*Rüger, Hans Peter:* Die Weisheitsschrift aus der Kairoer Geniza. 1991. *Band 53.*
*Salzmann, Jorg Christian:* Lehren und Ermahnen. 1994. *Band II/59.*
*Sänger, Dieter:* Antikes Judentum und die Mysterien. 1980. *Band II/5.*
– Die Verkündigung des Gekreuzigten und Israel. 1994. *Band 75.*
*Sandnes, Karl Olav:* Paul – One of the Prophets? 1991. *Band II/43.*
*Sato, Migaku:* Q und Prophetie. 1988. *Band II/29.*
*Schimanowski, Gottfried:* Weisheit und Messias. 1985. *Band II/17.*
*Schlichting, Günter:* Ein jüdisches Leben Jesu. 1982. *Band 24.*
*Schnabel, Eckhard J.:* Law and Wisdom from Ben Sira to Paul. 1985. *Band II/16.*
*Schutter, William L.:* Hermeneutic and Composition in I Peter. 1989. *Band II/30.*
*Schwartz, Daniel R.:* Studies in the Jewish Background of Christianity. 1992. *Band 60.*
*Schwemer, A. M.:* siehe *Hengel.*
*Scott, James M.:* Adoption as Sons of God. 1992. *Band II/48.*
– Paul and the Nations. *Band 84.*
*Siegert, Folker:* Drei hellenistisch-jüdische Predigten. Teil 1 1980. *Band 20.* – Teil 2 1992. *Band 61.*
– Nag-Hammadi-Register. 1982. *Band 26.*
– Argumentation bei Paulus. 1985. *Band 34.*
– Philon von Alexandrien. 1988. *Band 46.*
*Simon, Marcel:* Le christianisme antique et son contexte religieux I/II. 1981. *Band 23.*
*Snodgrass, Klyne:* The Parable of the Wicked Tenants. 1983. *Band 27.*
*Söding, Thomas:* siehe *Thüsing.*
*Sommer, Urs:* Die Passionsgeschichte des Markusevangeliums. 1993. *Band II/58.*
*Spangenberg, Volker:* Herrlichkeit des Neuen Bundes. 1993. *Band II/55.*
*Speyer, Wolfgang:* Frühes Christentum im antiken Strahlungsfeld. 1989. *Band 50.*
*Stadelmann, Helge:* Ben Sira als Schriftgelehrter. 1980. *Band II/6.*
*Strobel, August:* Die Stunde der Wahrheit. 1980. *Band 21.*
*Stuckenbruck, Loren:* Angel Veneration and Christology. 1995. *Band II/70.*
*Stuhlmacher, Peter* (Hrsg.): Das Evangelium und die Evangelien. 1983. *Band 28.*
*Sung, Chong-Hyon:* Vergebung der Sünden. 1993. *Band II/57.*
*Tajra, Harry W.:* The Trial of St. Paul. 1989. *Band II/35.*
– The Martyrdom of St. Paul. 1994. *Band II/67.*
*Theissen, Gerd:* Studien zur Soziologie des Urchristentums. 1979, [3]1989. *Band 19.*
*Thornton, Claus-Jürgen:* Der Zeuge des Zeugen. 1991. *Band 56.*
*Thüsing, Wilhelm:* Studien zur neutestamentlichen Theologie. Hrsg. von Thomas Söding. 1995. *Band 82.*
*Twelftree, Graham:* Jesus the Exorcist. 1993. *Band II/54.*
*Visotzky, Burton L.:* Fathers of the World. 1995. *Band 80.*
*Wagener, Ulrike:* Die Ordnung des ›Hauses Gottes‹. 1994. *Band II/65.*
*Wedderburn, A.J.M.:* Baptism and Resurrection. 1987. *Band 44.*
*Wegner, Uwe:* Der Hauptmann von Kafarnaum. 1985. *Band II/14.*
*Welck, Christian:* Erzählte ›Zeichen‹. 1994. *Band II/69.*
*Wilson, Walter T.:* Love without Pretense. 1991. *Band II/46.*
*Wolff, Christian:* siehe *Holtz.*
*Zimmermann, Alfred E.:* Die urchristlichen Lehrer. 1984, [2]1988. *Band II/12.*

*Einen Gesamtkatalog erhalten Sie gern vom Verlag*
*J. C. B. Mohr (Paul Siebeck), Postfach 2040, D-72010 Tübingen*